MARKETING STRATEGY

경쟁우위 창출을 위한

마케팅전략

문병준

비즈프레스

머리말

기업의 성공과 실패 여부는 궁극적으로 시장에서 결정된다. 세계 자동차시장에서 선도적인 지위를 점유해오던 일본의 닛산자동차가 프랑스의 르노자동차에 의해 합병될 수밖에 없었던 가장 중요한 원인도 시장에서의 실패에 기인한 것이다. 닛산자동차는 직원들 중에서 일본의 도쿄대학 등 명문대학 출신 비중이 높은 등 인적자원 측면에서는 역량이 풍부한 것으로 자타가 인정한 회사였지만 시장에서 실패하고 말았다. 기업이 기술, 자금력, 생산력, 인적자원 등의 면에서 뛰어난 역량을 보유하고 있다 하더라도 시장에서 이러한 강점이 살려지지 않으면 성공할 수 없다. 시장에서의 실패는 무엇보다도 마케팅(marketing)의 실패, 좀더 엄밀히 말하면 마케팅전략(marketing strategy)의 실패에 가장 근본적으로 기인한 것이다.

그런데 이렇게 중요한 마케팅전략은 마케팅과 어떤 차이가 있는가? 또한 흔히들 이야기하는 경영전략, 마케팅믹스 전략과는 어떤 관계인가? 저자는 본서를 집필함에 앞서 시장의 환경변화에 맞춰 마케팅전략을 어떻게 접근하고 어떤 내용을 담을 것인가를 정의하는데 적지 않은 고민을 하였다. 마케팅전략이란 기업이 현재 진출해 있거나 앞으로 진출하려고 하는 시장에서 성공하기 위하여 취하는 기본노선으로, 자사의 강점을 시장에서의 경쟁우위로 전환시키기 위한 노력이다. 기업이 마케팅전략을 효율적으로 기획하고 실행하기 위해서는 마케팅전략의 체계를 먼저 이해할 필요가 있다.

마케팅전략의 체계는 첫째, 시장의 선택에서 출발한다. 이를 위해 자사가 어떤 점에서 뛰어나며 어떤 점에서 취약한가 하는 점 즉 기업내부의 강점(strengths)과 약점(weaknesses)을 분석하여야 한다. 또한 기업외부의 환경 즉 경제적 환경, 기술적 환경, 정치적 환경, 문화적 환경을 분석하여 어떤 점이 자사에 기회(opportunities)가 되고 어떤 측면이 자사에 위협(threats)이 되는지를 분석하여야 한다. 이를 토대로 하여 자사가 경쟁기업보다 더 잘 욕구를 만족시킬 수 있는 고객의 집단으로 표적으로 삼아야 할 고객집단 즉 표적시장(target market)을 선택하여야 한다. 표적시장을 선택하기 수월하게 하기 위한 선행 준비 작업으로 시장을 적절한 기준에 의해 세분화할 필요가 있다.

둘째, 시장을 선택한 후에는 표적시장에서의 경쟁환경과 경쟁기업의 분석을 실시하여야 한다. 우선 산업조직론 및 SCP(구조(structure)→행동(conduct)→성과(performance))패러다임, 집중도, 진입장벽, 진입저지전략 등의 측면에서 업계의 경쟁구조를 분석하여야 한다. 또한 생산, R&D, 시장, 제품, 가격, 촉진, 유통 등의 차원에서 업계의 구체적인 경쟁전략을 분석하여야 한다. 이를 토대로 하여 소비자의 마음속에 경쟁제품과 대비하여 뚜렷하게 구분되는 자사제품의 위치를 설정하는 포지셔닝을 확립하여야 한다. 아울러 포지셔닝의 성취를 위한 자사의 전반적인 경쟁전략을 수립하여야 한다.

셋째, 수립된 경쟁전략을 구체적으로 실행하는 단계로, 마케팅믹스전략을 수립하여 시장에 대응하여야 한다. 구체적으로 브랜드차원에서의 시장대응, 제품차원에서의 시장 대응, 가격차원에서의 시장대응, 광고 및 판촉차원에서의 시장대응, 유통채널차원에서의 시장대응 전략을 수립하고 실행하여야 한다.

넷째, 고객욕구의 다양화, 경쟁의 격화, 정보기술의 발전이라는 거대한 시장환경변화에 대응하여 한차원 더 높은 마케팅전략을 수립하고 집행하기 위하여는 정보기술을 활용하여 고객 개개인과 지속적으로 상호작용하는 것이 필수적이다. 요컨대 21세기의 인터넷시대에 고객 개개인의 취향과 선호를 파악하고 구매행동을 계속적으로 파악하며 고객 개개인을 만족시킴으로써 고객과의 장기적인 관계증진을 통하여 기업의 성과를 달성하는 고객관계관리(customer relationship management)가 마케팅전략의 요체 중 하나이다. 이를 위하여 기존의 어떤 오프라인요소를 어떻게 인터넷요소로 대체할 것인가, 혹은 온라인요소와 오프라인요소를 여하히 통합하여 고객 개개인의 니즈를 경쟁기업보다 더 잘 만족시킬 것인가 하는 개인화(personalization)전략을 강구하여야 한다.

본서의 구성도 이러한 체계를 충실히 반영하였다. 저자는 위와 같은 시각에서 단순히 마케팅의 여러 기능적 분야를 병렬적으로 논의하는 데서 한 걸음 더 나아가 시장에서의 기업의 경쟁력 우위 창출전략에 초점을 맞추고 이를 수립하고 실행하는 접근방법에 주안점을 두었다.

본서는 저자의 노력에도 불구하고 여러 가지 면에서 부족한 점이 많은 책으로 생각된다. 앞으로 이 분야에 관심있는 많은 분들의 조언과 격려를 바탕으로 계속 보완해 나가고자 한다. 이 책을 그 동안 꿈과 관심사, 희망과 두려움을 나누며 살아온 아내 명현과 어느덧 사회인이 된 재원, 대학에서 학업중인 순홍에게 헌증한다. 아울러 그 동안 저자의 학업과 연구를 지원하고 격려해주신 부모님, 형제자매, 은사님, 동료 여러분들께 감사드린다. 본서의 저술에 토대가 된 그룹프로젝트 작성과 분석에 참여한 경희대학교 학생들과, 사례작성에 협력하여주신 현대자동차, LG생활건강, 아모레퍼시픽의 임직원 여러분, 사례전재를 허락해주신 서울대 문휘창교수님, 고려대 이장혁교수님, 서강대 김주영교수님, 제일기획의 임직원 여러분, DBR의 김남국편집장님께 감사드린다. 끝으로 이 책이 출판될 때까지 온갖 노력을 아끼지 않으신 비즈 프레스의 추일재 사장님께 감사드린다.

2011년 12월

문 병 준

차
례

차례

제IV부 시장과의 상호작용

제13장 고객관계관리(CRM) 전략

제1장

마케팅전략의 개념

제 1 절 경쟁우위와 마케팅전략

기업의 성공과 실패 여부는 궁극적으로 시장에서 결정된다. 세계 자동차시장에서 선도적인 지위를 점유해오던 일본의 닛산자동차가 프랑스의 르노자동차에 의해 그 지분의 다수가 인수될 수밖에 없었던 가장 중요한 원인도 시장에서의 실패에 기인한 것이다. 닛산자동차는 직원들 중에서 일본의 도쿄대학 등 명문대학 출신 비중이 높은 등 인적자원 측면에서는 역량이 풍부한 것으로 자타가 인정한 회사였지만 시장에서 실패하고 말았다. 기업이 기술, 자금력, 생산력, 인적자원 등의 면에서 뛰어난 역량을 보유하고 있다 하더라도 시장에서 이러한 강점이 살려지지 않으면 성공할 수 없다. 시장에서의 실패는 무엇보다도 마케팅(marketing)의 실패, 좀더 엄밀히 말하면 마케팅전략(marketing strategy)의 실패에 가장 근본적으로 기인한 것이다.

그런데 이렇게 중요한 마케팅전략은 마케팅과 어떤 차이가 있는가? 또한 흔히들 이야기하는 경영전략, 마케팅믹스전략과는 어떤 관계인가? 시장에서 성공하기 위해서는 마케팅전략이란 무엇인가에 대한 정의를 명확히 이해할 필요가 있다. George S. Day(1986)는 마케팅전략이란 용어 대신 "전략적 시장계획(strategic market planning)"이란 용어를 사용하고 이는 " 계속적으로 외부를 주시하고 기업을 예상되는 환경과 보조를 맞추게 하는 것(to continuously look outward and keep the business in step with the anticipated environment)"이라고 정의한 바 있다. D. Sudharshan(1995)은 마케팅전략(marketing strategy)을 "변화하는 환경 및 경쟁상황에 적응하기 위하여 혹은 환경 요소와 독립적으로 기업의 마케팅관련 노력들, 즉 마케팅 노력의 강도, 마케팅믹스, 자원의 배분과 같은 것들의 의사결정에 장기적인 영향을 미치는 목표, 정책, 및 규칙들이다(a set of objectives, policies, and rules that guides over time the firm's marketing effort-its level, mix, and allocation-partly independently and partly in response to changing environmental and competitive conditions)" 라고 정의하였다. 유필화(1997)는 시장전략(market strategy)이란 용어를 도입하고 이를 마케팅전략과 구분하여 "시장전략이란 기업이 현재 진출해 있거나 앞으로 진출하려고 하는 시장에서 성공하기 위하여 취하는 기본노선이다" 라고 정의하고, 이는 마케팅믹스에 주로 집중하는 마케팅전략보다는 넓은 개념이라고 언급한 바 있다. 그런데 전술한 연구들이 사용한 용어가 다소 다르기는 하지만 공통점은 구체적인 마케팅실행수단 즉 마케팅믹스전략과는 상위의 수준의 개념으로 기업이 시장에서 경쟁우위를 창출하고 성공하기 위한 기본방향을 설정하는 것을 지칭하고 있다. 본서에서는 이 개념을 마케팅전략(marketing strategy)으로 표현하고 이를 아래와 같이 정의한다.

"마케팅전략이란 기업이 현재 진출해 있거나 앞으로 진출하려고 하는 시장에서 성공하기 위하여 취하는 기본노선으로, 자사의 강점을 시장에서의 경쟁우위로 전환시키기 위한 노력이다."

따라서 〈그림1-1〉에 나타나 있는 바와 같이 마케팅전략은 기업전체의 관점에서 경영방향을 논의하는 경영전략보다는 보다 좁은 개념이며, 마케팅믹스 즉 마케팅 실행수단들 (제품, 브랜드, 가격, 촉진, 유통)의 기본 실행방향을 논의하는 마케팅믹스전략보다는 더 넓은 개념이다.

❙그림 1.1❙ 마케팅전략의 위상

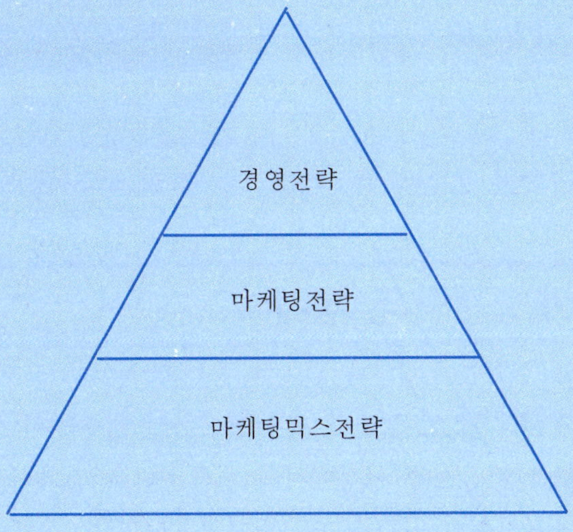

앞에서 마케팅전략은 '시장에서의 경쟁우위' 를 확보하기 위한 것이라고 언급하였는데 이를 다른 말로 표현하여 흔히 '전략적 경쟁우위(strategic competitive advantage)' 라고 한다. 어느 기업의 전략적 경쟁우위란 " 기업이 보유하고 있는 다른 경쟁사들에 비하여 더 뛰어난 것으로, 이를 고객이 중요하게 생각하고, 경쟁사가 쉽게 모방할 수 없는 것 "으로 정의할 수 있다. 유필화(1997)는 전략적 경쟁우위는 다음 세 가지 요건을 가져야 한다고 지적하였다. 첫째, 고객이 중요하다고 생각하는 부문에서 강해야한다. 가령, 어느 아파트 건설회사가 신축 아파트에서 동일평형의 기존의 타 아파트보다 안방의 넓이를 확대하였는데 고객들에게는 안방의 넓이가 그다지 중요하지 않다고 하자. 그러면 이 경우에는 '확대된 안방' 이 전략적 경쟁우위가 될 수 없다. 둘째, 기업이 보유한 우위를 고객들이 사실대로 인식해야 한다. 가령 어떤 이동통신회사가 뛰어난 품질의 이동통신서비스를 제공한다고 하자. 그런데 고객들이 타사보다 더 높은 품질을 인식하지 못하면 '뛰어난 품질' 은 전략적 경쟁우위가 될 수 없다. 셋째, 경쟁사가 쉽게 따라잡을 수 없는 부문에서 강해야 한다. 가령 어느 기업이 매출증대를 위하여 원가절감이 뒷받침되지 않은 상태에서 자사제품의 가격을 인하하였다면 타 경쟁사도 이에 대응하여 가격을 인하하게 될 것이고 이렇게 타사도 쉽게 모방할 수 있는 것은 전략적 경쟁우위가 되지 못한다는 것이다. 요컨대, 글로벌경쟁시대에서의 마케팅전략은 " 기업이 전략적 경쟁우위를 창출하고 유지할 수 있게 하는 전략 "이라고 할 수 있다.

제 2 절 마케팅전략의 체계

기업이 현재 진출해 있거나 앞으로 진출하려고 하는 시장에서 성공하기 위하여 취하는 기본노선, 즉 자사의 강점을 시장에서의 경쟁우위로 전환시키기 위한 노력으로서의 마케팅전략을 효율적으로 기획하고 실행하기 위해서는 마케팅전략의 체계를 먼저 이해할 필요가 있다. 마케팅전략의 체계는 〈그림1-2〉에 나타나 있는 바와 같이 첫째, 시장의 선택에서 출발한다. 이를 위해 자사가 어떤 점에서 뛰어나며 어떤 점에서 취약한가 하는 점 즉 기업내부의 강점(strengths)과 약점(weaknesses)을 분석하여야 한다. 또한 기업외부의 환경 즉 경제적 환경, 기술적 환경, 정치적 환경, 문화적 환경을 분석하여 어떤 점이 자사에 기회(opportunities)가 되고 어떤 측면이 자사에 위협(threats)이 되는지를 분석하여야 한다. 이를 토대로 하여 자사가 경쟁기업보다 더 잘 욕구를 만족시킬 수 있는 고객의 집단으로 표적으로 삼아야 할 고객집단 즉 표적시장(target market)을 선택하여야 한다. 표적시장을 선택하기 수월하게 하기 위한 선행 준비 작업으로 시장을 적절한 기준에 의해 세분화할 필요가 있다.

둘째, 시장을 선택한 후에는 표적시장에서의 경쟁환경과 경쟁기업의 분석을 실시하여야 한다. 우선 산업조직론 및 SCP(구조(structure)→행동(conduct)→성과(performance))패러다임, 집중도, 진입장벽, 진입저지전략 등의 측면에서 업계의 경쟁구조를 분석하여야 한다. 또한 생산, R&D, 시장, 제품, 가격, 촉진, 유통 등의 차원에서 업계의 구체적인 경쟁전략을 분석하여야 한다. 아울러 아웃소싱, OEM, M&A 등 업계를 뛰어넘는 새로운 경쟁구조가 자사에 미치는 영향을 검토하여야 한다. 이를 토대로 자사의 전반적인 경쟁전략을 수립하여야 한다.

셋째, 수립된 경쟁전략을 구체적으로 실행하는 단계로, 마케팅믹스전략을 수립하여 시장에 대응하여야 한다. 구체적으로 제품 및 브랜드 차원에서의 시장 대응, 가격차원에서의 시장대응, 광고 및 판촉차원에서의 시장대응, 유통채널차원에서의 시장대응 전략을 수립하고 실행하여야 한다.

넷째, 고객욕구의 다양화, 경쟁의 격화, 정보기술의 발전이라는 거대한 시장환경변화에 대응하여 한차원 더 높은 마케팅전략을 수립하고 집행하기 위하여는 정보기술을 활용하여 고객 개개인과 지속적으로 상호작용하는 것이 필수적이다. 요컨대 21세기의 인터넷시대에 고객 개개인의 취향과 선호를 파악하고 구매행동을 계속적으로 파악하며 고객 개개인을 만족시킴으로써 고객과의 장기적인 관계증진을 통하여 기업의 성과를 달성하는 고객관계관리(customer relationship management)가 마케팅전략의 요체 중 하나이다. 이를 위하여 기존의 어떤 오프라인요소를 어떻게 인터넷요소로 대체할 것인가, 혹은 온라인요소와 오프라인요소를 여하히 통합하여 고객 개개인의 니즈를 경쟁기업보다 더 잘 만족시킬 것인가 하는 개인화(personalization)전략을 강구하여야 한다.

그림 1.2 마케팅전략의 체계

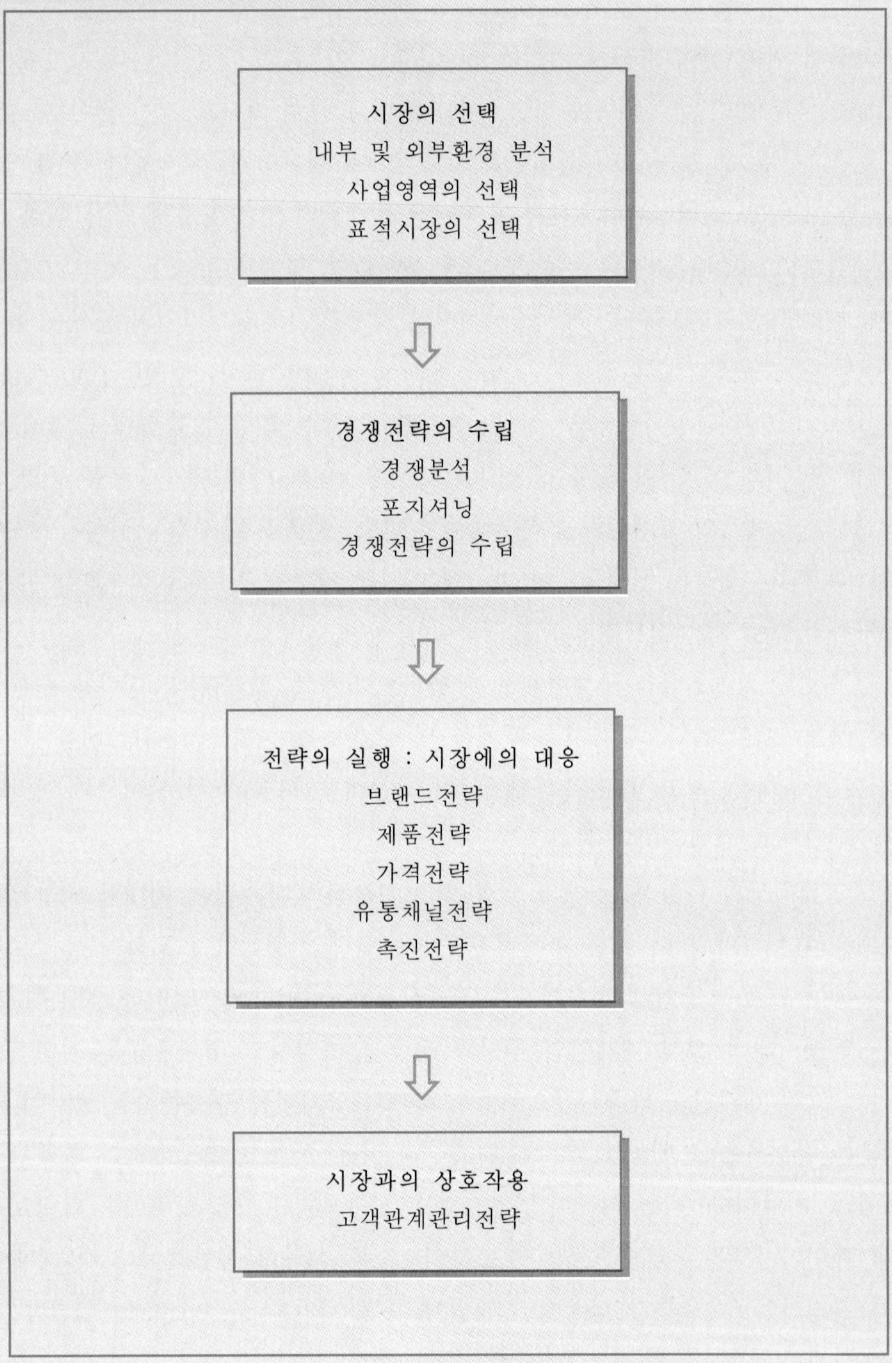

전략포커스 1-1 스마트폰 애플-구글 2강 구도 땐 국내업계 불리

애플의 iOS와 구글의 안드로이드, MS의 윈도폰이 경쟁하고 있는 스마트폰 운영체제(OS) 시장에서 구글이 부상해 애플과 2강 구도를 이루면 국내 휴대전화 제조업체에 불리해진다는 분석 결과가 나왔다. 2011년 9월28일 산업연구원이 펴낸 '세계 스마트폰 시장의 경쟁구도 변화 전망과 국내산업에 대한 시사점' 보고서에 따르면 애플과 구글, MS가 경쟁하는 스마트폰 OS 시장 구도가 '1강2약' '2강1약' '3강' 중 어느 형태로 바뀌느냐에 따라 국내 업체의 명암이 갈린다.

'1강2약' 구도는 애플이 저가 시장 공략에 성공하고 구글이 제조사 간 균형전략에 실패하는 가운데 MS의 시장 진입이 실패할 경우 나타나고, '2강1약' 구도는 구글은 애플과 대등한 위치에 올라서지만 MS는 시장에 성공적으로 들어서지 못할 때 보이게 된다. '3강' 구도는 구글이 애플을 추격하는 데 성공하고 MS가 윈도 PC와 호환되는 OS 등을 내세워 성공적으로 시장에 진입할 때 나타난다.

보고서는 애플의 입지가 더욱 강화돼 '1강2약' 구도가 되면 그동안 국내 부품산업에 크게 의존해왔던 애플이 부품조달 다변화 전략을 꾀하게 돼 국내 부품업계가 시련을 겪을 수 있다고 전망했다. 또 '2강1약' 구도가 되면 입지가 강화된 구글이 국내 휴대전화 제조업체인 삼성전자나 LG전자보다 지난달 인수한 모토로라 활용을 높일 가능성이 커 국내 업체에 불리할 수 있다. 지금도 모토로라가 안드로이드 레퍼런스(기준)폰 제작과 선행 출시를 맡을 공산이 크다고 점쳐지는 상황에서 구글의 입지가 더 강화되면 모토로라 위주의 안드로이드폰 제작이 늘어날 것이라는 예측이다.

보고서는 "국내 업체에 가장 좋은 체제는 '3강' 구도"라며 그 이유로 "이렇게 되면 구글이 모토로라 위주의 생산전략을 구사할 수 없기 때문"이라는 점을 꼽았다. 이어 현 시점에서는 스마트폰 OS 경쟁 구도에 영향을 미칠 수 있을 정도의 생산역량을 확보 · 유지하는 것이 최선임을 지적하고, 이를 위해서는 삼성 · LG · 팬택 등 3개 업체가 공동으로 구글 · MS에 대처해 협상력을 높여야 한다고 강조했다.

한편, 보고서는 현재 스마트폰 보급률은 세계적으로 30%에 불과한 데다 피처폰(일반폰) 시장은 정체 또는 감소 추세를 보이고 있어 앞으로 스마트폰 시장의 가능성은 무궁무진하다고 분석했다. 특히 애플과 구글의 '새로운 스마트폰'은 북미와 유럽에서는 휴대전화의 중심으로 자리 잡았지만, 아시아 등 비서구 지역에서는 아직 노키아의 심비안 OS가 우위를 차지하고 있다는 점을 들어 향후 스마트폰 시장의 경쟁이 비서구 지역에서 가열될 것이라고 예상했다. 보고서는 또 북미와 유럽에서 휴대전화 보유 기준으로는 애플이 우위를 점하고 있지만, 신규 수요와 매출은 구글 진영이 애플보다 더 높아 이대로 가면 시장 주도권이 구글 진영으로 넘어갈 것이라고 덧붙였다.

출처: 연합뉴스 2011. 9. 29.

| part 1 |

시장의 선택

내부환경 및 외부환경 분석

제 1 절 외부환경 분석(external environment analysis)

마케팅전략의 수립과 실행의 첫 단계인 시장선택을 위한 환경분석 중 첫째 부문이면서 가장 광범위한 분석이 외부환경 분석이다. 이는 기업외부에 존재하며 기업에 직접적으로 혹은 간접적으로 영향을 미치는 경제적 환경, 기술적 환경, 정치 · 법적 환경, 사회 · 문화적 환경을 분석하는 것이다. 따라서 대다수의 외부환경은 이와 같이 범주를 나누어서 분석하면 되지만 어떤 외부환경 이슈는 복합적인 성격을 띠기도 한다. 가령 세계 최대의 택배회사인 UPS의 종업원들이 일으킨 파업은 몇 가지 외부환경 분야의 변화를 복합적으로 초래하였다. 경제적 환경측면에서 파업은 많은 UPS종업원들이 직장을 떠나게 만들었고 UPS 지역본부들이 소재하고 있는 도시들의 경기침체를 가져왔다. 또한 이는 파트타임 종업원 대 전임종업원간의 급여 차이에 대한 논쟁을 불러일으켰다. 정치·법적 환경측면에서 이 파업은 당시의 미국의 빌 클린턴 대통령으로 하여금 UPS종업원들이 업무에 복귀하도록 명령하도록 하는 근거법규인 Taft-Hartley 법을 발동하도록 계속적인 압력을 가하는 정치적 이슈가 되었다. 문화적 환경측면에서 많은 사람들이 UPS같은 택배시스템에 그렇게 많이 의존하는 것이 현명한 일인가에 대한 논쟁을 불러일으켰다. 이 사례는 한 기업에서 발생한 사건이 외부환경의 다양한 측면에 영향을 줄 수 있음을 예시하고 있다. 그러면 외부환경의 분석시 어떤 요소들에 주로 착안할 필요가 있는가? 외부환경 분석의 중요요소들을 보면 다음과 같다.

1. 경제적 환경

① 세계 및 자사가 주로 마케팅활동을 하는 국가, 지역의 전반적인 경제상황은 어떠한가?

② 전반적으로 향후 경제상황에 대하여 고객들은 낙관적인가 혹은 비관적인가?

③ 잠재 시장 고객들의 구매력은 어떠한가?

④ 잠재 시장 고객들의 현재 소비패턴은 어떠한가? 소비자들은 우리 제품들을 과거보다 더 많이 구매하는가 혹은 더 적게 구매하는가? 그 이유는 무엇인가?

2. 기술적 환경

① 변화하는 기술이 고객들에게 어떤 영향을 미치는가?

② 어떤 기술변화가 자사가 사업을 운영하는 방식이나 제품을 생산하는 방식에 영향을 미칠 것인가?

③ 어떤 기술변화가 자사가 마케팅활동--가령, 유통이나 촉진 등--을 실행하는 방식에 영향을 미칠 것인가?

④ 현재의 기술 가운데 자사의 마케팅활동을 보다 효과적이고 효율적으로 하게 하기 위하여 충분히 활용하지 않는 기술이 있는가?

⑤ 자사의 제품을 진부화시킬 만한 즉 시장에서 무력화시킬 만한 기술변화가 있는가? 신기술이 종전에는 충족시키지 못했던 고객욕구나 혹은 깨닫지 못했던 고객욕구를 만족시킬만한 잠재력이 있는가?

3. 정치 · 법적 환경

① 최근의 선거결과 및 정치상황 변화가 국내시장 및 해외시장에 어떤 영향을 미칠 것인가? 새로이 선출된 정치인이 어떤 유형의 산업규제를 선호하는가?

② 최근에 선출된 정치인과 좋은 관계를 유지하기 위하여 자사는 어떤 노력을 하고 있는가? 그 활동들이 효과적이었는가? 혹은 그렇지 못하였다면 그 이유는?

③ 국제 및 국내의 법률 및 규제 중 자사의 마케팅활동에 영향을 미칠 만한 변경사항이 있는가?

④ 최근의 법원의 판례가 자사의 현재 마케팅활동에 수정을 가해야 할 필요성을 제기하는 것이 있는가?

⑤ 최근의 정부기관 및 협회 등 업계 자율기관의 규제조치가 자사의 현재 마케팅활동에 수정을 가해야 할 필요성을 제기하는 것이 있는가?

⑥ 국제기구나 국제 무역협정(KORUS FTA, WTO, EU, NAFTA)이 자사의 국제마케팅활동에 어떤 영향을 미치는가?

4. 사회 · 문화적 환경

① 우리사회 혹은 해외사회의 인구통계학적 특징이나 가치관에 어떤 변화가 일어나고 있는가? 그 변화들이 자사 제품, 가격, 유통, 촉진에 어떤 영향을 미칠 것인가?

② 고객이나 종업원의 다양성의 증대가 자사에 어떤 문제나 기회를 제공하는가?

③ 자사, 자사가 속한 산업, 제품에 대한 사회의 일반적인 태도는 어떠한가? 이러한 태도를 개선하기 위하여 어떠한 조치들을 취할 필요가 있는가?

④ 자사 혹은 자사가 속한 산업의 운영에 어떤 소비자단체 혹은 환경단체들이 개입할 수 있는가?

⑤ 자사를 둘러싸고 어떤 경영윤리적 문제가 이슈가 되는가?

|표 2.1| 사회문화적 추세변화의 예

라이프스타일 트렌드	
의상이 보다 캐쥬얼해지고 있다. 사람들이 레저활동에 투여할 수 있는 시간이 점점 줄어들고 있다. 집에서 시간을 보내는 경향이 늘어나고 있다. 몰에서 쇼핑하는 경향은 줄고, 집에서 쇼핑하는 경향이 늘어나고 있다. 건강과 영양에 대한 관심이 늘어나고 있다. 텔레비젼을 시청하는 시간이 줄어들고 있다. 컴퓨터 사용시간이 늘어나고 있다. 미니밴이나 스포츠유틸리티카의 인기가 높아져 가고 있다.	
인구통계학적 트렌드	
베이비붐세대들이 늙어가고 있다.	여성의 취업이 증대되고 있다.
새로운 베이비붐이 일어나고 있다.	편부모 가족이 늘어나고 있다.
독신가구가 늘어나고 있다.	소득의 양극화현상이 증가하고 있다.
문화적 가치관의 변화	
가치지향적 소비 (좋은 품질, 좋은 가격) 가족과 아이의 중요성 증대 자연환경 보호의식 증대 공동체에 대한 봉사 증대 공공장소에서의 흡연 불포용 다양한 개인적 라이프스타일에 대한 포용력 증대	

제 2 절 고객환경 분석(customer environment analysis)

환경분석의 둘째 부문은 고객분석이다. 고객분석을 위하여 다음과 같은 정보가 수집, 분석되어야 한다. ① 기업의 현재 및 잠재 고객, ② 현재 및 잠재고객의 최근 유행하고 있는 욕구, ③ 고객욕구를 만족시킬 것으로 인식되는 자사 및 경쟁사의 제품의 기본적인 특징(features), ④ 예상되는 고객욕구의 변화 등이다. 이를 6하원칙(6W 모델)에 의거하여 좀더 상세히 살펴보면 다음과 같다.

1. 누가 우리의 현재 및 잠재 고객인가? (Who)
   ① 고객의 인구통계학적, 싸이코그래픽 특성은 무엇인가?
   ② 누가 실제로 우리 제품을 구매하는가?
   ③ 자사 제품의 구매자는 사용자와 상이한가?
   ④ 제품 구매결정에 중요한 영향을 미치는 변수는 무엇인가?
   ⑤ 누가 제품 구매비용을 책임지는가?

2. 고객들은 우리 제품을 가지고 무엇을 하는가? (What)
   ① 제품 구매 시 몇 개씩 구매하며 어떤 다른 제품과 함께 구매하는가?
   ② 우리 제품의 다량사용자와 소량사용자는 어떻게 다른가?
   ③ 우리 제품 사용 시 보완상품이 함께 사용되는가?
   ④ 제품 사용 후 어떻게 처분하는가?
   ⑤ 제품 및 포장을 리사이클(분리수거) 하는가?

3. 고객들은 우리 제품을 어디서 구매하는가? (Where)
   ① 어떤 유형의 유통상에서 제품을 구매하는가?
   ② 전자상거래가 제품구매에 어떤 영향을 주는가?
   ③ 고객들이 무점포소매상 즉 카탈로그, 홈쇼핑, 인터넷쇼핑 등을 통하여 구매하는 성향이 증대되고 있는가?

4. 고객들은 언제 우리 제품을 구매하는가? (When)
   ① 우리 제품의 구매와 소비가 계절적으로 변동하는가?
   ② 판촉노력이 어느 정도로 우리 제품의 매출에 영향을 미치는가?
   ③ 우리 제품의 구매와 소비가 물리적 및 사회적 환경, 시간 압박 등에 따라 달라지는가?

5. 왜, 그리고 어떻게 고객들이 우리 제품을 선택하는가? (Why and How)
   ① 우리 제품 및 경쟁사 제품의 기본적인 특징(features)은 무엇인가?
   ② 우리 제품 및 경쟁사 제품이 주는 혜택에 의해 만족되는 고객의 욕구는 무엇인가?
   ③ 고객들의 욕구가 장래에 어떻게 변경될 것인가?
   ④ 제품 구매 시에 대금지불은 어떻게 하는가?
   ⑤ 고개들은 자사 및 경쟁사와 장기적인 관계를 맺고싶어 하는가 혹은 가격에 주로 의존하는 단기적 거래관계를 선호하는가?

6. 왜 잠재고객들은 우리 제품을 구매하지 않는가? (Why)
   ① 우리 제품을 구매하지 않는 소비자들의, 우리 제품에 의해 충족되지 않는 기본적 욕구는 무엇인가?
   ② 소비자들이 우리제품 대신 경쟁사 제품을 구매하도록 하는 원인이 되는 경쟁제품의 특징, 혜택, 이점은 무엇인가?
   ③ 유통, 촉진, 가격 측면에서 소비자들이 우리 제품을 구매하지 않게 만드는 이슈가 있는가?
   ④ 현재 우리제품을 구매하지 않는 소비자들을 구매자로 전환시킬 수 있는 잠재력은 어느 정도인가?

제 3 절 내부환경 분석(internal environment analysis)

환경분석의 마지막 측면은 기업의 목표, 성과, 자원의 배분, 구조적 특성 등과 관련하여 강점과 약점을 분석하는 단계이다. 이를 좀 더 자세히 살펴보면 다음과 같다.

1. 마케팅 목표와 성과의 검토

① 현재의 우리의 마케팅 목표는 무엇인가?

② 우리의 마케팅 목표가 기업의 사명 및 목적, 최근의 마케팅 환경 (외부환경 및 고객환경) 변화에 부합하는가?

③ 매출액, 시장점유율, 이익률, 커뮤니케이션(인지도, 선호도) 목표의 달성 측면에서 현재의 우리의 마케팅전략의 성과는 어떠한가?

④ 동종 산업 내 경쟁사와 비교하여 우리의 성과는 어떤가? 산업전체의 성과는 개선되고 있는가 혹은 악화되는 추세인가?

⑤ 우리의 성과가 악화되고 있다면 가장 중요한 원인은 무엇인가? 마케팅목표가 잘못 설정되었는가? 전략에 문제가 있는가? 전략의 실행이 잘못되었는가?

⑥ 우리의 성과가 향상되고 있다면, 향후 개선이 지속될 수 있도록 어떤 조치를 해야하는가? 성과의 향상이 환경측면에서 예상보다 유리하게 전개된 데 기인한 것인가 혹은 뛰어난 계획 및 실행에 기인한 것인가?

2. 현재 및 장래의 조직 자원의 검토

① 우리의 현재의 조직자원 (재무자원, 인적 자원, 경험, 핵심 공급사 및 고객과의 관계 등)의 상태는 어떠한가?

② 이러한 자원들이 장래에 향상될 것인가 혹은 악화될 것인가?

③ 자원들이 향상될 것이라면 부가된 자원을 경쟁사보다 고객을 더 잘 만족시키기 위한 경쟁력 향상에 어떻게 활용할 것인가?

④ 자원들이 악화될 것이라면 이러한 새로운 자원의 제약을 보충하기 위하여 무엇을 할 것인가?

3. 현재 및 장래의 구조적 이슈 검토

① 현재 및 장래의 기업문화의 긍정적인 측면과 부정적인 측면은 무엇인가?
② 기업내부의 정치 및 권력투쟁과 관련된 어떤 이슈가 우리의 마케팅활동에 영향을 미칠 것인가?
③ 기업 내 다른 업무영역의 종사자들이 보는 마케팅분야의 전반적인 위치와 중요성은 어떠한가? 핵심적인 임원포지션들이 장래 변경될 것인가?
④ 자사의 전반적인 고객지향성(혹은 고객지향성 부족)이 마케팅활동에 어떤 영향을 미칠 것인가?
⑤ 자사는 계획에 있어서 장기적 시야를 강조하는가 혹은 단기적 시야를 강조하는가? 이러한 관점이 우리의 마케팅활동에 어떤 영향을 미칠 것인가?
⑥ 종업원 특히 고객 접촉 포지션 (판매, 고객서비스 등)에 있는 종업원의 동기유발과 관련하여 긍정적인 혹은 부정적인 이슈가 있는가?

제 4 절 SWOT분석

1. SWOT분석의 개념

앞에서 논의한 외부환경, 고객환경, 내부환경 분석은 마케팅전략 수립을 위해 필요한 많은 자료와 정보를 제공해 줄 수 있을 것이다. 그러나 정보란 그 자체로는 마케팅전략 을 수립하는데 있어서 방향을 그다지 잘 제시해 주지 못한다. 따라서 기업의 현재와 미래의 상황을 파악하게 하고 행동의 방향을 찾을 수 있게 하기 위하여 정보를 의미있는 방향으로 조직화할 필요가 있다. 즉 환경분석을 통하여 획득한 정보를 조직화하고 활용하기 위하여 광범위하게 활용되는 분석의 틀이 SWOT분석이다. SWOT분석은 원래 기업내부의 강점(strengths), 약점(weaknesses), 고객환경 및 외부환경의 기회(opportunities), 위협(threats)의 네 가지 변수의 그룹을 분석한다는 의미에서 그 이니셜들을 따서 만든 이름이다. SWOT분석은 내부요인 측면에서 기업내부의 강점과 약점, 즉 재무적 성과와 자원, 인적 자원, 생산설비와 용량, 시장점유율, 고객의 품질, 가격, 및 획득가능성에 대한 인식, 조직 내 커뮤니케이션 등을 분석하여 강점과 약점을 파악한다. 외부요인 측면에서 고객 및 경쟁사를 포함한 시장환경, 경제환경, 사회적 추세, 기술, 정부규제 등을 분석하여 기회요소와 위협요소를 추출해 낸다.

1) SWOT분석의 이점

첫째로, SWOT분석의 단순명쾌성(simplicity)이다. 이를 적용하는데 있어서 고도의 훈련이나 전문기술이 필요하지 않다.

둘째로, SWOT분석은 융통성(flexibility)을 갖고 있다. 광범위한 마케팅정보시스템을 가지고 있지 않더라도 SWOT분석을 통하여 마케팅전략 수립의 질을 높일 수 있다. 아울러 종합적인 마케팅정보시스템이 갖추어져있다면 직접적으로 정보를 SWOT분석 틀에 투입하여 활용할 수 있다.

셋째로, SWOT분석은 마케팅전략수립가로 하여금 질적 정보 및 양적 정보를 통합(integrate)하고 종합할 수 있게 한다.

넷째로, SWOT분석은 다양한 부서의 요원들간에 협력을 촉진한다(foster collaboration). 마케팅전략수립가로 하여금 상대방이 무슨 일을 하는지, 무엇을 알고 있는지, 무엇을 생각하는지, 어떻게 느끼는지를 알 수 있게 함으로써 마케팅전략 수립상 발생할 수 있는 문제점들을 사전에 해소할 수 있다.

2) 효과적인 SWOT분석 지침

첫째로, 초점을 유지하라. SWOT분석에서 흔히 발생하는 실수가 기업 전체나 사업부 전체를 대상으로 한번의 SWOT분석을 한 후 종료하는 것이다. 우리가 SWOT분석(SWOT analysis)이라고 할 때 실제로는 SWOT분석들(SWOT analyses)을 의미한다.

대부분의 마케팅전략 수립의 경우 각 제품/시장의 조합별로 일련의 여러 번의 SWOT분석들이 필요하다. 가령 General Motors사의 Chevrolet부문을 대상으로 한 한

번의 SWOT분석은 의미있는 마케팅전략을 수립하는 데 충분하지 않다. 그 대신 이 부문에 속한 Geo, Corvette, Lumina, Caprice, Suburban 등의 각 브랜드별로 별개의 SWOT분석들을 하는 것이 보다 의미있다. 왜냐하면 Chevrolet부문의 Suburban은 경쟁사들이 꾸준히 신모델을 내놓는 스포츠 유틸리티카 시장에서 경쟁하고 있으므로 Suburban의 마케팅전략은 Corvette나 Geo의 마케팅전략과는 근본적으로 달라야 하기 때문이다. 사업부의 전반적인 마케팅전략 수립을 위하여 필요한 경우 별개의 제품/시장별 SWOT분석들을 종합하여야 한다.

둘째로, 경쟁사 정보를 광범위하게 수집하라. 요체는 현재의 경쟁사든 잠재적인 경쟁사든 한 개도 놓치면 안된다. 실제로 기업은 노력의 대부분을 브랜드경쟁에 쏟아붓게 된다. SWOT분석을 수행하면서 모든 현재 경쟁사 및 잠재경쟁사(대체 제품 생산자)의 행동 및 그 행동을 파악하여야 한다. 업계의 대표적인 거대 기업도 브랜드경쟁에만 몰두하다가 잠재 경쟁자를 파악하지 못하는 경우가 있다. 가령 Kodak은 Fuji, Konica, Polaroid등 필름업계의 경쟁사들을 압도하기 위하여 필요한 조치에만 몰두하였다. 그러나 디지털 카메라 시장이 도래함으로써 Kodak의 경쟁사 구조의 판도가 완전히 바뀌었다. Kodak은 급속히 성장하는 디지털 카메라 시장에서 거대한 경쟁자인 Sony나 Canon에 주의를 집중하지 않으면 안되게 되었다.

셋째로, 타 업무영역과 공조하라. SWOT분석의 커다란 혜택 중의 하나가 그것이 조직내의 다양한 업무영역들간에 공유될 수 있는 정보와 관점들을 생산해 낸다는 점이다. SWOT분석과정은 공식적인 채널을 뛰어넘어 커뮤니케이션을 자극하는 강력한 수단이 되어야 한다. 판매, 광고, 생산, 연구개발, 재무, 고객서비스, 재고관리 등의 부서의 관리자들은 서로 타 부문에 있는 사람들이 기업의 강점, 약점, 기회, 위협에 대한 관점을 배워야 한다. 이러한 공조는 부문간에 수평적으로 이뤄져야 하고 동시에 상이한 수준의 관리자간에 수직적으로도 이뤄져야 한다.

넷째로, 이슈들을 고객의 관점에서 검토하라. 기업 내부의 성과나 자원에 대한 평가를 뛰어넘어 SWOT분석의 모든 이슈는 고객의 관점에서 검토되어야 한다. 이를 위하여 마케팅전략가는 다음의 질문을 끊임없이 제기하여야 한다.

- 우리의 고객 및 잠재고객은 기업으로서의 우리를 어떻게 생각하는가?

- 우리의 고객 및 잠재고객은 우리의 제품품질, 고객서비스, 가격 및 전반적 가치, 편의성, 촉진메시지에 관하여 경쟁사와 비교하여 어떻게 생각하는가?
- 우리의 고객 및 잠재고객은 이러한 이슈들을 얼마나 중요하게 생각하는가?

다섯째로, 내부이슈(internal issues)와 외부이슈(external issues)를 확연히 구분하라. SWOT분석을 하는 데 있어 내부이슈와 외부이슈를 구분하는 것이 매우 중요하다. 내부이슈는 기업의 강점과 약점이고, 외부이슈는 기업을 둘러싼 외부환경에서 기회와 위협이다. 강, 약점과 기회, 위협을 구분하는 요체는 "이 이슈가 기업이 존재하지 않더라도 발생하는 이슈인가?" 를 자문하여 대답이 yes 이면 이것은 외부이슈로 분류되어야 한다. 즉 기회와 위협은 기업과는 독립적으로 존재하는 것이다.

2. SWOT분석에서 검토할 잠재적 이슈들

마케팅전략가는 시장의 요구나 경쟁사의 특성에 비추어 볼 때 자사가 잘하는 것이 무엇이고 취약한 것이 무엇인가를 숙고해야만 한다. 강점과 약점은 기업내부 및 기업과 고객간, 타 기업간의 관계(유통망, 공급사, 제휴)에 존재한다. SWOT분석이 최대한의 효과를 거두기 위해서는 고객중심적이어야만 하므로 기업의 강점은 그것이 고객욕구를 충족시키는데 유용할 때만 의미가 있다. 가령, Wal-Mart는 1990년대 전반까지만 하더라도 Kmart나 Sears보다 앞서지 못했었다. 동사는 정보처리 및 커뮤니케이션, 수송, 유통시스템상의 강점을 보다 효과적이고(매장의 선반위에 적시에 꼭 필요한 재고량만 공급), 효율적인(낭비를 줄이고 마케팅활동의 나머지를 보다 효율적으로 제품을 수송하기 위하여 파트너기업에게로 전환) 공급기업 관계를 구축하는데 활용함으로써 앞서기 시작했다. Wal-Mart의 강점은 그것이 소매점포로 하여금 고객들에게 저가격, 좋은 구색, 제품획득 가능성을 제공하여 고객을 만족시킬 수 있게 하기 때문에 의미가 있는 것이다. 즉 이런 기업의 강점(strengths)이 고객의 특별한 욕구(needs)와 대응될 때 그것은 그 기업의 역량(capabilities)이 된다. Wal-Mart은 이러한 역량을 통하여 Kmart나 Sears보다 고객을 더 잘 만족시켰기 때문에 역량을 특유의 경쟁우위(competitive advantage)로 전환할 수 있게 된 것이다.

고객에 초점을 맞춘 SWOT분석은 기업의 잠재적 약점을 발견할 수도 있다. 어떤 약점은 그다지 해롭지 않을 수도 있지만, 고객의 특별한 욕구와 관련된 것은 가능한

한 최소화되어야 한다. 가령, 경쟁이 심한 미니밴 시장에서 어느 기업도 고객들이 중시하는 세 가지 중요한 제품특성인 성능(performance), 신뢰성(reliability), 안전도(safety)를 모두 보유하지는 못했다. 1위 브랜드인 Dodge Caravan은 성능면에서 최고 점수를 받았지만 신뢰도나 안전도에서 타브랜드에 뒤졌다. 가장 고장이 적은, 신뢰성이 높은 미니밴을 선호하는 고객들은 Honda Odyssey를 선택하였고, 안전도를 중시하는 고객들은 Ford Windstar를 선택하였다. Dodge사는 자사 브랜드 Caravan의 신뢰성 및 안전도 측면에서의 약점을 최소화하기 위하여 Caravan이 탁월한 성능때문에 가장 많이 팔리는 미니밴이라는 메시지로 공격적인 광고를 실행하였다.

자사의 강점 및 역량을 개발하는 것에만 몰두해 있는 마케팅관리자는 종종 외부환경을 무시하는 경우가 있다. 그런 실수는 비록 효율적인 조직이라 할지라도 기업으로 하여금 고객들에게 가치를 제공하지 못하도록 막는 방향으로 외부환경이 변화할 경우 더 이상 효과적이지 못한 조직으로 만들어 버린다. 기회와 위협은 〈표2-2〉에 나타나 있는 바와 같이 경쟁환경의 변화, 경제적 환경의 변화, 기술적 환경의 변화, 정치·법적 환경의 변화, 사회·문화적 환경의 변화에서 발생한다.

I표 2. 2I SWOT분석에서 고려할 잠재적 이슈들

내부 강점	외부 기회
풍부한 자금력 마켓리더로서의 명성 규모의 경제 특허 기술 저원가 좋은 시장 이미지 탁월한 경영능력 우수한 마케팅역량 뛰어난 품질 타 기업과의 파트너쉽 우수한 유통망 종업원의 애사심	급속한 시장성장 경쟁사의 자만 고객욕구/취향의 변화 해외시장 개척 경쟁사의 실수 제품의 새로운 사용용도 개발 경제적 호황 규제완화 신기술 인구통계학적 변화 타기업의 제휴 요청 브랜드전환 가속화 새로운 유통방식 대두

내부 약점	외부 위협
전략적 방향의 부재	외국 경쟁사의 진입
R&D 투자 취약	새로운 대체재의 진입
폭이 협소한 제품라인	제품수명주기상의 쇠퇴기
제한된 유통망	고객욕구/취향의 변화
고원가	경쟁사의 새로운 전략 채택
진부한 제품	규제강화
생산용량의 한계	경기침체
저조한 시장 이미지	신기술
취약한 마케팅역량	인구통계학적 변화
취약한 경영능력	외국의 무역장벽
종업원훈련의 부족	제휴기업의 성과 저조

3. SWOT분석에 의한 마케팅전략 수립의 기본 방향

기업내부의 강점, 약점, 외부환경의 기회, 위협요인을 분석한 이후 이를 토대로 기업이 그 마케팅목표를 달성할 수 있도록 마케팅전략을 어떻게 개발할 것인가? SWOT분석을 효과적 마케팅전략 수립의 촉진제로 활용하기 위하여는 다음의 기본방향을 인식하여야 한다.

첫째, 기업의 강점과 약점을 평가하는 것은 현재의 제품을 뛰어넘어 이루어져야 한다. 즉 고객욕구를 만족시키는 핵심요체인 기업의 운영과정(business processes)도 함께 평가되어야 한다. 이렇게 함으로써 고객에게 특정 제품을 제공하는 것이 아니라 특정 솔루션을 제공할 수 있게 된다.

둘째, 기업목표를 성공적으로 달성하는 요체는 강점을 기회에 대응(match)시킴으로써 기업의 핵심 강점을 역량으로 전환하는 능력에 달려있다. 역량은 경쟁사보다 고객요구를 더 잘 만족시킬 수 있게 되면 경쟁우위가 된다.

셋째, 기업은 핵심 영역(가령, 고객지원, R&D, 촉진, 종업원훈련)에 전략적으로 투자하거나, 핵심영역을 보다 효과적으로 연결시킴으로써(가령, 인적자원영역을 마케팅영역과 연결) 약점을 강점으로 전환(convert)시킬 수 있다. 아울러, 적절한 자원이 획득가능하다면 위협이 기회로 전환될 수 있다. 마케팅전략 수립의 중요한 혜택중의 하나가 자원의 배분을 위한 좋은 토대가 마련되는 점이다.

넷째, 때로는 약점이나 위협요인이 좀처럼 전환되기 어려울 경우가 있다. 이러한 경우에는 마케팅전략가는 이들을 회피하거나 혹은 그 충격을 최소화하는 전략을 채택하여야 한다.

4. SWOT 매트릭스

〈그림2-1〉은 마케팅전략가들이 SWOT분석의 결과로 얻은 정보를 분류하는 데 활용할 수 있는 네 개의 셀로 구성된 SWOT 매트릭스를 나타내고 있다. 즉 강점을 기회에 대응하고, 약점을 강점으로 전환하고, 위협을 기회로 전환하기 위하여 매트릭스의 각 셀을 평가하여야 한다. 전환이 불가능한 약점이나 위협은 최소화하거나 회피되어야 한다.

❙그림 2.1❙ SWOT 매트릭스

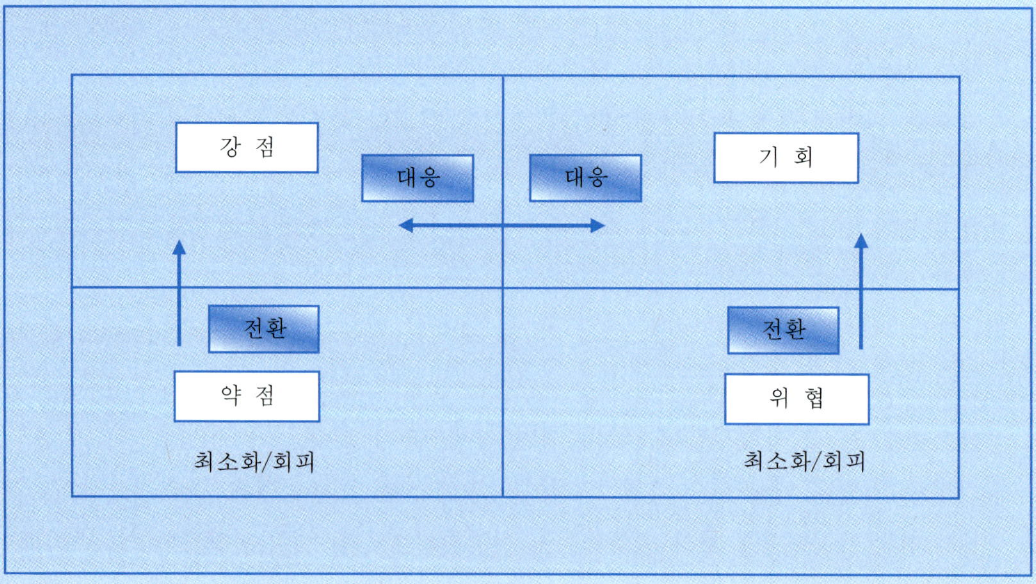

SWOT매트릭스의 각 셀에 대한 평가를 위해서 우선 SWOT매트릭스에 있는 각 요소의 크기와 중요성을 평가하여야 한다. 이 평가는 이상적으로 마케터에 의한 평가보다는 고객들의 지각(customers' perceptions)을 토대로 하여야 한다. 고객들의 지각은 포커스그룹 조사를 통하여 수집할 수 있다. 만약 고객의 지각이 수집될 수 없다면 마케팅관리자가 직관과 전문가적 의견에 토대를 두어 평가하여야 한다.

SWOT매트릭스의 셀들이 반드시 계량적으로 평가되어야 하는 것은 아니지만 계량적 정보가 비교적 많은 정보를 제공해준다. 〈표2-3〉에 SWOT매트릭스의 셀들의 평가의 예를 나타내고 있다.

| 표 2. 3 | SWOT매트릭스 내의 요소들에 대한 계량적 평가: Bally 구두 유통점 사례

강점		기회	
	M× I=R		M× I=R
고품질의 명성	3 3 9	좋은 서비스에 대한수요	3 3 9
뛰어난 서비스	3 3 9	고품질과 가치에 대한수요	3 3 9
교통요지에 입지	3 2 6	시간에 쫒기는 소비자 증대	2 3 6
부유층 주거지에 입지	2 2 4	인근지역에 고급 경쟁점포가	2 3 6
뛰어난 Balley 카탈로그	3 1 3	부재	
반복구매 빈번	2 1 2	인근지역의 인구 증대	2 2 4
약점		**위험**	
	M× I=R		M× I=R
점포 위치 인지 미흡	-3 3 -9	소비자들의 가격민감도 증대	-3 3 -9
도보에 의한 접근 불편	-3 3 -9	쇼핑센터에 보완재 소매상	-3 3 -9
Balley구두는 비싸다	-3 2 -6	부재	
Balley구두의 촉진은	-2 2 -4	의류 및 액세서리 지출감소	-2 2 -4
소유의 혜택보다		가죽창을 갈아대고 신는 유행	-2 1 -2
제품특징만 강조			

매트릭스내의 요소들의 크기(magnitude)를 계량화하기 위하여 긍정적인 요소(강점이나 기회)에 대하여 3(high), 2(medium), 1(low)의 점수를 부여하고, 부정적인 요소(약점이나 위협)에 대하여 -1(low), -2(medium), -3(high)의 점수를 부여하는 체계를 설정하였다고 하자. 또한 각 요소의 중요성(importance)을 계량화하기 위하여 긍정적인 요소나 부정적인 요소 모두의 경우에 3(매우 중요), 2(보통 중요), 1(약간 중요)의

점수를 부여하는 체계를 설정하였다고 하자. 어떤 요소에 0의 중요성이 부여되면 매트릭스에서 삭제한다. 각 셀 내에서의 요소들의 순위를 매기기 위하여 크기(M)와 중요성(I)을 곱한다. 이때 크기와 중요성에 대한 평가는 마케팅관리자의 지각보다 고객의 지각에 토대를 두어야 함을 잊지 말아야 한다.

가장 높은 점수 (긍정적이든 부정적이든)를 부여받은 요소들에 마케팅전략 수립의 지침을 도출하기 위하여 가장 많은 주의를 기울여야 한다. 즉 중요한 부문에서 상당한 강점을 보유하고 있다면 이 강점이 핵심 역량으로 전환될 수 있도록 반드시 중점이 두어져야 한다. 반면에 조그마한, 그다지 중요하지 않은 기회는 마케팅전략 수립에 중심적인 역할을 할 수 없다.

SWOT매트릭스 내의 각 요소의 크기와 중요성에 대한 평가 후, 마케팅관리자는 강점을 기회에 대응시킴으로써 경쟁우위를 발견해내야 한다. 또한 약점 및 위협을 전환시키는 전략과 만약 전환이 불가능할 경우 그 약점 및 위협을 최소화하거나 회피하는 전략을 개발해야 한다.

1) 경쟁우위 창출을 위해 강점을 기회에 대응(matching strengths to opportunities)

가장 대표적이며 주로 사용되는 전략적 옵션이 기업의 강점을 SWOT분석이 환경에서 찾아낸 기회에 대응시키는 것이다. 중요하며 규모가 큰 기회에 대응되는 핵심 강점(strengths)은 역량(capabilities)으로 전환된다. 앞에서도 논의하였듯이 경쟁사보다 자사가 고객을 더 잘 만족시킬 수 있도록 만드는 역량은 경쟁력 우위(competitive advantage)가 된다. 경쟁력 우위는 다양한 내부 및 외부의 원천에서 발생할 수 있는데 그중 대표적인 원천의 리스트가 〈표2-4〉에 제시되어 있다.

｜표 2.4｜ 경쟁력 우위의 원천들

경쟁력 우위의 외부 원천	경쟁력 우위의 내부 원천
●고객관계	●제품관련 우위
상표충성고객	상표자산
장기관계	독점적 제품
상표전환 장애	탁월한 품질
●법적 원천	탁월한 특징
특허 및 상표	뛰어난 서비스
조세감면	연구개발
글로벌 무역 규제	제품보증
●공급자 관계	●가격관련 우위
전략적 제휴	낮은 생산원가
좋은 업무협조관계	규모의 경제
공급자 매출액 대규모	낮은 유통비용
	대규모 구매
	●촉진관련 우위
	기업 이미지
	대규모 촉진 예산
	우수한 판매원
	창의성
	●유통관련 우위
	효율적 유통시스템
	즉시(JIT)재고관리
	뛰어난 정보시스템
	독점적 유통망
	입지의 편의성
	●기타 내부적 우위
	탁월한 경영능력
	우수한 연구요원
	강력한 조직문화

실제적 우위 대 지각된 우위(real advantages vs. perceived advantages)

우리가 기업의 역량이나 경쟁우위를 논의할 때 경쟁기업간에 존재하는 실제적 차이를 지칭한다. 결국, 역량이나 경쟁우위는 기업이 보유한 실제의 강점에서 나오는 것이다. 그러나 흔히 어떤 기업이 보유한 역량이나 경쟁우위가 실제보다는 지각에 토대를 둔 경우가 많다. 대부분의 고객은 특정 기업의 역량이나 경쟁우위에 대한 본인의 지각을 토대로 하여 구매의사결정을 한다. 즉 고객이 특정 기업을 어떻게 보느냐 하는 것이 그 기업이 어떤 기업인가 하고 규정되는 것이다. 특정 기업의 실제가 어떠하든지 상관없이 고객들이 그 기업을 반응이 늦고, 제품가격이 비싸며, 진부한 제품들을 내놓는 기업이라고 지각한다면 그러한 기업으로 규정되고 마는 것이다. 즉 시장에서의 실제(market realities)가 아닌 고객의 지각(customer perceptions)이 고객의 태도, 구매의도, 구매, 재구매행동을 결정한다.

따라서 고객지각을 효율적으로 관리하는 것이 마케팅전략가의 중요 과제이다. 즉 고객이 쉽게 이해할 수 있고, 고객의 특별한 욕구를 해소시켜주는 역량이나 경쟁우위를 개발하고 유지하는 것이 관건이다.

사례: 강점을 기회에 대응

〈표2-3〉의 Bally구두 유통점의 사례에서 Bally는 품질의 명성과 뛰어난 고객서비스라는 두 가지 주요 강점을 가지고 있다. 이 강점들은 좋은 서비스에 대한 수요와 고품질/가치에 대한 수요라는 두 가지 주요한 기회에 대응된다. 유통점은 마케팅전략의 수행에서 탁월한 품질(제품우위전략)과 고객서비스 (고객밀착전략)를 창출하기 위하여 이 두 가지 강점을 강조할 수 있을 것이다. 이를 실행하기 위한 구체적인 마케팅 믹스 계획으로 잠재고객에게 Bally구두의 뛰어난 품질과 서비스를 알려주는 광고를 수행할 필요가 있다. 다음으로 Bally 매장들이 교통요지에 입지해 있는 점과 뛰어난 카탈로그의 강점은 시간에 쫓겨 쇼핑시간이 부족한 소비자들이 늘고 있다는 기회에 대응된다. 이러한 역량을 최대한 활용하기위하여 마케팅전략으로 Bally구두는 고객이 쇼핑하는 데 편의성이 높음을 강조하는 것을 포함할 필요가 있을 것이다. 아울러 가망성이 높은 고객에게 직접메일을 보내는 것도 마케팅전략의 일환으로 포함될 필요가 있다.

2) 약점과 위협의 전환(converting weaknesses and threats)

두 번째의 경쟁우위 창출 전략은 중요한 약점을 강점으로 전환하거나, 중요한 위협을 기회로 전환하는 것이다. 이 전략은 흔히 신제품의 개발이나 신시장의 개척을 토대로 한다. 가령 케첩과 마요네즈 제조기업인 Heinz사는 경쟁 격화에 다른 시장에서의 위협을 멕시칸 음식 향취인 살사(Salsa) 맛이 나는 신제품라인을 개발함으로써 기회로 전환하였다. Heinz사의 토마토 관련 제품에서의 전문성이 이러한 성공적인 신제품도입을 보다 용이하게 한 것이지만 동사가 위협을 인식하고 고객의 취향변화에 맞는 신제품을 개발하기 이전까지는 힘든 경쟁을 하고 있었다.

기업의 기존 제품이 진출할 새로운 시장을 개척하는 것도 유력한 전환전략이다. 가령 Pepsi사의 끈질긴 위협을 저지하기 위하여 Coca-Cola사는 신시장을 개척함으로써 위협을 기회로 전환하였다. 남아프리카공화국의 인종차별정책이 종식되었을 때 Coca-Cola는 브랜드파워를 유지하기 위하여 즉각 남아프리카에 지사를 재개설하였다. Pepsi는 다소 대응이 느렸다. 즉 Coca-cola는 Pepsi보다 남아프리카 시장을 보다 신속히 개척함으로써 동시장에서 선도적인 브랜드가 되었다. 그 결과 Pepsi는 결국 남아프리카에서의 콜라 보틀링사업을 청산하지 않을 수 없었다. 이제는 남아프리카 시장이 Coca-cola가 전체 아프리카시장으로 확대해 나가는데 하나의 지렛대로 삼을 수 있는 강점이 되었다.

때로는 전환전략은 재무자원 등 자원의 추가적인 투자를 필요로 한다.

다시 〈표2-3〉의 Bally구두 유통점의 사례로 돌아가보면, 점포 인지도가 취약하고 도보로 접근하기가 불편한 Bally구두의 약점은 점포의 촉진에 보다 많은 예산을 투자함으로써 강점으로 전환할 수 있다. 또한 약점이나 위협의 전환은 연구개발에 추가적인 투자를 필요로 하기도 한다.

3) 약점과 위협의 최소화/회피 전략(strategies for minimizing/avoiding weaknesses and threats)

때로는 약점이나 위협요인이 좀처럼 전환되기 어려울 경우가 있다. 이러한 경우에는 마케팅전략가는 이들을 회피하거나 혹은 그 충격을 최소화하는 전략을 채택하여야 한다. 이 전략의 하나가 틈새시장(niche market) 공략이다. 자금, 설비, 광범위한 연구개발에 필요한 전문성이 부족한 기업은 스스로를 주요시장에서 선도적인 마케터로 포지션하지 말아야 한다. 그 대신에 주요 경쟁기업이 별로 관심을 두지 않는 좁은 틈새시장을 공략할 필요가 있다. 고객의 인구통계학적 변화는 종종 최소화하거나 회피하기 어려운 위협을 제기한다. 가령 쇼핑몰의 경우 고객의 인구통계학적 특성이 변화하면서 어떤 몰은 특별한 고객세분시장에 초점을 집중하는 틈새시장 전략(niche strategies)을 채택하였다. 미국 커네티컷주의 Glastonbury의 쇼핑몰인 Somerset Square는 직장여성고객에 집중하는 틈새전략을 취하였다. 이 곳의 27개 점포는 두 개의 식당, 세 개의 아동복 가게와 다양한 여성 의류가게들이 직장여성의 욕구 충족에 초점을 맞추고 있다. Atlanta주의 Greenbriar Mall은 고객의 94%가 흑인임을 파악하고는 오로지 흑인고객의 취향에 맞는 제품구성과 점포 디자인, 백뮤직 등을 구사하는 마케팅전략을 채택하였다.

또 다른 최소화 및 회피전략은 제품을 재포지셔닝(repositioning)하는 것이다. 인구통계학적 특성 변화, 매출 감소, 경쟁심화 등에 직면할 때 재포지셔닝이 사용된다. 1970년대에 Miller 맥주는 "맥주의 샴페인(The Champagne of Beers)" 이란 슬로건 아래 부유층 고객을 표적으로 한 마케팅전략을 구사하였다. 그 결과 시장점유율은 단지 3.4%에 그친 실패작이었다. 그 후 "육체노동자들이 퇴근후 어울려 마시는 맥주" 라는 새로운 컨셉하에 제품을 재포지셔닝하고, "Miller Time"이라는 광고캠페인을 실시하고 육체노동자를 표적으로 한 마케팅전략을 구사한 결과 시장점유율은 단시일내에 22%로 급상승하였다. 제품특징 자체를 새로이 변화함이 없이 이룩한 재포지셔닝의 효과를 극명히 보여주는 사례이다. Kentucky Fried Chicken은 고객들이 점점 건강에 관심이 많아지면서 닭고기의 콜레스테롤을 염려하게 되자 상호를 KFC로 바꾸고, 닭고기 편향의 메뉴를 탈피하여 보다 다양한 메뉴로 재포지셔닝하였다.

때로는 기업이 아무리 노력하더라도 어떤 약점이나 위협요인은 최소화나 회피가 불가능한 경우도 있다. 마케팅전략을 논의할 때 이러한 경우를 기업이 한계점(limitations)을 갖는다고 말한다. 다시 〈표2-3〉의 Bally구두 유통점의 사례로 돌아가 보면, 위협요인 중의 하나가 Bally점포가 위치한 쇼핑몰에 보완재를 판매하는 다른 상점들이 없다는 점이다. 즉 구두를 사는 고객은 양말, 와이셔츠, 장신구, 양복 등 함께 보완적으로 구매할 제품들의 점포가 주위에 있으면 고객의 편의성을 높여 고객의 반복 방문을 촉진하게 되나 Bally점포의 경우는 다수가 그렇지 못하다. 이러한 한계점을 극복하는 방법은 다각화하는 것이다. 즉 단 하나의 제품이나 시장에서 마케팅하는 위험을 줄이는 전략이다. Bally의 경우 보완제 상점이 있는 몰 등에 새로운 점포를 개설할 필요가 있다. 거대 담배제조기업인 Philip Morris나 R.J. Reynols사는 담배의 해로움에 대한 인식이 증대되자 맥주, 냉동식품, 청량음료 등으로 제품다각화전략을 전개하고 있다.

전략포커스 2-1 경영전략, 전쟁논리서 벗어나라

기업의 존재목표는 고객에게 무엇인가를 파는 것이다. 고객이 없는 기업은 죽는다. 따라서 고객이 무엇을 원하느냐에 기업은 항상 관심을 가져야 한다. 많은 업체들이 '고객을 위한 가치창조'를 앞세우고 있는 것도 이 때문이다. 그러나 현실은 다르다. 대부분의 기업이 선호하는 것은 고객 가치보다는 오히려 '세계 최초' '최상의 품질' 등이다. 경쟁사들을 제치고 세계에서 처음 만들었으니, 경쟁사보다 훨씬 품질이 좋은 제품이니 당연히 팔릴 것으로 믿고 있는 듯하다. 그러나 이는 공급자적인 사고일 뿐이다. 고객이 원하는 것은 '최고'나 '최상'이 아니라 자기에게 필요한 것일 뿐이다.

그렇다면 기업이 고객이 원하는 것에는 눈을 감고 경쟁자 죽이기에 몰두하는 이유는 무엇일까. 그렇게 해야 시장을 장악할 수 있다고 주장하는 기존의 경쟁전략론을 익혀온 탓이란 지적이 있다. 1960년대 미국 하버드대학에서 개발돼 지금도 널리 사용하고 있는 'SWOT 분석'을 보자. SWOT는 강점(strengths) 약점(weaknesses) 기회(opportunities) 위협(threats)을 분석해 지금의 상황을 진단하고 가능성을 예측해 보는 전략분석 도구다. 여기서 강점, 약점이란 경쟁사에 비해 어떤 점이 강하고 약한지를 의미한다.

기회와 위협도 경쟁사들의 움직임과 직접 관련이 있다. 경쟁을 대전제로 하고 있어 고객들이 끼어들 여지는 거의 없다. SWOT 분석은 하나의 예에 불과하다. 이후 개발된 'BCG(보스턴컨설팅그룹) 메트릭스' 등 대부분의 전략분석 틀은 레드오션적 시각을 담고 있다. 급기야 1980년대 들어서는 하버드 경영대학원의 마이클 포터 교수에 의해 '전략=경쟁전략'이란 등식이 사실상 확립됐다. "전략 수립의 핵심은 경쟁에 잘

대처하는 것"이란 포터 교수의 핵심 명제는 20여년간 경영자나 전략기획 담당자의 사고에 깊이 각인돼온 것이다.

경쟁전략에서 '고객'을 생각하는 것은 마케팅이나 서비스 담당자들의 몫일 뿐이다. 나이키와 같은 마케팅 회사들이 승승장구할 수 있었던 것은 다른 기업들이 이렇게 '경쟁의 함정'에 빠져 고객을 잊은 탓인지도 모른다. 당대의 두뇌들이 만든 경영전략론이 모두 경쟁의 함정에서 벗어나지 못한 이유는 무엇일까. 무엇보다 기업전략 자체가 적과 싸워 이기는 전쟁전략에서 유래됐기 때문이다.

'전략(strategy)'이라는 용어부터 그렇다. 이 말은 지휘관의 전체적인 용병술을 뜻하는 고대 그리스어 '스트라테지아(strategia)'에서 파생됐다. 본부(headquarters), CEO(Chief Executive Officers) 등 경영에 쓰이는 핵심용어에도 군대냄새가 물씬 거린다. 하버드경영대학원의 고급 경영자 프로그램(AMP)도 제2차 세계대전 중 개설된 전시 경영훈련 프로그램이 그 모태다. 전쟁 관점에서 수립된 전략은 한정적이고 움직이지 않는 영토의 한 조각을 차지하기 위해 적과 대치해 싸우는 행태로 묘사된다. 누군가가 승리하면 반드시 누군가가 패배하는 제로섬 게임이 기본 모델이다.

그러나 시장공간은 영토와 달리 절대 한정적인 것이 아니다. 싸우지 않아도 많은 승자가 나오는 플러스섬 게임으로 발전할 수 있다. 상식으로 돌아가보면 전략의 목표는 더욱 명확해진다. 기업은 어떤 종류든 두 극단의 스펙트럼 사이에 존재한다. 한쪽은 무한한 경쟁자들이 참여하는 '완전경쟁시장'이다. 반대편 끝은 한 업체만 있는 '독점시장'이다. 기업 전략의 목표는 아무 것도 먹을 것이 없는 완전경쟁에서 멀리 떨어져 독점쪽 가까이로 가는 것이다. 기업이 기술을 개발해 특허를 출원하고 브랜드 관리에 많은 투자를 하는 것은 이런 독점적 지위를 차지해 지속적인 고성장을 이루기 위해서다. 전쟁전략의 시각에만 함몰돼 피바다에 머물기보다 블루오션전략을 통해 새로운 시장공간을 창출하기 위한 사고의 전환이 필요한 시점이다.

출처: 한국경제 2005. 6. 20.

제3장

사업영역의 선택

제1절 사업영역(business domain)의 설정
제2절 사업다각화의 기본방향
제3절 기업 아이덴티티와 기업 이미지
제4절 바람직한 기업이미지 구축

기업은 하나 또는 그 이상의 사업단위(business unit)를 가질 수 있다. 사업단위란 고유한 사업개념을 갖고 특정 경쟁자들과의 경쟁 속에서 특정 고객집단을 확보하기 위해 특정 제품이나 서비스를 생산하고 마케팅하는 독립단위이다. 이러한 사업단위는 기업전략수립과 관련해 흔히 전략적 사업단위(strategic business unit: SBU)라고도 한다. 사업단위는 기본적으로 한 제품군을 대상으로 한다. 마케팅전략의 수립 및 실행의 기본 단위는 이 사업단위가 되는 것이다. 그런데 좋은 마케팅전략을 수립하기 위해서는 기업전략 전체의 내실과 기업전체의 아이덴티티의 명확한 설정이 전제되어야 한다. 따라서 본 장에서는 기업전체의 사업영역의 정의, 다각화의 기본방침, 기업이미지의 역할과 구조 등을 논의한다.

제1절 사업영역(business domain)의 설정

1. 사업영역의 개념

사업영역이란 '기업의 사업의 범위와 영역한계' 라고 정의할 수 있다. 즉 현재 및 장래에 기업이 생존하기 위하여 사업을 전개하는 영역의 경계선, 기업의 생존영역을 의미한다고 볼 수 있다. 일반적으로 기업은 여러 개의 사업단위를 가지고 있을 경우 개별 사업 각각의 마케팅전략을 강구하는 동시에 기업의 현재와 장래의 전체적인 모양을 그리는 기업전체의 전략 즉 기업전략을 수립한다. 양자의 관계는 먼저 기업전략을 수립한 후 그 큰 틀 안에서 개별 사업의 전개 방향 즉 개별 사업단위의 마케팅전략을 수립할 수 있다. 반대로 어떤 기업의 경우에는 관련성이 없는 여러 개의 개별 사업을 각각 전개 한 이후에 어느 정도 사업이 확립된 이후에 기업의 전체 모양을 정하는 경우도 많다. 가령 후지필름사가 자사의 기업전략 수립에 있어 사업영역으로 규정한 '정보기록산업' 도 동사가 사진필름산업에서 시작하여 카메라, 오디오테이프, 비디오테이프 등 일련의 사업을 전개한 이후 규정한 것이다. 기업전략의 수립이 우선인가 개별 사업전개가 우선인가 하는 문제를 떠나서 기업의 경영활동을 어떤 방향으로 할 것인가 하는 기업전략을 수립하는데 있어 기업의 전체모습을 묘사하여 제시하는 것이 중요하다.

2. 사업영역의 설정

D.F. Abel과 J.S. Hammond는 기업의 사업영역을 설정하는 틀로서 〈그림3-1〉과 같이 3차원을 제시하였다. 기업이 자사의 사업영역을 설정하기 위해서는 첫째, 어떤 고객집단 (who)의, 둘째, 어떤 니즈(what)에 대하여, 셋째, 어떤 방법·기술(how)로 대응할 것인가를 결정하여야 한다는 것이다. 그런데 사업영역을 설정하기 위해서는 각 차원의 범위(scope)가 결정되어야 할 것이다. 가령 고객집단의 경우에 이것이 한국 전체의 고객인가 혹은 전세계 고객인가를 설정할 필요가 있다. 각 차원의 범위가 결정되면 다음의 작업은 각 차원의 세분화가 필요하다. 고객집단의 경우에 전세계 고객집단은 북미, 유럽, 아시아 등으로 세분되어야 한다. 이와 같이 3차원에 대하여 세분화한 뒤 최종적으로 사업영역을 설정하게 된다. 각 세분 시장을 전부 커버하는 매스마케팅적 설정으로부터 각 차원 하나 하나의 세분에 집중하는 마이크로마케팅적 설정까지 다양한 형태가 가능하다. 가령 극도로 협소한 생존영역을 설정하는 예로는 BMW자동차의 한국이나 일본시장에서의 전략으로 ① 고소득, 고소비의 30대 여피족이라는 특정 고객집단을 상대로, ② 스포츠카 용도도 아니고 세단 용도도 아닌 경우의 승용 용도에 대하여, ③ 고성능엔진, 남부독일의 이미지로 소구하는 한편 독자성으로 대응하는 것을 가미하는 전략을 취하고 있다. 요컨대 기업의 사업영역의설정은 기업의 현재 및 장래에 수행할 사업활동의 범위와 경계선을 결정하는 것으로 동시에 기업의 아이덴티티(정체성)를 나타내준다.

❙그림 3.1❙ 사업영역 설정의 틀

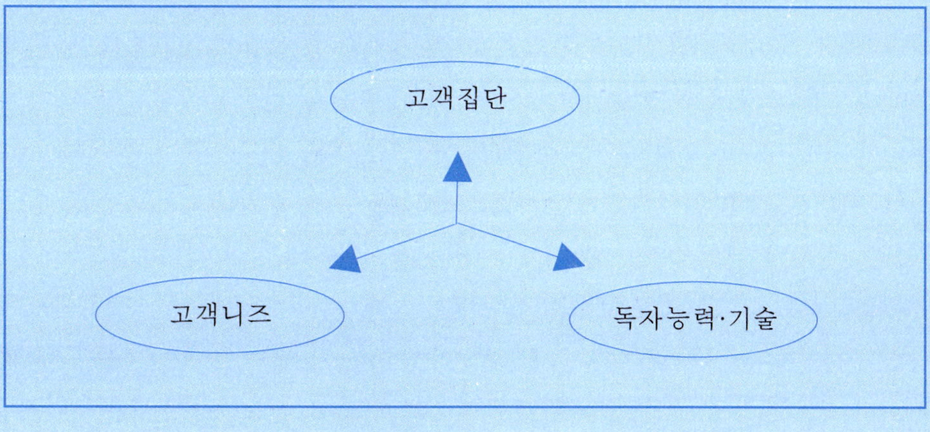

전략포커스 3-1 **SK플래닛, 호핀 · T클라우드로 N스크린 다변화**

SK텔레콤의 플랫폼 사업을 담당하는 자회사 SK플래닛이 모바일 클라우드 컴퓨팅 시스템인 '티(T)클라우드'를 출시하며 N스크린 영역을 확대하기 시작했다. N스크린이란 여러 기기를 연동해 콘텐츠를 끊임없이 보는 서비스를 말한다. 데이터 속도가 빠른 4세대(4G) 롱텀에볼루션(LTE) 시대에는 N스크린이 핵심 서비스로 자리 잡을 것이라는 전망이 나오면서 제조사들도 이를 겨냥한 고화질 대화면 단말기를 속속 출시하는 상황이다.

SK플래닛은 기존 N스크린 서비스인 '호핀'과 더불어 최근 T클라우드를 내놓으면서 크게 3가지 방법으로 N스크린 서비스를 제공하게 됐다고 2011년 10월 2일 밝혔다. 호핀 1세대인 '갤럭시S 호핀'이 스마트폰의 콘텐츠를 TV에서 볼 수 있게 하고, 2세대인 '호핀 애플리케이션'이 저작권이 있는 콘텐츠를 모바일 IPTV 형태로 제공한다면, T클라우드는 콘텐츠를 다양한 기기 · 사람들이 공유할 수 있게 한다는 특징이 있다.

2011년 10월 28일 SK텔레콤이 4G LTE 스마트폰 서비스를 시작하면서 처음으로 공개한 T클라우드는 이용자가 사진 · 음악 · 동영상 · 문서를 여러 기기에서 통합적으로 관리할 수 있는 공간이다. 이용자는 T클라우드에 올린 사진이나 동영상 등을 여러 단말기에서 언제 어디서나 꺼내 볼 수 있는 것은 물론 저작권이 걸려 있지 않은 콘텐츠에 한해 스마트폰 주소록에 있는 지인에게 전송하거나 싸이월드에 올려 친구들과 공유할 수 있다. T클라우드는 SK텔레콤의 스마트폰 주소록 · 문자 데이터 저장 서비스 앱인 '티백 플러스(T bag Plus)'를 업그레이드하면 이용할 수 있다.

앞서 지난 1월 SK텔레콤이 국내 최초로 내세운 N스크린 서비스인 호핀은 스마트폰의 콘텐츠를 TV에서 보는 방법을 제안했지만, 기기 간 콘텐츠 호환성이 제한적이어서 '미완의 N스크린'이라는 평가를 들어야 했다. 호핀은 전용 스마트폰인 삼성전자의 '갤럭시S 호핀'을 '크레들'이라는 거치대에 꽂고 HDMI 단자가 있는 TV에 연결하면 스마트폰에서 보던 콘텐츠를 TV에서도 이어 볼 수 있게 한다. 하지만 서비스를 지원하는 단말기가 갤럭시S 호핀뿐이고 이마저도 크레들이 있어야 스마트폰과 TV간 영상 공유가 이뤄진다는 한계가 있었다.

SK텔레콤은 지난 3월 호핀을 갤럭시S와 갤럭시S 2, 갤럭시탭, 베가레이서 등 다른 단말기에서도 이용할 수 있게 하는 '호핀 앱'을 내놓았다. 호핀 앱은 일종의 콘텐츠 장터다. 이 앱에서 원하는 주문형비디오(VOD)를 선택해 결제하면 호핀 앱이 설치돼 있거나 네이트에 접속할 수 있는 모든 단말기와 PC에서 콘텐츠를 이어서 볼 수 있다. SK플랫폼 관계자는 "소비자가 어떤 방식의 N스크린을 선호하는지 지속적으로 연구하고 다양한 시도를 할 것"이라고 말했다.

출처: 연합뉴스 2011. 10. 2.

제 2 절 사업다각화의 기본방향

기업이 창업된 이후 본업을 뛰어 넘어 사업의 다각화가 진행되는 경우에 그 의사결정을 위한 첫째 기준이 앞에서 논의한 사업영역이 된다. 둘째 기준은 당해 사업의 성장에 의해 배양되는 경영자원의 활용이다. 경영자원이란 경영에 필요한 사람, 물질, 자금, 정보의 총체적인 것이다. 경영자원의 활용을 사업다각화의 판단기준으로 삼을 경우 그것은 본업 의 성장에 의해 축적된 경영자원을 얼마만큼 활용할 수 있을 것인가 하는 데 있다.

1. 경영자원의 활용 전략

R. P. Rumelt의 사업다각화 분석모델을 토대로 할 때 기업의 사업다각화는 ① 본업을 중심으로 한 수직통합 다각화, ② 본업의 경영자원을 최대한 활용하는 집약형 다각화, ③ 본업의 경영자원을 일부 활용하고 다각화과정에서 새로운 경영자원의 축적을 수행하는 연쇄형 다각화의 세 가지 유형으로 나눠볼 수 있다. 여기서 수직통합을 다각화의 하나로 지칭할 것인가 하는 점에 대하여는 논란이 있다. 가령, 수직통합에 의하여 비철금속사업에서 원광석 채굴사업으로 진출한다든지, 혹은 가전제품 제조기업이나 자동차 제조기업 등이 유통판매회사를 전방통합하는 것 등이 있다. 그런데 이러한 본업의 후방 및 전방통합은 사업다각화의 첫 번째 목적인 경영리스크의 분산

이라는 관점에서 볼 때 이에 역행하는 효과를 낳는다. 즉 본업의 집중화 및 통합화에 의해 사업리스크가 확대되는 결과를 낳게 된다. 따라서 다각화의 유형에서 수직적통합은 제외하고 〈그림3-2〉에 나타나 있는 바와 같이 집약형 다각화와 연쇄형 다각화의 두 가지 유형으로 나눠 살펴본다.

|그림 3.2| 집약형 다각화와 연쇄형 다각화

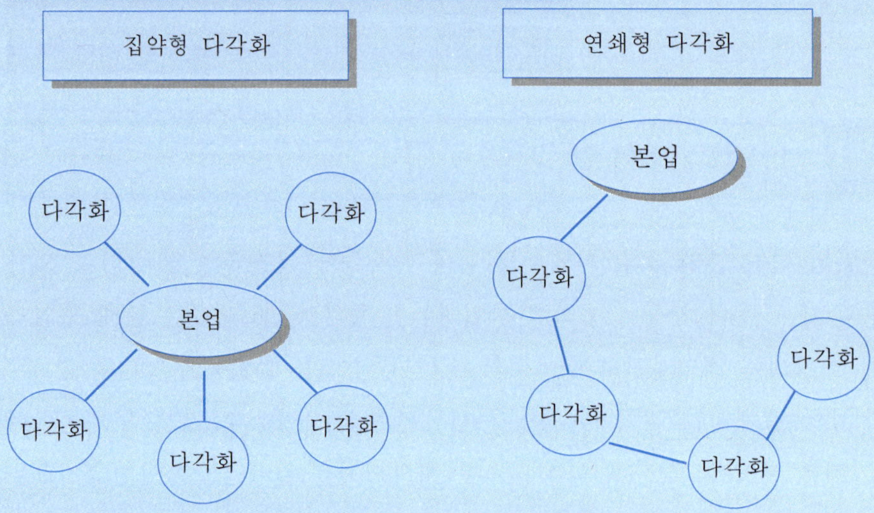

2. 집약형 다각화

집약형 다각화는 본업의 성장에 의하여 축적된 경영자원을 최대한 활용하는 사업다각화 전략이다. 가령 토마토케첩 제조가 본업이었던 오뚜기식품이 토마토케첩 사업을 전개하는 과정에서 배양된 소스에 관련된 노하우, 주부중심의 고객니즈에 대한 이해, 상표자산, 유통망 등을 최대한 활용하여 마요네즈, 식용유, 참기름 등 조미 관련 식품으로 다각화한 것은 경영의 필연적인 결과로 볼 수 있다. 오뚜기의 토마토케첩 사업에서 축적된 상표자산(brand equity)과 유통망은 나머지 사업에서 십분 활용되고 있으며, 상품개발을 뒷받침하는 기술력도 최대한 활용되고 있다. 이에 따라 다수의 실증분석에 의해서도 집약형 다각화가 고수익을 창출하는 다각화방법인 것으로 나타났고 여기서 핵심 개념은 경영자원의 활용에 의한 시너지효과인 것이다.

3. 연쇄형 다각화

연쇄형 다각화는 본업의 경영자원을 일부 활용하여 비관련 사업다각화를 수행하는 것으로, 새로운 다각화사업의 전개 과정에 추가적인 경영자원을 축적하여, 이것을 토대로 하여 또 다른 다각화를 추진한다. 최종적으로는 본업과 유사하되 본업과는 다른 다각화사업이 전개되는 양상을 띤다. 집약형 다각화가 경영자원의 활용도가 높아 기업의 수익성에 공헌하는 것과는 달리 연쇄형 다각화는 시장선택의 자유도가 집약형 다각화에 비해 높아 기업의 성장성에 보다 크게 기여한다.

4. 기업의 아이덴티티 형성

경영자원의 활용도를 기본 축으로 한 사업다각화는 기업의 사업구성의 내용이라는 면에서 사업영역의 설정을 하는데 추가적인 탐색의 노력을 줄일 수 있을 뿐만 아니라, 경영자원의 활용에 의해 기업의 아이덴티티 형성도 수월하다. 즉 집약형 다각화를 하는 경우에는 경영자원의 기술적 측면이나 시장적 측면을 중시한다는 점에서 기업의 사업영역을 일탈하기보다는 강화함으로써 기존의 사업영역을 중심으로 한 아이덴티티 형성에 공헌한다. 한편, 연쇄형 다각화는 경영자원의 기술적 측면이나 시장적 측면의 어느 한편의 연쇄에 의해 '기술지향형' 이나 혹은 '시장지향형' 의 기업 아이덴티티로 구분된다. 또한 각각의 측면에서 기술의 범위 및 시장의 범위에 의해 기업 아이덴티티가 형성된다. 가령, 종가집김치는 한국 국내에서는 주부층이라는 고객집단에 대한 시장 아이덴티티(market identity)를 가지고 있고, 해외시장에서는 세계표준의 김치 제조기법이라는 기술 아이덴티티(technology identity)를 형성하고 있다.

제 3 절 기업 아이덴티티와 기업 이미지

기업 아이덴티티는 기업의 산업계나 사회에서의 존재증명이고, 기업이미지는 일반 대중, 사회, 거래선, 투자가 등이 기업이 발신하는 다양한 정보나 경영활동 등을 토대로 하여 추상화한 기업의 모습이다. 여기서 기업의 존재는 독자적이지 않으면 안 되므로 타 기업과 차별적이어야 한다. 기업의 존재가 독자적이며 타 기업과 차별적이 되는 원천은 일반적으로 기업이념, 기업사명(corporate mission), 사업영역(business domain) 등이다. 그리고 이러한 기업의 고유성에 의해 기업 아이덴티티가 확립되고 기업 이미지가 형성된다.

1. 기업이념

기업이념은 기업이 사회적 존재로서 스스로를 인식하고 자사가 현재 및 장래 사회에서 어떻게 활동하고 존재할 것인가를 규정한 것으로 기업사명이라고도 한다. 미국이나 유럽의 경우, 가령 Revlon의 기업이념은 "We sell lifestyle and self-expression; success and status; memories, hopes and dreams."이다. Disney의 기업이념은 " We create fantasies-a place where Americans still works the way it's supposed to."이고, Wal-Mart의 기업이념은 "We deliver value through low prices to Middle Americans."이며, Home Depot의 기업이념은 "We provide advice and solutions that transform ham-handed homeowners into Mr. and Mrs. Fixits." 로 자사의 독자성이 담겨져 있다. 구미의 기업과는 달리 한국기업의 다수가 '사회에의 공헌, 사회봉사, 가치경영, 정도 경영, 고객을 위한 가치 창조' 등을 제시하고 있고, 개별 기업의 독자성을 명시하는 경우는 흔하지 않다. 그 결과, 한국기업의 경우 각 기업의 아이덴티티를 기업이념에서 규명하는 것은 거의 불가능하다. 따라서 한국기업들은 그간 다양한 업종을 영위하는 대기업집단 그룹을 중심으로 기업이 성장해 온 데 그 원인이 일부 있겠으나 앞으로는 보다 기업의 독자적인 정체성을 담은 기업이념으로 전환할 필요가 있다.

2. 사업영역

기업 아이덴티티의 중요한 원천이 사업영역의 설정이다. 가령 일본의 NEC사의 CI(corporate identity)는 C&C이다. 이는 computing & communicating을 의미하는 것으로 동사의 현재 및 장래의 사업영역으로 컴퓨터와 커뮤니케이션 기능을 가진 제품 및 서비스라는 것을 표명하고 있다. T. Levitt은 "기업은 자사의 사업을 명확히 규정하지 않으면 안 된다(need to identify what business are we in)"고 강조하며 미국의 철도회사가 스스로를 수송산업으로 규정하지 않고, 영화회사가 오락산업이라고 규정하지 않는 것을 marketing myopia (근시안적 마케팅)이라고 비판하였다.

기업의 아이덴티티 형성은 이와 같이 사업영역의 설정이나 경영자원의 중점화의 방향성을 제시하거나 혹은 기업이념의 명확한 표명에 의해 이루어진다.

제 4 절 바람직한 기업이미지 구축

1. 기업이미지의 형성

기업이미지는 특정 기업에 대한 고객 및 소비자 등의 사회전체가 품고 있는 '기업에 관한 마음속의 모습' 으로 다양한 형태의 기업의 발신정보를 고객, 소비자, 사회가 수신함으로써 형성된다. 기업이 발신하는 정보에는 기업이 의도적으로 발신하는 광고, 판촉 등의 정보를 기초로 하여, 제품 및 제품과 관련된 모든 마케팅전략의 구체적 실행수단, 특히 영업사원의 행동이나 사원 전체의 행동 등이 포함된다.

고객, 소비자, 사회 등이 마음속에 그리고 있는 구체적인 기업이미지는 ① 기업의 전략적 측면과 사업 실행적 측면과 직접 결부되는 기업 속성적인 이미지 (속성 이미지)와, ② 이들 여러 가지의 기업속성을 전체적으로 파악하여 (심리학적인 전문용어로 게쉬탈트적으로) 묘사된 의미구성 이미지로 나뉘고, ③ 이러한 이미지에 대하여 좋다 혹은 나쁘다 라는 평가의 측면에서 구성된다.

2. 속성 이미지와 의미구성 이미지

기업의 속성이미지(attribute image)는 인지적 이미지(cognitive image)라고도 하며 가령 '주부층을 대상으로 하고 있다' 라든가, '마케팅에 뛰어나다' 라거나, '기술개발력이 있다' 와 같이 기업의 사업영역이나 경영기능 등과 관련하여 묘사된 기업상이다. 한편, 의미구성 이미지(gestalt image)는 감성이미지(affective image)라고도 하며 기업의 제 활동이 발신하는 정보를 일괄하여 전체적이고 감성적으로 해석하여 형성되는 이미지로, 가령 "다이내믹한 기업이다 '라든가 ' 혁신적인 기업이다 '와 같은 말로 표현되는 이미지이다.

3. 통합적 커뮤니케이션활동의 중요성

기업이미지가 속성적으로 형성되기도 하고 의미구성적으로 형성되기도 하는데 중요한 것은 고객, 소비자, 사회가 가지고 있는 이미지가 기업이 의도하든 않든 간에 기업이 발신하는 정보나 활동에 기초한다는 점이다. 최근 통합적 마케팅커뮤니케이션(integrated marketing communication)의 중요성이 강조되고 있다. 기업의 전반적인 커뮤니케이션 활동이 고객이나 사회에 어떤 이미지를 형성하는 토대가 되는가를 인식하는 것을 기반으로 하여, 기업이 바람직한 이미지를 형성하기 위하여 광고, 홍보, 판촉, 이벤트, 사회봉사, 인적판매노력 등 기업 전체의 커뮤니케이션 활동을 통합하여 관리하여야 한다.

4. 바람직한 기업이미지 형성과 정착

기업은 지속적인 성장을 지향하는 장기적인 사회적 존재이므로 의도적으로 기업이미지를 관리하고 수정하지 않으면 안 된다. 구체적인 실행방안은 첫째로, 자사의 '바람직한 기업상' 을 우선 묘사하여야 한다. 그것은 기업이념을 중심으로 하여 사업영역 및 경영자원의 배분을 중심으로 결정된다. 둘째로, 바람직한 기업상의 강조점이 기업이념, 사업영역, 경영자원의 배분 등에 구체적으로 구현되도록 행동계획이나 투자계획을 작성해야 한다. 가령, 사회봉사라는 경영이념을 강조할 경우, 사회봉사활동

참가제도 등을 제정하여 실행해야 한다. 기술개발을 경영이념으로 강조할 경우에는 단기 및 장기적인 예산계획에 대폭적인 연구개발투자 예산이 확충되어야 한다. 셋째로, 기존에 설정된 바람직한 기업상을 음미하여 그것이 당사의 장래 바람직한 기업상인지를 명확히 검토할 필요가 있다. 넷째로, 바람직한 기업상이 확립된 후 그것을 어떤 커뮤니케이션 채널을 통하여, 어떤 표현방법을 사용하여 전달할 것인가를 선택하고 실행하여야 한다. 마지막으로, 구체적으로 발신된 정보가 고객 및 사회에 의해 수신되어 어떠한 이미지가 형성되었는지를 체크하여야 한다. 즉 정기적인 기업이미지조사가 실행될 필요가 있다. 기업 이미지조사의 결과가 바람직한 기업상과 괴리가 있을 때에는 그 원인을 규명하여 시정하지 않으면 안된다.

바람직한 기업상을 기업 이미지로 정착시키는 것은 매우 어려운 작업이다. 속성 이미지의 경우에 가령, '기술개발력이 있다' 라고 표현되려면 연구개발투자가 선행되어야 하고, 고품질의 신제품이 출시되어야 한다. 더욱 어려운 것은 의미구성 이미지 측면인데 가령, '다이내믹한 기업이다' 라고 표현되려면 구체적으로 기업의 어떤 활동이나 어떤 발신정보가 발생하여 이러한 이미지를 형성할 것인가를 규명하는 것이 쉬운 일이 아니다. 그럼에도 불구하고 기업은 자사의 아이덴티티를 명료히 하고, 바람직한 기업상을 묘사하고, 고객 및 사회에게 의도한 기업 이미지를 제시하지 않으면 안 된다.

사례 1 다이아몬드 모델로 분석한 한류의 경쟁력[1)]

필자가 몇 년 전 베트남을 방문했을 때의 일이다. 저녁 식사 후 황금 시간대에 길거리가 한산하길래 왜 그러냐고 현지인에게 물었다. 돌아온 답은 "한국 드라마가 방영되는 시간이기 때문"이었다. 일본을 방문했을 때 책방이나 DVD 가게에 사람이 유난히 많은 곳은 한국 제품을 따로 파는 코너였다. 일본의 국영 방송국인 NHK를 방문해보니 한국 드라마의 포스터가 가장 잘 보이는 곳에 붙어있었다. 이처럼 한류는 해외에서 생각 이상으로 중요한 자리매김을 하고 있다.

한류는 1990년대 후반 한국 드라마가 중국에서 인기를 얻으면서 중국 언론에서 사용하기 시작한 단어다. 2000년대 이후, 한류는 단편적인 문화상품을 넘어 한국 경제에 지대한 영향을 끼치는 원동력으로 작용하고 있다. 한류의 역량은 새로운 가치 창출과 산업 개발, 국가적으로는 '대한민국' 이란 브랜드의 국제적 가치를 높이는 데까지 확대되고 있다.

한류가 일시적 현상에 불과하다는 주장도 있지만 한류의 경쟁력을 따져보면 결코 단편적이고 일시적이지 않다. 이는 그간 한류에 관한 많은 글이 한류를 단편적으로 분석한 탓이 크다. 이번 글에서는 한류의 지속적인 발전 및 파급효과를 일으키는 한류의 경쟁력 요소에 대한 심도 있는 분석을 해 보겠다.

필자는 DBR 77호에 게재된 '산타…로미오…노아의 방주…스토리가 관광이다' 에서 한국 관광산업 발전을 위해 스토리텔링을 통한 '창조된 우위' 가 중요하다고 강조한 바 있다. 한류도 마찬가지다. 스토리텔링을 통해 새롭게 창조된 '한류' 는 국가 경제에 큰 파급 효과를 불러일으키는 관광 산업의 중요 원동력이 될 것이다.

한류의 경쟁력을 분석하기 위해 마이클 포터 교수의 다이아몬드 모델(DBR 44호의 '한국인이 검토해야 할 다이아몬드 모델' 참고)을 활용해 심도 있는 분석을 한 후 한류에 대한 중요한 시사점을 도출하고자 한다. 한류의 경쟁력을 구성하는 주요 요소를 다이아몬드의 4개 꼭지점의 하위분류로 나누어 생산 조건에는 배우들의 매력적인 외모와 연기력을, 수요 조건에는 시장 크기와 세련도를, 관련 산업(분야)에는 특수 효과

---

1) 출처: 문휘창 서울대교수, DBR 2011년 6월호. 본 사례의 전재를 쾌히 승낙해주신 원저자와 판권자께 감사드립니다.

및 투자 비용을, 경영 여건에는 영화나 드라마의 내용 및 경쟁을 변수로 분석했다. (그림 1)

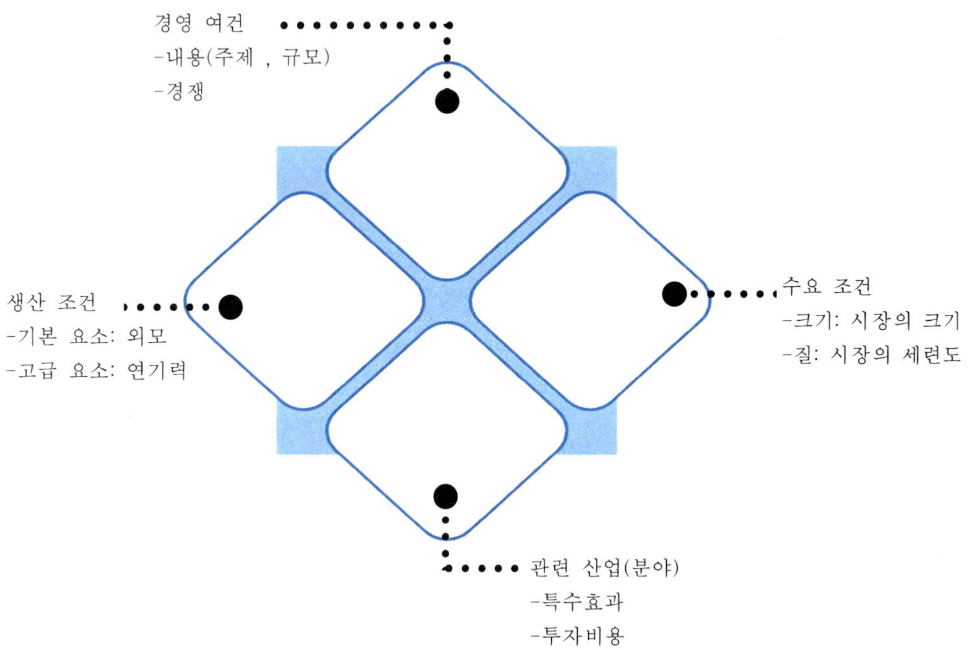

그 림 1 한국영화및 드라마의 다이아몬드 모델분석

생산 조건: 배우들의 외모와 연기력

뉴욕타임스(NYT, 2004), 워싱턴 포스트(Washington Post, 2006) 등 많은 해외 언론들은 한류의 경쟁력이 배우들의 외모에서 나온다고 평가했다. 특히 한국 남자 배우들은 잘 생겼고 키도 크다. 필자는 서울대 국제대학원의 한 · 중 · 일 학생 몇 명을 무작위로 선택, 그들에게 각국에서 제일 유명하다고 생각하는 남자배우들의 이름을 5명 적어 달라고 했다. 학생들이 뽑은 배우들의 사진, 나이, 키를 비교해 보니 해외 언론들이 언급한 것처럼 한국 배우들이 상대적으로 잘 생기고 키도 크다는 점을 확실히 알 수 있었다.(그림 2)

배우들의 뛰어난 외모보다 더 중요한 건 연기력이다. 연기력은 주관적인 항목이어서 객관적으로 배우들의 연기력을 평가할 수 있는 기준을 찾기가 쉽지 않다. 따라서 배우들의 연기력이 뛰어날 경우 국제 영화제에서 주요 부문 상을 수상한다는 가정을 전제로 했다. 이에 따라 한류가 부상하던 2002년부터 가장 최근인 2010년까지 세계 4대 영화제인 프랑스 칸, 독일 베를린, 이탈리아 베니스, 러시아 모스크바 영화제에서 주요상을 수상한 한·중·일의 영화를 분석했다.

그림 2 한·중·일 인기배우 비교

그 결과, 지금까지 한국은 11개, 중국은 8개, 일본은 3개를 수상해 한국 감독이나 배우들이 실제로 중국이나 일본보다 더 많은 상을 수상했다는 점을 알 수 있다. 또한 한국은 이들 4대 영화제에서 골고루 주요 상을 수상했다.(표 1) 따라서 한국 배우들이 외모뿐 아니라 연기력도 뛰어나다는 점을 알 수 있다.

수요 조건: 시장의 크기와 세련도(質)

많은 사람들이 한국 인구가 약 5000만 명이라는 사실 때문에 한국 시장의 크기가 작다고 한다. 그러나 한국의 영화 및 드라마 시장은 미국에 이어 세계 2위의 연예·오락 산업국인 일본과 비교해봐도 뒤지지 않는다. 일본인의 1인당 영화관 방문수는 1.30회로 세계 12위다. 한국인은 1인당 3.22회로 세계 3위다. 즉 1인당 관람하는 영화의 수가 많기 때문에 인구 수에 관계없이 한국 시장은 상당한 규모다.

세계적인 관심을 끌었던 영화 아바타(Avatar)의 세계 각국 수익을 살펴보자. 한국은 1억 500만 달러로 세계 8위였다. 한국보다 상위에 있는 나라인 프랑스(3위), 영국(5위), 러시아(6위)는 모두 주변 국가를 포함한 수익이다(프랑스는 알제리, 모로코, 모나코 및 튀니지를, 영국은 아일랜드와 몰타를, 러시아는 구소련 연방 국가를 포함했다). 인구와 소득 수준을 고려한 단독 국가의 개념으로 비교해보면 한국 영화 시장이 상당한 규모임을 알 수 있다.

또한 한국 시장은 유행에 민감하고 다이내믹해서 시장의 세련도(質)가 높다. 그 어느 나라에서 한 달도 채 안 되는 짧은 기간에 총 인구의 5분의 1인이 넘는 1000만 명 이상의 관객을 동원할 수 있는가? 한국에서는 이런 현상이 가능하다. 일단 재미있고 좋은 영화나 드라마라는 소문이 나면, 수많은 관객이 한꺼번에 몰린다. 많은 이들은 자신이 좋아하는 영화나 드라마를 다운받아 컴퓨터나 스마트폰 등에 저장한 후, 지하철이나 버스 등에서 시간이 날 때마다 시청한다. 이는 한국 영화의 경쟁력을 높이는 데 중요한 역할을 하고 있다.

	칸 국제영화제	베를린 국제영화제	베니스 국제영화제	모스크바 국제영화제
2010	• Award for best Screenplay:Poetry (한국)			
2009	• Award for best Screenplay:Spring Fever(중국) • Jury Prize Ex-aequo:Bak-Jwi (This)(한국)			영화제 수상 횟수 한국:11회 중국:8회 일본:3회
2008		• Sliver Bear for BestScript: In Love We Trust(중국)		
2007	• Grand Prix :The Mouring Forest(일본) • Award for best Actress:Secret Sunshine(한국)	• Golden Bear:Tuya'Marriage (중국) • Alfred-Bauer Prize:I'm A Cyborg,But That's Ok(한국)		
2006			• Golden Lion for best flim:Still Life(중국)	

2005	• Jury Prize:Shanghai Dream(중국)	• Jury Grand Prix-Silver Beer:Peacock(중국)		
2004	• Grand Prix:Old Boy(한국) • Award for best Actor:Dreamo Shiranai(Nobody Knows)(일본)	• Silver Bear for Best Director:Samria(한국)	• FIPRESCI Award:3-Iron(한국)	
2003		• Silver Bear for an outstanding artistic contribution:Blind Shaft(중국) • Alfred-Bauer Prize:Hero(중국)		• Silver st George:Save the green planet!(한국)
2002	• Award for Best Director Ex-aequo:Chihwaseon (한국)		• Award for Best New Young Actor:Oasis(한국) • Special Award for Director:Oasis(한국)	• Silver st George:Blue(일본)

자료출처:1)www.festival-cannes.com,2)www.berlinale.de,)www.labiennale.org 4)www.moscowfilmfestical.ru
주의: 2)각 영화제의 주요상만 다루었음. 2)영화의국적은 감독의 국적을 따랐음.

| 표 1 | 한 · 중 · 일 영화의 국제영화제 수상내역

관련 산업 및 분야: 특수 효과와 투자 비용

최근 영화의 현실성과 사실성이 부각되면서 특수 효과의 중요성도 커지고 있다. 괴물 및 해운대와 같은 초대박 영화에서 보듯 특수 효과가 영화의 흥행을 좌우할 때도 많다. 고도의 기술을 기반으로 하는 한국의 컴퓨터 그래픽(Computer Graphic, CG) 기술은 미국, 캐나다와 싱가포르 같은 국가들에도 영향을 주고 있다.

한국 CG 관계회사들은 영화 선진국이며 각종 특수 효과의 메카라고 불리는 미국 할리우드의 CG시장에 진출해 2009년 미국시장의 10%를 점유, 2008년 수입의 약 12배에 이르는 돈을 벌어들였다고 한다. 한국의 CG 산업은 현재 세계적으로도 정평이 나있으며 관련 기술도 날로 발전하고 있다.

특수 효과와 더불어 현실감을 극대화하기 위해 때로는 배우들이 위험을 무릅쓰고 실사 촬영을 하기도 한다. 2010년 최고 인기 드라마로 꼽히는 KBS의 '추노' 에서는 주인공인 오지호가 뱀을 잡아먹는 장면이 나온다. 화면을 자세히 보면 진짜 뱀이 오지호의 손에서 살아 움직이는 모습을 볼 수 있다.

최근 한국에서는 영화나 드라마 제작에 많은 막대한 비용을 투자한 블록버스터형 드라마가 많이 생겨나고 있다. 연예·오락 산업의 대국인 일본과 비교해도 투자금이 뒤지지 않는 경우가 많다. 추노는 총 150억 원, 아이리스는 무려 200억 원이 투입됐다. 특수 효과 및 막대한 투자 비용은 한국 영화와 드라마의 경쟁력을 강화시켜 주는 중요한 요소다.

경영 여건: 내용 및 경쟁

한국 영화와 드라마의 경영 여건 또한 뛰어나다. 일단 줄거리가 매우 다양해 많은 나라의 다양한 연령대의 시청자에게 효과적으로 어필할 수 있다. 일본에서는 많은 중년 여성 시청자들이 겨울 연가(Winter Sonata)에 열광했다. 멋진 배우들이 낭만적 스토리를 바탕으로 실제 연인들처럼 연기한 애절함이 이들에게 어필했기 때문이다. 대만과 홍콩에서는 화려한 의상, 실제 음식, 흥미진진한 내용을 담고 있는 대장금(Dae Jang Geum[Jewel in the Palace])이 인기를 끌었다.

여권(女權)이 상대적으로 많이 신장돼 있는 중국에서는 과거 한국의 가부장제를 과장 및 희화화한 대발이 아버지를 등장시킨 '사랑이 뭐길래'와 같은 드라마가 많은 중국 남성들로부터 사랑을 받았다. 우리나라처럼 전쟁을 겪은 베트남 사람들은 가족의 가치를 매우 중시하기 때문에 가족 간의 얘기를 주제로 한 드라마나 영화가 특히 인기가 있다.

동남아의 많은 나라에서는 특정 계절을 중심으로 이야기를 전개한 '가을 동화'와 '겨울 연가'가 많은 사랑을 받았다. 아열대 및 열대 기후인 이들 나라에서는 한국의 단풍과 설경이라는 소재 자체가 너무나도 이국적이고 아름답다는 평가가 많았다. 실제로 그 이국적인 풍경이 드라마의 줄거리와도 조화를 잘 이뤘다. 이 외에도 해외의 한국영화 및 드라마 마니아들은 한국영화와 드라마가 맛있는 음식처럼 맛깔스럽고, 사랑스러우며, 매회 드라마가 끝날 때마다 더 보고 싶게끔 만드는 무언가가 있다고 평가한다.

한국 영화는 드라마보다 훨씬 다양한 내용을 다루고 있다. 남북한의 갈등을 그린 'JSA'와 '쉬리', 알츠하이머병을 주제로 슬픈 사랑 이야기를 다룬 '내 머리 속의 지우

개', 청춘 남녀의 관계를 재미있고 재치 있게 그린 '엽기적인 그녀', 반전의 묘미와 짙은 폭력성을 담은 '올드보이' '친절한 금자씨' '복수는 나의 것', 한국 음식을 소재로 한 '식객' 등은 각기 다른 여러 국가에서 많은 사랑을 받았다.

이러한 다양한 영화와 드라마가 많이 제작되기에 한국 영화 및 드라마 시장에서의 경쟁은 매우 치열하다. 해외 수출되기 전 내수 시장에서 치열한 검증을 거친다는 뜻이다. 한국 내 드라마 시장의 경쟁 정도를 드라마 왕국이라고 불리는 이웃나라 일본과 비교하면 확실히 알 수 있다. 한국의 한달 드라마 제작 편수는 일본보다 적지만(한국 20편, 일본 35편), 1인당 드라마 수로 비교하면 한국이 더 많다(한국인구 4000만 명, 일본인구 1억2700만 명).

드라마의 방영 수도 마찬가지다. 한 달 기준 드라마 방영 수는 한국이 일본보다 앞선다(한국 64편, 일본 60편). 1인당 방영 편수도 한국이 더 많다. 이는 국가별 드라마 방영 방식과도 관계가 많다. 일본은 일주일에 한 편씩 방영되는 드라마가 많은 반면, 한국은 일주일에 두 번 이상 방영하는 드라마가 많다. 1년을 기준으로 봐도 한국에서 방영되는 드라마의 수가 일본보다 많다.

TV에 방영되는 프로그램 전체 시청률의 순위를 살펴보면 한국인들이 얼마나 많은 드라마를 보는지 알 수 있다. 한국에서는 TOP 10 중 드라마가 무려 7편이다. 일본에서는 겨우 2편의 드라마만이 10위권 안에 들어있다. 시청률도 마찬가지다. 한국의 시청률 1위 드라마는 시청률이 31.8%다. 반면 일본의 1위 드라마는 겨우 19.8%다. 한국의 시청률 10위 드라마의 17.8%보다 조금 더 높은 수준이다.

이러한 상황을 종합해 보면 한국 드라마가 얼마나 치열하게 경쟁하는지 알 수 있다. 특히 한국에서 시청자에게 많은 인기를 끌지 못하는 드라마는 곧바로 종영돼 새로운 드라마로 대체된다. 경쟁력 있는 시장이 창출될 수밖에 없는 토양이다.

'한류 경쟁력'의 뿌리를 더 깊고 넓게…

지금까지 한류, 특히 드라마와 영화의 경쟁력을 다이아몬드 모델로 체계적으로 정리해 분석해봤다. 그 결과, 한류 경쟁력의 원천은 어느 한두 가지에 치우쳐 있는 게 아니라 여러 면에서 복합적 경쟁력을 지녔음을 알 수 있다. 기존 연구나 일간지는 어느 한 부분만 논하는 경향이 있지만 한류의 경쟁력은 근본적으로 매우 포괄적인 강점을 가지고 있다. 한류가 결코 단편적이고 일시적인 현상이 아닌 이유다. 이제 한류는 아시아 지역을 넘어 유럽, 미국, 남미로도 확대되고 있다. 또한 한류는 외국의 현지 문화와 경제에 더 깊숙이 영향을 미치고 있다. 일본에서는 침체돼 있던 현지 드라마 산업을 자극시켰다. 일본의 NHK는 2004년 아테네 올림픽 당시 올림픽 중계보다 한국 드라마 방영에 힘썼을 정도다.

얼마 전 파리 한복판에서는 300여 명의 프랑스 인들이 'SM 라이브' 콘서트를 연장해 달라며 파리 한 가운데서 한국 노래를 부르고 춤을 추는 이색 시위를 벌였다. 우리가 한류 경쟁력의 뿌리를 더 깊고 넓게 만든다면 이런 일이 더 자주 일어나도록 만들 수 있다.

토론문제: 다이아몬드 모델로 분석해 본 한류의 경쟁력 요인은?

시사점:

- 생산 조건: 외모와 연기력 등의 측면에서 한국 배우들은 다른 아시아권 배우들보다 경쟁력을 인정받고 있다.
- 수요 조건: 한국의 인구는 몇 억 명에 달하는 인구 대국과 비교할 정도가 아니지만 1인당 관람하는 영화의 수가 많기에 상당한 시장 규모를 이루고 있다.
- 관련 산업 및 분야 조건: 한국의 컴퓨터 그래픽(Computer Graphic, CG) 기술은 미국 등 선진국으로 수출될 정도로 뛰어나고, 드라마 한 편의 제작비 또한 매우 높다.
- 경영 조건: 한국 드라마는 많은 나라의 다양한 시청자를 만족시킬 정도로 줄거리와 소재가 다양하다. 드라마나 영화의 방영 횟수가 워낙 많아 내수 시장에서의 경쟁도 치열하다. 즉 해외로 수출되는 드라마나 영화는 이미 한국 시장에서 검증을 거친 우수한 작품일 때가 많다.

제4장

표적시장의 선택

제 1 절 표적시장과 시장세분화

원래 표적이라 하면 사격이나 국궁 혹은 양궁을 할 때 일정한 거리에 두고 이곳에 탄환이나 화살을 적중시키기 위해 사용하는 원형으로 된 표지판을 말한다. 마케팅에서는 표적의 의미는 전체 시장 중에서 특정한 시장범위를 정하고 이 안에서 마케팅 제 활동을 투입시키는 대상을 말한다. 즉 표적시장(target market)은 시장의 전체 가운데 기업이 목표로 하는 한정된 시장공간을 말하고, 타깃 마케팅(target marketing)은 전체 시장 중에서 한정된 시장공간을 선택하여 그 시장공간에 탄환이나 화살 즉 마케팅 노력을 쏟아 붓는 것을 말한다. 요컨대 타깃 마케팅은 엄밀히 말해서 집중형 마케팅(focused marketing)을 말하는 것이며 시장공간 전체 중에서 특정한 한정된 시장공간을 선택하여 그 선택된 시장공간을 대상으로 집중적으로 마케팅활동을 수행하는 것이다.

1. 시장공간 선택의 분류

기업이 마케팅활동을 수행할 대상으로서의 시장공간을 선택하는 방법으로는 ① 시장공간 전체를 대상으로 하는 매스 마케팅(mass marketing), ② 시장공간을 세분화하여 각각의 세분시장을 타깃으로 하는 차별화 마케팅(differentiated marketing), ③ 세분화된 시장공간 중에서 하나의 세분시장을 선택하는 집중형 마케팅(focused marketing), ④ 개개인 고객을 개별적으로 대응하는 맞춤 마케팅(tailored marketing), 혹은 다른 표현으로 일대일 마케팅(one-to-one marketing) 등으로 분류된다. 그리고 매스 마케팅과 일대일 마케팅의 중간선상에서 전개되는 마케팅의 토대가 되는 것이 시장세분화(market segmentation)이다.

2. 매스마케팅

현대 마케팅시대 이전의 물물교환과 같은 상거래행위는 기본적으로 일대일이었다. 그후 소재산업이 가공산업과 거래할 때 비로소 특정소수의 고객과 거래하는 경우가 많아졌다. 매스 마케팅은 대량생산, 대량유통, 대량소비라는 배경을 전제로 한 근대

문명사회의 도래와 더불어 생긴 새로운 거래형태이며 대중소비사회의 형성이라는 상황하에 소비재시장에 고유한 거래형태이다.

가령 우리나라의 전통적인 식품인 김치는 원래 각 가정에서 생산되어 소비되어온 상품이었다. 그 후 김치제조업자가 탄생하고 김치가 시장에서 거래하는 상품이 되었다. 오늘날의 김치의 판매에서 나타나는 매스 마케팅 현상도 그리 오랜된 일은 아니다. 김치의 매스 마케팅이 탄생한 직접적인 계기는 김치의 패키지화 즉 포장화였다. 즉 포장단위별로 김치의 품질이 균등화되고 브랜드화가 이루어졌다. 즉 상품의 품질의 균등화 및 브랜드화가 이루어지면서 처음으로 전국 규모의 유명 브랜드(national brand)의 마케팅 즉 매스 마케팅 전개의 구비조건이 갖추어졌다. 이런 측면에서 보면 야채등 신선식품의 매스 마케팅에는 어려움이 따른다. 신선식품의 브랜드화, 매스 마케팅의 전개 초기의 예로는 미국 캘리포니아주의 오렌지 브랜드인 Sun Kissed를 들 수 있다.

매스 마케팅은 상품품질의 균등화 및 브랜드화를 전제로 한 유명 브랜드의 마케팅으로 전개되어 소비재시장의 가공식품, 일용잡화, 가전제품, 승용차 등의 분야를 중심으로 지대한 성공을 거두어 왔다. 매스 마케팅의 시대에는 대량광고 및 대량유통에 중점을 두며 특히 시장의 성숙기에는 품질의 안정화, 대량생산에 의한 단위당 비용의 절감, 대량유통에 의한 유통커버리지의 확대, 입수용이성의 확대가 성공조건이 되었다.

3. 매스마케팅에서 시장세분화로

시장의 성장후기에는 '만들면 팔린다' 는 가설은 효력을 잃게 된다. '판매 상대방에 관하여 아는 것' 이 중요하게 되었다. 매스 마케팅은 기본적으로 불특정 다수를 상대로 하여 마케팅하는 것이다. 그런데 거기다가 상대방에 대한 지식이 중요하게 된 것이다. 즉 매스 마케팅을 하면서도 불특정 다수의 고객의 평균적인 개인특성 및 행동특성을 파악하는 것이 중요하게 되었다. 매스 마케팅을 전개하면서 고객의 프로필을 아는 것이 중요하다는 것이 인식되면서 왕성한 소비자조사가 수행되고 표적시장 고객의 선호와 취향, 구매행동을 토대로 한 마케팅의 필요성이 인식되었다. 즉 소비자들을 일원적으로 보면 안 된다는 사실과 시장세분화의 필요성이 절감되었다.

제 2 절 시장세분화 원리의 발전

1. 이질수요의 결합체로서의 시장

시장공간을 세분화하는 것의 전제는 시장이 하나가 아니다, 시장수요가 동질적이지 않다는 것이다. 즉 하나의 시장공간을 파악할 때 그것을 이질수요의 결합체로서 인식하는 것이 시장세분화의 출발점이다. 시장세분화의 기본원리는 '다르면서 같다' 는 것이다. 즉 세분화된 시장간에는 소비자수요, 소비자특성, 행동패턴 등이 확연하게 다르지만, 동일세분시장 내에서는 이들이 유사하다. P. Kotler와 G. Armstrong은 세분화된 시장세그멘트의 유효성의 조건으로 ① 측정가능성, ② 도달가능성, ③ 유지가능성, ④ 실행가능성의 4가지를 제시하였다. 이를 자세히 살펴보면 측정가능성은 시장세그멘트의 규모나 구매력을 용이하게 측정할 수 있어야 한다는 것이다. 도달가능성은 발신하는 마케팅수단이 시장세그멘트에 용이하게 도달될 수 있어야 한다는 것이다. 유지가능성은 시장세그멘트의 규모가 충분한 이익을 거둘 수 있을 만큼의 규모가 되어야 한다는 것이다. 실행가능성은 세분화된 시장세그멘트를 활용하여 효과적인 마케팅 프로그램을 실행할 수 있는가 하는 점이다.

2. 시장세분화의 보급

일단 시장공간의 전체가 세분화되면 그것은 불특정다수의 동질적 수요에 대응해 온 매스 마케팅과 결별하고 세분화 마케팅(segment marketing)을 실행하게 된다. 1960년대에 미국의 마케팅학자들이 왕성히 시장세분화를 주창한 이후 우리나라에도 1980년대 들어 본격적으로 마케팅학자들이 그 개념과 기법을 소개하였으나, 우리나라의 소비재기업의 반응은 다수가 '개념은 이해하되 실행은 않는' 것이었다. 1990년대 들어 우리나라 소비자의 개성화와 다양화가 진행되고, 소비수요가 동질적 수요에서 이질적 수요로 전환됨을 기업들이 실감하면서 본격적인 시장세분화가 채용되었다. 그리고 시장세분화 및 표적시장 선택의 구체적인 전략 대안으로서 전술한 차별화 마케팅과 집중형 마케팅이 실행되었다.

차별화 마케팅의 전형적인 예로는 자동차 제조기업의 제품라인을 들 수 있다. 가령 현대자동차의 승용차 제품라인은 에쿠스, 그랜저, 마르샤, 소나타, 아반떼, 엑센트, 아토스 등으로 구성되어 있다. 소득, 생애주기(life cycle stage), 및 라이프스타일 등을 기준으로 승용차시장을 세분화하여 각각의 세분시장에 대응하여 각 브랜드의 모델을 제작하고 전략을 수행한다. 이러한 세분화 마케팅의 원형은 미국의 자동차 제조기업인데 이들의 시장세분화의 기준은 사회계층이었다. 즉 차별화 마케팅은 시장세분화를 전제로 하여 전 시장공간에 대응하는 것이 아니라 각각의 세분시장에 대응하여 각각의 마케팅계획을 작성하여 복수의 마케팅계획을 실행함으로써 전체 시장공간을 아우르는 전략이다. 한편 집중형 마케팅은 특정한 세분시장에 집중함으로써 전체 시장의 일부를 공략하는 전략이다.

제 3 절 시장세분화의 기준

시장세분화가 성숙수요에 대응한 필연적인 해답이라면 마케팅전략의 수행을 위해서는 시장세분화의 기준은 무엇인가를 이해하지 않으면 안 된다. 시장세분화의 기본적인 축은 ① 인구통계적 특성(demographic traits)과 ② 사회심리적 특성(psychographic traits)이다.

1. 인구통계적 특성에 의한 시장세분화

인구통계적 특성을 나타내는 전형적인 지표는 나이, 성별, 소득, 학력, 직업 등이다. 인구통계적 특성은 일반적으로 ① 귀속특성(ascribed traits)과 ② 달성특성(achieved traits)으로 분류되는데 전자는 연령이나 성별 등 소비자가 출생하면서부터 가지고 있는 특성이고, 후자는 학력이나 소득 등과 같이 소비자가 출생한 후에 스스로의 노력으로 달성한 특성이다. 이러한 분류가 왜 필요한가 하면 귀속특성은 소비자가 어떠한 환경아래에서도 변화하지 않는 특성으로 고정적인데 비하여 (극히 예외적으로 최근 성전환 수술에 의해 성별이 바뀐 성전환자(trans gender)의 경우도 존재함), 성취특성은 소비자가 직면한 환경이나 상황에 의해 변화되는 특성이다.

인구통계적 특성을 이용한 개념으로 전형적인 것은 SEC(사회경제특성(social economic characteristics))이다. 이는 미국의 경우 소득, 학력, 직업의 세 가지 변수에 의하여 규정된다. 그리고 SEC에 의해 규정된 시장세분화의 개념이 사회계층(social class)이다. 사회계층이라는 개념은 그 구성변수가 SEC라고 하는 달성특성변수로 미국에서 상당히 유력한 시장세분화의 기준으로 사용되고 있다. 사회계층 개념은 그 시사점이 국가별로 다소 상이하다. 일본의 경우 2차대전 이후 소득격차가 축소되고 전반적인 고학력화가 진행되고 봉급생활가구의 비율이 높아지고 전체 국민 중 자신을 중류라고 의식하는 비율이 다수인 점 등을 감안할 때 사회계층이 미국에서만큼 유력한 시장세분화의 기준이 되지 못한다. 우리나라의 경우 이점에서 미국과 일본의 중간위치에 있는 것으로 볼 수 있다. 최근 IMF경제위기 이후 우리나라 소득계층간의 격차가 다소 확대되는 경향이 있어 사회계층의 시장세분화 기준으로서의 유용성이 결코 적지 않다.

인구통계변수는 성별, 나이, 생애주기 등으로 시장세분화 기준으로서의 의미가 크다. 가령 성별의 경우를 보면 오늘날 유니섹스의 풍조가 없지 않지만 란제리, 파운데이션, 의류 등의 제품구매에 있어서 확연하게 성별간에 차이가 있다. 또한 연령의 경우에도 인터넷의 성장과 함께 자라난 N세대와 60대 이후의 실버족 사이에는 생활스타일, 가치관, 구매품목 등에 차이가 있다.

생애주기(life stage) 개념은 〈그림4-1〉에서 보는 바와 같이 소비자의 가족형성을 중심축으로 한 개념으로 ① 가족 미형성기(독신기), ② 가족 형성기, ③ 가족 독립기(자녀가 가족을 떠나 독립하는 시기)로 분류할 수가 있다. 소비자의 구매패턴은 가족 미형성기와 가족 형성기간에 확연히 차이가 있다. 이 중 역시 가장 대규모의 세분시장은 가족형성기 시장으로 이를 주목하지 않을 수 없다.

▌그림 4.1▌ 생애주기

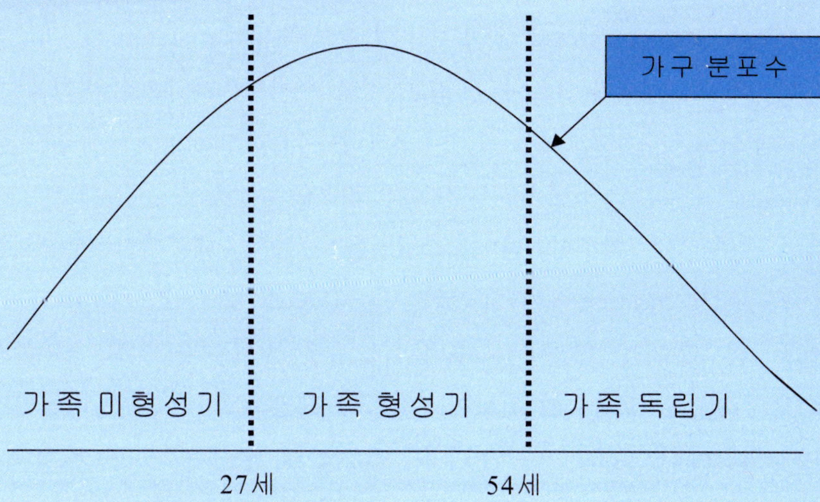

2. 라이프스타일에 의한 시장세분화

인구통계변수를 토대로 한 시장세분화, 사회계층을 토대로 한 시장세분화에 대하여 1960년대부터 미국에서는 커다란 반성이 제기되었다. 가령 링컨 컨티넨탈이라는 고급 브랜드의 자동차를 특정 계층뿐만이 아닌 다양한 계층의 소비자가 구입하고, 고학력, 고소득의 변호사 및 의사 등의 소비자도 빈번히 할인점을 활용하는 현상은 사회계층에 의한 시장세분화로는 설명하기 어려운 점이다. 요컨대 ① 동일한 사회계층 내에도 이질적인 욕구, 이질적인 구매행동이 관찰되고, ② 상이한 사회계층을 뛰어넘어 유사한 구매행동이 발견되는 것을 설명해야 하는 문제가 부상하였다. 미국, 일본 등 선진국이 경우 특히 전후에 사회계층의 개념이 약화되면서 인구통계변수에 의한 시장세분화의 유용성이 급격히 저하되고 있고 우리나라의 경우에도 정도의 차이가 있을 뿐이지 이 점에서 무관하지 않다. 이러한 점에서 부상한 것이 라이프스타일이라는 새로운 시장세분화의 축이다.

라이프스타일은 '소비자의 인생 가치관을 토대로 하여 형성된 인생 행동체계와 생활의 패턴 및 생활양식'으로 정의할 수 있다. 즉 소비자의 라이프스타일은 소비자의 가치관 심리적, 사회적, 행동적 측면에 의해 형성되므로 소비자의 인구통계적 특성과 개념적으로 직접적인 관계가 없다. 또한 라이프스타일의 구체적인 측정척도를 사이코그래픽스(psychographics)라고 하며, 가령 AIO측정척도 (attitude, interest, opinion)등이 그 대표적 예이다. 여기서 중요한 것은 라이프스타일은 소비자의 특성을 나타내는 개념이고, 사이코그래픽스는 데모그래픽스(demographics)에 대비되는 측정척도이다.

사이코그래픽 변수군에 의하여 라이프스타일을 추출한 대표적인 분류체계는 SRI(Stanford Research Institute)에서 고안한 VALS(Value and Lifestyles)이다. 이 VALS에는 초창기의 VALS1, 1988년에 수정되어 나온 VALS2가 있고, SRI에서는 VALS1 프로그램의 단점을 보완하기 위하여 VALS2를 개발하고 소비자를 다음의 8개 그룹으로 분류하였는데 ① 만족자, ② 신뢰자, ③ 성취자, ④ 노력가, ⑤ 경험자, ⑥ 제작자, ⑦ 실현자, ⑧ 분투가 등이 그것이다.

① 만족자(fulfilleds): 교육수준이 높고 성숙한 전문가들로서 책임의식이 강하다. 새로운 사상이나 사회변화를 받아들이며 건강, 가정, 그리고 교육을 중요시하고 여행을 좋아하고 소득수준도 높다.

② 신뢰자(believers): 성취자보다 보수적이며 소득수준도 낮다. 가정, 교회, 지역사회, 국가의 기본규범을 존중한다.

③ 성취자(achievers): 일을 중심으로 생활하고 가정과 직장에서 만족을 추구하며 자기들의 성공을 동료들에게 과시할 수 있는 제품을 구매하고 싶어한다.

④ 노력가(strivers): 성취자를 모방하려고 노력하나 성취자보다 소득이 부족하고 외로운 삶을 이끌어 가기도 한다. 제품을 구매하는 데 스타일이 중요하다고 생각한다.

⑤ 경험자(experiencers): 가장 젊은 계층으로서 부와 권력을 얻기 위해 노력을 많이 한다. 혈기왕성하여 육체적 운동이나 사고활동도 많이 하며 신제품 구매도 많이 하는 편이다.

⑥ 제작자(makers): 외부세계에는 별 관심이 없고 가정과 직장, 그리고 육체적 여가활동에 주안점을 두며 소득도 제한되어 있으므로 보다 실리적인 사고를 한다.

⑦ 실현자(actualizers): 8개 집단 중에서 자아존중의식이 가장 강하고 소득도 가장 많다. 광범위한 분야에 걸쳐 관심이 많고 변화를 항상 수용한다. 세련된 제품이나 서비스를 구매하는 경향이 있다.

⑧ 분투가(strugglers): 가장 나이가 많은 계층으로 다른 7개 집단보다 소득이 매우 낮다. 그들의 삶은 안전에 초점이 맞춰져 있으며 관심분야가 제한적이고 상표충성도가 강한 편이다.

이러한 VALS는 미국의 기업과 언론들로부터 대단한 호응을 얻어 AT&T, New York Times, Boeing등의 기업이 VALS를 이용하였다. 그런데 VALS는 여러 집단의 소비자 각 개인을 명확히 묘사했다는 장점이 있지만, VALS에 의한 소비자분류는 소비자의 인구통계적 특성과 상당히 일치한다는 점에서 그 한계가 지적되고 있다. 또한 VALS 프로그램의 항목이 기본적으로 미국문화를 바탕으로 개발되었기 때문에 다른 국가에서 그대로 적용하기 어렵다.

❙그림 4.2❙ VALS2의 위계구조

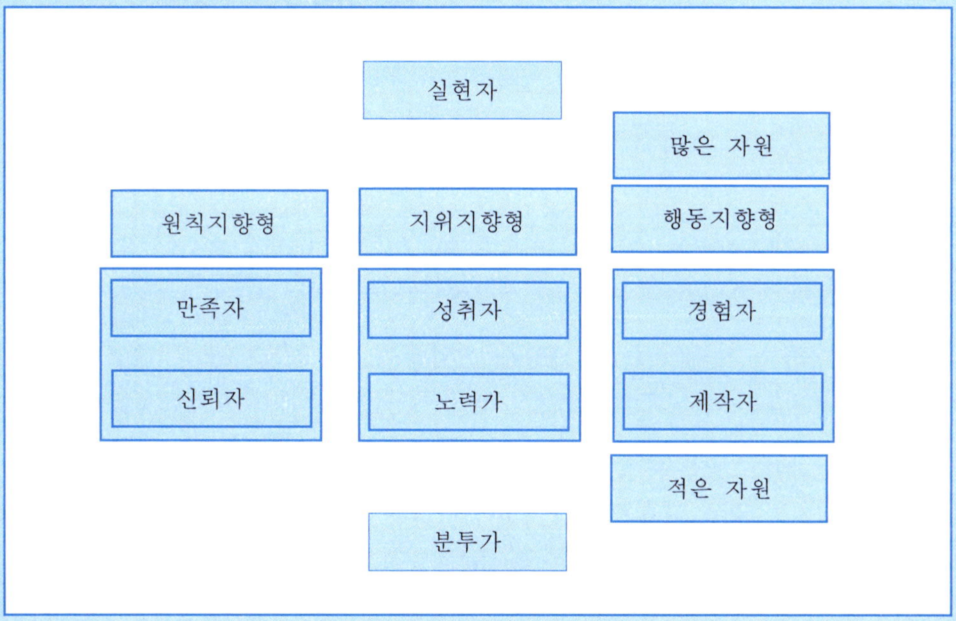

전략포커스 4-1 **스타벅스, "中 이어 브라질 매장 확장 주력"**

커피전문 체인점 스타벅스가 브라질 사업 확장에 주력할 것으로 알려졌다. 2011년 10월 20일 브라질 일간지 폴랴 데 상파울루에 따르면 스타벅스의 하워드 슐츠 최고경영자(CEO)는 신흥시장을 중심으로 하는 해외영업 확대 전략에 따라 브라질 사업망을 적극 확장할 것이라고 밝혔다. 스타벅스는 2015년까지 중국 내에 1천500개의 매장을 설치할 계획이며, 다음 단계로 브라질 시장 공략에 나설 것으로 알려졌다.

슐츠 CEO는 지난달 초 미국 신문 시애틀 타임스와의 인터뷰를 통해 브라질 매장 수를 현재의 100여 개에서 수년 안에 1천개 수준으로 늘릴 계획이라고 밝혔다. 스타벅스는 브라질 커피 판매업체 카페스 세레이아 도 브라질(Cafes Sereia do Brasil)과 합작회사를 설립하고 2006년 6월 브라질에 처음 진출했다. 스타벅스의 지분은 49%다.

스타벅스는 지난 7월 해외 영업 지역을 미주, 유럽 · 중동 · 아프리카, 아시아 등 3개 권역으로 세분화하면서 중국, 인도, 브라질 등을 핵심 성장시장으로 꼽았다. 현재 스타벅스 매장은 북미 지역에 1만1천여 개, 그 밖의 세계 다른 지역에 6천여 개가 있다.

출처: 연합뉴스 2011. 9. 21.

제 4 절 시장세분화 기준의 체계

시장을 세분화하는 기준은 소비재시장과 산업재시장의 경우가 크게 다르다. 소비재시장의 고객은 최종상품의 최종 사용자이다. 한편, 산업재시장의 고객은 기업 및 단체인데 그들의 대다수는 조달한 상품을 소재 및 부품으로 하여 최종 상품을 제조한다. 가령 사무기기의 경우 이를 사용하여 무엇인가를 재생산하는 활동을 하는 사용자인 것이다. 여기서는 소비재의 경우의 시장세분화의 기준을 살펴본다.

1. 인구통계변수

소비재시장의 시장세분화 기준은 전술한 바와 같이 크게 나누어서 인구통계변수와 사이코그래픽변수(라이프스타일, 가치, 태도, 행동변수)로 나뉜다. 인구통계변수와 관련하여 유의할 점은 첫째로, 연령, 직업, 학력 등의 변수군간에, 가령 가구규모와 생애주기 변수간에 높은 상관관계가 있어 한 개의 변수와 복수의 변수간에 실효성에 있어서 별 차이가 없는 경우가 있다. 둘째로, 연령과 세대는 다른 개념이다. 연령은 물리적인 나이를 말하고 세대는 특정한 환경변동을 공유한 소비사군을 말한다.

2. 사이코그래픽변수

사이코그래픽변수의 전형적인 예는 개성(personality), 생활가치관, 라이프스타일, 추구하는 효용(benefit sought), 사용상황, 충성도 유형 등이다. 학자에 따라서 사용상황, 효용집합 등을 사이코그래픽변수와 별개의 시장세분 변수군으로 분류하기도 한다. 이상의 시장세분화 기준을 정리하면 〈표 4-1〉과 같다.

표 4.1 시장세분화 기준

인구통계 변수	연령, 성별, 학력, 소득, 직업, 생애주기, 사회계층, 지역	객관적 데이터	출판 자료
사이코그래픽 변수	개성, 생활가치관, 라이프스타일, 브랜드 로열티, 흥미, 관심, 제품관여, 태도	주관적 데이터	소비자조사 필요

인구통계변수와 사이코그래픽변수를 비교할 경우 인구통계변수의 데이터베이스는 통계청의 인구센서스를 비롯하여 다양한 출판 데이터이고 객관적인 자료이다. 한편 사이코그래픽변수는 심리학, 사회심리학, 사회학 등에 규정된 구성개념으로 주로 소비자조사를 수행하여 자료를 수집하므로 응답자의 주관적인 응답을 기초로 한 것이다. 즉 인구통계변수의 데이터는 2차자료에서 수집가능하고, 사이코그래픽변수는 주로 1차자료에서만 수집가능하다. 그러나 앞의 사회계층 개념에서 볼 수 있는 바와 같이 인구통계변수군의 시장세분화 기준의 유효성이 저하됨에 따라 사이코그래픽변수군의 시장세분화에서의 설명력이 높아지고 있다.

제 5 절 시장세분화의 절차

매스마케팅에서 일대일마케팅까지의 변화하는 스펙트럼 가운데 현재 세분화마케팅을 중심적으로 논의하는 것에 대하여 회의가 들 수도 있을 것이다. 매스마케팅에서 일대일마케팅으로의 사고의 변화는 오늘날 결코 매스마케팅이 불필요하다는 것을 의미하지 않는다. 가령 오늘날 소비재시장에서 대중시장이 붕괴되고 있지만 일부에서는 대량수요는 여전히 잔존하고 있다. 소비자가 개성화, 다양화되면서 대중이 세분화된 대중으로 바뀌고, 동질적인 라이프스타일에서 라이프스타일 분화가 이루어지고 있다. 그러나 세제와 같은 상품에 대한 수요는 라이프스타일을 뛰어넘어 공통적인 욕구를 가진 수요량이 여전히 대량이다.

여기서는 시장공간에 대하여 접근하는 방법을 전제로 하여 시장설정이라는 차원에서의 마케팅전개의 절차를 살펴본다. 마케팅전략 작성의 출발점으로서의 시장설정은 시장공간 전체에서 소비자수요구조를 파악하는 것이 시작이다. 이것은 대상으로 하는 소비수요의 내실이 동질적인가 이질적인 것의 집합인가를 판단하는 것이다. 다음 절차는 소비수요를 이질적으로 만드는 변수가 무엇인가를 분석하여 시장세분화의 기준을 추출한다. 이 과정에 전술한 인구통계변수 기준, 사이코그래픽스 변수 기준의 분류가 적용된다. 실제로는 이 작업들이 상당히 시행착오적인 과정을 거치게 마련이다.

시장세분화 기준이 확정되면 다음의 작업은 시장공간을 그 기준으로 세분화하여 시장을 쪼개는 작업이 필요하다. 이것이 소비자특성을 기준으로 이질적인 시장의 집합을 파악하는 것이고, 각종 마케팅요소에 대한 소비자의 반응의 차이를 파악하는 것이다. 가령, 세분화된 시장간에 제품컨셉의 인식상에 차이가 있는가, 가격범위에 차이가 있는가, 미디어행동에 차이가 있는가, 구매경로에 차이가 있는가 등을 검증하지 않으면 안된다. 가령 20대 소비자는 각종 전파매체와 인쇄매체의 커뮤니케이션 미디어 중에서 어떤 미디어에 가장 많이 노출되는가, 인쇄매체의 경우에서도 표적고객은 구체적으로 어느 신문 및 잡지를 잘 구독하는가를 파악해야 한다. 시장설정에 관한 이상의 절차가 〈그림4-3〉에 나타나 있다.

┃그림 4.3┃ 시장설정의 프로세스

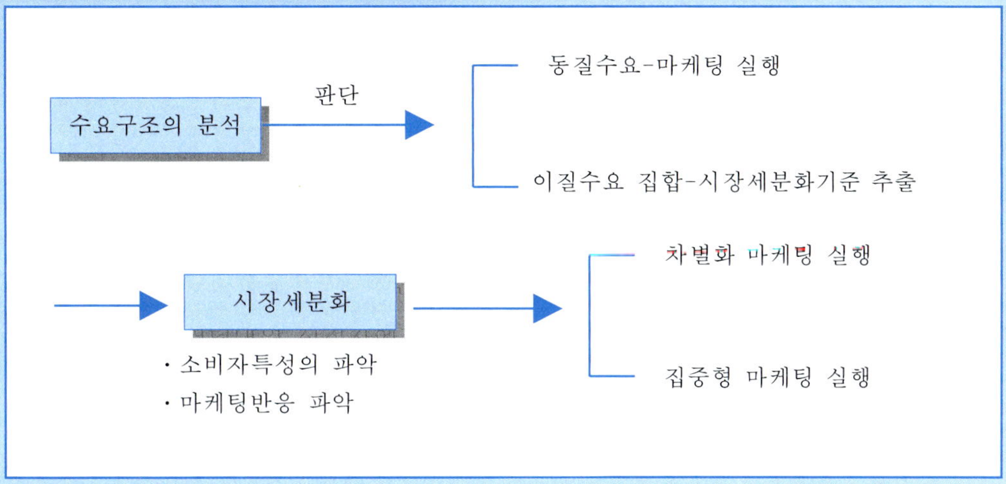

시장세분화를 할 것인가 하지 않을 것인가의 판단은 물론 소비자수요구조에 대한 인식이 기초가 되고 시장세분화의 기준의 적절한 추출이 중요하다. 그러나 동시에 중요한 것은 당해 기업이 시장에서 어떤 포지션을 획득하려고 하는가 하는 점이다. 즉, 선도기업을 의도하는 목표로 하는 기업은 시장세분화를 하면서 시장점유율 획득을 위하여 복수의 세분시장을 대상으로 차별화마케팅을 실행할 필요가 있다. 한편 시장점유율보다 수익성을 중시하는 기업은 시장세분화를 한 후 하나의 시장을 적절히 선택하여 집중형마케팅을 실행하여야 한다. 더욱이 시장을 세분화하고 세분시장내의 동질적인 고객에 대응하는 것에서 더 나아가 개별고객에 대응하는 마케팅전략이 일대일마케팅이다.

사례연구

사례 2 K2와 함께 새로운 세상, 사람, 그리고 새로운 나를 발견하다[1)]

토탈 아웃도어 브랜드로서의 20~30대를 잡아라

최근 그 어떤 시장보다도 폭발적으로 성장하고 있는 것이 바로 아웃도어 시장이다. 그리고, 그 안에서 많은 브랜드들이 그 어떤 카테고리보다 치열하게 경쟁하고 있는 중이다. 무엇보다도 다양한 야외활동을 즐기는 소비자들이 증가하면서 다양한 라이프 스타일을 반영한 아웃도어 브랜드들의 영역확장이 매우 빠르게 진행되면서, 최근에 많은 브랜드들이 등산복뿐 아니라, 바이크라인 · 트래블 · 클라이밍 · 캠핑 · 캐주얼까지 제품라인을 다양하게 선보이고 있다. 타깃 역시, 기존에 주로 등산을 즐기던 40~50대에서 확장하여 20~30대 젊은 층을 공격적으로 공략하기 시작하였다. 이러한 차원에서 아웃도어 브랜드들은 이미지를 젊게 가꾸기 위해 현재 매우 공격적인 스타마케팅을 펼치고 있다. K2도 이러한 트렌드에 발맞추어 누구보다도 빨리 고기능의 전문 산악인을 위한 익스트림라인, 중장기 산행에 필요한 제품군인 트래킹라인, 스포츠 레저 활동을 위한 액티브라인, 전문 바이커들을 위한 액트바이크라인, 캐주얼 멀티웨어인 컴포트라인, 트래블 제품군인 크루즈라인에 클라이밍 라인까지 갖추어 선택의 폭을 넓히면서, 궁극적으로 일상 패션까지 아우르는 '토탈 아웃도어' 브랜드로 확장하는 목표를 가지고 있었다. 이러한 K2의 전략적 목표를 가지고, 새로운 캠페인을 준비하면서 지난 몇 개월동안 우리 스스로가 수없이 많이했던 질문들. '전문성이냐? 대중성이냐? 기술력이냐? 스타일이냐? 일반모델이냐? 스타모델이냐?'. 우리는 전략적 솔루션을 찾기 위해 대규모의 소비자 조사를 바탕으로 전체적인 브랜드 진단을 진행했고, K2만의 차별적이고 체계적인 전략을 세웠다.

K2 신문광고

1) 출처: 김장용 프로, 제일기획 사보 〈Cheil Worldwide〉 2011년 3월호. 본 사례의 전재를 쾌히 승낙해주신 원저자와 판권자께 감사드립니다.

토탈 아웃도어 브랜드 K2, '현빈'을 만나다

수없이 많이 생각하고 또 생각하고, 고민하고 또 고민한 끝에 우리가 찾은 답은 K2가 토탈 아웃도어 브랜드로의 지향점에 이르기 위해서는 우선적으로 기존에 정통 등산 브랜드로서 전문성과 기술력을 강조했던 이미지에서 대대적으로 변신하여 대중들에게 좀 더 친근하고, 세련된 이미지로의 변화를 추구해야 한다는 것이었다. 그리고, K2의 변화된 이미지를 바탕으로 소비자들로부터 공감을 얻기 위해서 'K2를 통해 새로운 세상, 새로운 사람, 새로운 나를 발견한다'는 우리만의 차별화된 스토리텔링 커뮤니케이션을 진행하기로 결정하였다. 한편, 무엇보다도 중요한 것은 우리의 이야기를 남녀노소 누구와도 친근하게 소통할 수 있는 모델이었다. 우리의 고민은 단순히 대중적인 스타모델이 아니라, 우리의 컨셉트를 가장 완벽하게 전달하면서 소비자들에게 가장 매력적으로 다가갈 수 있는 모델을 찾는 것이었다. 왜냐하면, 많은 아웃도어 브랜드들이 최근 매우 공격적으로 스타마케팅을 진행하고 있었지만, 지금까지 K2는 기존의 강한 이미지를 고수하기 위해 극한 상황에서의 일반모델만을 고집해 왔었기 때문이다. 배우·가수·스포츠스타·해외모델 등 광고모델로서 거론될 수 있는 대부분의 후보를 테이블에 올려놓고, 리뷰에 리뷰를 했다. 그만큼 모델은 이번 프로젝트에서 매우 중요한 이슈였고, 어려운 과제였다.

그러던, 지난 1월 12일 9시 뉴스에서 최근 드라마 '시크릿가든'을 통해 한참 최상한가를 달리고 있었던 현빈이 해병대 자원입대를 결정했다는 소식을 들었다. 운명은 이런 것인가? 모델 '현빈'은 해병대 지원이라는 강인한 이미지를 바탕으로 아웃도어 마니아들에게 환영 받음은 물론, 다양한 연령층에게까지 사랑받는 대중적인 이미지를 만들어 냄에 있어 최적의 모

K2 TV광고, 출발편

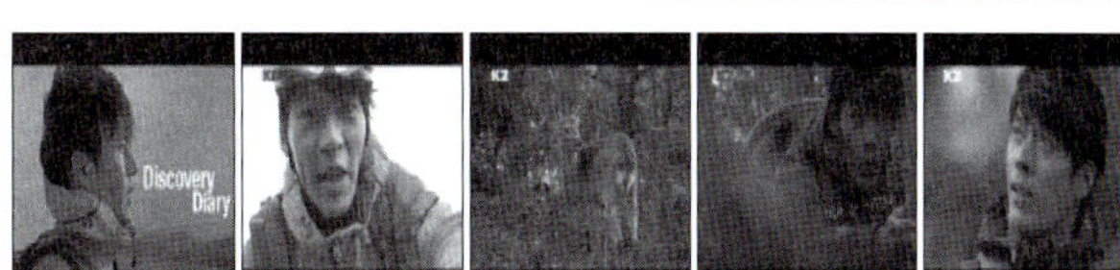

K2 TV광고, 트레킹 편

K2 TV광고, 캠핑 편

델이라는 판단이었다. 또한, 해병대 입대로 '잠시 현실을 떠나 새로운 나를 발견한다'는 상황이 절묘하게 우리의 컨셉트하고도 맞아 떨어지는, 스토리에 힘을 불어넣어 줄 수 있는 주인공으로 평가되었다. 이로써, K2가 처음으로 스타연예인을 모델로 발탁, 스타마케팅 전략의 첫 선을 보이게 된 것이다.

K2, 현빈과 함께 여행을 떠나다

지난 2월 12일부터 이틀간 제주도에서 현빈이 K2와 함께하는 여행을 통해 새로운 세상, 사람, 그리고 자신을 발견하는 이야기를 매우 드라마틱하게 그려내는 TV광고가 촬영되었다. 광고 컨셉트를 완벽한 표현을 위해 우리는 배우 현빈이 아닌, 진짜 현빈이 여행을 준비하고, 여행을 하면서 벌어지는 에피소드를 가장 리얼하게 담기 위해 모두가 숨죽이고 현빈과 하나가 되어 촬영하였다. 현빈의 표정, 손동작 하나까지도 가장 리얼하게 그려내기 위해 현빈 몸에 부착된 셀프카메라까지 포함해 총 다섯 개의 카메라가 동원되었고, 제작 스태프만도 100여 명에 이르는 등 블록버스터급 영화 촬영 현장을 방불케 했다. 이날 촬영에서 현빈은 드라마 '시크릿가든'에서 선보였던 MTB라이딩을 비롯해 트래킹, 캠핑 등 다양한 아웃도어 활동을 자연스러운 연기와 세련된 스타일로 K2가 추구하는 토탈 아웃도어 브랜드로서의 이미지를 완벽하게 살렸다. 특히, 현빈은 시크릿가든 김주원의 고급스러운 스타일이 다시 생각나게 하듯 강력하면서 시크한 포즈와 표정으로 K2의 '심플 & 샤프(Simple & Sharp) 컨셉트'를 완벽히 표현해 결과물에 대한 기대감을 갖게 하였다.

한편, 당시 추운 날씨에도 불구하고 현빈은 SS시즌(봄 · 여름) 의상을 입고, 지친 기색 없이 진정한 프로다운 면모로 촬영장 분위기를 주도했다. 이러한 그의 진정한 모습은, 촬영이 비공개로 진행되었음에도 불구하고 팬들이 갑자기 몰려 촬영이 중지될 위기에 처하기도 하였다.

K2와 함께 진짜 현빈이 새로운 자신을 발견하러 떠나다

이번 캠페인은 그 시작부터 반응이 뜨거웠다. 본격적으로 TV광고를 온에어하지도 않은 시점에서 현빈의 화보 일부분과 메이킹 영상을 공개했을 뿐인데, 네티즌들이 자신들의 블로그를 비롯하여 여러 사이트에 자발적으로 전파하고, 팬아트를 제작하는 등 열렬한 지지를 보내왔다. 지난 2월 28일 드디어 TV광고의 1편인 '출발' 편이 온에어 되자마자 광고평가 및 포털 사이트에서도 인기 CF반열에 오르면서, 네티즌들 사이에서 K2의 브랜드 이미지를 일시에 바꿔놓았다는 평가를 받았다. 특히, 현빈이 여행을 떠나면서 디스커버리 다이어리(Discovery Diary)에 자신의 감회를 적는 모습은 온라인 포스팅만 하루에도 조횟수 1000을 달성하는 등 폭발적인 반응을 보였다.

그리고 지난 3월 7일 현빈이 해병대로 입대하던 시간, 대한민국 모든 국민이 현빈의 입대 소식에 집중하던 그 시간, 네이버 메인에는 '2011년 3월 7일 새로운 나를 발견하러 떠납니다' 라는 K2의 광고가 게재되었다. 배우 현빈이 아닌 진짜 현빈이 새로운 자신을 만나러 가는 군입대 시간과 동시에 집행된 이 배너는 자칫 흘려버리기 쉬운 모델의 '입대' 라는 이슈를 정확한 포인트에 적절한 메시지로 소구하였고, 그 결과 K2 홈페이지는 현빈의 광고 촬영 모습을 담은 미공개 영상과 화보 등을 만나러 온 사람들로 접속이 폭주해 서버가 수시간 동안 마비되기도 하였다. 작은 배너광고 하나였지만, 강력한 아이디어였다. 그야말로 '신병 현빈' 의 모델 파워는 '장성급' 이라는 것을 다시 한 번 증명할 수 있었다.

K2 배너광고

지금 현빈은 해병대로 입대했지만, 현빈이 새로운 자신을 발견하기 위해 K2와 함께한 여행의 이야기는 계속해서 공중파TV · 케이블TV · 극장광고 · 온라인광고 등 다양한 매체를 통해 볼 수 있으며, 그 안에는 트래킹 · 바이킹 · 캠핑 등을 하는 현빈의 매우 리얼한 모습이 담겨 있다.

K2 홈페이지

사례연구

K2의 디스커버리 다이어리 이야기는 계속된다

최근 대부분의 아웃도어 브랜드들이 대중적인 이미지를 위해서 공격적으로 스타마케팅을 펼치고 있다. 또한, 모델 현빈이 사회적으로까지 이슈가 되면서 많은 브랜드들이 현빈을 활용하여 광고 캠페인을 진행 중이다. 이러한 상황에서 다른 경쟁 브랜드들이 스타연예인을 모델로 기용하니까, 또는 단순히 이슈가 되는 모델을 기용하여 우리가 이번 캠페인을 진행하지 않았나 하는 관점에서의 리뷰 및 평가까지도 해 본다.

아직은 조심스럽지만, 이번 캠페인은 다양한 아웃도어 스타일의 K2와 강하면서도 세련된 모델 현빈의 만남은 완벽한 시너지를 창출하여, 우리만의 차별화된 스토리를 만들어냈으며, 그 안에서의 K2는 전문성 · 대중성 · 기술력 · 스타일 모두를 놓치지 않고, 더욱 새롭고 다양한 모습으로 토탈 아웃도어 브랜드로서의 면모를 갖추어 가는데 첫걸음을 잘 내딛고 있다는 평가이다.

무엇보다도 남녀노소 모든 대중들에게 친근한 이미지를 갖게 된 것은 물론, 현재 매출도 급성장하고 있다. 특히, 현빈이 광고에서 착용한 고어텍스 화이트 바람막이 자켓은 현재 전국 매장에서 완판됐으며, 고가의 전문가용임에도 불구하고 출시 20일 만에 전체물량의 35% 이상이 팔리는 호조를 달성해왔다. 작년 전체 매출의 약 10%를 차지했던 젊은 층 구매율은 올해 30% 수준까지 올려서 총매출 4000억 원 이상을 달성할 거란 기대를 하고 있다.

앞으로도 K2를 통해 새로운 세상, 사람, 자신을 찾아가는 이야기는 계속될 것이며, 향후에 누구를 통해 그 이야기가 전달될지 기대하셔도 좋을 것 같다.

| part 2 |

경쟁전략의 수립

제5장 경쟁분석과 포지셔닝

제6장 경쟁전략의 수립

제5장

경쟁분석과 포지셔닝

제1절 경쟁구조의 제측면
제2절 업계 전체의 경쟁구조 분석
제3절 업계의 경쟁전략의 분석
제4절 포지셔닝

제 1 절 경쟁구조의 제측면

1. Porter의 다섯가지 경쟁요인

마케팅전략분야의 권위자인 M.E. Porter 교수에 따르면 업계의 수익성을 결정하는 경쟁요인에는 〈그림 5-1〉에서 보는 바와 같이 다섯가지가 있다. 수직적 경쟁요인으로 공급업자와 구매자(소비재의 경우에는 소비자, 산업재의 경우에는 구매기업)의 두가지 요인, 수평적 경쟁요인으로 신규진입기업, 경쟁기업, 대체품의 세가지 요인이 있다. 즉 기업은 공급업자의 교섭력, 구매자의 교섭력, 신규진입기업의 위협, 경쟁기업간의 적대관계, 대체제품의 및 서비스의 위협 등 다양한 경쟁요인에 적절히 대처하지 않으면 수익을 확보하기 어렵다.

5대 경쟁요인 가운데 수직적인 공급업자 및 구매자는 각각 공급체인 및 유통관리, 소비자행동론 분야에서 상세히 다루어지는 분야이므로 본 장에서는 수평적인 경쟁요인에 초점을 두어 마케팅전략 수립을 위한 선행과정으로서의 경쟁요인 분석의 틀을 제시하고자 한다. 우선 업계의 전반적인 경쟁구조를 분석하는 틀을 논의하고, 다음으로 업계의 구체적인 경쟁전략을 파악하는 틀을 살펴본 다음, 마지막으로 최근 경쟁의 동향에 대하여 논의한다.

그림 5.1 포터의 5대 경쟁요인

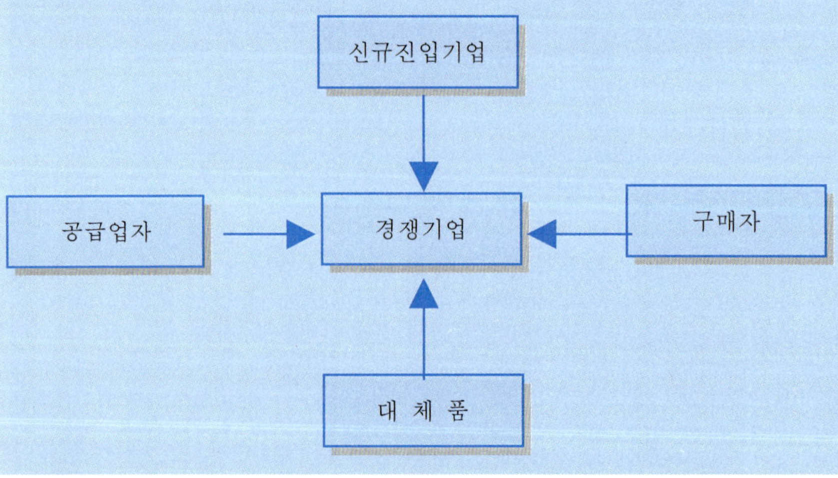

전략포커스 5-1 **산업융합이 미래 산업의 최강자다**

인간은 멀티태스킹의 동물이다. 이는 여러 가지 일을 한꺼번에 하는 인간만의 특징을 가장 잘 나타낸다. 그러기에 인간에게 융합은 본능과도 같이 너무나 자연스러운 일인 것이다. 인간의 융합 본능은 지우개 달린 연필과 같이 제품과 제품을 하나로 묶는 것처럼 단순한 것에서 시작됐지만 불과 30년 만에 100만 배 커진 컴퓨팅 파워, 15년 만에 1000배 빨라진 통신 속도와 같은 비약적 기술의 발전과 만나면서 내폭발을 일으켰다. 그 결과 제품과 서비스, 서비스와 서비스의 결합을 넘어 산업과 산업이 융합해 새로운 산업을 탄생시키고 통신기술, IT인프라에 기반한 정보화 시대를 지나 기존의 다양한 가치는 물론 산업 간의 창조적 결합을 통해 더욱 큰 부가가치를 창출하고 있다.

융합 트렌드의 확산은 새로운 산업 영역에서 시장 기회를 창출할 뿐만 아니라 기술 및 산업 구조, 경쟁 패러다임의 근본적 변화까지 초래하고 있다. 더욱이 거의 모든 산업이 레드 오션에 처해 있는 상황에서 전 세계는 이제 산업 융합을 새로운 패러다임으로 삼아 블루 오션을 찾아 나서고 있는 상황까지 만들고 있다. 이러한 거센 변화는 우리에게 새로 적응해야 하는 많은 어려움을 주기도 하지만 개도국과의 가격 경쟁, 선진국과의 원천기술 경쟁 등 우리 경제가 처한 난관을 극복할 수 있는 좋은 기회이기도 하다. 한발 더 나아가 오히려 글로벌 시장을 선도하는 미래 산업의 최강자로 등극할 수 있는 절호의 기회다.

기존의 기술을 재조합해 혁신하고, 이를 이른 시간 내에 사업화하는 것도 새로운 융합 시장을 선점할 수 있는 방법이다. 특히 단순한 산업 분야 내에서의 융합이라는 벽을 뛰어넘어 문화와 교육, 의료 등의 분야까지 융합의 폭을 넓혀 나가는 것이 필요하다.

출처: 이상철, 중앙일보 2011. 10. 1.

제 2 절 업계 전체의 경쟁구조 분석

1. 산업조직론과 SCP패러다임

업계의 구조를 분석하는 틀로는 미시경제학의 응용분야로서의 산업조직론이 있다. J.S. Bain에 의해 체계화된 전통적인 산업조직론에서는 「구조(structure)→행동(conduct)→성과(performance)」라는 소위 SCP패러다임에 의해 업계의 특징이 분석된다. 즉 업계의 구조(집중도, 진입장벽, 제품차별화 등)가 기업의 마케팅행동(가격정책, 제품정책, 광고정책 등)을 규정하고, 이것이 다시 성과(이익지표 및 효율성지표)를 결정한다는 것이다. 물론 SCP패러다임의 인과관계 연쇄가 전부 실증적으로 입증된 것이 아니고, 「구조→성과」의 인과관계에 관하여 집중도-이익률 가설(과점적 산업의 평균이익률이 경쟁적 산업의 이익률보다 높다는 가설)등이 일부 실증적으로 입증되고 있다. 여하튼 지금까지 축적된 연구는 업계의 경쟁구조 분석을 시도하는데 매우 유용하다. 이하에서는 업계의 전체적인 경쟁구조를 분석하는데 중요한 집중도와 진입장벽을 살펴본다.

2. 집중도

어떤 산업의 집중도는 당해 업계의 매출액이 상위 기업에 집중되어 있는 정도를 말하는 것으로 특정 기업에 의한 독점의 정도를 나타내는 지표이다. 어떤 산업이 완전경쟁 상태이면 소규모 기업이 무수히 많이 존재하고 격심한 경쟁의 결과 초과이윤이 제로가 된다. 반대로 어떤 산업이 독점상태이면 업계 내에 1개사밖에 존재하지 않으므로 경쟁은 없고 그 기업은 독점에 의해 막대한 이윤을 획득하게 된다. 이와 같이 업계를 구성하는 기업수의 많고 적음이나 크고 작음이 기업의 경쟁상태를 규정하는 가장 기본적인 요인이고 이를 측정하는 것이 집중도이다.

집중도의 대표적인 측정지표로서 상위 k사 집중도가 있다. 가령, 우리나라에서 승용차, 컬러TV, PC, 맥주, 화장품 등 대표적인 소비재의 경우 상위 3사 집중도는 50%를 넘는다. 산업조직론에서는 이 집중도를 다룬 연구로서 앞에서 본 집중도-이익률 가설에 관한 연구가 매우 광범위하게 이루어지고 있다. 그 중에서 집중도와 광고의 관계를 분석한 연구가 많다. 한편 마케팅분야에서는 집중도와 중간상상표(private brand)의 시장점유율간의 관계를 다룬 연구들이 이뤄지고 있는데 여기서도 집중도가 높을수록 중간상상표의 시장점유율이 낮다는 실증결과가 보고된 바 있다.

집중도가 높은(가령 상위3사의 집중도가 70% 이상) 업계와 낮은(가령 상위3사의 집중도가 70% 미만) 업계에서 경쟁하는 유명상표 제조기업의 경쟁상황과 전략을 조사한 연구에 의하면 고집중도 업계에서는 경쟁관계의 유명상표를 염두에 둔 전략이 빈번히 수행되는 것으로 나타났다. 즉 유명상표간의 경쟁이 중간상상표와의 경쟁보다 격심한 것으로 나타났다. 반면에 저집중도 업계에서는 거기에 속한 유명상표의 규모나 파워가 작아 유통기업의 파워가 상대적으로 더 강하며, 그 결과 브랜드간 경쟁을 생각해보면 유명상표에 추가하여 중간상상표를 포함한 경쟁을 고려하지 않으면 안됨을 보였다. 즉 유명상표 뿐만 아니라 중간상상표도 염두에 둔 제품전략을 책정하지 않을 수 없다는 것이다.

이와 같이 업계의 집중도가 상이하면 경쟁상황이 크게 달라지므로, 업계의 경쟁분석을 할 경우나 시장지위별 경쟁대항전략을 구축할 경우에 집중도가 매우 중요하게 고려되어야할 요소이다.

3. 진입장벽

집중도가 당해 업계의 현재의 경쟁상황을 나타내는 것인데 비하여, 진입장벽은 현재 및 미래의 경쟁상황을 규정하는 것이다. 어떤 업계가 이익률 및 성장률면에서 매력이 있으면 다른 기업이 그 업계에 진입할 것을 고려하게 된다. 그러나 모든 기업이 당해 업계에 진입할 수는 없다. 그 업계로의 진입을 결정하는 것이 진입장벽이다. 대표적인 진입장벽으로는 규모의 경제성. 필요투자액, 매몰비용(sunk cost), 제품차별화, 유통경로의 확보, 특허, 법적·행정적 규제 등이 있다.

① 규모의 경제성

규모의 경제성은 생산규모의 확대가 그 이상의 비율의 산출량의 증대를 거두는 것을 말하며 이러한 규모의 경제성이 있는 업계에는 당연히 대규모 생산이 일반화되므로 이것이 신규진입을 하려는 기업에 커다란 진입장벽이 된다. 다수의 산업재 및 내구재 업계에서 흔히 볼 수 있다.

② 필요투자액 및 매몰비용

신규진입에 수반되는 생산 및 판매에 필요한 투자액이 큰 업계에는 신규진입이 어렵다. 특히 업계에서 퇴출하려할 경우 초기투자를 매각하든지 다른 생산활동으로 전용하거나 렌탈 등의 방식에 의해 회수해야 하는데 많은 부분이 매몰비용(sunk cost)이 될 것으로 예상되는 경우에는 더욱 어렵다.

매몰비용은 진입시에는 투자비용의 일부이고 퇴출시에는 회수할 수 없는 고정비용이다. 가령, 항공업계에 진입하려고 할 경우에 항공기 구입은 고정비로서 거액의 투자가 필요하다. 그러나 항공기는 중고시장이 발달해 있어 그 전매가 용이하여 매몰비용은 적어 이것이 신규진입의 리스크 중 그다지 큰 비중을 차지하지 못한다. 이처럼 진입시의 투자액과 함께 퇴출시의 매몰비용이 신규진입을 고려할 경우의 중요한 요인이다.

③ 제품차별화

업계내의 제품이 품질, 이미지, 부가적 서비스 등에서 차별화되어 있는 경우 그것이 신규진입기업에게 진입장벽이 된다. 특히 차별화제품이 강력한 브랜드 이미지를 핵심으로하는 브랜드자산(brand equity)을 확립하고 있는 경우에는 신규진입이 용이하지 않다.

D.A.Aaker에 의하면 브랜드자산은 브랜드충성도, 브랜드지명도, 지각된 품질, 브랜드연상 등으로 구성되는 것으로 브랜드의 총체적 힘을 나타내는 개념이다. 가령, 코카콜라나 리바이스는 강력한 브랜드자산을 가지고 있어 다른 브랜드로부터 차별화되고 있으므로 콜라나 청바지업계에 진입할 때 이 업체들과 경쟁하는 것이 매우 어렵다.

④ **유통경로의 확보**

한국과 미국간의 자동차협의에서 한국의 자동차제조기업의 전속적 유통경로가 GM 등의 미국 자동차 기업의 한국시장에의 진입을 저지하는 비관세장벽으로 지적되는 경우도 있었는데 유통경로의 확보는 특히 소비재산업의 경우 커다란 진입장벽이 된다.

우리나라 및 일본의 경우 화장품업계나 가전업계에서는 대형 제조기업이 독자적인 전속유통점포를 구축하고 있어 신규진입이 매우 어렵다. 다만, 기존기업에 의한 유통경로의 지배로 신규진입기업이 새로운 유통경로를 모색하게 되면 새로운 결과를 낳는 경우도 있다. 가령, 화장품업계에서 후발기업인 엘지생활건강이 기존의 화장품 경쟁기업이 지배하고 있는 중소소매점을 개척하는 대신에 급성장하고 있는 편의점 및 할인점에 의한 유통을 시도하여 동 업태의 성장과 함께 매출이 확대되었다. 또한 일본 맥주업계의 경우 전통적으로 서부일본지역의 경우 기린(Kirin)맥주에 의해 맥주유통경로가 장악된 결과 아사히(Asahi)맥주의 유통경로가 취약하였는데 이를 극복하기 위하여 아사히 맥주는 대대적으로 전국 구석구석까지 자판기를 설치하여 이를 통하여 자사 맥주를 유통함으로써 유통경로의 취약점을 극복하였다. 판매채널뿐만 아니라 조달채널도 포함하여 마케팅 4P 중에서 전략의 자유도를 가장 적게 하는 유통경로의 확보문제는 일반적으로 신규진입기업에게 가장 높은 진입장벽이 된다.

⑤ **특허**

우리나라 기업과 미국기업간의 특허분쟁이 막대한 비용을 초래할 분만 아니라 세계시장에로의 진입장벽이 되고 있다. 대표적인 예로는 1986년 2월 미국의 Texas Instrument사는 삼성전자 및 일본회사를 포함한 19개사를 특허 침해로 제소하였다. 일본회사는 교차라이센스(cross license) 협상을 맺고 1억3천만달러를 지급하였고, 삼성은 패소하여 8천 5백만달러를 배상하였다. 또한 미국기업간에는 Polaroid사와 Kodak사간에 즉석카메라에 관한 특허분쟁으로 1976년부터 1990년간의 오랜 소송 끝에 Kodak사는 법원으로부터 Polaroid사에 손해배상액으로 4억 5,420만달러와 이자로 4억5,420만달러를 지급하라는 명령을 받았다. 또한 1992년에는 일본의 Minolta사가 미국의 Honeywell사의 자동초점 카메라 기술특허를 도용한 사유로 제소되어 Minolta사가 Honeywell사에 1억 2,750만달러의 배상금을 지불하도록 판결을 받은바 있다.

이러한 특허분쟁은 오늘날 인터넷비즈니스발명 특허와 관련하여 다시 증대되고 있다. 미국에서는 1998년에 Priceline사가 MS사를 역경매특허의 부당사용을 사유로 제소하였고, 1998년 원클릭 특허를 획득한 Amazon사가 1999년에Barnes and Noble사를 제소하여 현재 심리가 진행중이다. 이렇게 특허에 의해 제조기술 및 영업기술이 배타적으로 소유되는 경우 그 업계에로의 진입이 어렵다. 다만 특허전략으로서 특허에 의해 진입을 저지하는 것 뿐만 아니라 특허를 공개하여 보급을 촉진하여 사실상의 표준(defacto standard)을 획득하든가 (Philips사가 카셋트 특허를 공개한 사례), 특허를 상호 이용하는 크로스 라이센스 계약을 체결하는 전략대안이 있다.

전략포커스 5-2 **애플, "삼성이 아이폰 베꼈다"에 삼성, "맞고소"**

미국 애플이 지식재산권 침해를 이유로 삼성전자를 현지 법원에 고소했다. 삼성전자는 애플에 대해 자사의 특허침해 등을 검토한 뒤 강력하게 맞대응할 계획이다. 월스트리트저널(WSJ)과 블룸버그통신 등 미국 언론은 2011년 4월 19일 "애플이 삼성전자로부터 자신의 지식재산권이 침해당했다"며 캘리포니아주 법원에 고소장을 냈다고 일제히 보도했다.

애플은 고소장을 통해 "삼성전자의 '갤럭시S 4G'나 '에픽 4G', '갤럭시탭' 등이 하드웨어 모양, 사용자 환경(UI), 패키징까지 애플의 '아이폰'과 태블릿PC '아이패드'와 유사하게 만든 것은 우연의 일치가 아니다"고 주장했다. 애플은 특히 '삼성이 자신만의 기술과 스타일로 스마트폰이나 태블릿을 개발하는 대신 애플의 기술과 사용자환경을 흉내내는 걸 택했다'고 말했다고 미국 언론은 전했다.

WSJ은 이와 관련, 삼성전자가 애플에 부품을 공급하는 상황에서 이번 소송으로 두 회사간 갈등이 심각한 양상으로 발전할 가능성이 높다고 전망했다. 실제 이날 삼성전자 관계자는 한경닷컴과의 전화통화에서 "애플은 삼성전자에게 있어서 가장 중요한 고객 중 하나지만 특허 소송이 제기된 만큼 불가피하게 맞고소 등 법적 대응에 나설 계획"이라고 밝혔다.

> 삼성전자 측은 현재 '애플이 삼성의 통신표준 등 특허침해 사례가 있다'고 판단하고 있는 것으로 알려졌다. 애플과 삼성전자의 갈등은 그러나 미국 현지 분석과 달리 빠르게 해결될 가능성도 일각에서 제기되고 있다. 삼성전자는 PC나 모바일 부문에서는 애플과 경쟁 관계에 있지만, 반도체와 LCD 등은 애플에 납품하고 있어 그동안 애플과 관련된 이슈에 대응하지 않고 자제해 왔다는 점이 이를 뒷받침한다.
>
> 시장조사기관 아이서플라이에 따르면 애플은 올해 삼성전자로부터 LCD와 반도체 등 총 78억달러(약 8조7500억 원)의 부품을 구입할 것으로 알려졌다. 노근창 HMC투자증권 애널리스트는 "양사의 갈등이 심각한 상황은 아닌 것으로 판단하고 있다"며 "애플이 모바일, 태블릿PC 생태계에서 차지하는 비중이 크기 때문에 삼성은 심각하게 대응할 수도 그렇다고 경쟁 관계에서 가만히 있을 수도 없는 것"이라고 설명했다.
>
> 출처: 한국경제, 2011. 4. 19.

⑥ **법적 · 행정적 규제**

우리나라의 대다수업계의 경우 고도성장기에는 국제경쟁력 강화를 위해, 또한 최근에는 중소기업보호, 환경보호, 소비자보호 등을 위해 면허제나 인가제 등이 존재하는데 이들이 신규진입기업에 큰 장벽이 된다. 가령 맥주업계에는 주세법에 의한 제조 및 판매 쌍방에 대한 면허제도가 있다. 제조면허에 의한 진입장벽을 통하여 맥주 제조기업은 과점적 이익을 향유하고, 판매면허에 의한 진입장벽을 통하여 어느 정도 경쟁이 제한되고 있다.

이러한 정부규제의 문제에 관하여는 산업조직론 가운데 시카고학파가 독점적 폐해를 온존하게 하는 것이라고 비판하고 있다. SCP패러다임을 주창한 하버드학파가 고집중도의 시장구조가 독점적 폐해의 주원인이므로 독점금지정책에 의해 고집중을 배제해야함을 강구해야한다는 입장인 데 비하여, 시카고학파는 고집중도 자체는 대기업의 효율적 생산의 증거이고 오히려 경쟁을 저해하는 정부규제가 독점적 폐해의 주인임을 주장하고 규제완화를 추진해야함을 주장하였다. 이상에서 논의한 바와 같이 진입장벽으로 다양한 요소가 존재하여 업계별로 그 종류나 강약이 상이하므로 이들이 업계내의 경쟁상황에 영향을 미친다.

4. 진입저지전략

업계내의 기업에게는 진입장벽이 높을수록 경쟁이 느슨해져 유리하지만 진입장벽이 어느 업계나 항상 높은 것은 아니다. 장벽이 낮은 경우에는 업계내 기업은 스스로의 행동에 의해 타기업의 신규진입을 저지할 필요가 있다. 이하에서는 대표적인 진입저지전략들을 살펴본다(Gruca, T.S. and D. Sudharshan(1995), "A Framwork for Entry Deterrence Strategy," Journal of Marketing, 59(July) 참조).

① 제품관련전략

첫째로, 전환비용(switching cost) 구축전략으로 기존기업의 제품 소비자가 신규진입기업의 제품으로 전환하는 데 소요되는 물리적, 정신적 비용(switching cost)을 높게 만드는 전략이다. 선발 브랜드는 소비자의 소비자의 선호구조를 형성하여 후발 브랜드에 비하여 빈번히 선호된다(선발우위, first mover advantage). 특히 소비자가 선발 브랜드에 대하여 특수한 사용기술 등을 획득한 경우에는 전환비용이 크게 되어 신규진입기업에게 장벽이 된다. 이 전환비용은 소비재시장에 비하여 산업재시장에서 보다 높은 진입장벽이 된다. 왜냐하면 산업재의 사용자기업의 제품이나 공정을 공급기업의 제품에 맞추어야 하는 경우가 많기 때문이다.

둘째로, 브랜드증식(brand proliferation) 전략으로 다수의 브랜드를 전개하여 당해 시장의 제품공간을 메워버림으로써 잠재적 진입기업이 들어설 여지를 없애는 전략이다. 실제로 후발 신규진입기업은 기존의 제품공간의 틈새에서 자사 브랜드를 포지셔닝해야하는 경우가 많아 브랜드증식전략은 이 경우의 유력한 진입저지전략이 된다. 성숙시장에서 흔히 사용되는 전략이다.

셋째로, 신제품의 선행예고전략으로 하드웨어제품과 소프트웨어간의 호환성을 중시하는 소비자의 전환비용이 높은 컴퓨터 및 TV게임, 오디오 비디오기기 업계에서 유력한 진입저지전략이다. 신규진입기업이 동등한 기능을 가진 제품으로 진입하려는 경우에 기존기업이 상위 기종 발매를 선행예고함으로써 상위 기종을 발매할 때까지 소비자를 구매대기상태로 둠으로서 신규진입기업에 타격을 줄 수 있다.

② 가격관련전략

첫째로, 침투가격전략은 시장에 신속히 제품을 보급하고 침투하기 위한 저가격전략으로 특히 내구소비재시장에서 유효하다. 그 이유는 내구재는 소비자가 새로운 제품으로 교체구매할 때까지의 기간이 길어서 기존 기존기업이 일단 침투가격전략에 의해 시장을 장악하면 신규진입기업이 진입할 수 있는 여지가 좁아지기 때문이다.

둘째로, 경험곡선가격전략은 기존기업이 제품생산의 경험을 축적하면 단위당 원가를 절감하게 됨에 따른 저가격전략이다. 다만, 이 전략의 결점은 단위당 원가의 절감을 위해 기존에 사용하던 구식의 설계를 사용할 가능성이다. 이 경우에는 저가격을 실현한 신기술을 도입한 신규기업이 진입할 여지를 주게 되는 것이다.

③ 광고관련전략

대량의 광고를 장기간 실시하여 자사제품의 브랜드자산을 높여 여기에 대항하기 위한 거액의 광고지출을 동원할 수 없는 기업의 신규진입을 저지하는 선제적 광고지출전략을 들 수 있다. 광고노출이 매우 많은 화장품, 맥주, 자동차 등의 업계에서는 이 광고측면에서 장벽이 매우 높다.

④ 유통경로 관련전략

유통채널과 관련해서는 전방통합이나 배타적 계약에 의하여 유통업자를 통제하여 정보공유나 공동개발 등의 다양한 관계구축을 함으로써 동반자관계를 심화함을 통하여 신규진입을 저지하는 전략을 사용할 수 있다. 우리나라나 일본의 경우 특정 제조기업의 제품만 전속적으로 취급하는 유통계열화가 존재하여 이를 통하여 높은 진입장벽을 구축하고 있다.

⑤ 기타전략

4P 이외에 기존기업이 신규기업의 진입 후에도 현재의 산출량을 증대하겠다고 위협하는 산출량 과잉능력 시그널전략이라든지, 잠재적 진입기업이 속한 시장에 선제적으로 진입함으로써 그 기업의 당해 시장에로의 진입을 억지하는 다시장선제전략, 노

동부 등 고용감시기관, 노동조합, 공급업자 등의 관계조직을 끌어들이는 이해관계자 릴레이션쉽(stakeholder relationship)전략 등이 있다. 이상과 같이 기존기업은 다양한 전략적 행동에 의해 자사가 속한 업계에로의 진입장벽을 높일 수 있다.

제 3 절 업계의 경쟁전략의 분석

업계의 경쟁구조의 분석은 업계의 전체적인 경쟁의 강도를 가르쳐주는 것임에 비하여 경쟁전략의 분석은 구체적인 경쟁의 성질을 밝혀주는 것이다. 이러한 경쟁전략 분석의 차원은 〈표5-1〉에 나타나 있다.

▌표 5. 1 ▌ 경쟁전략 분석의 차원

차원	내용
생산, R&D	기술의 리더쉽을 가지고 있는가, 타사가 추격이 가능한가. 생산원가의 절감노력의 정도
시장	고객층의 폭 판매지역의 폭
제품	제품라인의 폭 브랜드지향도 고품질인가 저품질인가 부가적 서비스 제공정도
가격	고가격인가 저가격인가
광고, 판촉	푸시전략인가 풀전략인가 품질소구인가 이미지소구인가
유통경로	유통업자의 선택(일반소매점, 할인점 등) 수직통합(후방통합, 전방통합)의 정도 영업력의 강약 유통비용의 절감노력의 정도
기타	계열회사와의 관계 정부와의 관계(자국 및 해외) 재정력의 강약

각 기업은 이와 같이 다양한 경쟁차원에 관하여 의사결정을 하여 그것을 종합하여 전체적인 경쟁전략을 책정하는데, 통합적인 내적 일관성을 가진 경쟁전략을 구축하기 위한 이러한 의사결정조합들이 한정되어 있을 것이므로 이들이 어떤 전략패턴으로 수렴하는 것을 예상할 수 있다. 업계내 기업들 중 유사한 전략패턴을 가진 복수의 기업그룹을 식별할 수 있는데 이들을 전략그룹이라 한다.

1. 전략그룹

일반적으로 각각의 업계에서 복수의 전략그룹들을 식별할 수 있다. 가령, 일본의 전자레인지업계는 후방통합도(핵심부품인 마그네트론을 내부에서 제조하는가 여부)와 유통경로의 두 가지 차원에 의해 〈그림5-2〉과 같이 3개의 전략그룹으로 나눌 수 있다.

❙그림 5.2❙ 일본 전자레인지 업계의 전략그룹 맵

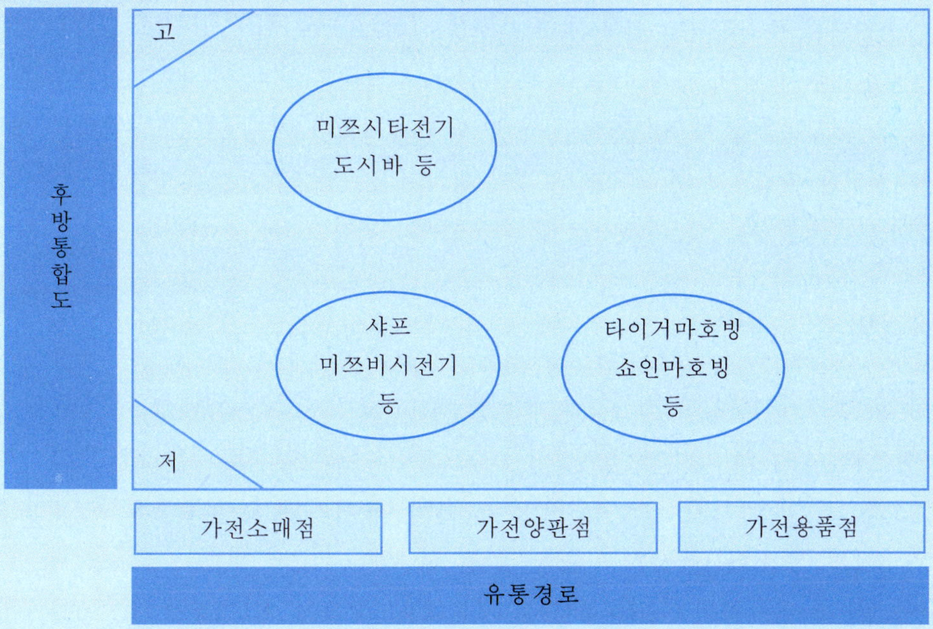

자료: 타이거-마호빙 주식회사 경영사례, 일본 게이오대학 대학원 경영관리연구과 작성.

그림에서 보는 바와 같이 전략그룹의 첫째는 마그네트론을 내부에서 제조하고, 가전소매점 및 양판점 등을 통해 판매하는 마쯔시타 및 도시바 등의 그룹이고, 둘째로 마그네트론을 내부에서 제조하지 않고, 가전소매점 및 양판점 등을 통해 판매하는 샤프 및 미쯔비시전기 등의 그룹이며, 셋째로, 마그네트론을 내부에서 제조하지 않고, 가정용품점 및 가전양판점을 통하여 판매하는 타이거마호빙 및 쇼인마호빙 등의 그룹이 있다.

여기서 판매경로에 관하여 살펴보면 각각의 전자레인지사업부가 속한 기업의 성질을 농후하게 반영하고 있다. 즉 마쯔시타 및 샤프 등의 가전제조기업의 사업부인 제1그룹은 및 제2그룹은 가전소매점을 가장 중요한 판매경로로 이용하고 있고, 반면에 쇼인마호빙이나 타이거 등의 가정용품기업의 사업부인 제3그룹은 가정용품점을 가장 중요한 판매경로로 삼고 있다. 쇼인이나 타이거의 전자레인지사업부의 경우에는 가전제품의 유통경로를 침투하는 것은 커다란 역량을 필요로 하는 것이므로 경로전략을 중심으로 한 마케팅전략에 차질이 생긴다.

한편, 마그네트론의 내부제조는 물론 보온병 제조기업은 실행이 불가능하지만, 가전 및 전기제품 제조기업도 전부 내부 제조할 수 없으므로 마쯔시타 및 도시바 등의 4개사에 한정되어 있다. 내부 제조를 하지 않는 기업들은 물론 이 4개 회사로부터 공급받는다. 핵심부품을 내부제조하고 생산 및 판매계획이 기동적으로 전개되면 생산 및 판매전략을 중심으로 한 전략에 차질이 생기지 않는다. 이와같이 일본의 전자레인지 업계는 후방통합도 및 판매경로에 의해 3개의 전략그룹으로 나뉜다.

2. 이동장벽

앞에서 본 바와 같이 각 업계에는 복수의 전략그룹이 존재하는데 전략그룹간에 매출액 및 이익 등 성과에도 커다란 차이가 있는 것이 일반적이다. 그렇다면 어째서 업적이 나쁜 전략그룹의 기업은 업적이 좋은 전략그룹의 전략을 모방하지 않는가? 이 전략의 변경, 즉 전략그룹간의 이동을 방해하는 것이 이동장벽이다.

가령, 일본의 전자레인지 업계에서 선두의 매출점유율은 제1그룹의 마쯔시타가 점하고 있다. 그 결과 점유율의 획득을 목표로 한다면 각 기업은 제1그룹의 전략을 모방하면 좋을 것이다. 그러나 말할 필요도 없이 마그네트론을 내부 제조하기 위해서는 많은 투자가 필요하고, 가전제품 유통채널을 획득하는 데도 역시 많은 투자가 필요하다. 그러므로 가령 제3그룹의 보온병 제조기업은 동일 업계에 속해 있지만 제1그룹의 가전제품 및 전기제품 제조기업이 취하고 있는 전략을 취하지 않고 있다. 업계내에 존재하는 이러한 전략의 진입장벽이 이동장벽이다.

전자레인지는 마그네트론만 있으면 상자만 만들면 제조가 거의 다 완성될 정도로 간단하므로 가전제품 중에서 구조가 비교적 단순하므로, 업계에로의 진입장벽도 비교적 낮다고 볼 수 있다. 그러나 위에서 살펴본 바와 같이 전자레인지 업계에로의 진입장벽은 높지 않으나, 제1그룹의 전략에로의 이동장벽은 상당히 높다.

이처럼 하나의 업계내의 전략그룹과 이동장벽이 형성되는 이유로 Porter는 다음의 세가지를 들고 있다:

① 기업의 능력 및 경영자원 상에 차이가 존재--앞의 전자레인지업계는 해당되지 않음.
② 기업의 목표와 리스크에 대한 사고방식이 상이--가령, 확대경영 대 내실경영은 의미있는 상이한 전략그룹으로 분류할 수 있다.
③ 업계의 발전단계와 각 기업의 진입시기가 상이--업계의 도입기에 진입한 선발기업은 브랜드 이미지를 쌓아올려 주로 브랜드 마케팅을 전개할 수 있는 한편, 업계의 불안정요소가 해소된 성장기 이후에 진입한 후발기업은 보다 효율적인 마케팅전략을 전개할 수 있다.

물론 이러한 요인에서 형성된 전략그룹이나 이동장벽은 고정적인 것이 아니고 환경의 변화나 각 기업이 전략을 전개하는 가운데 변화하는 것이다. 수익성이 높은 전략그룹에 속하는 기업은 스스로의 이동장벽을 높이는 방향으로 전략을 전개할 것이고, 수익성이 낮은 전략그룹의 기업은 보다 높은 전략그룹에로 이동하기 위하여 자원축적에 힘써 완전히 새로운 전략그룹을 창조하기 위한 기술개발투자에 사운을 걸 수도 있다.

업계에로의 진입장벽이나, 업계내의 이동장벽이나, 그곳에서 경쟁하는 기업의 전략수행에 크고 작은 장벽들이 존재한다. 요체는 자사의 성장 시나리오를 염두에 두고 자사가 취할 전략을 명확히 하여, 뛰어넘어야 할 장벽과 완성하여야 할 장벽을 명확히 하여야 고업적 기업이 될 수 있다.

제 4 절 포지셔닝

1. 제품위치(product position)의 확립

자사에 적합한 세분시장을 선정한 다음에는 이 시장에서 소비자의 마음속에 자사 제품이 경쟁 제품들과 뚜렷이 구분되는 독특한 이미지를 구축하도록 노력해야 한다. 우리에게 잘 알려진 글로벌 브랜드들은 그 이름만 들어도 떠오르는 독특한 이미지를 확보하고 있다. 가령 볼보는 안전성이 뛰어난 자동차로, 벤츠는 럭셔리 자동차로, 매킨토시는 고품질의 앰프로, 삼성은 신뢰성으로, 구찌는 디자인으로 독특한 이미지를 확보하고 있다.

특정 제품의 위치(position)는 그 제품이 소비자들의 마음속에 경쟁 제품들과 비교하여 차지하는 장소를 말한다. 한 제품의 위치는 소비자들의 주관적 인식과 평가에 의하여 결정되는 것이다. 즉 소비자들은 특정 제품에 대하여 경쟁 제품들에 비하여 어떠하다는 지각, 느낌, 인상 등을 가지게 되는데 이들이 결합되어 그 제품의 위치가 결정된다. 특정 제품에 대하여 소비자들이 지각하게 되는 위치는 마케터의 마케팅노력을 포함한 여러 변수들의 영향을 받는다. 마케터는 소비자들의 위치 인식이 자사가 의도하는 위치와 일치되도록 노력한다. 마케터는 자사의 경쟁우위가 확립되도록 자사 제품의 위치를 계획하고 그 계획된 위치가 소비자들의 마음속에 구축되도록 노력한다. 이러한 과정을 포지셔닝(positioning)이라 한다.

2. 포지셔닝의 절차

자사 제품이 경쟁 제품과 대비하여 독특한 이미지를 갖도록 어떤 위치를 차지해야 하며 이러한 위치는 어떻게 선정해야 하는가? 문준연(2003)은 포지셔닝에 관한 의사결정을 〈그림5-3〉에서 보는 바와 같이 6단계로 구분 설명하였다.

그림 5. 3 포지셔닝의 절차

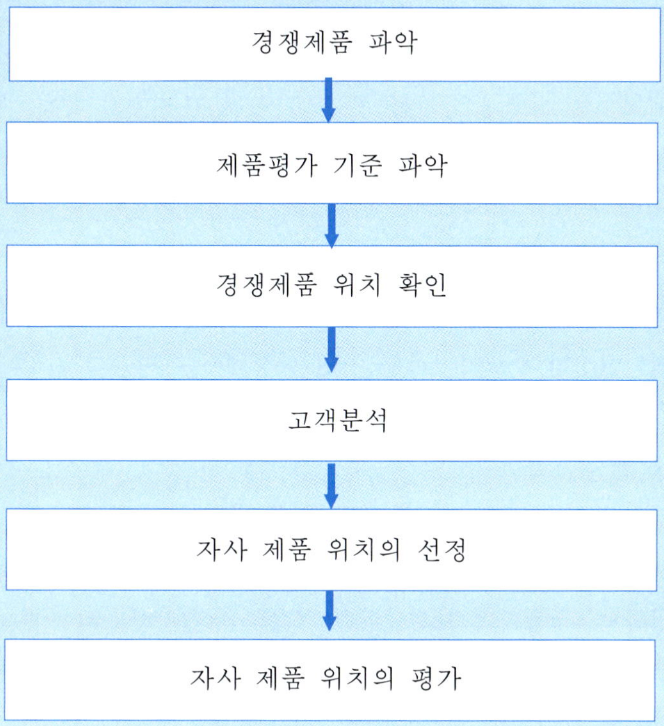

1) 경쟁제품 파악

첫째 단계로 경쟁제품을 파악해야 한다. 흔히 경쟁자를 단순하게 생각할 수 있지만 경쟁제품의 파악이 간단한 문제가 아니다. 가령 코카콜라의 경쟁제품으로 우선 다른 콜라제품을 생각할 수 있지만 다이어트콜라, 타 청량음료, 맥주 등도 포함될 수 있다. 코카콜라의 마케팅전략가의 관점에서 보는 경쟁제품은 앞에서 논의한 경쟁분석을 토대로 하여 현재의 협의의 제품군 내의 경쟁자에서부터 잠재적 대체제품까지 아래와 같이 여러 차원에서 정의될 수 있다.

- 다른 콜라브랜드
- 다이어트콜라

- 모든 청량음료
- 비알콜음료
- 물을 제외한 모든 음료

경쟁 제품은 구체적으로 어떻게 파악할 것인가? 첫째, 소비자가 특정 제품의 구매시에 어떤 다른 제품을 고려하는가를 조사한다. 가령 콜라구매자들에게 콜라 아니면 어떤 음료수를 구매할 것인지 물어본다. 또는 특정 콜라브랜드가 품절일 경우 어떤 브랜드를 구매할 의향이 있는지를 조사한다.

둘째, 특정 제품이 어떤 사용상황과 연계되는지 조사한다. 이 조사를 하기 위해서는 우선 한 응답자를 선정하여 코카콜라를 어떤 상황에서 마시는지 기억해내도록 한다. 한 예로서 "피자를 먹을 때" 라는 대답이 나올 수 있다. 그러면 다시 파자를 먹을 때 마시기에 적절한 음료를 모두 열거하도록 요청한다. 그후 열거된 각 음료에 대하여 적절한 사용상황을 말하도록 요청한다. 이러한 과정을 30명 정도의 응답자들에게 반복하면 많은 수의 음료와 사용상황을 도출할 수 있다. 그 다음 30명정도의 새로운 응답자들을 선정하여 각 음료의 사용상황별 적합성을 평가하도록 한다. 이러한 평가자료를 이용하여 모든 음료를 유사한 군집으로 분류할 수 있다. 즉 코카콜라가 파자를 먹을 때 적합한 음료로 고려되고 있다면 주로 피자를 먹거나 식사할 때 적합한 음료들(오렌지 쥬스, 아이스티, 진저엘)과 경쟁하고, 운동후에 적합한 음료들(포카리스웨트, 게토레이, 칠성사이다)과는 경쟁 정도가 낮을 것이다.

2) 제품평가 기준 파악

한 제품이 경쟁제품들에 비하여 어떻게 지각되는지를 알아내기 위해서는 소비자가 제품평가에 사용하는 제품속성들을 파악해야 한다. 제품속성은 물리적 속성과 혜택뿐만 아니라 제품용도나 사용자에 대한 연계까지 포함된다. 가령 특정 맥주의 속성에는 맛과 향, 도수 등과 함께 남성용, 야외용 등도 포함된다.

어떤 제품이든지 일반적으로 제품속성의 수는 매우 많다. 중요한 것은 소비자들이 가지고 있는 브랜드이미지를 설명하는 데 가장 적합하고 유용한 속성들을 추출하는 것이다. 제품평가에 사용되는 제품속성들의 추출에 유용하게 사용되는 방법으로

Kelly Repertory Grid를 들 수 있다. 응답자에게 특정 제품군의 브랜드를 3개씩 보여주고(가령 승용차 평가기준을 파악하고자 하는 경우 그랜저, K7, SM7), 가장 유사한 두 브랜드를 고르게 하고, 왜 그 두 브랜드가 유사한지 그리고 왜 나머지 브랜드와는 다른지 설명하도록 요청한다. 이러한 과정을 개별 응답자당 수차례 반복하면 많은 수의 제품속성들을 추출할 수 있다. 그 다음 분석자의 판단이나 통계기법을 사용하여 중복되는 속성들을 제거한다.

3) 경쟁제품 위치 확인

경쟁제품들의 위치를 확인하기 위하여 앞의 1단계에서 파악된 경쟁제품들이 2단계에서 확인된 제품속성들에 관하여 어떻게 지각되고 있는가를 분석한다. 소비자들의 제품평가와 구매에 사용되는 주요 속성면에서 경쟁제품들이 어떤 위치를 차지하고 있는지 파악하는 것이다. 즉 소비자의 눈에 어떤 브랜드들은 유사하게, 또 어떤 브랜드들은 다르게 보이는가를 분석한다. 이러한 분석은 연구자의 주관에 의존하여 수행될 수도 있고, 실증자료를 수집하여 다차원척도법을 적용할 수도 있다. 이를 토대로 경쟁제품들의 위치를 공간상에 시각적으로 보여주는 지각도(perceptual map) 혹은 포지셔닝 맵(positioning map)을 작성하면 판단하기 용이하다.

4) 고객분석

포지셔닝 과정에서 궁극적 의사결정은 지각도 상에서 자사 제품의 위치를 어떤 곳으로 할 것인지를 결정하는 것이다. 이 결정을 하기 위해서는 지각도상의 어떤 위치가 고객에게 선호되는가를 알아야 한다. 일반적으로 고객에 따라 선호하는 위치가 다르다. 따라서 지각도상 선호 위치가 유사한 고객별로 군집화하는 것이다. 이러한 집단구분에 유용하게 사용되는 방법은 일부 소비자에게 가장 중시되는 제품속성 또는 혜택을 파악한 다음 동일한 또는 유사한 속성을 중시하는 소비자들을 확인하는 것이다.

5) 자사 제품 위치의 선정

앞에서 논의한 3단계의 경쟁제품의 위치와 4단계의 고객분석을 종합하여 자사 제품의 위치를 선정한다. 즉 지각도상에서 경쟁제품들과 분리될수록 차별화 가능성이 높은데 동시에 그러한 위치를 선호하는 소비자가 많아야 한다. Aaker(1992)는 자사 제품의 위치 선정시 주의해야 할 점을 다음과 같이 제시하였다.

① 경제적 가치를 고려해야 한다. 자사의 포지셔닝이 성공하기 위해서는 선정된 제품위치를 선호하는 고객이 많아야 하고, 그러한 고객층에 대한 높은 침투율을 확보할 수 있는 경쟁우위를 보유해야 한다.

② 선정된 위치에 마케팅역량을 쏟아야 한다. 포지셔닝은 시장에서 특정 위치에 집중하고 나머지 위치들을 무시하겠다는 명시적 의사결정이다. 그러나 실제로 나머지 잠재시장을 무시하는 것은 실행하기가 쉽지 않기 때문에 경영자의 강한 의지가 필요하다.

③ 일관성있는 이미지를 유지해야 한다. 사람의 이미지와 마찬가지로 특정 브랜드의 이미지도 오랜 시일을 거쳐 형성된다. 적절한 이미지가 선정되었으면 장기적으로 구축작업이 이루어져야 한다. 일시적으로 반응이 좋지 않다고 하여 자주 변경하면 결국 아무런 이미지도 구축할 수 없게 된다.

④ 불가능한 약속을 하지 말아야 한다. 매력적인 시장 기회를 발견하게 되면 자사 제품이 제공할 수 없는 것을 주장하려고 하기 쉽다. 따라서 포지셔닝 결정을 할 전에 자사 제품이 주장하는 것을 실제로 실현할 수 있는지 실험실 테스트와 소비자 테스트를 통하여 확인하는 것이 필요하다.

6) 자사 제품 위치의 평가

자사 제품의 위치가 계획한 대로 소비자들에게 지각되고 있는지 확인하기 위하여 정기적인 평가를 해야 한다. 계획대로 되지 않은 경우 자사의 마케팅믹스가 포지셔닝 계획을 뒷받침하지 못하고 있는지 또는 다른 이유가 있는지 확인하여 수정작업을 해야 한다.

3. 포지셔닝 전략

손영석 · 나운봉(2006)은 포지셔닝 전략을 제품속성접근법, 가격/품질 접근법, 제품사용자접근법, 용도활용접근법, 제품범주접근법, 사용상황접근법, 문화상징접근법, 경쟁자접근법 등의 8가지로 요약한 바 있고, 이학식 · 현용진(2002)은 속성/편익 포지셔닝, 이미지 포지셔닝, 사용상황 포지셔닝, 사용자 포지셔닝, 경쟁적 포지셔닝의 5가지를 제시한 바 있다.

1) 제품속성/편익 포지셔닝

브랜드를 제품의 속성, 특징, 혹은 고객편익과 관련지우는 전략이다. 일반적으로 소수의 속성, 특징, 혹은 편익에 관련된 정보를 제공하는 접근법이다. 실용적 동기에 의해 구매되는 제품의 포지셔닝에 많이 이용된다. Volvo자동차의 경우 튼튼하고 안전한 자동차로 포지셔닝하여 성공한 것이 속성/편익 포지셔닝의 대표적인 사례이다. 그러나 경험재(experential good)나 신뢰재(credence good)의 경우에는 제품 속성이 나타나지 않기 때문에 속성 포지셔닝을 취하기가 어렵다.

2) 이미지 포지셔닝

제품의 추상적인 편익으로 소구하는 포지셔닝 전략이다. 쾌락적, 상징적 동기에 의해 구매되는 고급화장품, 보석류, 패션의류 등을 포지셔닝하는데 유용하다. 속성/편익 포지셔닝 전략의 경우 강조되는 속성 이외의 다른 속성을 중요하게 여기는 소비자들을 잃을 수 있는 단점이 있다면, 이미지 포지셔닝 전략의 경우 제품의 특징이 애매모호하게 받아들여질 수 있는 단점이 있다.

3) 사용상황 포지셔닝

제품이 사용될 수 있는 적절한 상황을 묘사함으로써 포지셔닝하는 전략이다. 가령 기침이 주로 밤에 심해진다는 사실을 바탕으로 Nyquil은 야간에 먹는 감기약으로 성공적으로 포지셔닝하였다. 또한 낮에 먹더라도 졸리지 않는다는 점을 강조한 Dayquil을 낮이라는 사용상황에 맞도록 성공적으로 포지셔닝하였다.

4) 사용자 포지셔닝

제품을 사용하는 데 적절한 사용자 집단이나 계층에 의하여 포지셔닝하는 전략이다. 특히 브랜드의 표적시장을 기존 소비자계층에서 다른 소비자계층으로 확장하고자 할 때 유용한 전략이다. 가령 화장품의 경우 표적 소비자층과 유사한 연령의 모델을 선정하여 표적소비자에게 소구하는 방식을 사용한다.

5) 경쟁적 포지셔닝

경쟁브랜드들과 비교함으로써 자사브랜드의 장점을 부각시키는 포지셔닝 전략이다. 이를 위하여 자사브랜드를 명시적 혹은 묵시적으로 경쟁브랜드들과 비교하는 비교광고가 많이 사용된다. 따라서 경쟁적 포지셔닝은 경쟁제품을 간접적으로 광고하게 되는 결과를 초래할 수 있으며, 상대방의 민감한 대응 혹은 보복을 초래할 수 있다.

6) 가격/품질 포지셔닝

가격을 포지셔닝 전략의 토대로 설정한 경우에는 고가와 저가 포지셔닝으로 구분할 수 있으며, 고가 포지셔닝의 경우에는 그 해당 제품범주에서 고가의 포지션을 제일 먼저 선점하는 것이 중요하고, 브랜드에 대한 주장에 대해서 소비자들이 신뢰하고 고가를 기꺼이 지불할 만큼 설득력이 있어야 한다.

7) 제품범주 포지셔닝

자사 브랜드를 어떤 제품의 범주와 연결하여 소비자에게 인식시키는 포지셔닝 전략이다. 가령 Dove비누의 경우 클린싱크림과 같은 범주로 소구하여 건성피부의 여성에게 보습효과가 뛰어난 비누로 성공적으로 포지셔닝하였다. 또 다른 예로 7-UP의

'Uncola campaign' 을 들 수 있다. 7-UP은 기존에는 갈증을 해소시켜주는 신선하고 깨끗한 맛의 청량음료로서 포지셔닝하여 단지 순한 청량음료의 음용욕구를 가진 소비자들만이 7-UP을 구매하고 나머지 소비자들에게 별 관심을 끌지 못하였었다. 이에 따라 콜라를 상대적인 범주로 설정하고 콜라가 싫을 때 7-UP을 찾도록 설득하는 'Uncola campaign'을 실시하여 소비자들의 인지구조 속에 Coke, Pepsi, 7-UP의 사다리를 설정함으로써 세 번째로 많이 팔리는 음료 브랜드위치를 차지하게 되었다.

사례 3 화장품 시장에서 후발 브랜드의 시장 진입전략[1)]

화장품이라는 제품 카테고리가 가진 낭만성 때문에 사람들은 종종 광고에서 '그럴 듯해 보이는' 이미지 하나를 제대로 만들어 내기만 하면 시장에서 성공할 것으로 생각한다. 보통사람들은 물론이고 의외로 화장품 제조회사의 사람들 중에도 그렇게 생각하는 사람들이 있으며, 심지어 광고회사의 광고 담당자들도 거기에 별 이견을 달지 않는다. 그러나 냉정하게 다시 한번 생각해 보면 아무리 환상적이고 멋진 화면과 모델 이미지로 그럴 듯해 보이는 광고를 만들더라도 막연한 이미지만으로 성공한 브랜드 사례는 거의 없다.

이는 먼 과거의 이야기가 아니다. 2000년 한 해에만도 쥬리아의 '로즈힐', '이너프', 나드리의 '멜', 도도의 '이소카임' 등 10여 개 이상의 브랜드들이 상당한 광고비와 모델 파워를 등에 업고 화려하게 등장했지만 아직 시장에서 제대로 자리를 잡지 못하고 있다.

특히 최근 화장품업계가 근본적인 변화를 겪으면서 후발 브랜드의 자리잡기는 더욱 어려워지고 있는 상황이다. 과거에는 화장품 전문점 브랜드 중 10위권 내에 드는 것이 의미가 있었다. 어느 정도로 이미지 차별화에 성공한 중위권 브랜드들의 경우에는 일정 수준의 시장을 확보할 수 있었던 것이 사실이다. 그러나 이제는 2위 혹은 3위까지의 주요 브랜드가 되거나 또는 나름대로의 독특한 카테고리를 만들어 리더가 되지 않으면 살아남기 어렵다.

이런 현상을 더욱 부채질하고 있는 것은 전통적으로 가장 큰 유통 경로였던 화장품 전문점의 위축으로 경쟁이 치열해진 점과 경제위기를 겪으면서 냉철해진 소비자들이 '브랜드/가치 중시형 소비 경향'이 큰 영향을 미쳤다고 볼 수 있다. 경제위기를 겪으면서 소비자는 전반적으로 이성적으로 변화해 갔으며 예전 같았으면 단순한 이미지 차이로 선택하기도 했던 중위권 브랜드 대신 확실한 리딩 브랜드나 중저가 수입 브랜드, 혹은 아예 품목 특화 브랜드를 선택하게 된 것이다.

---

1) 출처: 설명남 · 박소연 · 이명숙 · 채미선 · 김소희, Cheil Communications, 2001. 2월호. 본 사례의 전재를 쾌히 승낙해 주신 원저자들께 감사드립니다.

그러나 이런 열악한 상황에서도 후발 브랜드로서 시장에 자리잡고 성공할 기회는 반드시 존재하기 마련이다. 최근 화장품 시장에서 실제로 적용되어온 몇 가지 성공 전략을 사례중심으로 알아보기로 한다.

Ⅰ. 유통 차별화 전략

국내 화장품업계의 주요 유통 경로로는 크게 '할인점' 이라 불리는 화장품 전문점과 백화점, 방문판매 및 마트시장이 있으며, 다른 제품 카테고리보다는 비교적 다양한 유통대안들이 존재하고 있다. 어떤 의미에서는 화장품 유통의 확대를 통해 화장품 시장은 발전해 왔다고 볼 수도 있다. 또한 유통의 역사를 살펴보면 화장품 메이커 간의 커다란 부침(浮沈)의 역사를 간접적으로 살펴볼 수 있다.

실제로 지금부터 20년 전이 채 되지 않는 1980년대만 해도 화장품회사의 매출은 80% 이상이 방문판매였다. 그 당시에는 화장품을 사용하는 여성들이 뷰티케어에 대한 인식이 높지 않았기 때문에 '마사지' 라는 것만으로도 충분한 판촉의 효과가 있었다. 여성들의 대부분은 전업주부로 가정에 있었기 때문에 회상이라는 구매 조건으로 가가호호 방문하는 '화장품 아줌마' 가 주요 유통 경로였던 것이다.

그러다가 방문판매를 통한 시장 확대에 한계를 느낀 LG화장품이 새로운 전략으로 내세운 것이 젊은 층을 대상으로 한 지금의 화장품 전문점을 통한 '할인판매' 였다. 1980년대 중반 이후 여성들의 사회진출이 활발해지고 핵가족화 현상이 일반화되면서 방문판매의 이점은 거의 사라지고 가격할인을 무기로 한 전문점이 더욱 인기 있는 형태로 자리잡게 된 것이다. 이 시점에서 LG는 과감한 광고 커뮤니케이션으로 소비자의 인식 속에 자리잡게 되었고, 전문점에서의 브랜드 경쟁력을 키워 업계 2위로 확실히 자리를 잡는 계기가 되었다. 그 결과 1990년에는 방문판매의 비중이 거의 15%로 감소하기도 했다.

그러나 LG가 주도하는 전문점 중심의 시장 상황을 오히려 역으로 활용하여 시장 진출에 성공한 회사가 생겨났다. 코리아나 화장품은 새로운 방문판매의 형식으로 시장에 진출해 창업 5년만에 화장품업계 '빅3' 에 오르는 기록을 세운 회사가 된 것이다. 새로운 방문판매 방식, 즉 '신방판' 은 기존의 '구방판' 과는 달리 영업팀은 점포판매만

하고 사업팀이 소비자에게 직접 판매하도록 함으로써 기존의 '화장품 아줌마'가 아닌 '화장품 전문가(Beauty Planner)'로서 판매자의 위상을 높여 준 것이 그 근본적인 차이라 할 수 있다. 영업을 위주로 하는 회사와는 별개로 '전문 판매 집단'이 독자적으로 존재한 것이다. 이로써 코리아나는 1989년 첫 매출액 14억 원에서 1993년에는 일약 1340억 원의 매출을 오리는 한국 500대 기업의 반열에 오를 수 있었다.

그렇게 대단한 규모의 성공은 아니더라도 한국 화장품 시장을 놀라게 한 '깜찍한' 사건이 1995년에 일어났다. 1980년대 말부터 대형 아파트, 대형 슈퍼마켓이 일반화되는 상황에서 대형 슈퍼마켓은 기존의 동네 구멍가게와는 달리 주부의 한발 앞선 라이프스타일을 일말 반영하고 있었고, 이런 이미지를 업고 제일제당이 '식물나라'라는 이름으로 본격적인 슈퍼마켓용 화장품 브랜드를 내게 된 것이다. 당시는 오픈 프라이스제가 정착되기 이전으로 시판시장의 화장품 가격에 대한 소비자 불만이 극에 달하는 시점이었으므로 슈퍼에서의 정찰 가격이라는 점이 소지자 욕구와 절묘하게 맞아떨어진 결과, 출시 1년만에 130억 원대의 매출을 기록했다.

그 기세에 놀란 시판시장의 공룡 태평양과 LG가 '쥬비스'와 '오데뜨'를 출시하면서 뒤늦게나마 추격을 시도했지만 식물나라의 독특하고 신선한 이미지는 실용적 피부필수품이라는 컨셉트와 함께 시너지를 받으면서 호락호락하게 무너지지 않았다. 그리하여 그후 몇 년간은 식물나라가 화장품 시장 내의 '마트'라는 유통 카테고리의 비중을 높이면서 승승장구하게 된 것이다.

그러나 한 중견 식품회사에 의해 일어난 이 '외부로부터의 신선한 자극'도 그리 오래가지 못하고 새로운 국면에 접어들었다. 런칭 후 어느 정도 시간이 흐르자 초반의 신선도가 사라지면서 브랜드 노후화로 이어지고 곧이어 '기능성 화장품' 논쟁으로 이어져 기본적인 기능에 대한 의구심이 겹치면서 식물나라의 점진적 몰락과 함께 '슈퍼유통'이 서서히 막을 내리게 된 것이다.

그리고 이러한 표면적인 변화 외에도 그 근간에는 소비자 생활 및 인식 상의 큰 변화가 깔려 있었으니, 1990년대 후반 들어 본격화된 대형 할인점(이마트, 월마트, 까르푸 등)이 생활 속으로 잠식해 들어오면서 동네의 대형 슈퍼 체인이 옛날의 구멍 가게가 맞았던 운명과 비슷한 상황에 처해지고 있는 것이었다. 그러면서 '슈퍼 화장품'이 과거보다 더 천대 받는 상황이 만들어지기도 했다.

'슈퍼' 와 운명을 같이 했던 이들을 '제1기' 마트시장의 브랜드로 정의한다면, 최근에는 '제2기' 마트시장 브랜드들이 떠오르고 있다. 이 '제2기' 마트 브랜드들이란 '이니스프리' 와 같이 본격 대형 할인점 유통을 염두에 두고 만들어진 국내 브랜드 외에도, '로레알' 이나 '메이블린' , 'ROC'처럼 중저가 수입 브랜드군도 포함되는데, 어쨌거나 제품력을 기본으로 하고 거기에 가격이라는 이점까지 가지고 있기 때문에 당분간은 지속적인 성장이 점쳐진다고 하겠다.

물론 모든 마케팅 전략이 소비자 의식이나 생활의 변화를 반영해 만들어져야 하는 것이긴 하지만, 특히 유통이라는 영역에 의한 접근은 소비자의 실제 생활에 얼마나 천착해서 제대로 들여다보는가에 따라 시장 가능성을 점쳐볼 수 있는, 그래도 가장 '예측 가능한' 부분이 아닐까 한다.

II. 품목 차별화 전략

화장품은 하나의 브랜드에도 수십 가지의 품목이 있다. 그리고 1990년대 중반까지만 해도 통상 모든 제품들을 '브랜드' 로 묶어서 '브랜드 광고' 를 하는 것이 일반화되어 있었다. 그러나 '패션 화장품' 을 표방하면서 등장한 한불화장품은 색조제품들을 본격적으로 전면에 내세운 광고들을 내보기 시작했다. '두앤비 마스카라' 나 '세무와 트윈케익' 등이 단품으로 어느 정도 히트하면서 색조화장품 전문 브랜드로서의 한불은 시장에 서서히 자리잡기 시작했다. 특히 바쁜 직장 여성을 위한 '트윈케익(파운데이션과 파우더의 복합 제품)' 제품 카테고리에서 잇달아 제품력을 인정받고 있었다.

그 성과는 '바센' 이라는 브랜드로 출시한 신제품 카테고리인 '팩트' 의 대성공으로 절정을 이루었다. 팩트는 피부의 결점을 가려주는 커버력이 우수한 트윈케익과 피부에 얇게 발리는 파우더의 장점만을 모아 피부 밀착력과 투명함 강조라는 차별적 우위 구축으로 출시 보름 만에 12만 개를 판매했으며, 1997년 한 해 동안 250만 개의 판매고를 올리면서 단일 품목으로 200억 원 이상의 매출을 올리는 대히트를 기록했다.

이후 바센 '팩트 클리어(항균 작용 출가)' 를 출시해 색조 화장품에서도 피부 청결은 유지될 수 있다는 업그레이드 제품을 출시했으며, 이외에도 바센 '이팩트(에센스)' , '메이크업 스타트' 등의 제품으로 확장, 성공해 브랜드 입자를 더욱 강화했다. 만약 바센이 기존의 브랜드들처럼 대형 화장품회사에 전면 대항해 토털 브랜드 광고를 했다면 이런 성공은 절대 거둘 수 없었을 것이다.

그러나 이런 성공도 IMF 경제위기 상황에서 가격정책의 실패로 인해 막을 내리게 되었다. 판매가격을 대폭 내려 화장품 전문점의 미끼제품으로 전락하는 외에도 리필제품을 하나 더 주는 사은행사를 통해 단기간의 매출 증대 효과는 볼 수 있었지만, 이런 덤 판매가 이미지에 크게 손상을 주게 된 것이다.

그 이후 후속 브랜드로 나온 '이윰'은 색조 전문 메이커로서의 장점을 살리지 못하고 기초제품 판매에 치중하다가 역시 자리를 잡지 못하고 한불의 입지를 더욱 좁히는 결과를 가져왔다. 이것은 곧 품목 차별화로 일단 시장 진입에 성공한 브랜드가 이후 브랜드 관리를 어떻게 해야 하는가에 대한 반면교사로서 생각해 볼 수 있을 것이다.

비슷한 시기에 나왔던 동양화장품이 과일나라 '코팩'도 비슷한 사례이다. 코팩은 철저한 니치(Niche) 전략으로 팩 시장에서 파생된 또 다른 틈새시장으로서 코 피지에 집중해 기존의 페이스 팩과는 다른 영역을 구축했다. 1997년 출시 1년간 92만 세트, 57억 원의 판매량을 기록하면서 이후 과일나라로 기초라인까지 확장을 시도했다. 그러나 역시 기초라인에서는 타브랜드 대비 경쟁적 우위를 확보하지 못하면서 토털 브랜드로서의 장기적인 영화로까지는 이어지지 못했다.

한불이 바탕 중심의 색조제품(파운데이션, 트윈케익류)의 신기원을 이루었다면, 포인트 메이크업 색조제품(립스틱, 아이섀도) 영역에서 최초의 전문 브랜드로 출시된 것으로 '에뛰드'가 있다. 저가 메이크업 제품은 대량 생산이 가능한 소모성 유행 제품이라는 점을 감안, 10대와 20대 초반을 합리적 가격의 제품으로 공략해, 1만 원대 이하의 저가 틈새시장을 형성, IMF를 겪으면서도 꾸준히 성장했다. 에뛰드는 메이크업 전문 브랜드로서의 다양한 컬러 개발에 노력해 컬러 선택의 즐거움과 만족감을 제공했으며, 전용 디스플레이 매대 설치로 전문 색조 화장품으로서의 이미지를 확보한 결과, 1999년 한 해 동안 300억 원대의 매출을 기록했다.

'품목 차별화' 전략의 성공을 결정짓는 관건은 소비자에게 있어 품목의 새로움과 수용 가능성이며, 이 전략은 최근 화장품시장에서 가장 일반화된 시장 세분화 전략이라고 할 수 있다. 전체적으로 제품 경쟁력만 담보되면 효율성은 상당히 높으나, 단 종합화장품 브랜드로의 성장에는 한계가 있다고 보여진다.

사실 후발업체들에겐 이런 단품의 히트가 구색을 갖춘 제품 라인업으로 이어지고 후에 다른 라인으로의 확장을 거쳐 종합적 형태를 갖춘 화장품으로 자리잡는 것이 대개 궁극적인 목표이다. 그러나 이런 라인 확장에는 그 만큼 위험이 따른다. 전문적인 차별성으로 시장을 발빠르게 공략했던 후발업체들이 대기업 화장품회사들이 빠지는 딜레마에 부딪히게 되는 것이다. 다시 말하면 전문적인 이미지를 강점으로 출발했던 후발주자에게 이런 라인 확장은 자칫 잘못하면 '두 마리 토끼를 잡으려다 둘 다 놓치는 결과'를 낳을 수도 있다. 결국 작은 기업으로서의 혁신적이고 전문적인 이미지를 유지하면서 종합적인 화장품회사로 성장하는 것이 후발업체들에겐 앞으로 해결해야 할 과제로 남는 것이다.

그 전형적인 사례의 하나로, 작년에 큰 성공을 거둔 도도의 '빨간통 파우더' 역시 최근 색조제품에 스킨케어 개념을 도입해 골라 쓰는 피부 타입별 맞춤 색조화장품으로 업그레이드를 시도하고 있다. 동시에 도도는 '이소카임'을 시장에 출시해 종합 화장품 브랜드로서의 입지 확립도 시도하고 있다. 그러나 아직 그 결과는 미지수로 남아 있다고 하겠다.

III. 제품 컨셉트의 차별화 전략

제품 컨셉트의 차별화 전략은 얼핏 듣기에는 상당히 합리적이고 성공 가능성이 높은 전략 같지만 실제 상황에서는 상당히 위험한 접근법이다. 하나의 품목도 아니고 이미지 차원의 이야기도 아닌 브랜드 전체 이미지 차원의 이야기도 아닌 브랜드 전체의 컨셉트를 하나의 기능이나 성분으로 규정하는 것이기 때문에 만약 그것 자체가 소비자에게 받아들여지지 않을 경우에는 브랜드 전체를 버려야 하는 상황이 되기 때문이다. 그래서 여태까지 일반적으로 브랜드 차원에서는 '이슬 같은 여자, 미로', '산소 같은 여자, 마몽드', '영화처럼 사는 여자, 라네즈' 등 유저 이미지에 포커스를 맞춘 컨셉트들이 주류였다.

그런 점에서 1998년에 출시된 애경의 'B&F'는 매우 참신한 브랜드였다. 생활용품회사로서 화장품 시장으로 처음 진출한 애경은 그 당시로는 생소한 컨셉트인 ' 모공관리 '를 화두로 내놓았던 것이다. 기초제품의 전 라인데서 하나의 독특한 기능을 내세우는 것이 그 당시로는 굉장한 센세이션을 일으켰으며, 모기업의 태생적 한계를 극복하고자 철저히 메이커를 숨기면서 효과적인 마케팅을 시도했다. 또한 20대 초중반을 광범위하게 타깃팅 하는 기존의 관행에서도 탈피, 번들거리는 피지 때문에 고민하는 20대 초반을 집중 타깃으로 공략했다.

광고에서도 기존 화장품 광고에 등장하는 '공주형' 분위기에서 탈피, 파란색의 바탕을 이용하면서 상당히 이성적이고 제품 중심적인 광고 형태를 선보이며 차별화를 꾀했다. B&F는 이러한 노력들로 출시 첫 해 10개월간 100억 원 이상의 매출을 올렸다.

계속해서 B&F는 2000년 제품 리뉴얼을 통해 'B&F Visible Effect' 라인을 출시하면서 더욱 더 제품 중심, 제품 자체의 기능을 극대화하기 위한 커뮤니케이션에 노력을 기울이고 있다. 어쨌거나 대형 화장품업계가 소홀히 하고 있지만 소비자의 분명한 니즈가 존재하는 특화된 영역에서 한 우물 파기의 노력으로 확고하게 자리잡고 장기적으로 롱런할 수 있는 브랜드의 초석을 마련한 것이다.

B&F가 '독특한 기능'으로 브랜드 컨셉트를 잡았다면, '엔시아'는 '독특한 성분'으로 브랜드 컨셉트를 잡은 경우가 될 것이다. 사실 엔시아는 애초에 'DNA 화장품 - 세레비오 엔시아'라는 컨셉트로 20대 중후반을 타깃으로 한 다소 '원숙한' 브랜드였다. 그러나 그다지 독특하지 않은 컨셉트와 제품라인으로 '또 하나의 코리아나 화장품' 정도로밖에 인식되지 않는 상황이었다. 즉 코리아나 화장품이라는 메이커 이미지로 인해 주로 구매될 뿐, 세레비오 엔시아라는 브랜드는 소비자에게 그다지 가치를 주지 못하는 그저 '부속품'에 불과한 것이었다.

그러다가 1999년에 이르러 제품 컨셉트, 라인과 패키지를 완전히 '비타민 C'라는 컨셉트로 리뉴얼했으며 브랜드 슬로건도 ' 오렌지색 엔시아 '로 바꾸었다. 그리고 광고 통도 완전히 바꾸어 제품을 메인 프리젠터(Main Presenter)로 사용해 성분중심, 기능중심의 이미지를 확실하게 소구했다. 광고모델도 30대에 접어든 채시라에서 10대의 김민희로 과감히 교체했다. 이것은 리뉴얼이라기보다는 사실 리런칭에 가까운 엄청난 모험이었다. 그러나 이에 가까운 모험 소비자에게 성공적인 모험으로 평가받을 수 있었다. 발매 4개월 만에 매출 100억 원을 기록한 것이다. 올해 들어서는 색조제품 광고도 하면서 명실공히 코리아나의 간판 종합 브랜드로서 확실하게 자리를 잡아가고 있다.

다른 이야기지만 기초와 색조를 아우르는 종합 화장품 브랜드로서의 입지 측면에서 '모공케어 B&F'와 ' 오렌지색 엔시아 '는 그 명암이 엇갈린다고 보여진다. 물론 B&F에서도 색조제품을 내고는 있지만 아무래도 ' 모공관리 '라는 과학적이고 피부 중심적인 제품 컨셉트는 색조제품과는 걸맞지 않는다.

반면 엔세아는 '비타민 C, 오렌지 색' 에서 연유하는 '개성, 참신, 독특' 의 이미지 가치와 쉽게 연결이 되면서 색조 화장품의 가치와도 맞아 떨어져 종합 화장품 브랜드로서의 소비자 접점을 점점 넓히고 있다.

이 전략은 앞서 언급한 바와 같이 상당히 위험하다는 점과 주로 기초제품 중심의 컨셉트일 가능성이 높아 색조제품의 판매에 걸림돌이 되는 한계가 존재하기는 하지만, 성공할 경우 타 브랜드와의 확실한 차별화와 함께 장기적이니 브랜드 관리가 가능한 힘있는 전략이라고 할 수 있을 것이다.

IV. 'Me Too' 전략

사실 엄밀하게 말하자면 IMF 경제위기 이전에는 소수의 리딩 브랜드와 다수의 군소 'Me Too' 브랜드가 포진해 있는 상황이 일반적이었다. 그러나 앞서 이야기한 ' 브랜드의 가치 '를 중시하는 변화된 소비자 태도로 인해 별반 특징이 없는 Me Too 브랜드로는 ' 이자녹스 '를 들 수 있다. 1995년 10월, 고가의 프리미엄 화장품 시장에 처음 진출한 것은 정작 이자녹스였지만 ' 고기능 '을 소구하기보다는 ' 고급/프리미엄 ' 이미지 창출에만 치중하고 있었다. 그러던 중 1996년 10월, ' 아이오페 '가 ' 신개념 코스메티칼 화장품 ' 이라는 컨셉트 아래 국내 브랜드 중에서는 최초로 ' 기능성 화장품 ' 임을 전면에 표방하고 나섰다. 또한 업계 최초로 ' 안티 에이징(Anti Aging) '을 위한 ' 레티놀 ' 제품으로 돌풍을 일으키면서 시장에 성공적으로 정착했다.

그러자 이자녹스도 곧 브랜드 컨셉트를 기능성으로 수정하며 몇 가지 대응 전략을 선보였다. 첫 번째는 '개척된 시장으로의 진입' 이다. 즉 노화 방지, 미백 등 아이오페에 의해 이미 소개된 신개념 시장에 진입함으로써 리스크를 최소화했다. 아이오페 '레키놀 2500' 대응 제품으로 이자녹스 '에이징 스페셜', '링클 디클라인' 을 출시했으며, 아이오페 '비타젠 화이트' 에 대응해 이자녹스 '화이트 포커스' 를 냈다.

두 번째는 '가시적인 제품 차별화, 기능 업그레이드' 를 들 수 있는데, '비슷하되 같지는 않은' 제품 전략으로 소비자들에게 '+α' 를 제공하는 것을 잊지 않았다. 즉 이자녹스 에이징 스페셜의 경우에는 레티놀 2500에 대응하되, 4개의 품목으로 분화해 기능을 다양화했고, 이자녹스 링클 디클라인은 레티놀 대신 '메디민 A'라는 성분을 개발해 차별화했으며, 이자녹스 에이징 스페셜 LS8865는 ' 모공수축 '이라는 틈새를 공략함으로써 기능을 차별화하기도 했다.

세 번째는 '적절한 커뮤니케이션의 뒷받침' 이다. 기본적으로 Me Too 브랜드는 리더 대비 광고 커뮤니케이션 비용 절감에 이점이 존재하는데, 이를 적절히 활용해 짧은 기간 동안 집중적으로 광고비를 투여함으로써 '기능성 화장품' 이라는 소비자의 'Evoked Set' 내에 단기간에 집입하는데 성공했다.

그러나 무엇보다 브랜드 자리매김에 가장 지대한 영향을 끼쳤던 네 번째 요인으로는 '유통으로서의 효과적 Pushing'을 들 수 있을 것이다. 전통적으로 할인점 유통에서 강한 메이커의 파워를 십분 활용해 가맹점 제도를 활용하고 독립 전용 매대를 설치하며 동시에 마진 조정을 통해 권매율(勸賣率)을 높았다. 사실 단가가 높은 화장품의 경우에는 판매원의 적절한 가능성이 높은 것이다. 또한 근본적으로는 ' 업계 2위라는 화장품 대메이커로서의 신뢰감 ' 이 무시 못할 요소로 작용했을 가능성도 높다.

실제로 비슷한 시기에 똑같이 '기능성 Me Too'임을 표방하고 나선 다수의 브랜드들은 거의 대부분 실패로 돌아가고 말았는데, 이들의 경우 ' 절대 광고비와 유통에서의 열세 '와 함께 기능이나 성분 면에서 거의 차별화되지 않는 ' 제품 기획력 부족 '등이 실패의 주요 원인으로 작용했던 것으로 보인다.

이상에서 성공적인 'Me Too 전략' 의 요소를 추출해 보자면 이미 검증된 시장에 들어감으로써 리스크 최소화라는 무임승차를 하는 대신, '가시적인 Added Value'요소가 반드시 필요하다는 점을 일단 지적 할 수 있다. 그 외 마케팅 커뮤니케이션 노력의 하나로 커뮤니케이션이나 유통 투자면에서 선발 브랜드 대비 우세 혹은 적어도 동등한 파워를 가지고 있어야 가능성이 있다고 할 수 있을 것이다. 즉 과거와 같이 단순히 ' 컨셉트 모방하기 ' 만으로는 시장에서 철저하게 외면 당할 가능성이 높다는 것이다.

V. 광고를 통한 브랜드 이미지 차별화 전략

화장품 마케팅에서 광고의 차별화만 가지고 성공한 경우는 앞에서도 이야기한 바와 같이 거의 없다고 봐도 무리가 아니다. 사실 다음에 들고자 하는 사례도 엄밀히 말하자면 광고보다는 마케팅 전략에서의 차별화가 기본적으로 전제된 상황에서 광고가 힘을 받은 사례이지 광고만으로 시장을 변화시킨 것은 아니다. 그러나 어쨌든 결과적으로 광고를 통한 획기적인 이미지 차별화라는 점에서 가장 대표적인 사례이기에 소개하고자 한다.

역설적이게도 광고를 통한 브랜드 이미지 차별화의 가장 성공적이었던 사례로 생각되는 것은 '가장 화장품스럽지 않은' 이미지의 표현을 통해서였다. 참존의 '청개구리' 광고는 화장품 광고에 관심이 없는 사람들도 아마 대부분 기억을 하고 있는 광고일 것이다. 벌써 7,8년 전의 광고이지만 그 만큼 참신하고 동시에 공감을 얻었기 때문에 가능한 일이 아니었나 하는 생각이 든다.

1993년 참존은 '참영 2001' 브랜드 런칭과 함께 미녀 모델을 통해 '꿈과 환상' 을 이야기하던 종래의 화장품 광공화 달리 파격적으로 실제 개구리를 광고에 등장시켰다. 이는 참존이 1984년 피부약 조제 전문 약사가 만든 최초의 기능성 화장품 브랜드로서의 이미지보다는 기능 소구, 광고보다는 샘플 배포, 기초라인보다는 단품에 집중했던 10년간의 역 마케팅 전략을 '청개구리 정신' 으로 표현했던 것이다.

1998년 이후에는 본격적인 기능성 화장품 시장 형성과 함께 청개구리를 캐릭터화한 청개구리 박사를 통해 제품의 USP를 재미있게 전달했다. 즉 고가의 기능성 화장품 카테고리가 본격적으로 형성되기 이전에 '품질만을 생각하는' 브랜드로서 아이덴티티를 구축하고 고정 매니아층을 확보했던 것이다. 따라서 IMF 사태를 겪은 소비자들의 합리적 구매 패턴이 정착하게 되면서 기술적 기반이 취약한 여타 군소 브랜드들이 줄줄이 몰락하게 된 시장 환경 속에서도 참존은 30~50대 주부층을 대상으로 한 독자적 시장을 확보해 꾸준히 매출을 유지할 수 있었다.

그 외에도 사실 광고상에서 '차별화를 위한 차별화'를 시도한 브랜드들은 숱하게 많이 있었다. 남성 모델을 등장시키기도 하고 미모와는 관련이 적은 혼혈 여가수나 여자 코미디언이 출연한 광고도 있었다. 대체로 제품보다는 오히려 ' 모델 자체'의 특이성을 통해 구전을 일으키려는 의도에서 연출된 것이었겠지만 그런 막연한 차별화만으로는 한계가 있었다고 보여진다. 즉 제품의 가치를 반영하기 위해 광고가 필요한 것이지, 광고 자체만으로 가치가 창출되는 것은 아니라는 것이다.

VI. 메이커의 신뢰, 제품 가치의 확산이 중요

이상의 사례들에서 '화장품은 광고만 뜨면 된다'는 기존의 '신화(Myth)'에 반하는 결론을 얻게 된다. 오히려 광고의 한계를 인식하고 광고 한 요소의 차별화보다는 마케팅 믹스 전반에서 발상의 전환과 ' Value Adding'을 추구한 브랜드만이 성공하게 된다는 일반적인 명제를 다시 한번 떠올리지 않을 수 없다. 그러면 화장품 브랜드가 성공하기 위해 갖춰야 할 조건에는 어떤 것이 있을까? 단순화의 오류를 감수하고 대표적인 두 가지의 요소만 지적하고자 한다.

첫 번째는 '메이커의 신뢰감'이다. 실제로 한국의 화장품 브랜드 소비자들은 다양한 브랜드의 명멸 속에서 메이커에 '보증인'의 역할을 기대하고 있다. 따라서 반드시 메이커의 신뢰감이 바탕이 돼야 브랜드 가치가 시작될 수 있는 기반이 마련된다고 할 수 있을 것이다.

두 번째는 '제품 가치에 대한 확신 제공'이다. 성능, 성분 혹은 특이한 품목 등 무엇이건 간에 그 제품을 써야만 하는 확실한 준거가 있어야함 실제 구매로의 연결이 가능하기 때문이다. 이상과 같은 기본 전제를 고려하여 향후 한국 화장품 시장에서 메이커 형태별로 활용 가능한 전략들을 생각해 보기로 하자.

첫째, 기존의 중견 화장품 메이커가 신규 브랜드를 내고자 할 경우에는 어느 정도 확보된 메이커 신뢰감을 기반으로 보다 효율성이 높은 전략을 선택하는 것이 바람직할 것으로 보인다. 구체적으로 이야기하면 메이커 신뢰감이 일정 수준 뒷받침됨으로 품목의 새로움과 소비자 수용 가능성을 전제할 경우, 위험 부담은 최소화하면서 높은 수익을 창출할 수 있는 '품목 차별화 전략'이 추천할 만하다. 또한 메이커 신뢰감과 기존의 유통력을 효과적으로 활용하면서 역시 위험 부담을 줄일 수 있는 전략으로 'Me too 전략'도 가능할 것으로 판단된다.

둘째, 타업종의 메이커가 화장품 업종으로 신규 진출하고자 할 경우에는 우선 화장품 업종에서의 전문성, 제품력에 대한 인정을 받는 것이 가장 중요한 과제로 생각되며, 이 경우에는 '브랜드 컨셉트 차별화 전략' 이 가장 효과적일 것으로 생각된다. 즉 기존 화장품 브랜드들이 간과한 영역에 집중 포커스 해 화장품 브랜드로서의 전문적인 역량을 과시할 수 있다. 만약 그 컨셉트가 기존의 메이커 이미지와 연결이 된다면 금상첨화의 격으로, 확실한 경쟁 우위 하나를 소비자 마음 속에 확보하고 시작하는 셈이 될 것이다. 또한 그 전략과 병행해 기존 메이커에서 강점을 가지고 있으면서 향후 화장품 유통으로서 가능성이 있는 유통 채널이 있다면, 먼저 진입해 그 유통과 함께 성장하면서 향후 독자적 영역을 구축하는 것도 가능할 것이다.

마지막으로, 화장품 시장에 처음으로 진입하고자 하는 신규 메이커의 경우에는 사실 메이커의 신뢰도와 제품의 가치를 동시에 인정받아야 하는 어려운 상황이므로, 상당한 수준의 리스크를 감안하고라도 마케팅 믹스 전반에 걸친 획기적인 차별화 전략이 필요하다. 새로운 마케팅 전형을 창출한다는 심정으로 발상의 전환 없이는 업계에 제대로 자리잡기가 힘들 것이다. 위에서 언급한 전략 중에서 굳이 고르라고 한다면, 상대적으로 메이커 및 브랜드 집착도가 떨어지는 색조 등 저관여 품목을 선택해 '품목차별화 전략'을 통해 인지도와 이윤을 어느 정도 창출한 다음, 본격적으로 브랜드 아이덴티티 구축을 고려해야 할 것이다.

제6장

경쟁전략의 수립

제 1 절 경쟁대응의 기본틀

제1장의 마케팅전략의 체계에서 살펴본 바와 같이 전반적인 마케팅전략을 수립한 다음 마케팅실행 수단 즉 4P에 대한 전략을 수립하고 실행하게된다. 4P전략은 표적고객에 가장 적합한 형태로 구축되어야 하고 전체적으로 효과적인 마케팅믹스를 구성하기 위하여 4P간의 적합성이 매우 중요하다. 가령, 고급품은 고가격, 전문점, 전문잡지와 적합하고, 반면에 중급제품은 중가격, 슈퍼마켓, TV광고와 부합되는 것처럼 4P간의 적합 패턴에는 복수의 대안이 있을 수 있다. 그 중에서 어떤 전략패턴을 채용하는 것이 좋을 것인가? 그 방향을 제시하여 주는 것이 본 장에서 논의하는 경쟁대응의 전략 즉 경쟁전략이다.

J.J. Lambin에 의하면 현대 마케팅의 체계는 경영전략적 색채가 강한 전략적 마케팅(strategic marketing)과 종래의 4P의 관리에 관한 마케팅관리(marketing management)로 크게 구성된다. 그리고 이 양자를 연결시키는 것이 경쟁대응의 전략이다. 즉 제품 포트폴리오관리에 의해 각 사업부에로 기본적 투자행동 지침이 주어지고, 각 전략사업단위(SBU)의 사업전략이 책정되는데 그 사업부별 경쟁대응의 전략이 마케팅 믹스전략 즉 4P전략의 중추가 되고 방향을 제시하게 된다. 이하에서는 경쟁대응의 전략으로서 먼저 포터에 의해 제시된 경쟁의 3대 기본전략, 경쟁지위별 전략, 제품라이프사이클별 전략 등을 살펴본다.

제 2 절 포터의 3대 기본전략

M.E. Porter에 의하면 기업의 경쟁전략은 타사에 대한 경쟁우위의 유형(원가우위인가 혹은 차별화인가)과 전략타깃의 폭(넓은가 혹은 좁은가)에 기초하여 ① 원가우위전략, ② 차별화전략, ③ 집중전략(원가집중 및 차별화집중)이라는 3대 전략으로 분류되고 이는 〈그림6-1〉에 나타나 있다.

|그림 6.1| Porter의 3대 기본전략

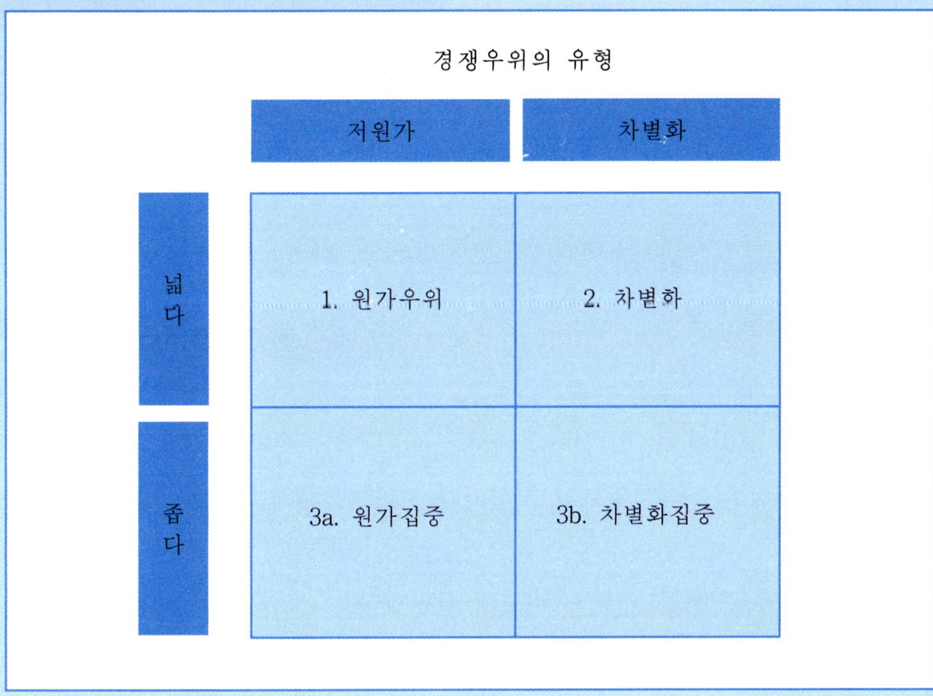

포터의 3대 기본전략은 각 기업이 경쟁하는 타사와 어떤 차별적 우위성을 구축할 것인가를 결정하는 것으로 이러한 전략선택의 의사결정은 차후의 4P전략에 크게 영향을 미친다.

1. 원가우위전략 (cost leadership)

원가우위전략은 3가지 기본전략 가운데 가장 명쾌한 전략이다. 왜냐하면 원가라는 판단기준이 명쾌한 척도상에서 저원가가 목적이기 때문이다. 원가절감의 대상으로는 생산원가, 조달원가, 유통원가, 개발원가, 정보원가, 기타의 원가가 고려될 수 있다. 이를 위한 전략변수 즉 기업이 통제가능한 전략수단으로는, 포터에 의하면, 규모의 경제성, 조업도, 경로의 공동행동·수직통합, 진입시기(선발, 후발), 기술투자 등 전체 기업활동이 고려될 수 있다.

이상에서 언급한 것 중에서 어느 차원이 중요한가 하는 것은 업계마다 다를 것인데 가령, 최근 전기 기기나 자동차업계에서의 OEM이나, 식품 및 일용잡화품 업계에서 유명브랜드 제조기업의 중간상상표 제조 수탁 등이 빈번히 일어나고 있는 것은 조업도의 향상을 통한 생산원가의 우위를 획득하기 위한 목적으로 전략이 전개되고 있는 것이다.

2. 차별화전략(differentiation)

차별화전략은 소비자가 원하는 어떤 차원에서든지 자사를 타사로부터 차별화하는 전략이다. 차별화의 대상으로는 제품, 판매경로, 광고, 판촉, 애프터서비스 체제, 기타 다양한 기업활동이 고려될 수 있다는 점에서는 원가우위전략과 유사하다. 그러나 원가우위전략이 전반적인 전략차원으로 저원가라는 단순명쾌한 목적을 설정하고 있는 반면에, 차별화전략은 쾌도난마식의 일률적인 전략이 아니다. 차별화할 것인가 말 것인가를 최종적으로 결정하는 것은 소비자에 달려있다.

소비자가 제품 및 서비스로부터 얻는 효익(benefit)은 원가 성과(cost performance, 성과/원가)라는 말로 환언할 수 있는데 소비자가 차별화되고 있다는 느낌을 받는 것은 타사제품에 비하여, 소비자가 지불하는 원가(분모)가 낮거나, 소비자가 얻는 성과(분자)가 높아야한다. 여기서 소비자의 원가에는 단순히 지불한 제품가격뿐만 아니라 유지비용, 교체비용, 쇼핑비용, 각종의 시간비용 등 다양한 것이 포함된 것이다. 가령, 자동차의 연료비가 적게 드는 것은 유지비용을 낮게 하는 차별화이고, 음료의 대용량 페트병은 소용량의 것을 여러번 구입하는 수고를 덜어주므로 쇼핑비용을 저하시키는 차별화이다.

한편, 소비자가 얻는 성과를 향상시키기 위한 방책은 제품의 속성에 따라 그 성취난이도가 다르다. 가령, 자동차의 엔진마력은 높을 수록 그 성과를 높이게 되고, 전화의 원터치다이얼의 메모리수는 많을수록 그 성과가 높다 (물론 한계효용체감의 가능성은 존재한다). 그러나 자동차의 디자인은 둥근형과 다각형 중에서 어느 것이 성과가 높은가, 또는 전화기의 색상은 검정색과 흰색 중에서 어느 쪽이 성과가 높은가를 즉시 판단하기가 어렵다. 그것은 마력이나 메모리수는 우열을 객관적으로 판단할 수 있는 사고형 속성(cognitive attributes)인데 비하여, 디자인이나 색상은 우열을 객관적으로 판단할 수 없는 감정형 속성(affective attributes)이기 때문이다.

감정형 속성에는 오감에 관련되는 색, 모양, 향기, 맛, 소리, 촉감과 또한 이미지가 포함된다. 따라서 향수의 향의 차별화, 요구르트의 맛의 차별화, 패션디자인의 차별화 등은 매우 창조성을 요구하는 작업이다. 사고형 속성의 경우나 감정형 속성의 경우 모두 차별화전략을 전개하고자 할 경우에는 소비자조사를 통하여 소비자의 욕구를 파악하는 것이 기본이다. 그러나, 감정형 속성의 최대의 난점은 사고형 속성과는 달리 소비자 욕구의 위치가 비상하게 변화하는 점이다. 가령, 어제까지는 둥근형의 자동차가 좋다고 생각한 사람이 오늘은 각진 모양의 자동차를 타고 싶어진다든지, 미니스커트가 잘 어울린다고 생각하던 여성이 갑자기 롱스커트를 좋아하기 시작하는 경우가 다반사이다. 즉 변화하는 욕구를 통제하기는 매우 어렵다. 그러나 이러한 가변적인 특징은 반대로 볼 필요성이 있다. 예컨대 감정형 속성은 기업으로부터의 작용에 의해 변화될 수 있다. 파리, 밀라노, 뉴욕, 도쿄 등에서 열리는 춘하추동 컬렉션쇼는 패션에 대한 소비자의 가변적인 욕구를 변화시키는 작용인 것이다. 이러한 감정적 속성의 차별화는 단순히 소비자조사에 기초한 전략뿐만 아니라 제품 및 업계의 프로로서 기업쪽에서 하는 제안에 기초한 전략이 매우 중요하다.

3. 집중전략

집중전략은 타깃을 업계평균보다 좁게 한정하여 거기에 집중하는 전략으로 경쟁우위의 유형에 의하면 원가집중과 차별화집중으로 나눌 수 있다. 어느 집중전략을 취하든 간에 좁은 타깃에 집중함으로써 그 타깃에 최적의 전략을 전개하는 것이 가능하다. 그 타깃에서의 경쟁상대로 가령 넓은 타깃을 대상으로 하는 기업이 있을 것인데 그 기업은 시장 전체를 타깃으로 최적화를 도모하기 때문에, 집중전략을 취하는 기업이 대상으로 하는 특정타깃에서 최적화를 도모하기가 여간 어렵지 않다. 가령, 자동차업계에서 포르쉐는 타깃을 고급 스포츠카시장에 집중하고 있는데, 그 타깃에 대하여 도요타는 Spura만 제공하고 있을 뿐이다. 이처럼 좀처럼 타협을 허용하지 않는 이유로는 원가문제 및 기업이미지 문제 등이 있다. 이와 같이 넓은 타깃을 가진 기업은 특정 타깃에 대하여 최적의 전략을 구사하기 힘들어 그곳이 집중전략기업의 표적이 된다.

타깃을 한정하는 방식으로는 고객(조직구매자 · 최종소비자)과 제품의 2가지 방향이 고려될 수 있다. 가령, 기업을 대상으로 한 정보서비스를 고려할 경우 〈그림6-2〉와 같은 타깃의 선택방법이 고려될 수 있다.

┃그림 6.2┃ 집중전략에 있어서 타깃의 한정법

제품의 종류 \ 고객의 유형	보험회사	은행	투자회사
데이터베이스	A사, B사	A사	A사
모 델	B사		
컨설팅	B사		C사

여기서 A사는 데이터베이스라는 제품을 모든 고객에게 판매하여 제품관점의 집중전략을 취하고 있다. 그에 비하여 B사는 보험회사라는 고객에게 데이터베이스, 모델, 컨설팅이라는 모든 정보서비스를 제공하여 고객관점의 집중전략을 취하고 있다. 한편, C사는 투자회사에게 컨설팅을 판매하여 제품, 고객 양자의 관점에서 집중전략을 취하고 있다. 소비재 가운데 음향제품의 경우, 가령 스피커만 생산, 판매하는 것은 제품관점에서의 집중전략이고, 매니아를 대상으로 하여 고급음향제품을 풀라인으로 생산, 판매하는 것은 소비자관점의 집중전략이다.

물론, 집중전략이 반드시 성공하는 것은 아니다. 경쟁전략이 성공하기 위해서는 집중하는 타깃이 다른 타깃에 비하여 고객 및 제품의 측면에서 이질적이지 않으면 안된다. 즉, 고객의 니즈가 크게 상이하든지, 제품의 생산, 유통방법이 크게 다를 필요가 있다. 가령, 어느 기업이 냉동 요구르트의 생산, 판매에 집중하는 것은 성공가능성이 낮다. 왜냐하면 빙과제품 업계에서 아이스크림시장과 고객의 니즈가 근사하다는 점과, 유통경로도 매우 유사하기 때문이다. 넓은 타깃 전략을 취하는 기업은 복수 타깃간의 관련성이 두드러지면 집중전략을 취하는 기업과 대항하는 것이 가능하다. 위의 예에서 아이스크림 구매층과 냉동 요구르트 구매층은 관련성이 높아서 양자를 취급하는 대규모 제조기업은 풍부한 제품구색을 가지고 효과적인 유통을 함으로써 냉동 요구르트에 집중전략을 취하는 기업과 경쟁하는 것이 가능하다.

집중전략 기업의 경쟁상대는 넓은 타깃 전략 기업뿐만이 아니다. 그 위에 미세한 집중전략을 취하는 신규진입기업과의 경쟁도 기다리고 있을 가능성이 크다. 가령, 〈그림6-2〉에서 데이터베이스를 보험회사, 은행, 투자회사에 마케팅하는 A사는 고객을 보험회사에만 한정하고, 보험회사에 가장 적합한 데이터베이스를 마케팅하는 D사가 출현하는 경우에는 커다란 타격을 입을 가능성이 크다. 따라서 타깃의 넓이에 관해서는 끊임없이 체크하는 것이 필요하다.

전략포커스 6-1 **친환경 유아용품 `내추럴 듀`, "3년내 1위가 목표"**

새로운 친환경 출산유아용품 브랜드 내추럴듀(Natural Dew)가 국내 론칭했다. 주식회사 트위스트베이비가 내놓은 내추럴듀(www.natural-dew.co.kr)는 자연에 가까운 친환경 천연 콘셉트의 출산유아용품 브랜드다. 천연원료로 만든 유아제품은 비싼데 비해 합리적인 가격이 특징이다. 주요 제품군은 천연 입욕제, 천연 유아로션, 천연 유아 샴푸&워시, 천연 젖병세정제&주방세제, 식물성 유아세제, 식물성 섬유유연제, 천연항균 아기 물티슈 등이다.

지난 2009년 단일상품으로 출시한 물티슈는 베스트셀러로 파워주부, 파워블로거, 온라인상에서는 정평이 나 있다. 현재 옥션, G마켓, 11번가 등의 온라인 쇼핑몰, 그리고 자사의 국내 최대 출산유아용품 오프라인 매장 트위스트베이비에서 판매 중이다. 트위스트베이비는 국내 최대 출산유아용품 전문매장 및 10만여명 회원의 온라인 쇼핑몰을 운영하고 있으며, 브랜드사업뿐 아니라 초대형 규모의 출산유아전문매장 전국 체인망 구축 등 유통사업을 확장하고 있으며, 해외까지 확대할 계획이다.

내추럴듀 이규호 대표는 "내추럴듀 제품은 프리미엄의 고급 친환경 천연 제품이나 가격은 일반 제품과 경쟁할 수 있게 했다. 소비자들에게 합리적인 소비재로 다가가는 마케팅 전략을 펼치겠다" 며 "향후 3년내 천연유아용품 시장에서 1위를 하는 것이 목표다" 고 밝혔다.

출처: 매일경제 2011. 10. 1.

제 3 절 경쟁지위별 전략

경쟁지위별 전략은 시장에서의 점유율 순위라는 경쟁지위별 마케팅전략의 방향을 제시하는 것이다. 경쟁자 수가 안정적이고, 시장에서의 경쟁지위가 고정되어 있으면 성숙기에 도달한 것이고, 그 경쟁지위별 전략은 특히 제품수명주기상 성숙기에 타당한 전략이다.

경쟁지위란 그 시장점유율에 따라 시장선도기업(market leader), 도전기업(market challenger), 추종기업(market follower), 틈새추구기업(nicher)의 네 가지로 분류된다. 즉 업계의 최정상인 시장선도기업, 2위 기업인 도전기업, 3위 기업이 추종기업, 그리고 시장점유율이 크지 않으면서 집중전략을 취하는 기업이 틈새추구기업이다. 〈표6-1〉은 경쟁지위별 경쟁대응 및 4P전략을 요약하고 있다.

┃표 6.1┃ 경쟁지위별 전략

경쟁지위	시장목표	경쟁대응전략	수요대응전략	
		경쟁기본방침	시장타깃	마케팅믹스 전략
선도기업	최대점유율 최대이윤 명성, 이미지	전방위	전체시장 (full coverage)	· 제품: 중~고품질을 축으로 한 풀라인화 · 가격: 중~고가격수준 · 경로: 개방형 경로 · 촉진: 중~고수준, 전체소구형
도전기업	시장점유율	차별	준 전체시장 (semi full coverage)	· 제품, 가격, 경로, 촉진→선도기업에 대한 차별화
추종기업	생존이윤	모방	경제성 세분시장	· 타사수준 혹은 이하의 품질 · 저가격수준 · 저가소구 경로 · 저촉진 수준
틈새추구 기업	이윤 명성, 이미지	집중	특정 세분시장 (제품, 고객층의 특화)	· 제품: 한정라인, 중~고품질 수준 이상 · 가격: 중~고가격수준 · 경로: 한정형, 특수형 경로 · 촉진: 특수 소구

1. 시장선도기업(market leader)의 경쟁전략

시장에서 최고기업인 선도기업은 현재의 최대 시장점유율, 최대 이윤, 명성을 유지하는 것이 목표이므로 경쟁의 기본 방침은 시장내의 모든 경쟁기업에 대응하는 전방위형 전략이다. 표적도 전체고객을 대상으로 하는 풀커버리지 전략이다. 이러한 기본방침 아래 4P전략의 방향이 정해진다. 풀커버리지를 달성하기 위하여 제품전략은 풀라인, 경로전략은 개방형, 촉진전략은 중간수준 내지 고수준을 취한다. 또한 매출액과 이윤의 최고를 유지하기 위하여 중심고객은 대중층으로 하고, 명성의 유지를 고려하여 제품전략과 가격전략은 중간수준 내지 고수준에서 설정한다.

선도기업의 전략의 정석으로는 ① 주변수요 확대, ② 비가격경쟁, ③ 동질화대응이 있다. 이하에서 이들을 상세히 살펴본다.

1) 선도기업의 경쟁전략의 유형

① 주변수요 확대

주변수요 확대는 업계전체의 수요를 완만하게 향상시키는 전략이다. 당해제품의 수요를 확대시키는 경우 그 신규확대분이 현재의 점유율 구성에 비례하여 각 기업에 분배됨으로써 결과적으로 선도기업이 얻는 것이 가장 크게 된다. 따라서 선도기업의 메리트가 가장 큰 전략이다. 그러나 더욱 중요한 포인트는 새로이 획득한 고객층은, 신제품확산과정 연구에 따를 경우 소위 '후기대중(late majority)'이 되는 경우가 많다. 이들은 당해 제품의 채택시기가 늦은 집단으로, 당해 제품에 대한 관여도가 상대적으로 낮은 층이다. 이러한 저관여, 저지식의 소비자는 최고브랜드를 구입할 가능성이 높다. 그 결과, 선도기업이 획득하는 몫이 현재의 점유율 구성 이상으로 높아질 가능성이 크다. 업계단체에 의한 수요확대 캠페인 등을 TV에서 볼 수 있는데 이러한 노력에 의해 확대된 수요로부터 가장 큰 혜택을 입는 기업은 선도기업이다.

② 비가격경쟁(non-price competition)

비가격경쟁은 선도기업이 특히 준수해야될 정석이다. 왜냐하면 가격경쟁은 최대 점유율의 선도기업에게 이윤축소의 상처가 가장 클 뿐만 아니라, 확립된 브랜드자산과 이미지를 저하시키기 때문이다. 이러한 가격인하전략은 경쟁 타사의 보복적인 추가 가격인하를 초래하여 이전투구적인 가격경쟁으로 빠져들게 된다. 따라서 비가격경쟁이 선도기업의 전략 정석이 된다. 다만, 이 전략 정석의 전제로는 가격인하의 경우에는 타사의 추종적인 가격인하가 따른다는 사고방식이 존재한다. 즉, 이러한 전제가 성립하지 않는 경우에는 선도기업이라 할지라도 가격경쟁이 가능하다. 가령, 햄버거업계의 맥도널드는 선도기업이지만 1998년이래 기간을 한정하여, 2000년 2월부터는 평일에 한정하여 햄버거 및 치즈버거를 반값으로 판매하여 매출액과 이익을 크게 신장시켰다. 이에 대응하여 경쟁 타사는 그다지 효과적인 추후 대응전략을 찾지 못하고 있는 것이 현실이다. 이처럼 타사가 추후 대응하지 못하는 경우에는 선도기업도 가격경쟁을 하는 것이 가능하고 그 효과는 매우 크다.

③ **동질화대응(homogenization strategy)**

동질화대응은 동질화경쟁에 있어서 경영자원이 풍부한 리더가 반드시 승리한다는 원칙에 입각하고 있다. 가령, 일본의 맥주업계에서 각각 3위, 4위 제조기업인 삿뽀로맥주(Sapporo Beer)와 산토리맥주(Santory Beer)는 1994년부터 그 다음해에 걸쳐서 맥아비율을 감소시킨 저가격의 '발포주' 라는 새로운 장르의 제품을 발매하여 상위 제조기업인 키린맥주(Kirin Beer)나 아사히맥주(Asahi Beer)에 대하여 차별화전략을 전개하였다. 이에 대하여 선도기업인 키린맥주는 발포주 시장이 성장하기를 기다렸다가 1998년에 똑같은 발포주시장에 진입하는 동질화전략(homogenization strategy)을 전개하여, 동 시장에서 약 절반의 점유율을 획득하였다. 이와 같이 선도기업은 동질화전략을 취함으로써 판매력, 브랜드력, 기술력 및 생산력의 우위에 의해 하위기업에 승리할 수 있게 된다. 즉 선도기업의 동질화전략의 성공사례는 후발우위(late comer advantage)의 대표적인 예가 된다.

2) 선도기업의 아킬레스건

시장선도기업이 항상 동질화대응의 전략을 취할 수 있는 것은 아니다. 규격경쟁의 경우와 유통업을 상대로 한 경쟁의 경우는 간단하지 않다. 가령, 가전의 대부분의 제품에서 최고점유율을 과시하고 있는 마쯔시타전기가 비디오카메라 시장에서 1994~1996년에 점유율 3위에 만족하고 있었던 것은 당시의 점유율 1위, 2위의 소니 및 샤프가 8밀리 비디오카메라제품이었던 데 비하여, 마쯔시타는 VHS-C라는 상이한 제품이었던 것이 하나의 요인이었다. 8밀리 진영과 VHS-C 진영은 상이한 전략그룹을 형성하고 있었고, 이러한 규격의 차이가 존재하는 경우, 이동장벽은 매우 높다. 8밀리를 시장에 도입하면 소니에게 육박할 수 있는 가능성이 있는 마쯔시타로서는 동질화대응을 취할 수도 있었을 것이지만 앞에서 논의한 이유 때문에 그것이 여의치 않았다(그후 비디오카메라의 디지털화 움직임에 힘입어 1997년에 마쯔시타는 2위를 달성하였다).

한편, 1992년경부터 일본의 식품 및 일용잡화품업계를 중심으로 대규모 유통기업의 저가격 PB(Private Brand, 중간상 상표)가 시장을 석권하였는데, 이러한 유통업계를 상대로 한 경쟁의 경우도 동질화대응이 어렵다. 가령, 일본의 대표적 유통기업인 다이에는 1992년에 고급아이스크림시장에서 PB를 부착한 절약형 아이스크림바닐라 470밀리리터 제품을 299엔(약 3000원) 가격에, 일본의 유제품 제조기업 3사제품의 특매가격에 비하여도 더 저렴한 가격수준에 출시하였다. 이러한 저가격전략에 대응하여 일본의 유제품 제조기업 3사는 동일한 수준의 저렴한 가격대의 제품을 제공하여 대항하는 것이 불가능하였다. 그 이유는 제조기업의 NB(National Brand, 전국상표 혹은 유명상표)전략과 유통기업의 PB전략간에는 전략그룹상에 차이가 있고 이동장벽도 매우 높아 동질화하여 규모의 차이에 대항하는 것이 사실상 불가능하기 때문이다.

동일한 씨름판에서 싸울 경우 선도기업의 지위는 동질화대응 등에 의한 편안한 길을 취할 수 있지만, 상이한 규격으로부터의 경쟁이나 원가구조가 매우 상이한 유통업의 PB로부터의 경쟁에 대응해야 할 경우처럼 의외로 취약한 상황에 노출될 가능성이 있다.

2. 도전기업(market challenger)의 경쟁전략

점유율 2위 기업인 도전기업은 선도기업의 점유율을 추격하는 것이 목표이므로, 4P를 포함한 전체 국면에서 선도기업과의 차별화에 의해 점유율 확대를 추구해야 한다. 다만, 경영자원에서 선도기업에 비하여 열세이므로 타깃은 준 전체시장(semi full coverage)에서 시작할 수밖에 없다.

도전기업의 전략 정석은 선도기업과는 철저히 차별화하는 것인데, 여하히 차별화한 전략을 전개할 것인가 하는 것은 앞에서 논의한 '발포주'의 예에서 본 바와 같이 선도기업이 동질화대응을 하면, 모처럼의 노고가 수포로 돌아가 버린다. 그러면 어떻게 할 것인가? 그 답은 '동질화하지 말고 차별화' 하라는 것이다.

이것이 최근에 경로전략에 있어서 전형적으로 관찰되는 것이다. 가령, 일본의 손해보험업계에서 리스크 세분형 자동차보험시장에서 1997년에 보험당국의 인정을 받아 American Home Assurance 등이 동종 보험을 전화에 의해 통신판매를 전개하여 상위기업의 점유율을 침식하고 있다. 그에 대응한 상위기업의 동질화 움직임은 약하다. 그 이유는 명쾌하다. 즉 손보업계에는 영업부원이나 대리점망의 규모가 지금까지 업계에서의 시장지위를 주로 결정지었었다. 최고에 가까운 기업일수록 경로가 강력하였다. 그 결과, 영업부원이나 대리점의 존재를 생각해보면, 아무리 전화판매가 급성장한다 하더라도 쉽사리는 동질화할 수 없는 상황이다. 동일한 양상의 상황이 개인용 컴퓨터시장에서 델컴퓨터의 약진과 가전시장에서 sony.com의 움직임에서 발견된다. 즉 경로를 유지할 필요가 있는 NEC나 마즈시타는 델컴퓨터나 소니의 전략을 쉽사리 동질화할 수 없다.

또다른 대표적인 것이 앞에서 본 규격전략에 관한 것이다. 점유율이 역전된 마쯔시타가 동질화전략으로 대응할 수 없었던 것은 VHS-C와 8밀리라는 규격이 달랐기 때문이었다. 그 의미는 Matsushita라는 최고기업과 상이한 규격으로 시장을 창조한 것뿐만 아니라 Sony라는 도전기업의 차별화전략이 동질화하기 어려운 매우 강력한 것이었기 때문이다.

3. 추종기업(market follower)의 경쟁전략

점유율 3위 이하의 기업인 추종기업은 최고기업의 자리를 노릴만한 경영자원을 갖추고 있지 못하므로 우선 착실히 이윤을 달성하는 것이 목표이다. 그것을 위하여 선도기업 등의 성공한 전략을 모방하고, 제품개발 및 기타 원가를 극력 억제하는 것이 중요하다. 타겟은 중심시장에서는 경쟁에서 승리하기 어려우므로, 중·저가격 지향적인 경제성 세그멘트를 중심으로 하여 이에 적합한 4P전략을 전개하여야 한다.

추종기업의 전략 정석은 선도기업을 비롯한 성공기업의 모방을 저가격으로 실현하는 것에 있다. 다만, 압도적으로 원가우위에 있는 상위기업에 대하여는 저가격으로 대응하는 것이 어려우므로 결국, 상위기업이 힘을 쏟지 않는 수익성이 낮은 저가격시장에 진입하는 것이 하나의 전략이 될 수 있다. 오히려 추종기업은 모방과 동시에 자원축적과 연구개발에 노력함으로써, 점유율이 어느 정도 되는 기업은 도전기업을, 점유율이 적은 기업은 틈새추구기업을 지향하는 것도 좋은 전략이다. 가령, 1980년대 중반에 점유율이 10%정도였던 추종기업의 상황에 있었던 일본의 아사히맥주는 1987

년에 슈퍼드라이(Super Dry)를 개발, 시장에 도입함으로써 도전기업적인 포지셔닝으로 이행하였다.

4. 틈새추구기업(nicher)의 경쟁전략

틈새추구기업은 점유율보다 이윤, 명성, 및 이미지 등을 목표로 하는 집중전략을 추구하는 기업이다. 즉, 타깃은 특정시장 세그멘트에 한정하고, 거기에 도달하기 위하여 경로 및 촉진을 특수하게 구사한다. 또한, 제품 및 가격은 고수준을 겨냥하여 고수익을 추구한다.

틈새추구기업의 전략 정석은 집중에 의한 특정시장에서의 미니 선도기업(mini-leader) 전략이다. 소비재 중에서 고급자동차, 고급의류, 고급오디오 등의 고품질, 고가격시장에서 틈새전략을 흔히 볼 수 있다. 가령, 앞에서 본 프리미엄 아이스크림시장에서 유통기업의 저가격 PB제품의 발매에 대응하여, 하겐다즈는 고가격의 프리미엄 아이스크림으로 동 시장에 집중하여 틈새기업으로서의 강한 면모를 발휘하였다.

한편, 산업재의 경우에는 앞의 집중전략의 부분에서 논의한 정보서비스의 경우와 같이 반드시 고급시장에 집중하여야 하는 것은 아니고, 특정고객에 타깃을 한정하거나 특정용도를 향한 제품으로 집중하는 전략이 흔히 구사된다. 어느쪽이든, 집중한 시장에서 틈새추구기업은 선도기업의 역할을 하며 그 틈새시장 안에서는 선도기업의 세 가지 전략 정석이 유용하다.

이상에서 마케팅믹스의 시너지효과를 발휘할 수 있도록 하는 경쟁대응의 전략을 살펴보았다. 다양한 전략의 예를 검토하였는데 요체는 제품라이프사이클 등의 통상적인 흐름 과 경쟁지위 등의 공통적인 구조 안에서 여하히 경쟁우위를 확립할 것인가 하는 그랜드 디자인 즉 마케팅전략을 확립하여야 한다는 것이다. 이를 위해서는 근시안적이지 않고 장기적이고 다이내믹한 전략혜안이 필요하다.

제 4 절 제품수명주기별 전략

1. 제품라이프사이클(Product Life Cycle)의 개념틀

Porter의 3대 기본전략은 경쟁우위를 여하히 확립할 것인가 하는 기업의 근본적인 경쟁대응을 규정하는 것인데 비하여, 제품수명주기전략 즉 라이프사이클전략은 제품의 라이프사이클의 전개에 수반한 마케팅믹스 구축의 동태적인 방향을 수립하는 것이다.

모든 제품에는 개발기, 도입기, 성장기, 성숙기, 쇠퇴기라고 하는 제품라이프사이클이 있다. 도입기에는 제품의 인지도가, 성숙기에는 브랜드자산의 확립이 중요한 것과 같이 PLC의 각 단계별로 마케팅전략의 기본적 목적이 상이하고, 그것이 각 단계의 마케팅 믹스의 구성을 크게 규정한다.

PLC의 개념틀에는 몇 개의 차원이 있다. 가령, IBM의 노트북컴퓨터인 Think Pad의 경우를 생각해보면, 제품종류로서의 개인용컴퓨터의 PLC, 제품형태로서의 노트북컴퓨터의 PLC, 브랜드로서의 Think Pad의 PLC가 존재한다. 업계 즉 제품시장에 대응할 때 제품형태는 업계내의 하위시장(sub-market)에 대응하는 것이고, 브랜드는 시장의 구성요소이다. 개인용컴퓨터를 풀라인으로 제공하는 기업은 제품종류의 PLC가 중요하지만, 노트북컴퓨터에 집중전략을 구사하는 기업에게는 노트북컴퓨터의 PLC,가 중요하다. 또한 각 기업의 브랜드 매니저에게는 브랜드의 PLC,가 중요하다.

〈그림6-3〉은 제품라이프사이클을 그림으로 나타내 주고 있고, 〈표6-2〉는 PLC의 각 단계별 특징, 마케팅목적, 및 마케팅전략을 보여주고 있다. 여기서는 기본적으로 제품종류(업계, 시장)의 PLC를 상정하고 논의를 전개하되, 약간의 수정을 가하면 제품형태의 PLC와 브랜드의 PLC에도 응용할 수 있다.

I그림 6.3 I 전형적인 제품시장 라이프사이클

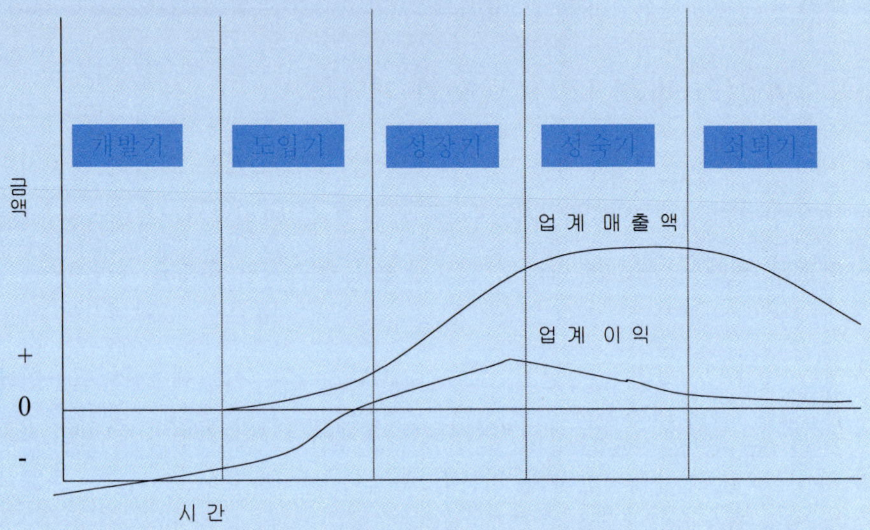

I표 6.2 I 제품수명주기의 단계별 특징, 목적, 전략

		도입기	성장기	성숙기	쇠퇴기
특징	매출액	저	급성장	최정상	저하
	비용	고	고	평균	저
	이익	마이너스	상승	고→저	저
	고객	혁신자	초기 채용자	대중	채용 지체자
	경쟁자	거의 없음	증가	안정	감소
마케팅 목적		지명도 제고 및 시용 유도	점유율의 극대화	이익극대화 및 점유율 유지	지출감소 및 브랜드 수확
전략	제품	기본 제품	제품확장, 서비스, 보증	다양한 브랜드, 모델	취약 품목의 제거
	가격	코스트플러스법	침투가격	경합자 대응	가격인하
	경로	선택적	개방적	더욱 개방적	선택적:불채산 점포의 폐쇄
	광고	초기채용자와 중간상에 대한 지명도 제고	대중의 지명도와 관심 환기	브랜드의 차별적 우위성 강조	핵심고객을 유지하는 데 필요한 수준까지 삭감
	판촉	시용을 유도하기 위해 집중실시	소비자수요가 증가함에 따라 삭감	브랜드스위치를 목표로 증가	최소한으로 삭감

2. 제품 수명주기 단계별 대응

1) 개발기(development stage)

〈그림6-3〉에서 보는 바와 같이 제품개발기에는 매출액이 없다. 실제로 이 단계에는 기업은 제품개발 비용의 지출로 순 현금유출을 경험하게 된다. 대부분의 신제품개발의 경우에 막대한 자금과 시간의 투자뿐만 아니라 위험감수를 필요로 한다. 가령, 초장거리 제트여객기인 Gulfstream V를 개발하는 데는 4년의 시간과 8억달러의 투자가 소요되었다. 그와 같은 막대한 투자가 성공을 보장하는 것도 아니며 실제로 많은 신제품이 실패한다. 77개 기업에 의해 제조된 11,000개 신제품을 분석한 연구에 따르면 그중 56%만이 시장에 도입된 이후 5년간 시장에서 존속하였다. 특히 식품 및 음료제품 산업의 경우 신제품의 80%는 실패한다. 이러한 신제품의 높은 실패율은 마케팅전략을 개발하기 이전에 표적 고객 욕구를 정확히 파악하는 일의 중요성을 환기시켜 준다.

개발기는 통상 제품컨셉(product concept)으로부터 시작하는 데 이는 다음의 몇가지 요소를 포함한다:

① 표적 고객이 신제품에서 추구하는 특별한 용도 및 효용을 이해하는 것(understanding of the specific uses and benefits)

② 신제품의 잠재적 효용 및 용도를 포함한 제품에 대한 상세한 설명(description of product)

③ 매출액과 소득상의 시너지효과를 창출하고 기업을 강력한 경쟁적 위치에 자리잡도록 할 수 있는 완전한 제품라인을 창조할 잠재력

④ 예상 매출액, 투자수익률, 시장도입시기, 투자금액 회수 기간 등을 포함하는 제품개념의 실행가능성 분석(feasibility analysis)

마케팅활동이 개발기에는 뚜렷이 일어나지 않지만 이 시기의 마케팅전략 기획노력은 향후 다른 제품수명주기 단계의 마케팅활동에 영향을 미친다. 신제품 및 제품라인을 창조하는 데 있어서는 생산 및 마케팅의 효율성 증대를 가져오는 규모의 경제를

도모할 수 있는 긴밀하게 관련된 일련의 제품들이 필요하다. 고객욕구에 대응되며 경쟁제품에 비하여 강력한 경쟁우위를 갖는 신제품은 도입기에 들어서면서 훨씬 마케팅이 용이하다.

2) 도입기(introduction stage)

도입기는 제품 개발이 완료되고 매출액이 표적고객이 제품을 수용하고 있음을 나타내면서 시작된다. 도입기의 마케팅전략 목표는 다음과 같다:

① 핵심적인 제품특성 및 효익을 강조하는 광고, PR, 홍보를 통하여 제품에 대한 인지도와 흥미를 높여 고객을 유인하는 일.
② 다양한 세일즈 수단과 가격매김을 통하여 고객의 시용 및 구매를 유도하는 일.
③ 표적고객에게 제품이 접근 가능하도록 만들기 위하여 충분한 제품유통을 확보할 수 있도록 유통경로관계를 강화하는 일.
④ 중간상촉진을 통하여 제품의 획득가능성을 높이고 눈에 쉽게 띌 수 있도록 하는 일.
⑤ 표적 고객이 제품을 사용하는 방법을 알고 제품을 재구매하도록 만들기 위하여 고객을 가르치는 일.

도입기에는 모든 마케팅활동이 중요하지만 특히 고객으로 하여금 신제품이 나왔다는 사실, 신제품을 사용하는 방법, 어디서 구입하는지를 알도록 만들기 위하여 촉진 및 유통이 매우 중요하다. 제품이 도입된 이후에는 마케팅관리자는 신제품이 기업이 행한 개발투자를 잘 회수하고 있는지를 평가하기 위하여 점유율, 수익, 경로지원, 제품사용률 등을 분석할 수 있도록 마케팅정보시스템을 활용하여야 한다. 기업이 특허권이나 모방하기 어려운 기술을 보유하고 있다 하더라도 경쟁기업의 반응을 유심히 살펴야 한다.

산업재 제품은 고객이 그 제품을 채택할 것인가 말 것인가를 결정하는 동안 종종 장기간의 도입기를 갖는다. 특히 의약품은 테스트하고 의사들이 안전성과 유효성에 대한 확신을 가질 때가지 오랜 시간이 소요된다. 반면에 포장 소비재는 고객과 중간상이 도입기의 특별 판촉제의를 받으면 단기간 내에 매출액이 증대될 수 있다. 불행하게도 많은 신제품이 시장에 도입된 이후 수요가 증대되지 못하고 기업에 막대한 손실을 입히고 만다.

3) 성장기(growth stage)

매출액의 상승이 급속해지는 성장기의 기간은 제품의 특성과 경쟁사들의 반응에 따라 상이하다. 가령 일회용 기저귀는 십여년간 연 30%이상 매출이 상승함으로써 오랜 성장기를 보였다. 비교적 단기간의 성장기는 게임이나 장난감(특히 Barbie 인형)에 특히 나타난다. 성장기의 기간에 상관없이 이 단계에서 기업은 두 가지의 주요 우선과제가 있다: ① 강력한 시장지위를 구축하고 경쟁기업으로부터 이를 방어하는 일, ② 투자금을 회수하고 그 제품에 대해 투입해온 장기적인 노력을 정당화하기에 충분할 만큼의 재무적 성과를 달성하는 일이 그것이다. 이 두가지 우선과제를 달성하기 위한 성장기의 마케팅전략적 이슈들은 은 다음과 같다:

① 시장우위를 확보하기 위하여 품질, 가격, 가치 등의 측면에서 제품의 지각가능한 수준의 차별적 우위를 활용하는 일.
② 이미지 지향적인 광고와 인적판매 캠페인을 통하여 선명한 제품/브랜드 아이덴티티를 구축하는 일.
③ 표적고객을 대상으로 경쟁제품 및 대체재와 대비하여 자사 제품의 특성 및 효익을 강조한 광고를 실행함으로써 독특한 제품 포지션을 창출.
④ 제품의 인기를 토대로 하여 광범위한 중간상촉진을 통하여 제품의 획득가능성을 극대화하고, 이를 통하여 핵심 경로구성원 특히 소매상에게 이익을 제공해줄 수 있는 기업의 역량을 제고.
⑤ 가격과 수요간의 이상적인 균형점을 발견하고, 가격탄력성을 추산하는 일.
⑥ 고객만족을 확보하기 위한 지속적인 품질 통제.

상장기의 전반적인 전략은 반복구매를 유도하고 브랜드충성도를 구축하는 일에 초점이 두어진다. 특히, 전반적으로 제품시장이 성장하므로 매출액의 증가율에 초점을 둘 뿐만 아니라 가능한 한 점유율을 극대화하는데 초점을 두어야 한다. 가령, Beanie Babies 인형의 마케터인 Ty Inc.사는 지속적으로 새로운 동물인형을 출시하고 시장에 내어놓은 지 오래된 기존 제품은 철수시킴으로써 1990년대에 연간 네 자리수 매출증가율을 기록하였다. 이러한 전략은 그 기업의 성장 기조를 지속하게 하고 인형수집 고객들로 하여금 구식 모델 인형을 신문광고나 웹사이트를 통하여 프리미엄가격에 사고 팔 수 있도록 만들고 있다.

성장기는 마케팅에 비용이 가장 많이 드는 단계이다. 왜냐하면 성장을 지속하기 위하여 강력한 마케팅노력이 필요하기 때문에 막대한 현금지출이 발생하기 때문이다. 마케팅관리자가 제기해야할 가장 어려운 질문은 기업이 제품이 정착되도록 하기 위하여 얼마만큼의 기간 동안 현금 및 기타 자원을 지출하여야 하는가 하는 것이다. 이 의사결정은 전체시장의 성장률의 영향을 받는다. 또한 이 질문에 대한 답변은 가격/품질/수익의 상쇄관계에 의해 더욱 복잡해진다. 즉 저가격은 시장점유율을 증대시키지만 이익을 희생시키고 고객의 품질에 대한 평가를 저하시킬 수 있다. 가격탄력성(제품가격 변화에 대비한 수요량의 변화)을 잘 추산하는 것이 긴요하다. 이 시점의 한 가지 선택안은 고품질 지각 및 프리미엄 가격의 유지를 통하여 고급이미지를 창출하는 것이다.

성장기를 거쳐 성숙기로 이행하면서 보다 경쟁이 가속화하며, 매출증가 및 이익률 상승이 타기업으로 하여금 경쟁적인 제품을 개발하도록 고무시키는 것이 일반적이다. 이 기업들은 전통적인 경쟁기업일 수도 있고 새로운 경쟁기업일 수도 있다. 가령, 사진기 및 사진필름의 거대 제조기업인 Kodak은 오늘날 떠오르는 디지털 사진제품시장에서 레이저 및 잉크젯 프린터로 잘 알려진 Hewlett Packard사와 경쟁하고 있다. 어느 기업이 신제품을 최초로 마케팅하였다면, 만약 그 제품의 경쟁우위가 지속된다면 그 기업은 시장 리더십을 확보하고 유지할 가능성이 높다. 성장기에 마케팅관리자가 어떤 경쟁적인 역할을 선택하였던지 간에 거기에 전심전력하는 것이 중요하다. 나중에 유사한 제품으로 진입하는 경쟁기업은 보다 폭이 좁은 선택안을 가지게 될 뿐이다.

4) 성숙기(maturity stage)

전형적인 제품수명주기에서는 성숙기가 시간적으로 가장 긴 단계이다. 빠른 성장이 차츰 진정되면 성장기 중에 조성된 경쟁상에 일종의 "털어내기(shake out)"가 진행된다. 전략적 기회의 창문(strategic window of opportunity)이 제품/시장에게 거의 닫히면서, 표적고객의 다수를 유인할 수 있는 제품혁신이 수반되지 않는 한 더 이상 아무 기업도 시장에 진입하지 않는다. 기회의 창문은 종종 새로운 제품특성이나 제품변형에게 열려있기도 한다. 그 좋은 예가 맥주산업에서 라이트, 드라이, 아이스, 저알코올 맥주들이다. 이러한 변형들은 기업이 점유율을 증대하고자 시도할 경우에 꽤 중요하다. 제품시장 내에서 성장한계에 봉착했을 때 기업이 시장점유율을 증대할 수 있는 유일한 길은 경쟁기업으로부터 훔쳐오는 것이다. 이러한 탈취는 막대한 촉진투자나 가격인하에 따른 총마진의 축소를 통해서만 가능하다.

성장기에 살아남은 마케팅관리자에게는 성숙기가 상대적으로 현상유지 단계(status quo stage)로 느껴질 수 있다. 판매량만 유지되는 한, 시장의 불확실성이 감소되므로 점유율을 일정하게 유지하면서 보다 장기적인 관점을 취할 수가 있다. 성숙기에 마케팅관리자는 특히 다음의 세 가지 목적을 갖는다:

① 현금흐름 창출: 제품이 성숙기에 도달하면 매우 높은 정의 현금흐름을 창출하게 된다. 이는 초기 투자를 회수하고 기업이 성장하고 신제품을 개발하는 데 소요되는 초과 현금을 조달하는데 긴요하다.

② 시장점유율 유지: 마케팅전략은 여전히 시장점유율의 유지에 초점을 두어야 한다. 한계적인 점유율을 가진 기업은 자신의 포지션을 개선할 가능성이 있는지 혹은 시장에서 철수해야할 것인지를 결정해야 한다.

③ 고객점유율 증대(increase share of customer): 시장점유율(market share)은 기업이 확보한 총고객의 비율을 지칭하는 데 비하여, 고객점유율(share of customer)은 기업에 의하여 충족된 각 고객의 욕구의 비율을 지칭한다. 가령, 많은 은행들은 각 고객의 다양한 금융서비스 수요(주식중개, 자동차할부금융, 연금 등)를 보다 많이 확보하기 위하여 다양한 서비스를 추가해왔다. 또한 대규모 신선식품

유통점(grocery stores)들은 가사와 관련된 욕구를 원스톱쇼핑할 수 있도록 레스토랑, 비디오대여, 세탁소 등을 추가함으로써 고객점유율을 높이고 있다.

이러한 목적을 달성하기 위하여 마케팅관리자는 성숙기에 최소한 네 가지의 전략적 옵션을 가진다: ① 새로운 제품이미지 개발, ② 제품의 새로운 사용자 발견 및 유인, ③ 제품의 새로운 용도나 용처 발굴, ④ 신기술 적용 등이다. 가령 Kraft General Foods사는 Jell-O의 새로운 제품 이미지 창출을 위하여 대규모 광고캠페인을 실시하였다. 그 결과 오늘날, Jell-O는 여전히 전세계 어린이들에게 고급 음식메뉴(gourmet)로서의 대접을 받는다. Arm & Hammer사는 베이킹소다의 매출이 정체된 이후 그 제품이 방향제로서 유용함을 고객들에게 설파하기 시작하였다. 그 결과 오늘날, 베이킹소다는 치약에서부터 고양이 배설처리에 이르기까지 다양한 제품에 사용되고 있다.

시장점유율을 유지하거나 고객점유율을 증대시키는 것은 종종 막대한 마케팅비용, 특히 촉진비용 지출을 필요로 한다. 고객점유율 증대는 또한 맥주의 경우와 같이 새로운 제품 특성이나 변형을 창조하기 위하여 추가비용지출을 필요로 한다. Clorox사는 시장성장률 둔화에도 불구하고 표백제품에 레몬이나 꽃향기를 추가하여 자사 제품의 매출증대를 가속화하였다. 유지전략을 사용할 경우에도 기업이 경쟁기업으로부터 있을지 모를 공격으로부터 자사 이미지를 유지하기 위하여 용의주도한 마케팅활동의 조정이 필요하다. 비용을 고려하면, 이미 강력한 시장지위를 누리고 있는 기업만 유지전략을 시도하여야 한다.

5) 쇠퇴기(decline stage)

제품의 매출액의 정체상태는 영원히 지속될 수 없으며 종국적으로는 지속적인 매출액의 감소가 시작되는 쇠퇴기를 맞게 된다. 소비자들에게 매우 인기있는 브랜드는 인기가 취약한 브랜드보다 이 쇠퇴기의 도래를 늦출 수는 있다. 쇠퇴기가 종료되면서 제품의 수명은 종료되어 시장에서 제품은 없어진다.

마케팅관리자는 쇠퇴기에 다음의 두 가지의 옵션을 갖는다: 쇠퇴기를 연기하려고 시도하거나 아니면 쇠퇴의 불가피함을 수용하는 것이다. 기업이 제품의 쇠퇴를 연기하려고 시도하고자 결정하였다면 마케팅관리자는 재포지셔닝, 새로운 제품 용도 및 특성의 개발, 신기술의 적용 등을 통하여 제품의 수요를 회복시키기 위한 방안을 찾아야 한다. 어떤 방법을 선택하든 간에 쇠퇴기를 연기하는 일은 막대한 시간과 자원의 투자를 필요로 한다. 그러나 많은 기업은 제품의 수요를 갱생시킬만한 자원이나 기회를 가지지 못하고, 쇠퇴의 불가피함을 수용하지 않을 수 없다. 그 경우에, 마케팅관리자는 수요가 감소하는 동안 제품으로부터의 이익을 수확하거나(수확전략; harvest strategy), 혹은 다른 기업에 단기간내에 제품을 매각하거나 폐기하는 수순을 밟음으로써 철수하게 된다(철수전략; divest strategy).

수확전략은 마케팅지출을 점진적으로 줄이고, 보다 자원을 덜 사용하는 마케팅 믹스를 구사한다. 수확전략은 기업으로 하여금 증가된 현금흐름을 신제품에 투입할 수 있도록 해 준다. 가령, Chrysler는 Jeep/Eagle 사업부(전략사업단위)의 Eagle 브랜드로부터 모든 자원이나 개발노력을 서서히 줄였다. Eagle브랜드를 수확함으로써 동사는 조직구조를 재정비하고 여분의 자원을 보다 성공적인 Jeep, Chrysler, 및 Plymouth 브랜드에 투입할 수 있었다.

철수전략을 사용하는 기업은 제품 혹은 전략사업단위로부터 모든 마케팅지원을 철회한다. 기업은 손실이 날 때까지 제품을 계속 판매할 수도 있고, 혹은 제품을 타기업에 매각한다. 가령, Home Depot는 농촌 거주자를 상대로 한 Crossroads 점포들을 철수시키는 어려운 의사결정을 내리고, 인력 및 자금을 상대적으로 큰 규모의 레노베이션이나 리모델링을 하는 고객들을 상대로 하는 Home Depo Expo로 투입하였다.

수확이냐 철수냐를 결정하기 전에 마케팅관리자가 고려해야 할 몇 가지 점들은 다음과 같다:

① 시장감손률(rate of market deterioration): 시장 감손률이 빠르면 빠를수록 더 신속히 철수하여야 한다.

② 세분시장 잠재력: 충성 고객으로 구성된 세분시장은 계속 구매가 일어날 가능성이 있다.

③ 제품의 시장 지위: 쇠퇴하는 산업 내에서 좋은 이미지를 갖고 있는 선도 브랜드는 이익이 날 수 있고 경쟁사의 포기한 제품으로부터 고객을 유인하여 현금을 창출할 수 있다.

④ 기업의 가격 및 원가 구조: 기업이 제품을 유지하는데 별다른 추가 투자를 할 필요가 없게 되면 쇠퇴기를 맞더라도 가격 및 원가구조가 튼튼할 수 있다.

마케팅관리자는 앞의 모든 요인들을 냉정히 검토할 뿐 실패한 제품을 폐기하는 것을 감정적으로 생각해서는 안 된다. 한편 마케팅관리자는 특히 기업이 자사의 자원을 다른 곳에 마땅히 투자할 투자처가 없는 경우에는 제품의 갱생 시도를 조급히 포기해서도 안 된다.

전 제품수명주기를 통하여 마케팅관리자는 자사의 제품이 아니라 시장에서의 변화를 지속적으로 주도면밀하게 파악해야 함을 잊지 말아야 한다. 제품이 수명주기를 가지는 것은 단지 시장과 고객욕구, 그리고 이를 충족시키는 옵션들이 변화하기 때문이다. 변화하는 시장에 초점을 맞춤으로써 마케팅관리자는 고객욕구에 대응될 수 있는 더 좋은 품질의 신제품을 창출하고자 시도할 수 있다. 이 방법을 통해서만 기업은 성장하고, 번영하며, 경쟁력을 지속적으로 보유할 수 있으며, 표적시장 고객의 욕구를 능히 해결할 수 있는 유력한 수단으로 인식될 수 있게 된다.

제 5 절 새로운 차별화 포인트 개발 전략

대부분의 이익력이 높은 전략은 차별화(differentiation)를 토대로 한다. 차별화란 무엇인가? 차별화란 고객들이 중시하는 것으로, 경쟁기업이 제공할 수 없는 무엇인가를 제공하는 것을 말한다(offering customers something they value that competitors don't have). 그러나 대다수의 기업들은 자사를 차별화하는 과정에서 단지 제품이나 서비스에만 모든 에너지를 집중한다. 사실 기업은 고객과 접촉하는 모든 접점에서 차별화할 기회를 가진다. 즉 고객이 어떤 제품이나 서비스의 필요를 느낄 때부터 더 이상 그것의 필요성을 느끼지 않아 처분할 때까지의 전 과정에서 차별화할 기회가 널려 있다. 마케팅전략가가 고객이 제품을 소비하는 전 과정--이를 MacMillan과 McGrath(1997)는 소비체인(consumption chain)이라 명명한 바 있다--을 검토하는 과정에서 창조적 사고력을 발휘한다면, 경쟁사도 또한 자사도 전에는 생각하지 못했던 방식으로 자사 제품을 차별적으로 포지션할 새로운 기회를 발견하게 될 것이다.

가령, 양초 제조기업인 Blyth Industries는 당초 종교의식에 사용되는 양초 제품을 연간 2백만달러정도 매출하는 데 그쳤으나, 제품을 지속적으로 차별화함으로써 연간 5억달러를 매출하는 전세계적인 양초 및 장식품 제조기업으로 성장할 수 있었다. 이러한 실적은 양초산업 자체가 지난 300년에 걸쳐 쇠퇴를 지속해온 산업임을 감안한다면 매우 탁월한 실적이 아닐 수 없다. Blyth사의 사례는 전략적 차별화의 힘을 명백하게 보여주는 것이다.

경영사를 보면 경영자가 굉장한 아이디어를 우연히 포착하여 성공적인 기업으로 발전한 사례가 적지 않다. 그러나 기업을 차별화하는 방식을 발견하는 일은 천재적인 소질이나 통찰력을 필요로 하는 것이 결코 아니다. 그것은 꾸준히 개발되고 육성될 수 있는 기술일 뿐이다. MacMillan과 McGrath(1997)는 마케팅전략가가 새로운 차별화의 포인트를 발견하고 성공적인 차별화전략을 창출할 수 있는 능력을 개발하는 것을 도와줄 수 있는 2단계 접근법을 고안하였다. 1단계는 고객의 소비체인을 파악하는 일(mapping the consumption chain)이다. 즉 고객이 어떤 제품이나 서비스를 소비하는 전체 경험과정을 파악하는 것이다. 2단계는 고객의 경험을 정밀 분석하는 일(analyze customer's experience)이다. 즉 소비체인의 각 단계에 관하여 브레인스토밍하고 분석함으로써 평이한 제품이나 사소한 서비스라 할 지라도 차별화할 수 있는 방법을 창안해 낼 수 있다.

마케팅전략가는 세분시장별로 고객의 소비체인을 파악할 필요가 있다. 먼저 기업의 모든 기능분야의 직원, 특히 마케팅데이타를 사용하는 자, 고객과 대면접촉 또는 전화접촉하는 자 등에서 차출하여 그룹을 형성한다. 이 그룹에 각 주요 세분시장별로 고개들이 자사 제품의 필요성을 지각하는 단계부터 제품을 처분하는 소비의 마지막 단계까지 파악하는 업무를 부여한다.

물론 각 제품마다 다소 상이한 소비체인을 가질 것이다. 그러나 몇 가지의 행동은 대다수의 소비체인을 통틀어 공통적이다. 아래에 제시된 질문들은 이러한 공통 행동을 다룬 것이다. 그 후, 이 그룹이 자사 제품과 고객간의 특별한 관계를 느끼기 시작할 때, 자사에만 해당하는 보다 복잡한 질문들을 하게 된다.

1. 사람들은 언제 자사 제품의 필요성을 느끼는가?

소비자들이 충족가능한 욕구를 가지고 있다는 사실을 인식하고 있는가? 소비자들이 자사가 자신들의 욕구를 만족시킬 수 있다는 것을 알고 있는가? 만약 자사가 소비자들로 하여금 독특한 방법으로 욕구를 인식하도록 할 수 있다면 강력한 차별화 원천을 가지게 된다. 가령, 칫솔과 같은 생필품을 차별화하는 문제를 고려해보자. 많은 소비자에게는 칫솔질은 별로 주의를 기울이지 않는 일상적인 일이다. 그 결과, 많은 칫솔은 이미 닳아빠져 효과적으로 칫솔질할 수 없을 정도가 되어, 교체하여야할 시점이 지날 때까지 사용되는 경우가 많다. 칫솔 제조기업인 Oral-B는 이러한 보편적인 습관에 착안한 차별화 방안을 개발하였다. 즉 푸른색 물감을 칫솔의 가운데에 입힘으로써, 칫솔이 사용될 때마다 서서히 색깔이 닳아 없어지도록 하는 특허기술을 사용하였다. 물감이 없어지면 칫솔은 더 이상 효과적이지 않으므로 교체되어야 한다는 것을 나타낸다. 이렇게 고객이 전에는 깨달을 수 없었던 욕구를 인식하게 된다. Oral-B 칫솔에 특별한 가치를 부여해 준 것은 고객의 신규 칫솔의 필요를 쉽게 인식하게 하는 것이 Oral-B의 특허기술에 의해서만 가능하기 때문이다. 동사는 이러한 차별화(differentiation)를 경쟁우위(competitive advantage)로 전환시킨 것이다.

2. 소비자들이 자사의 제품을 어떻게 발견하는가?

24시간 전화주문라인 등과 같은 탐색과정의 차별화 기회는 경쟁사의 제품이 소비자에게 획득될 수 없을 때에도 자사 제품은 획득가능하도록 만든다. Wal-Mart가게의 미니 MacDonald 점포 등과 같이 경쟁사가 제품을 공급할 수 없는 장소에서 자사의 제품을 제공하거나, Coca-cola와 같이 어디서든지 소비자가 제품을 구할 수 있게 하면 차별화가 가능하다. 요컨대, 탐색과정을 보다 덜 복잡하고, 편리하고, 비용이 적게

덜게, 습관적으로 만들면 자사가 차별화된다. 그리고 경쟁사가 이것을 실행할 수가 없고, 즉각 똑같이 하기를 원하지도 않는다면 자사는 전략적 우위를 갖게 된다.

가령 전에는 소매유통기업에 의해 주로 사용되었던 카탈로그의 폭발적인 증가가 그 예이다. 소비자들은 오늘날 광범위한 제품에 관한 상세하고, 최신의 정보를 점포를 방문할 필요없이 인터넷, 전화, 카탈로그를 통해서 얻을 수 있다. 컴퓨터를 카탈로그를 통하여 판매하는 PC Connection & Mac Connection사는 24시간, 일주일 내내 무휴로, 수신자부담전화를 통하여 소비자에게 컴퓨터, 소프트웨어, 기타 제품에 정보를 제공한다. 전화를 건 사람이 컴퓨터 구입의사를 말하면 많은 제품 중에서 몇 가지의 제품대안으로 선택을 좁혀나갈 수 있도록 판매원이 일련의 질문을 한다. 그 후 판매원과 소비자는 각 제품대안에 관하여 상세하게 의논한다. 이러한 접근법의 특징은 소비자로 하여금 각자의 요구에 맞게 탐색과정을 맞춤해 나갈 수 있게 하는 점이다.

3. 소비자는 최종 의사결정을 어떻게 내리는가?

소비자는 구매 후보제품 대안들을 압축한 다음에 최종 선택을 해야 한다. 이 선택과정을 보다 쉽고 편리하게 할 수 없는가? 경쟁기업의 선택과정은 소비자로 하여금 제품 선택 의욕을 저상시키며, 자사의 선택과정은 소비자로 하여금 제품을 선택하도록 의욕을 고취시킬 수 있다면 이것이 이상적인 상황이다. 수년간 Citibank는 신용카드 시장에서 대학생 소비자가 경쟁사의 신용카드는 획득하기가 어려웠으나, 동사는 대학생들이 쉽게 신용카드를 획득할 수 있게 함으로써 대학생시장에서의 점유율을 획기적으로 증대하였다.

또 다른 사례는 중고차시장에서 발견된다. 많은 잠재고객에게 있어서 중고차를 선택하는 일은 괴로운 체험에 속한다. 그러나 새로운 중고차 선택방법은 동 산업전체를 바꾸었다. CarMax Auto Superstore나 AutoNation USA 같은 중고차 유통 기업은 선택과정을 그들의 경쟁의 초점으로 삼았다. CarMax 전시장에서 고객들은 컴퓨터 앞에 앉아 자동차에서 어떤 제품사양을 찾는지를 명시한다. 그 후 소비자가 손수 그들의 욕구를 충족하는 대안들의 명세를 훑어볼 수 있다. 마지막으로 최종적인 선택 대안의 가격이 제시된다. 그 후 영업사원은 고객으로 하여금 관심있는 중고차를 직접 살펴보게 하고, 고객이 구매하기로 결정하였다면 관련 서류를 처리해준다. 즉 판매가 판매원에 의해 수행되는 것이 아니라 고객이 직접 스스로 창조하는 선택과정을 통하여 수행된다.

4. 고객은 어떻게 자사의 제품 및 서비스를 주문하고 구매하는가?

이 질문은 상대적으로 저가격, 대량거래 제품의 경우에 특히 중요하다. 기업은 주문이나 구매과정을 보다 편리하게 함으로써 자사를 차별화할 수 있는가? 의료용품 제조기업인 American Hospital Supply사는 밴드, 소독제, 주사기 등의 의료용품의 주문 및 재고보충 과정을 급격하게 단순화함으로써 산업자체를 혁신하였다. 동사는 거래하고 있는 각 병원 및 의료용품 유통점에 컴퓨터 단말기를 설치하였다. 이 단말기는 고객사들을 직접 자사의 시스템에 연결하였고, 거래선에서 의료용품 재고가 적정 재고수준이하로 떨어질 경우 자동으로 재주문과 배송이 일어나게 하였다. Hallmark사도 자사의 기념카드 마케팅에 이와 유사한 접근을 적용하고 있다.

아이스크림 제조기업이나 애완용동물 식품 제조기업 등 많은 기업도 슈퍼마켓 제품진열대에 재고를 보충하는데 이 방법을 사용하고 있는데 그 장점은 핵심적인 유통점에 우선적으로 접근할 수 있는 혜택과 효율적인 진열의 이점을 거두는 것이다. 이러한 차별화형태의 또 다른 보다 미묘한 혜택은 고객이 다른 공급사로 전환하는 전환비용을 높인다는 점이다. 즉 고객사가 일단 자사와 한번 거래관계를 맺고 나면 타사로 전환하는 데 많은 비용이 들게 된다. 왜냐하면 거래선을 바꾸면 그에 따라 새로운 시스템을 구축하고 그것에 익숙해지는데 시간적, 심리적, 금전적 비용이 소요되기 때문이다. 이 전환비용(switching cost)이 경쟁기업에게 진입장벽이 되고 자사의 잠재적인 전략적 우위가 된다.

5. 자사의 제품 및 서비스가 어떻게 배달되는가?

배달은 차별화할 수 있는 많은 기회를 제공한다. 특히 제품이 충동구매제품이거나 고객이 그 제품을 즉시에 필요로 할 경우에 더욱 그렇다. 앞에서 논의한 카탈로그 컴퓨터 유통기업인 PC Connection의 사례로 되돌아가 보자. 고객들은 동사의 수신자부담전화를 밤 3시까지 걸어서 제품을 주문할 수 있으며, 동사가 재고로 보유하고 있는 제품의 경우에는 다음날 배달받을 수 있다. 이 기업은 어떻게 그렇게 할 수가 있는가? 동사의 창고 및 배달 시설이 택배회사인 Airborne Express의 물류센터가 있는 지역에 위치하고 있어서 이렇게 환상적으로 신속한 주문에서 배달까지의 인도기간이 가능한 것이다. 배달품이 창고에서 픽업되어 Airborne에 전달되고, 몇시간 내에 고객에게 배달된다. 이러한 배달전략은 고객에게 진정한 혜택을 줄 뿐만 아니라 이러한 창고와 물류센터간의 연계는 결코 흔하지 않기 때문에 경쟁사가 동일한 전략을 취하기가 어렵다.

6. 자사의 제품이나 서비스가 배달된 이후 무슨 일이 일어나는가?

종종 간과되는 차별화의 기회는 제품이 배달된 후 고객이 실제로 제품을 사용하는 시점까지 무슨 일이 일어나야 하는가 하는 점이다. 이 기간 중 개봉, 검사, 이동, 제품조립 등이 주로 일어나는 상황이다. 이는 서비스의 배달의 경우에도 마찬가지이다. 가령 자동차사고가 나서 보험금 청구절차를 밟은 후 보험회사로부터 보험금을 지급받는 일이 얼마나 만만치 않은 일인가를 생각해보라! 미국의 Progressive Insurance사가 이 문제를 어떻게 개선했는가를 살펴보자. 동사는 매일 관할 구역 내에서 발생하는 어떠한 사고의 경우에도 즉시 달려가 피해액을 사정하고 보험청구를 처리할 수 있는 사고처리반을 운용하고 있다. 즉 사고현장에서 필요한 모든 정보를 수집, 기록하고 피보험자의 청구금액을 즉각 처리하기도 한다. 이러한 처리는 전통적으로 사고보험 처리에 수반되었던 보고, 검사, 사정 등에 소요되는 시간적 지체를 없앰으로써 소비자의 만족을 크게 증가시켰다. 동 보험회사가 거둔 부수적인 혜택은 허위 보험청구나 보험수가 허위 증액 청구를 줄임으로써 부정의 소지를 줄인다는 점이다.

7. 제품이 어떻게 설치되는가?

소비체인 중에서 이 단계는 복잡한 제품을 마케팅하는 기업과 특히 관련된다. 가령, 제품설치는 초보 PC 소비자 시장에 뚫고 들어가려는 컴퓨터기업에게 막대한 진입장벽으로 대두되었다. 컴퓨터 초보자는 "디스크 에러 89" 등의 화면상에 뜨는 에러메시지를 참지 못한다. Compaq Computer는 자사의 Presario 제품라인을 마케팅하면서 설치(installation)를 차별화의 원천으로 삼은 선구적인 기업 중의 하나이다.

Compaq은 기술적인 용어로 가득찬 설치안내서를 고객에게 제공하는 대신에, 10단계의 설치과정을 일목요연하게 그림으로 나타낸 포스터를 제공한다. 또한 컬러를 입힌 코드, 케이블 등을 사용하여 설치가 더욱 용이하도록 하였고, 초보 사용자가 처음 컴퓨터를 켠 후 셋업하고 각종 등록 등을 하는 과정에서 재미있는 비디오 및 오디오 프레젠테이션이 나타나도록 컴퓨터를 치장하였다.

8. 제품 및 서비스에 대하여 어떻게 지불되는가?

많은 기업들이 무의식적으로 고객들이 제품가격을 지불하는 일을 어렵게 만들고 있다. 자사의 지불시스템이 고객에게 어려운가 아닌가를 테스트해 보자: 외상매출금 관리부서에 들러 최근의 송장(invoice)을 한번 살펴보라. 전체의 약 80%에 해당하는 대다수 기업의 송장을 거의 이해하기 어렵다. 왜냐하면 대개 송장이 시스템관리자에 의해 고객지향적으로 디자인된 것이 아니라 시스템관리자지향적으로 디자인되었기 때문이다. 보편적으로 이러한 상황에서 기업은 자사의 전반적인 지불과정을 고객이 보다 이해하기 쉽게 함으로써 자사를 차별화할 수 있다.

우선 자사가 왜 현재의 지불정책을 사용하고 있는지를 재검토함으로써 보다 더 큰 차별화 기회를 발견할 수 있다. 어떤 에너지관리시스템 기업이 자사의 제품 및 서비스를 아파트 등 공동주택 입주자협의회에 마케팅하는 과정에서 어려움을 겪고 있었다. 왜냐하면 대다수 입주자들은 에너지관리시스템을 도입하면 에너지경비가 대폭 절약된다는 것을 이해하지만 이를 설치하는 데 소요되는 고정투자비를 지출하는 것을 꺼렸기 때문이다. 동사는 마침내 지불정책을 변경함으로써 많은 아파트로부터 매출을 올릴 수 있었다. 즉 고객들은 당장 에너지관리시스템 가격을 한꺼번에 지불하지 않고, 매달 에너지경비를 절약하는 금액만큼씩 지불하도록 하였던 것이다.

9. 제품이 어떻게 저장되는가?

제품이 비싸고, 간편하지 않고, 제품을 가까이 두는 것이 위험하다면 차별화 기회가 풍부하다. 산업용 가스 제조기업인 Air Products and Chemicals사는 제품을 저장하는 문제에서 효과적으로 차별화함으로써 시장선도기업이 되었다. 동사는 대다수가

화학회사인 고객사들이 위험한 다량의 고압가스를 저장하기를 부담스러워 한다는 사실을 인식하고, 고객사들이 소재한 인접지역에 소규모의 산업가스플랜트를 건설하였다. 이는 고객사들의 걱정거리를 해소하였고, 동시에 고객사들의 전환비용(switching cost)을 높였다. 가장 좋은 점은 Air Products사의 플랜트가 일단 건설되고 나면, 경쟁사가 그 지역에 진입할 여지가 없어진 점이다.

10. 고객이 제품을 사용하는 동안 어떤 수단을 통하여 도움을 요청하는가?

고객이 필요할 때 가장 도움이 되는 응답을 주는 기업이 지대한 우위를 갖는다. 가령 GE는 자사의 모든 제품을 사용하는 소비자가 어려움이 있어 도움을 요청할 때 사용할 수 있는 수신자부담전화를 24시간 가동한다. 또한 칠면조 공급기업인 Butterball Turkey사는 칠면조요리를 주로 먹는 미국의 추수감사절 시기에는 칠면조 요리방법에 관하여 도움을 주는 핫라인을 24시간 운용한다. 동사는 최근 핫라인에 인터넷 홈페이지를 추가하여 고객이 요리법을 다운로드받을 수 있도록 하고 있다.

11. 제품과 관련하여 어떤 환불이나 교환정책을 원하는가?

많은 기업들이 자사의 모든 노력을 제품의 판매에만 경주하고, 장기적인 고객충성도가 고객이 제품을 사용하는 과정을 통하여 발생하는 모든 욕구에 주의를 기울이는 것에 달려있음을 망각하는 경우가 많다. 제품이 고객의 기대에 부응하지 않을 경우 이를 처리해 주는 일이 최초 구매를 유발하는 욕구를 만족시키는 것만큼 중요할 수 있다.

의류전문 백화점인 Nordstrom사는 이러한 문제를 뛰어나게 처리하는 대표적 기업이다. 동사는 1970년대에 자사가 타이어를 판매하지 않았음에도 불구하고 고객으로부터 타이어 가격을 환불 조치해 준 사실 때문에 전국적으로 유명해졌다. 고객이 환불을 요구하면 이유를 묻지 않고 환불 조치해 주는 정책(no question asked return policy)을 공격적으로 선전함으로써 Nordstrom사는 독특한 고객서비스를 제공하는 기업으로서의 위상을 제고하였다. 고객들은 환불하는 제품에 대하여 불만스럽겠지만, 환불해주는 점포에 대하여는 불만을 갖지 않는다.

12. 제품이 어떻게 수리되고 A/S되는가?

많은 하이테크 제품의 사용자들이 증거하는 바와 같이 좋은 것이든 나쁜 것이든 제품의 수선 경험이 사후의 구매에 오래도록 영향을 미친다. 고장시간이 중대한 문제가 되는 고객시장에서 한 쌍의 중앙처리장치를 설치한 컴퓨터를 제조, 마케팅하는 Tandem Computers사가 사용한 이상적인 해결방식은 고객이 수리서비스의 필요성을 느끼기 이전에 미리 수리를 제공하려고 노력하는 것이다. Tandem의 직원은 리모트 진단을 통하여 제대로 작동하지 않는 부분을 찾아내고, 특급택배로 필요한 부품과 수리설치 안내서를 배달한다. 이러한 접근으로 고객사의 컴퓨터 다운시간을 거의 완벽하게 미연에 방지하였고, 비싼 비용이 드는 현장서비스요원 유지비용을 절감할 수 있었다.

Otis Elevator사는 다소 다른 방식으로 리모트 진단을 수행한다. 운행량이 많은 사무용 빌딩에서 수리중인 엘리베이터는 고객들에게 큰 불편을 준다. Otis는 가능한 서비스 중단을 예측하기 위하여 자사의 리모트 진단 역량을 활용한다. 그리하여 운행량이 적은 저녁시간에 수리요원을 보내어 예방적인 수리를 수행한다.

13. 제품이 더 이상 사용되지 않거나 처분될 때 어떤 일이 일어나는가?

오래된 제품을 수리하기보다 새로운 제품으로 교체하는 것이 더 경제적인 오늘날 소비자들은 다 사용한 제품을 어떻게 처분하는가? Canon사는 소비체인 중에서 처분단계에서 어떻게 차별화할 수 있는가에 관한 좋은 사례를 보여주고 있다. 소비자가 사용하고 난 프린터의 토너 카트리지를 자사의 비용으로 회사로 반송하도록 하고 있다. 그러면 이 카트리지는 재생 가공되어 다시 판매된다. 이러한 정책은 고객이 사용하고 난 토너 카트리지를 반송하는 것을 용이하게 해 준다: 고객들이 해야하는 것은 미리 지불된 수거봉투에 토너 카트리지를 넣어 택배회사의 집하장소에 두는 일 뿐이다. 동시에 이는 Canon사의 환경친화적인 기업이미지를 제고해 준다.

사례 4 타이어 브랜드의 샤토 무통 로쉴드[1]

한국타이어가 지금까지의 캠페인과는 확연한 선을 긋는 새로운 스타일의 'Be one with it' 캠페인을 선보인다. 목적이 분명한 만큼 변신의 이유도 명확하다. 세계에서 가장 빠르게 성장해 가고 있는 타이어 브랜드로서 역동적인 이미지를 쌓아온 한국타이어가, 유럽과 북미 시장에서 소위 글로벌 프리미엄 톱5로 불리는 미쉐린, 브릿지스톤, 굿이어, 피렐리, 콘티넨탈의 아성에 도전하기 위해서는 지금까지와는 다른 방식의 접근이 필요했고, 이에 대한 답이 바로 한국타이어의 새로운 글로벌 캠페인 'Be one with it' 이다.

뉴욕 타임스퀘어의 한국타이어 대행 옥외광고

한국타이어가 분위기를 제대로 탔다.

마치 바이오리듬의 세 곡선이 최고점을 향해 상승하는 순간처럼 세계시장에서 한국타이어의 행보가 심상치가 않다. 한국과 중국 시장에서의 판매 1위에서부터 유럽과 북미 시장 브랜드 인덱스의 비약적 상승. 메르세데스벤츠와 아우디의 자존심 대결로 유명한 독일 투어링카 마스터즈(Deutsche Tourenwa-gen-Meisterschaft, DTM) 공식 타이어 공급 업체로 선정으로 입증된 세계 최고 수준의 기술력, 유럽 유수 전문지가 연이어 쏟아내는 최고의 테스트 결과, 그리고 폭스바겐 · 크라이슬러 · 포드 · 캐딜락 · 아우디에 이은 BMW 미니 신차용 타이어 공급 계약까지. 이는 그간 지속적으로 성장해 온 생산 · 유통 · 가격 · 프로모션 등 푸시파워(Push Power) 강화와 글로벌 마케팅의 역할로 100여 개에 달하는 전 세계 타이어 메이커 중 매출액 기준 세계7위, 생산량 기준 세계 5위로 성장해 온 것과 맞물려 한국 타이어가 그 제품력과 기술력, 마케팅 활동뿐만 아니라 글로벌 위상에 있어서도 새로운 단계에 들어설 준비가 되었다는 명확한 지표들이다. 더욱 중요한 점은 이런 지표들이 간헐적 · 일회적으로 나타

1) 출처: 박준석 프로, 제일기획 사보 〈Cheil Worldwide〉 2011년 6월호. 본 사례의 전재를 쾌히 승낙해주신 원저자와 판권자께 감사드립니다.

났다 사라지는 것이 아니라, 마치 약속이나 한 듯 한꺼번에 그리고 지속적으로 나타나고 있는 것이다. 마치 한여름의 뜨거운 태양으론 모자라, 스펙트럼으로 빛을 모아 뭐라도 태울 기세다. 즉, 한 단계 올라설 때가 되었다는 의미다.

옥외광고

쿼바디스

이러한 변화 속에서, 2005년 'Tame the Beast'에서 2008년 'Tame the Road'로 이어지는 'Tame' 시리즈의 글로벌 캠페인을 통해 역동적이고 독특한 이미지로 해외 시장을 공략해온 한국타이어는 새로운 도전에 직면하게 된다. 그것은 바로, 진정한 '세계적 프리미엄 파워 브랜드' 로 성장할 돌파구를 만들어 내기 위해서는 글로벌 커뮤니케이션에 있어서도 드라이빙 성능에 기반한 역동적인 이미지를 전달해 온 지금까지의 방식과도 달라야하고, 동시에 다른 타이어 브랜드에서도 범접할 수 없는 한국타이어만의 '다이나믹 프리미엄' 을 소비자의 마음속에 각인시킬 수 있는 새로운 접근이 필요했던 것.

배너광고

그렇다면 전 세계적 타이어맨(Tire Man)으로 잘 알려진 비벤덤(Bibendum)과 미슐랭 가이드로 유명한 확고부동의 미쉐린, 지난 10여 년간의 F1 후원으로 끌어올린 역동적인 기술력 이미지에 최근 친환경 이미지 구축에 열을 올리고 있는 브릿지스톤, 가장 미국적이면서 가장 친숙한 굿이어, 유러피언 스타일과 포퍼먼스의 조화를 대변하는 피렐리, 그리고 지극히 독일적인 장인정식을 FIFA스폰서십을 통한 역동적 브랜드 아우라로 풀어낸 콘티넨탈까지…. 각자 독특한 방식으로 자신만의 특화된 커뮤니케이션 모티브를 자산화해 브랜드에 활용하고 있는 글로벌 파워 브랜드의 틈바구니 속에서 한국타이어는 과연 어디로 가야하는 것인가?

해답은 Driving Emotion

몇 가지 대안들이 물망에 올랐다. DTM 독점 타이어 공급회사로 기술력을 인정받은 한국타이어가 2011년부터 유럽의 서킷을 누빌 예정이니 이를 통해 세계적으로 인정받은 기술력과 위상을 알리자는 방향. 프리미엄 브랜드의 바탕은 실체에 대한 전달과 공감이니 전 세계 다섯 개의 한국타이어 글로벌 R&D센터의 불을 꺼질 줄 모르며, 그 결과 유수의 전문 잡지와 전문가들로부터 한국타이어에 대한 최고 수준의 평가가 이어지고 있다는 점을 어필하자는 방향, 그리고, 세계적인 스타를 기용해 이미지 동반 상승을 꾀하자는 방안까지 다양한 대안들이 내부적으로 오갔다. 하지만 그 어떤 방향도 '경쟁 브랜드가 선점하지 않은, 그리고 한국타이어의 본질과 닿아 있는 프리미엄' 메시지를 통해 브랜드와 소비자 사이의 감성적 약속(Emotional Engagement)을 엮어줄 수 있을 것인가에 대해서는 정확한 답을 주지 못했다.

그러던 중, 견고한 프리미엄 이미지를 구축하고 있는 경쟁 브랜드 사이에서 한국타이어가 의미있는 목소리를 내기 위해서는 단편적인 어필 포인트가 아닌 한국타이어가 추구하는 철학에서 시작하자는 점에 주목하게 된다. 그리고 그 철학은 '드라이빙 이모션(Driving Emotion)', 즉 한국타이어의 기술과 미래의 비전도 결국은 '운전자가 드리이빙 경험에서 느끼게 될 감성'을 향한다는 점이었다. 그리고, 타이어와 기술과 제품의 성능도 결국은 드라이버의 경험을 통해 완성될 수 밖에 없다는 것을 극적으로 보여줄 수 있는 '드라마타이즈드 휴먼스토리(Dramatized Human Story)'라는 차별화된 모티브를 통해 '스케일이 살아 있는 프리미엄 영상'으로 표현해 구주와 북미의 소비자들이 지금까지 다른 프리미엄 브랜드에서 느끼지 못했던 한국타이어의 감성적 프리미엄을 느낄 수 있는 캠페인을 제작하는데 의견을 모으게 된다.

제일기획 네트워크의 이유 있는 소통

독일 중심의 구주 8개국과 북미의 2개국을 중심으로 전개할 새로운 캠페인의 제작 브리프가 본사에서 완성되자마자 본격적인 제작회의가 시작되었다. 제일기획 본사 글로벌 제작팀과의 제작미팅에서 시작된 브리핑은 시간의 흐름에 따라 제일 태국, 제일 남아공, 제일 영국과 BMB, 제일 브라질, 그리고 제일 미국까지 이어졌다. 각 국가의 낮 시간이 돌아오는 시간에 맞춰 6개국 일곱 개의 제일기획 네트워크와의 시차를 잊은 제작 브리핑이 이어준 3주 후, 제일기획 본사에는 총 17개의 아이디어와 그 숫자만큼 스토리보드가 도착해 있었다.

제일 기획 내부적으로 선별된 네 개의 아이디어에 대한 정교화 작업과 함께 각안에 대한 인쇄광고 시리즈가 완성된 후 비로소 광고주 프레젠테이션이 진행되었고, 광고주의 최종 낙점을 받은 것이 바로 Be one with it' 캠페인이다.

Be one with your tires, and the road will be one with you!

'Be one with it' 캠페인의 첫 휴먼스토리인 '점핑(Jumping)' 편은 날개가 달린 특수의상을 입고 절벽이나 헬리콥터에서 활강하는 익스트림 스포츠인 스카이 점프(Sky Jump)를 광고 소재로 활용해, 스카이점퍼가 자신의 몸을 감싼 스포츠 장비에 대한 믿음이 없이는 최고의 스포츠 포퍼먼스를 낼 수 없듯, 타이어에 대한 믿음과 교감 없이는 최고의 드라이빙을 경험할 수 없음을 은유적으로 표현한다.

뉴질랜드에서 제작한 이번 광고는 칸 필름페스티벌 쇼케이스 부문에서 신인 감독상('Best New Directors in the World' , Showcase, Cannes Film Festival,1992)을 받고, BMW · 재규어 · 콴타스 항공 · 다이너스 클럽 등의 글로벌 광고를 제작한 바 있는 호주 출신의 제프리 달링 (Jeffrey Darling, www.jeffreydarling.com)이 감독을 맡았다. 단편 영화 감독겸 카메라 감독으로 시작한 이력답게, 그는 단출헨 세팅에 촬영감독 따로 없이 고프로(GoPro)카메라 몇 대와 캐논 5D 마크2를 직접 잡고 전체 촬영의 90% 이상을 소화했지만, 결과물로 나온 화면의 스케일감은 첫 시사에서 클라이언트 마음을 빼앗기에 충분한 것이었다.

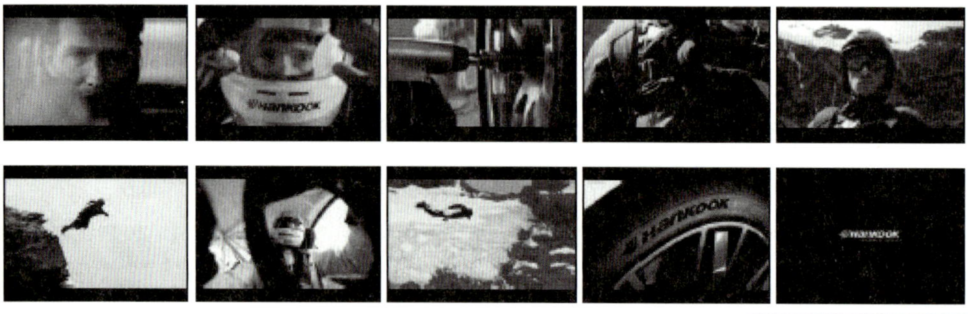

TV광고 '점핑'편

이번 뉴질랜드 로케이션에서는 지난 4월 19일 독일을 시작으로 온에어 된 '점핑' 편과 '오션서핑(Osean Surfing)' 편이 시리즈로 함께 제작되었고, 올해 하반기 또는 내년에 전파를 탈 예정이다.

10년 후의 한국타이어, 상상

2016년 완공된 헝가리의 제 2공장까지 풀가동 해도 유럽 프리미엄 자동차 브랜드의 신차용 타이어 공급량이 리테일 주문량을 맞출 수 없었던 한국타이어가, 더 효율적인 유럽시장 타이어 공급을 위해 독일에 유럽 3공장을 착공하고 매출액 기준 세계 3위를 2년째 수성한다.

인쇄광고

2010년에 시작한 뉴욕 타임스퀘어의 대형 옥외광고는 론니 플래닛 여행 매거진의 표지로 여섯 번 그 모습이 소개되었다. 또한 2014년에 시작된 F1 타이어 독점 공급 계약 이후, F1이 열리는 도시에 2일간 세워지는 한국타이어 F1 뮤지엄에는 연간 300만명이 방문한다. 한국타이어 북미 2공장 유치를 위해 캐나다 2개도시, 미국 3개 도시가 경합중인 가운데 연말 경이면 그 윤곽이 들어날 듯 하다. 그리고 600명이 모인 하버드 비즈니스 스쿨에선 한 교수가 강연을 시작하려 한다. "오늘의 케이스는 글로벌 타이어 인더스트리의 샤토 무통 로쉴드. 한국타이어입니다."

| part 3 |

전략의 실행: 시장에의 대응

마케팅믹스의 통합

마케팅전략가는 스토리텔러(story-teller) 즉 기업의 대표적 이야기꾼으로서의 역할을 다해야 한다. 고객에게 꿈을 제시하고 그 꿈을 이루기 위해 최대한 노력을 경주하고 있음을 실증해 보여야 한다. 그러기 위해서는 표적고객에게 적절한 기본적인 마케팅전략 컨셉을 정의하고 이를 토대로 마케팅믹스의 네가지 요소인 제품, 가격, 유통, 촉진을 전략적으로 통합해 나가야 한다. 미국의 조그마한 커피점에서 출발하여 오늘날 전세계적인 커피체인점으로 성장한 Starbucks의 경우를 예로 보면 단순히 고객이 와서 커피만 마시는 다방이 아니라 이곳에 와서 커피를 마시면서 하루의 피로를 말끔히 씻고 새로운 에너지를 재충전할 수 있는 휴식공간으로서의 기본 컨셉을 토대로 전세계 각지의 현지 사정에 맞게 철저히 현지화하여 마케팅믹스를 통합한 데 그 성공의 열쇠가 있다고 할 수 있다. 가령 점포의 인테리어 디자인의 경우에 대도시지역은 다소 어두운 색깔로 장식하고 중소도시는 다소 밝게 디자인한다. 이는 대도시의 복잡한 생활에 지친 고객의 휴식에 도움이 되게 하고 다소 심심한 중소지역에는 오히려 밝은 색상으로 활기를 줄 수 있도록 하기 위한 전략적 고려의 결과이다.

제 1 절 마케팅믹스 제 요소의 시너지효과 도모

마케팅믹스 제 요소 중에서 우선 가격이 가장 계량화하기 쉬운 요소이며 소비자의 입장에서도 어떤 기업의 제품 가격과 경쟁사들의 제품 가격을 쉽게 비교, 평가할 수 있다. 또한 가격은 소비자에게 있어 매우 중요한 관심사항이기 때문에 기업은 가격을 운용하기 쉬우면서 강력한 경쟁 무기로 생각하는 경향이 있다. 그러나 경쟁의 수단으로서 가격에만 지나치게 의존하는 것은 결코 바람직하지 않다. 왜냐하면 제품, 유통, 촉진 등의 다른 마케팅믹스요소와 통합적으로 운용되어 시너지효과를 거둔다면 문제가 없지만 가격인하만으로는 단기간의 매출증대와 이익증가에 기여할 수 있지만, 경쟁사에 의해 쉽게 모방되고 보복대응을 받게 되어 기업의 경쟁적 이점을 곧 사라지고 오히려 싸구려제품 인식이 각인되어 역효과를 볼 수도 있다. 〈그림7-1〉은 마케팅믹스가 기본 컨셉을 중심으로 통합적으로 운용되는 것을 나타내고 있다.

|그림 7.1| 마케팅믹스의 통합운용

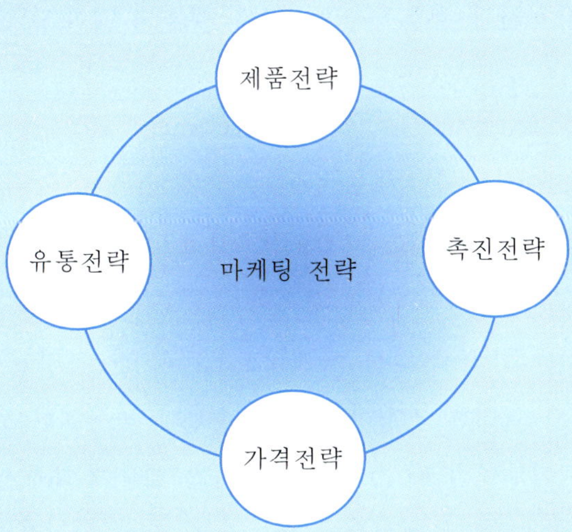

소비자들은 가격을 평가할 때 그 가격을 지불하고 얻을 수 있는 혜택과 비교하여 비싼가 적당한 가격인가 혹은 저렴한가를 판단한다. 동시에 소비자의 혜택에 대한 평가는 제품, 유통, 및 촉진의 영향을 받는다. 그러므로 마케팅믹스를 통합하기 위해서는 첫째, 제품, 유통, 및 촉진요소들간의 시너지효과가 창출될 수 있도록 전략을 세운 후 가격을 설정하든가, 둘째로, 가격을 먼저 결정하고 이에 맞춰 제품, 유통, 및 촉진믹스 전략을 세우는 두가지 접근방법이 있을 것이다. 첫 번째 접근법에 의한 가격설정방법으로 마케팅원가를 토대로 일정률의 마진을 부가하는 원가중심 가격설정(cost base pricing)과 경쟁기업의 가격을 토대로 가격을 결정하는 경쟁중심 가격설정(competition base pricing)이 있다. 또한 두 번째 접근법에 의한 것이 고객이 주어진 신제품 개념에 대하여 기꺼이 지불할 의사가 있는 가격수준을 먼저 조사한 후 이에 맞춰 제품개발과 생산 및 마케팅에 들어가는 고객중심 가격설정(customer base pricing)이 있다. 기업의 가격결증에 대한 실증연구들에 따르면 다수의 기업이 앞의 접근을 사용하고 있는 것으로 나타났다.

첫 번째의 접근방법에 의할 경우 제품, 유통, 및 촉진믹스에 관한 의사결정은 가격결정에 영향을 미친다. 고객들은 고가격이 고품질의 원료나 우수한 인력 및 기술의 사용비용을 반영한 것으로 인식할 수도 있고 그렇지 않을 수도 있다. 분명한 것은 가격은 다른 마케팅믹스 요소들과 상호작용함으로써 제품에 대한 품질과 가치의 인식에 영향을 미친다.

제 2 절 마케팅믹스 통합의 적용사례

박충환과 오세조(1998)는 가격이 다른 마케팅믹스들과 잘 조정될 때 제품에 대해 지각되는 소비자의 가치는 그러한 조정이 없는 경우보다 높아진다고 지적하였다. 고가격과 고가치의 결합이 이루어질 때 소비자들은 비싼 제품에 대해서도 적정한 가격이라는 인식을 하게 될 것이다. 볼펜시장에서의 Cross Pen의 고가격-고가치 전략이 좋은 예이다. Bic Pen은 Cross Pen 만큼의 필기기능을 가지고 있지만 어떤 소비자는 개당 1달러도 안되는 Bic Pen 대신에 개당 약 100달러나 되는 Cross Pen을 구매하려고 한다. 왜냐하면 Cross Pen은 저명인사들이 선호하는 고품질과 세련된 디자인의 필기도구로서 고객들에게 인식되고 있기 때문이다. Cross Pen은 크롬, 금, 은 등 고급재료로 만들어지며 우연히 뚜껑이 열려 잉크가 옷에 묻는 것을 방지하는 잠금장치가 있다. 그 결과 Cross Pen은 고가격이 정당화되는 높은 품질을 가진 세련된 디자인의 펜으로 커뮤니케이션되고 있다. 요컨대 마케팅믹스들이 통합적으로 운용되고 있는 사례이다.

Heinz 토마토케첩도 제품, 유통, 및 촉진전략을 성공적으로 수행함으로써 항상 경쟁제품보다 비싸게 가격을 유지하고 있다. 온스당 1-2센트가 비싼데도 불구하고 소비자들에게 Heinz 토마토케첩이 비싸지 않고 그만큼의 가치가 있는 것으로 인식되고 있다. 실제로 맛 테스트에서는 진하고 부드럽고 균형있는 맛에 있어서 경쟁브랜드보다 우월한 것이 없는 것으로 나타난 실험결과에 비추어볼 때 이는 촉진과 유통에 기인한 것으로 이해된다. 즉 Heinz 토마토케첩이 진하고, 부드러우며, 균형있는 맛을 가지고 있다는 이미지를 소비자에게 각인시킨 촉진전략노력과 이에 적합한 유통전략이 Heinz의 고가격을 정당화시키 것이다,

경쟁제품보다 높은 가격을 책정한 Sears공구세트도 중류층의 소비자를 표적으로 삼아 내구성이 있는 우수한 품질의 공구라는 컨셉을 잘 전달하였다. 결함있는 제품의 즉시 교환을 통한 신뢰 증진, 브랜드 인지도, 전속 유통망, 뛰어난 품질이라는 마케팅믹스를 사용하여 경쟁제품보다 고가격으로 표적시장에 제품컨셉을 효과적으로 전달하였다.

전략포커스 7-1

브랜드 홍보 성공 이끄는 '라이프-컬처노믹스'

'맥주는 술이 아니라 음식이다', '식초는 조미료가 아니라 음료다', '방향제는 냄새제거제가 아니라 인테리어 소품이다'…. '생활문화'를 파는 기업이 늘고 있다. 상품 자체보다 상품을 먹고, 마시고, 사용하는 새로운 방식을 팔려는 것이다. 마케팅 전문가들은 이를 '라이프-컬처노믹스(life-cultunomics)'라 부른다. 문화(culture)와 경제(economics)의 합성어인 컬처노믹스는 마케팅 전문가들 사이에서 '문화를 경제적으로 활용하는 현상'을 뜻하는 말로 사용된다. '예술문화'를 마케팅에 활용하는 '아트-컬처노믹스(art-cultunomics)'처럼 생활문화 자체를 이용해 브랜드를 알리려는 라이프-컬처노믹스가 새로운 마케팅 트렌드로 자리를 잡아가고 있다.

◆ 맥스, 맥주가 음식?

하이트맥주의 100% 보리맥주 '맥스'는 '맥주는 술이 아니라 음식입니다'라는 주제로 '맥주 식문화' 캠페인을 벌여 성공을 거뒀다. 미감을 풍부하게 하는 특유의 곡물향과 호프의 쌉쌀한 맛이 음식과 조화를 이뤄 식사 때 식욕을 돋워준다는 것이다. '맛있는 음식을 먹을 때, 100% 보리맥주를 곁들이라'는 '생활문화' 제안은 맥주 선진국의 음주문화에서 힌트를 얻었다. 유럽의 맥주 선진국에서는 맥주의 90% 이상이 100% 보리맥주로, 대부분 식사할 때 곁들인다.

2006년 9월 처음 출시된 '맥스'는 1년여 만에 200% 이상의 성장세를 보이고 있다. 이에 힘입어 하이트맥주는 선진국형 생맥주인 후속 제품 '맥스 드래프트'를 출시하기도 했다. 하이트맥주 마케팅 담당 김연수 대리는 "맥스가 하이트에 이은 차기 브랜드로 성공적으로 안착하고 있다"며, "전 세계적으로 맥주가 술이 아닌 음식으로 자리잡고 있는 것처럼, 국내에서도 술에 취하는 문화에서 맛있는 음식과 함께 즐기는 문화가 좀 더 확산될 것"이라고 전망했다.

◆ 마시는 홍초, 식초는 조미료가 아니라 음료

'식초는 음료'라는 새로운 콘셉트도 주목을 끌고 있다. 대상은 '청정원의 마시는 홍초' 식초음료를 2005년에 출시, 마시는 식초 열풍을 주도했다. 유기산이 풍부한 식초는 근육에 쌓인 젖산을 분해하는 효과가 커 피로 회복에 좋다. 또 노화를 유발하는 활성산소를 제거하고 신진대사를 촉진해 다이어트에도 효과가 있는 것으로 알려져 있다.

'마시는 홍초'는, '식초는 조미료이며, 신맛이 강해 마시기 힘들 것'이란 선입견을 깼다. '마시는 홍초'는 출시 첫해인 2005년 90억원어치를 팔았고, 2006년에는 240억원의 매출을 올려 1년 만에 3배 가까이 성장했다. 작년에도 320억원 매출을 올린 것으로 추산돼, 성장세가 계속되고 있다. 식초를 마시는 문화는 일본에서 건강 음용법으로 자리 잡은 지 오래다. 웰빙 열풍에 부합하는 생활 문화를 잘 접목시켜 성공 케이스를 만들었다.

◆ 방향제가 인테리어 소품?

한국존슨의 그레이드는 '방향제는 냄새 제거제가 아니라 인테리어 소품'이라는 새로운 문화를 제안했다. 작년 3월 신제품 '인퓨전'을 출시하면서 '방향제를 뿌린다는 것은 일종의 향기 인테리어다'라는 메시지를 집중적으로 전달했다. 최근 미국에서 시각 인테리어뿐 아니라, 후각 인테리어에 관심이 높아지고 있는 추세를 도입한 것.

최근 네슬레는 에스프레소 커피 캡슐인 네스프레소와 네스프레소 머신을 함께 파는 매장을 국내에 열었다. 한국의 에스프레소 문화를 사 마시는 문화에서 집에서 마시는 홈 문화로 바꾸겠다는 게 네슬레의 공략 포인트다. 세계 최대의 에스프레소 소비 시장인 유럽의 경우 에스프레소는 사 마시는 게 아니라 집에서 만들어 마시는 커피로 정착돼 있다.

출처: 조선일보 2008. 1. 15.

제 3 절 마케팅믹스전략 선택기준

시너지효과를 극대화하는 방향으로 마케팅믹스전략을 구체적으로 결정하는 데 있어서 각 전략 요소들을 어떻게 결정해야 하는가? 이론적으로는 표적시장소비자의 욕구를 경쟁기업보다 더 잘 충족시킬 수 있도록 기본적인 마케팅전략적 컨셉에 의해 소비자가 원하는 제품을, 소비자가 원하는 가격으로, 소비자의 취향에 맞는 촉진으로, 소비자가 선호하는 유통을 제공하면 될 것이다. 그러나 실제 실행상에는 적지 않은 난관들이 존재한다. 이수동, 박상준, 김주영, 이형재(2000)는 그 원인으로 다음의 두 가지를 지적하였다.

첫째는 기업의 자원의 한정성이다. 소비자가 품질이 뛰어나며 저렴한 가격의 제품을 원하고, 할인점, 백화점, 슈퍼마켓 등의 웬만한 소매점에서 쉽게 제품을 구입할 수 있기를 원하며, 매력있는 모델이 나오는 TV광고나 경품 등의 촉진을 원한다고 해서 이 모두를 다 소비자들이 원하는 만큼을 기업이 제공해 줄 수는 없는 노릇이다. 왜냐하면 마케팅믹스는 공짜로 실행할 수 없기 때문이다. 모든 마케팅믹스는 인적, 물적 자원을 필요로 하기 때문이다. 한정된 자원을 가진 기업으로서는 마케팅믹스전략 변수들 중에서 우선순위를 고려하여 자원이 허용되는 범위 내에서 실행할 수 밖에 없다.

둘째로는 기업의 외부환경과 내부의 강점과 약점을 고려할 때 마케팅믹스의 실행이 실질적으로 불가능한 경우가 있다. 중장기적으로 기업이 기존에 추진해오던 전략을 갑자기 바꾸기 어려운 경우가 있다. 가령, 오프라인에서만 마케팅하던 기업이 인터넷판매를 단기간내에 실행하기에는 어려움이 따른다. 콜롬비아 커피회사가 일본음료시장에 진입했을때에도 단시간내에 기존의 일본의 음료유통망을 뚫기는 어려웠으며, 금방 새로운 유통망을 구축하기도 힘들었다. 따라서 콜롬비아 커피사는 초기에 자판기를 적극 활용함으로써 유통망의 취약점을 극복하였다. 또한 경영진의 전략적 지향(strategic orientation)이나 조직문화 등과 충돌되어 실행하기가 실질적으로 불가능한 경우도 있다.

이에 따라 이수동, 박상준, 김주영, 이형재(2000)는 구체적인 마케팅믹스전략을 선택할 때 사용할 수 있는 판단기준으로 두 가지를 제시하였는데 첫째는 마케팅믹스전략 내의 정합성(일치성)이고, 둘째는 전략을 실행할 때의 전반적 효율성이다.

1. 전략적 정합성(strategic fit)

전략적 정합성은 표적화, 포지셔닝, 및 경쟁전략 등 전반적인 마케팅전략과 부합하고, 마케팅믹스간에 있어서의 조화를 이루는 정도를 말한다. 전략적 정합성은 크게 내부정합성(internal fit)과 외부정합성(external fit)의 두 가지로 나눌 수 있다. 내부정합성은 마케팅믹스 변수간의 조화를 의미하며, 외부정합성은 각각의 마케팅믹스전략이 기업의 환경에 적합한가를 의미한다. 그러나 사실 내부정합성과 외부정합성은 서로 다른 앵글에서 본 것일 뿐 별개로 이루어진다기보다 서로 관련되는 것이다. 만약 표적화와 포지셔닝, 경쟁전략이 적절히 수립되고 이에 부합되게 제품, 가격, 촉진, 유통의 마케팅믹스전략이 조화롭게 수립, 운용된다면 이는 내부정합성을 이룬 것이 되는데, 그 결과로 기업이 외부환경에 적합한 전략을 수행한 것이 되므로 외부정합성도 달성한 것으로 볼 수 있다.

2. 효율성

효율성은 일정한 산출을 얻는데 들이는 투입이 얼마나 적게 소요되느냐 하는 문제이다. 만약에 정합성을 충족하는 두 가지의 마케팅믹스전략이 있다면 그 선택의 기준은 효율성이 될 수 있다. 기업의 입장에서 적은 자원을 투입하는 마케팅믹스전략이 유리한 전략이다. 가령, 광고전략 수행을 위해서는 전략에 따라서 광고비를 많이 투입해야 하는 것이 있고 상대적으로 적게 투입해야 하는 것이 있다. 또한 유통을 위해 판매원을 더 많이 필요로 하는 전략이 있고 상대적으로 적게 투입해도 되는 것이 있다. 따라서 자원투입액의 절대액은 전략의 효율성을 판단하는 기준이 된다. 이상의 두 가지 기준 즉 전략적 정합성과 효율성을 기준으로 하여 마케팅믹스전략을 선택하여야 한다.

제 4 절 브랜드와 촉진의 통합

대체적으로 기업은 시장에 여러 제품계열을 내놓고 있는데, 각 계열은 상이한 상표를 갖는다. 예컨대, 자동차회사는 스포츠 카로부터 승용차, 미니 밴, 업무용 밴, 소형트럭, 그리고 대형트럭에 이르는 다양한 제품계열을 시장에 내놓는다. 이들 제품계열에는 구체적 모델이나 상표가 있다. 예컨대, 포드자동차는 Escort, Probe, Contour, Mustang, Bronco, Taurus, Lincoln Continental 등 여러 상표를 판매하고 있다.

1. 상표자산 강화를 위한 촉진노력

상표관리자나 그보다 상위 수준에 있는 제품카테고리관리자는 자사상표를 소비자와 유통상에게 가장 잘 알릴 수 있는 방법을 결정한다. 이들은 수명주기에 따라 상표를 관리하면서 상표자산을 강화시키고 있다. 상표자산(brand equity)은 상표인지도, 상표에 대한 긍정적 연상, 지각된 품질, 그리고 강력한 상표애호도 등으로 나타난다. 상표자산 강화는 긍정적인 상표 아이덴티티의 선택(즉, 좋은 상표명이나 로고의 선정)을 통해서도 이루어지겠지만, 상표와 그 편익간에 '호의적이고, 강력하며, 독특한 연상관계를 갖게 하는 촉진 혹은 마케팅커뮤니케이션 프로그램을 통해서 이루어진다. 상표자산을 강화하는 노력의 중요성은 아무리 강조해도 지나치지 않다. 사실 장기적 성장과 수익성은 상표자산의 창출과 강화에 따라 좌우된다.

긍정적 연상을 하게 하고 강력한 애호도를 갖는 상표의 창조에는 전반적인 마케팅노력도 필요하지만 그 가운데서도 마케팅커뮤니케이션이 가장 중요하다. 기업이 광고, 인적판매 및 판촉을 매개로 하여 독특하고 긍정적인 메시지를 전달할 수 있을 때

비로소 자사상표를 경쟁상표와 효과적으로 차별화하고 향후 가격경쟁에서 경쟁자를 따돌릴 수 있다.

2. 상표컨셉관리

상표자산 내지는 고객애호도를 강화시키고자 하는 노력을 상표컨셉관리(brand concept management) 혹은 상표수명주기동안 상표컨셉을 계획하고 실행하며 통제하는 것이라고 할 수 있다. 다시 말하면 상표컨셉이란 표적시장에 전달하고자 하는 상표의 ' 특정의미'를 말하는데 소비자의 세 가지 욕구에 따라 분류된다. 즉, 기능적 욕구, 상징적 욕구, 및 경험적욕구로 나누어지며 이들 가운데 어느 하나 혹은 둘 이상에 소구함으로써 상표컨셉은 달성된다.

기능적 욕구(functional needs)에 초점을 둔 상표컨셉 관리는 소비자가 현재 가지고 있는 문제나 잠재적 문제 및 갈등에 대해 해당 상표가 이런 문제를 해결해줄 수 있는 속성이나 편익을 보유하고 있음을 알려 주는 것을 말한다. 이에 대한 소구는 상표컨셉 관리의 가장 대표적 형태이다. 예컨대, 자동차의 경우 전자통제현가장치, ABS(Anti-lock Brake System), 등 기능욕구에 소구한다.

많은 상표들이 주로 기능적 측면에 기초하여 판매되고 있지만, 어떤 상표는 심리적 욕구인 상징적 욕구를 충족시킴으로써 잘 팔리고 있다. 상징적 욕구(symbolic needs) 소구는 소비자의 자아발전, 역할지위, 집단소속감, 관계, 그리고 귀속 등의 욕구를 겨냥하고 있다. 상징적 욕구 중심의 상표컨셉 관리는 상표를 희망집단, 희망역할, 희망하는 자아이미지와 연결시키고 있다.

소비자의 경험적 욕구(experiential needs)는 감각적 즐거움, 황홀함, 인지적 자극 등을 제공하는 제품에 대한 욕구를 반영하고 있다. 사실 대부분의 상표는 기능, 상징, 및 경험편익을 혼합해 제공하고 있다. 경쟁자의 도전과 소비자의 기호변화로 인해 필요한 경우 상표의 의미를 조정하고, 상표자산 강화를 위해 계속적으로 노력함으로써 상표를 주의깊게 관리하는 것은 상표관리자의 책임이자 의무이다.

3. 마케팅커뮤니케이션과 촉진

마케팅과 더불어 촉진 혹은 마케팅커뮤니케이션의 중요성이 높아지고 있다. 사실 어떤 조직이든 성공적으로 그 기능을 수행하자면 고객과의 효과적인 커뮤니케이션이 결정적으로 필요하다. 교회, 박물관, 관현악단과 같이 비영리조직은 물론 소규모 소매상으로부터 대규모 제조업체에 이르는 영리기업들은 ① 그들의 제품, 서비스 및 판매조건을 잠재고객에게 알리고, ② 고객에게 특정제품과 상표의 선택, 이벤트 참가 및 기타 다양한 활동의 수행을 설득하며, ③ 마케터의 활동에 맞추어 행동이 취해지도록 고객의 행동을 유도하기 위하여 고객을 대상으로 끊임없이 촉진활동을 하고 있다. 이러한 여러 목적은 광고, 판매원, 점포내 표시물, 제품포장, 다이렉트메일, 샘플, 쿠폰, 홍보 자료, 및 기타 여러 가지 커뮤니케이션수단을 통해 달성된다.

전반적으로 보면 앞의 활동들은 마케팅믹스의 촉진관리 요소에 해당되는 것으로 구성되어 있다. 한 상표에 대한 마케팅믹스는 4Ps, 즉 ① 제품결정, ② 가격결정(가격수준과 할인구조). ③ 유통경로결정, ④ 촉진결정 등의 의사결정요소로 구성되어 있다. 이중 네 번째 마케팅믹스 요소인 촉진에 대해 마케팅커뮤니케이션이란 표현을 쓰기도 한다. 과거 촉진관리란 단어가 전통적으로 사용되고 왔어 지금까지도 많은 마케팅교육자들이 선호하고 있지만, 이 용어는 최근에 와서 보다 광범위한 용어인 마케팅커뮤니케이션으로 대체되고 있다.

제 5 절 제품과 유통의 통합

마케팅믹스전략 중에서 제품전략은 유통경로의 설계에 가장 중요한 역할을 한다. 왜냐 하면 대체로 제품전략이 정해진 후 이에 적합한 유통경로가 설계되기 때문이다. 이하에서는 유통경로를 설계할 때 제품의 특성, 신제품개발, 제품수명주기, 상표전략 등이 미치는 영향을 논의하고 이를 고려하여 여하히 제품과 유통을 통합할 것인가를 살펴본다.

1. 제품의 특성

제품이란 여러 가지 속성의 집합체로 볼 수 있으며, 속성은 유통경로 설계에 중요한 의미를 갖는다. 제품의 단가, 제품의 구매주기, 부패가능성, 취급방법, 기술적 복잡성, 표준화 정도 등이 경로 설계 시 고려해야 할 중요한 제품특성 변수들이다.

(1) 제품의 단가

단가가 낮은 제품은 일반적으로 긴 유통경로를 갖는다. 왜냐 하면 제조업자가 수많은 소매상과 직접거래방식을 택할 경우 많은 비용이 투자되어야 하므로 충분한 마진을 확보할 수 없기 때문이다. 한편 같은 제품유형일지라도 고가 · 고품질의 제품은 일반적으로 직매장을 통해 판매되므로 유통경로가 짧은 반면, 저가의류나 대중가전제품은 긴 유통경로를 갖는다.

(2) 제품의 구매주기

자주 구매되는 제품은 여러 소매점에서 반드시 비치되어야 하기 때문에 소매상이 제조업체와 직접 거래하는 것보다 지역적으로 가까이 위치한 도매상에게 공급하는 것이 충분한 물량을 확보하기가 용이하다. 따라서 구매주기가 짧을수록 유통경로가 길어진다.

(3) 부패가능성

제품의 부패가능성은 유통경로 설계에 영향을 미치는 또 다른 요인이다. 야채와 생선 같은 제품은 운반이나 취급도중에 부패될 가능성이 높기 때문에 유통경로가 짧을수록 좋다. 부패가능성은 물리적인 질의 저하를 의미하는 것뿐만 아니라 유행에 민감한 의류처럼 소비장의 수요가 매우 단기적이어서 상품가치가 제한을 받는 제품도 포함된다.

(4) 기술적 복잡성

기술적으로 복잡한 제품은 기술적 서비스를 요청하거나 제품에 대해 잘 아는 판매원을 필요로 하므로 직접유통경로를 사용하거나 제조업자가 요구하는 조건들을 충족시킬 수 있는 점포들에게만 판매된다. 이러한 경우는 소비재보다는 산업재에서 많이 찾아볼 수 있다.

(5) 표준화 정도

표준화 정도가 낮은 제품들은 각 소비자 집단의 독특한 욕구를 충족시키기 위해 직접유통경로가 요구된다. 가령 고객 개개인의 욕구에 맞춘 제품생산을 해야 하는 산업체나 주문주택 등은 구매자와의 직접적인 거래를 통해 판매된다. 그러나 보다 표준화된 제품은 간접유통경로를 통해 판매되는 것이 일반적이다.

2. 제품수명주기와 유통전략

제품수명주기는 시간의 경과에 따라 제품의 매출과 이익이 어떻게 변하는가를 보여준다. 전형적인 제품수명주기는 s자형을 가지며, 제품의 판매량 변화과정을 단계별로 분류할 경우 제품은 도입기, 성장기, 성숙기, 쇠퇴기의 4단계를 거치게 된다. 유통경로전략은 제품수명주기의 각 단계에 따라 달라진다. 제품수명주기의 단계별 유통경로전략 수립시 주요 결정사항에는 경로집중도, 수직적 통합의 정도 등이 있다.

(1) 경로집중도

경로집중도 즉 중간상의 수는 제품수명주기의 단계에 따라 달라진다. 제품수명주기 초기에는 수요가 불확실하기 때문에 중간상들로 하여금 자사제품을 취급하도록 하는데 어려움이 있을 것이다. 그러므로 자사제품을 적극적으로 취급하고자하는 소수의 중간상들에게만 제품을 공급하는 선택적 유통전략(selective distribution)이나 전속적 유통전략(exclusive distribution)이 바람직하다.

제품수명주기의 성장단계에는 제품을 널리 보급하기 위해 집중적 유통경로(intensive distribution)를 이용하는 것이 타당하다. 즉 제조업자는 표적 소비자가 편리하게 제품을 구입할 수 있도록 가능한 많은 점포에 제품을 공급하는 것이다.

성숙단계에서의 기본적인 유통목표는 경로집중도를 계속 강화·유지하는 것이다. 즉 성숙기에는 매출실적이 우수한 중간상의 지원, 중간상광고, 협동광고를 토해 기존의 자사제품 취급 중간상들을 지속적으로 지원하거나 새로운 중간상의 수를 계속 늘려

가야 할 것이다. 제조업자는 성숙기에서의 중간상 확보의 어려움에 대처하기 위해 새로운 유통경로를 개발하기도 한다.

쇠퇴기가 되면 제조업체는 매출이 거의 이루어지지 않거나 불량채권을 많이 가진 중간상들과의 거래를 중단함으로써 자사제품을 취급하는 중간상의 수를 줄여나간다. 이 단계에서는 중간상지원 프로그램과 중간상할인은 급격히 줄어든다.

(2) 수직적 통합

경로구성원은 유통기능을 원활히 수행하기 위해서 때로는 유통기능을 수직적으로 통합한다. 즉 다른 경로구성원들이 수행했던 기능을 내부화하여 자체적으로 수행하는 것이다. 수직적 통합의 정도는 제품수명주기단계에 따라 달라질 수 있다. 제품도입기에는 기업은 대체로 마케팅 기능을 수직적으로 통합하지는 않는다. 왜냐 하면, 수직적 통합을 수행하기에는 아직 규모의 경제가 이루어지지 않았기 때문이다.

매출량이 급격히 증가하는 성장기에는 기업은 마케팅 기능을 직접 수행함으로써 규모의 경제를 실현할 수 있으므로 수직적 통합이 매력적인 대안이 될 수 있다. 한편 경쟁이 심화되고 매출성장률이 둔화되는 성숙기에도 제조업자들은 유통을 통제하고 규모의 경제를 실현하기 위해 수직적 통합을 이용하는 경우가 많다.

매출액과 수익성이 지속적으로 감소되는 쇠퇴기에는 유통경로를 수직적으로 통합한 기업들은 유통환경변화에 대한 조직의 비탄력적 대응과 과잉투자로 인해 비수직적 통합의 기업보다 경쟁력이 떨어지게 된다. 수직적 통합 정도의 결정에서 유의해야 할 것은 제품수명주기의 단계는 물론 제품의 특성과 산업의 유통구조의 특성도 감안되어야 한다는 점이다.

3. 신제품마케팅과 유통경로관리

매년 엄청난 수의 신제품이 개발되고 있고 최근 들어 그 수는 더욱 증가하고 있는 실정이다. 신제품의 개발과 이의 성공에 있어서 중간상의 역할은 대단히 중요하다. 신제품 아이디어의 창출, 시장테스트, 출시 등에 있어서 중간상은 중요한 정보원천일 뿐만 아니라 이들의 협조여부는 신제품성공에 영향을 미친다.

제조기업은 신제품개발 시 기존의 유통경로를 고려해야 한다. 대체로 기존의 유통경로를 활용할 수 있는 제품개념이 선호되며, 기존의 유통경로와 다른 형태의 유통경로를 이용해야 하는 제품개념은 개발의 초기단계에서 제거될 가능성이 크다. 그러나 기존의 유통경로를 이용한 신제품판매가 갈수록 어려워지고 있다. 특히 슈퍼마켓에서 유통되는 제품의 경우 신제품의 개발이 급증하면서 제한된 진열공간을 쟁취하려는 제조업체간의 경쟁이 심화되고 있다. 이러한 현상의 결과로 소매업자의 상품선택에 관한 파워가 강화되면서 미국의 경우 판매진열장려금(slotting allowance)의 요구가 일반화되고 있다. 이는 소매업체가 신제품을 취급하는 대가로 제조업자에게 요구하는 일종의 위험부담금이다. 또 한 어떤 경우에는 신제품을 진열하는 대신 기존제품을 거둬갈 것을 요구하기도 한다.

신제품도입에 대하여 중간상들은 제조기업과 다소 상이한 입장에 있다. 제조기업은 자신들의 신제품이 많은 중간상에 의해 취급되기를 바라는 반면, 중간상은 다수의 제조업체들로부터 제공되는 제품들 중에서 자신들의 점포개념에 가장 적합한 제품포트폴리오를 구성한다. 따라서 중간상들은 자신의 점포개념에 부합되지 않은 신제품을 취급하지 않을 가능성이 높다. 우리나라에서 가장 많이 사용되는 대리점체제는 이러한 가능성을 사전방지하기 위한 ,제조업체의 유통전략의 일환이다. 즉 제조업자들은 중간상으로 하여금 자사제품만을 판매하게 함으로써 중간상들을 통제하고자 하는 것이다.

제 6 절 제품과 촉진의 통합

1. 신제품의 수용과정과 촉진

기업이 뛰어난 성과를 달성하고 장기적으로 성장하기 위해서는 계속적으로 신제품을 출시해야 한다. 그러나 많은 경우 막대한 투자와 노력에도 불구하고 신제품과 새로운 아이디어의 시장에로의 도입은 실패로 끝나고 만다. 마케팅분야에서 신제품의 개발 및 도입은 혁신의 하나로 다루어지고 있는데 여기서는 어떤 소비자가 더 혁신적인지, 인적 영향력은 신제품 수용에서 어떤 역할을 하는지, 촉진 즉 마케팅 커뮤니케이션을 신제품과 여하히 통합할 것인지를 살펴본다.

신제품혁신의 수용과정(adoption process)이란 한 사람이 혁신을 받아들이고 이를 반복구매하기까지 거치는 정신적 단계를 말한다. 신제품 수용을 가속화시켜 성공가능성을 높이는 데는 마케팅커뮤니케이션이 지대한 공헌을 한다. 오늘날의 소비자는 과거에 비해 신제품을 더 잘 수용하고 있는 편이지만 여전히 신제품 출시의 실패율은 높다. 따라서 성공적인 수용을 도와주거나 방해하는 요인을 이해하면 실패율을 낮출 수 있는 마케팅커뮤니케이션을 할 수 있게 될 것이다.

수용과정은 ① 인지하는 단계, ② 설득되는 단계, ③ 구매결정을 하는 단계, ④ 구매하는 단계, ⑤ 구매 후 기대를 확인하는 단계 등 다섯 단계로 구성된다. 각 단계는 다음 단계로 넘어가는 선행조건이다. 즉, 소비자가 제품을 알기 전에는 제품혁신을 고려하도록 설득할 수 없고, 구매결정을 내리기 전에 신제품을 자신의 소비에 포함시키도록 설득해야 한다는 것이다. 마케팅커뮤니케이션은 소비자가 신제품을 수용하도록 설득하는 단계에서 중요한 역할을 담당한다.

비록 어떤 소비자가 신제품을 알고 있고 사용방법까지도 안다고 하더라도, 이것이 신제품에 대한 어떤 느낌이나 감정으로 발전하지 못할 수도 있다. 설득단계란 소비자가 혁신에 대한 어떤 태도를 형성하는 데서 시작되는데, 태도는 시용을 통해서 형성된다. 이러한 시용은 신제품이나 새로운 서비스 이용과 관련된 불확실성을 제거하는 데 도움이 된다.

마케팅커뮤니케이션은 소비자가 혁신적인 제품이나 서비스에 대해 긍정적인 태도를 갖는 데 중요한 역할을 한다. 그 이유는 신제품이나 새로운 서비스에 대한 소비자의 태도를 결정하는 다섯 가지 혁신관련 특징인 ① 상대적 이점, ② 부합성, ③ 복잡성, ④ 시용가능성, ⑤ 가시성 등에 영향을 미치기 때문이다.

① 상대적 이점

혁신이 기존의 아이디어나 제품보다 낫다고 지각하는 정도를 상대적 이점(relative advantage)이라고 부른다. 상대적 이점은 신제품이 더 낫다고 소비자가 지각하는지의 여부에 달려 있다. 일반적으로 신제품의 상대적 이점은 ① 다른 제품과 비교하여 보다 나은 성과, ② 더 큰 편안함, ③ 시간과 노력의 절약, ④ 보상의 즉시성을 제공하는 정도에 달렸다. 상대적 이점은 제품 그 자체에도 달렸지만 커뮤니케이션에 의해서도 영향을 받을 수 있다. 또한 광고는 경쟁제품의 상대적 이점을 낮추는 데도 일조할 수 있다.

② 부합성

혁신이 소비방식에 일치한다고 지각되는 정도를 부합성(compatibility)이라고 한다. 소비방식이란 광의로 소비자의 욕구, 개인적 가치관, 신념 및 과거 경험 등을 포괄한다. 소비방식에 부합할수록 신제품의 수용률은 빨라지는데, 소비자의 소비방식에 일치하는 혁신은 상대적으로 위험이 적고, 의미는 더 크며, 소비방식을 바꾸지 않아도 되기 때문이다.

부합하지 않는다는 지각을 극복하는 유일한 방법이 소비자로 하여금 새로운 방식이 기존방식보다 우수하다는 확신을 갖도록 광고하는 것인 경우가 있다. 때때로 제품성과 향상을 통해 부합성이 확보되는 경우도 있다. 제품특징의 개선에 덧붙여 마케팅 커뮤니케이션 담당자는 다양한 촉진을 통해 표적고객의 신념, 과거경험, 욕구에 부합하도록 상표를 재포지셔닝시켜 고객의 기존 소비방식에 부합한다고 생각하도록 할 수 있다.

③ 복잡성

복잡성(Complexity)이란 혁신을 어렵다고 지각하는 정도를 말한다. 혁신을 이해하거나 이용하는 것이 어려울수록 수용률은 낮아진다. 가정용 컴퓨터는 많은 사람들이 컴퓨터를 이해하고 사용하기가 어렵다고 지각하기 때문에 늦게 수용되었다. 마케터는 누구나 심지어 어린 아이들까지도 쉽게 컴퓨터를 배울 수 있다는 것을 광고를 통해 보여 줌으로써 어려움을 돌파하려 노력했으며, 또 다른 한편으로 보다 사용하기 쉽도록 제품을 재설계해 왔다.

④ 試用 가능성

혁신을 제한된 범위에서 사용해 볼 수 있는 정도를 試用가능성(triability)이라고 한다. 일반적으로 시용가능한 제품은 더 빨리 수용되는데, 시용가능성은 지각된 위험(perceived risk)과 밀접하게 연결돼 있다. 신차의 시험운전, 지역 슈퍼마켓의 무료 시음, 소포장의 새로운 세제 등으로 소비자는 신제품을 시용해 볼 수 있다. 시용경험은 시용 없이 곧바로 제품을 구입함에 따라 생길 수 있는 불만족의 위험을 줄여 준다.

⑤ 가시성

관찰가능성이라고 불리기도 하는 가시성(observability)은 신제품의 보유여부와 그 긍정적인 효과가 다른 사람에게 노출되는 정도를 말한다. 다른 사람이 소비행동을 감지하기가 쉬울수록 더욱 가시적이라고 말할 수 있다. 따라서 독특한 디자인의 자동차를 운전하는 것이 새로운 엔진이 탑재된 자동차를 운전하는 것보다 더 가시적이다. 일반적으로 혁신이 상대적 이점을 지니고 있고, 소비생활 양식과 부합되며, 시용가능하면서 가시성까지 뛰어나다면 매우 빠르게 수용된다.

요컨대 설득단계는 마케팅커뮤니케이터가 관심을 기울여야 할 중요한 영역이다. 이 단계에서 잠재수용자는 혁신에 대한 결심을 하게 된다. 여러 번에 걸쳐 혁신이 자신의 현재상황에 어떻게 적용되는지를 머리 속으로나 대리체험을 통해 알아보려 할 것이다. 그렇기 때문에 광고를 통해 표적고객이 긍정적으로 생각하고 있는 사람들이 신제품을 사용하고 있다는 것을 보여줌으로써 대리체험을 할 수 있게 한다. 판매원 역시 그 제품을 이미 구입한 사람을 잠재고객에게 얘기해 줌으로써 같은 대리체험의 효과를 거둘 수 있다. 또한 마케팅커뮤니케이터는 상징과 소구를 알맞게 활용하여 제품의 수용률을 높여 제품성공의 기회를 높일 수 있다.

2. 신제품의 확산과정과 촉진

수용과정은 개인소비자에 초점을 맞춘 데 반해 확산과정(diffusion process)은 혁신이 전체시장에 어떻게 전달되고 수용될 수 있는가 하는 넓은 쟁점에다 초점을 두고 있다. 확산이란 퍼져나가는 과정을 말하는데, 마케팅커뮤니케이션 시작에서 보면 확산은 제품 또는 아이디어를 시간이 지남에 따라 더욱 더 많은 소비자가 수용하는 것을 의미한다.

시간이 지나면서 제품이 전체시장에 확산됨에 따라 여러 유형의 소비자가 이를 수용하게 된다. 일반적으로 수용자는 ① 혁신층, ② 조기수용층, ③ 조기다수층, ④ 후기다수층, ⑤ 지연층 등 다섯 집단으로 분류된다.

① 혁신층(innovators)

혁신층은 새로운 아이디어나 신제품을 최초로 받아들이는 사람들이다. 이들은 극히 모험을 좋아하고 혁신에 반드시 수반되는 위험을 기꺼이 감수한다. 즉, 신제품을 처음으로 수용하는 사람들은 기대했던 만큼 잘 작동하지 않아 구입예산을 낭비할 수도 있고, 잘못된 결정 때문에 정신적 고통을 당할 위험을 감수해야 한다.

잠재수용자 중 2.5%에 해당하는 혁신층의 또 다른 특징은 그들이 지역적인 동료집단을 벗어나서 사회적 관계를 추구하고자 한다는 점이다. 또한 이들은 나중에 형성되는 수용자 집단보다 젊고, 사회적 지위가 높으며, 교육을 더 많이 받은 사람들이다. 혁신층은 대개 자기들끼리 관계를 가지며, 정보욕구를 만족시키기 위해 사람보다는 비인적 정보에 많이 의존한다. 일반적으로 혁신층은 비혁신층에 비해 관심의 범위가 넓다.

② 조기수용층(early adopters)

조기수용층은 두 번째 순서로 혁신을 수용하는 집단이며 모든 잠재수용자들 중 13.5%에 해당된다. 조기수용층은 공동체 안에서 잘 융화하며 친구들에 의해 존경받는데, 이러한 존경 때문에 이들은 흔히 신제품과 새로운 서비스에 대한 조언과 정보를 요청받기도 한다. 동료들 사이에서 존경을 받으므로 조기수용층은 혁신의 성공 또는 실패에 매우 중요한 역할을 한다.

③ 조기다수층(early majority)

혁신의 모든 잠재수용자들 중 대략 34%가 조기다수층에 해당하며 이들은 평균수용시간 이전에 제품을 수용한다. 이 범주에 속하는 사람들은 혁신을 수용하는데 있어서 신중하고 주의가 깊어, 앞선 두 집단보다 혁신의 구매과정에서 더 많은 시간을 소비한다. 비록 이 집단이 부분적으로 의견을 선도하지만 조기수용층보다는 그 정도가 낮고, 교육이나 사회적 지위면에서 평균보다 다소 높은 수준이지만 조기수용자 집단보다는 낮다.

④ 후기다수층(late majority)

후기다수층은 평균 수용시간보다 지연되어 혁신을 수용하는 층으로서 잠재수용자들 중 34%로 구성된다. 후기다수층을 특징짓는 주요 특징은 회의주의(skepticism)이다. 사실 대부분의 소비자들은 혁신을 수용하게 될 때까지 이러한 입장을 가졌을 것이다. 대중매체를 거의 이용하지 않는 후기다수층에게 있어서 친구는 새로운 아이디어의 주요 원천이며 인구통계적 변수인 교육, 수입. 사회적 지위에서 이들은 평균 이하에 속한다.

⑤ 지연층(laggards)

혁신을 마지막으로 수용하는 집단을 지연층이라고 하는데, 잠재수용자들 중 마지막 16%가 이 범주에 속한다. 이 사람들은 전통에 사로잡혀 있는데, 이들의 준거틀은 과거이다. 지연층은 같은 범주에 속한 사람들 및 지역공동체와 밀접하게 연결되어 있으며, 대중매체와는 접촉이 많지 않다. 이 집단은 모든 수용자 범주 중 가장 낮은 사회적 지위와 수입을 갖는다. 대개 하나 또는 그 이상의 혁신이 이전 혁신을 대체한 후에야 비로소 혁신을 수용하게 된다.

3. 여론선도자에 의한 구전효과 자극

자동차를 구매하는 소비자, 새로운 설비를 구매하는 구매담당자, 약품을 주문하는 의사, 소모품을 주문하는 병원, 장비를 구입하는 운동팀 등과 같이 구매를 하는 사람들은 의사결정을 내리는 데 인적 및 비인적 정보원에 의존한다. 비인적 정보원이란 텔레비전, 잡지 및 기타 대중매체등이 해당하며, 인적 원천은 친구나 이웃사람들이 구전으로 미치는 효과를 말한다.

여론선도자(opinion leader)란 다른 사람의 태도나 행동에 자주 영향을 미치는 사람을 말한다. 여론선도자는 여러 가지 중요한 기능을 한다. 후발 구매자에게 신제품과 아이디어에 대한 정보를 주고, 신제품구매에 따른 지각된 위험을 줄여주고, 이미 내린 결정을 뒷받침해 주거나 결심을 굳힐 수 있도록 한다. 따라서 의견선도자는 정보제공자, 설득자, 및 확신 부여자라고 할 수 있다.

어떤 사람의 의견선도성은 모든 소비영역에 걸치기보다는 하나나 두세 영역에서 제한적으로 발휘된다. 예컨대 컴퓨터나 요리와 같이 한 영역에 대한 의견선도자가 다른 영역에서는 별로 영향을 미치지 못한다. 게다가 의견선도자는 모든 사회계층에 존재하는데, 그 이유는 의견선도자의 영향력이 수직적인 계층간보다는 수평적인 계층내에서 효과를 발휘하기 때문이다.

의견선도자는 다른 사람들과 분명히 다르다. 일반적으로 의견선도자는 의견추종자들과 비교해서 ① 매체에 더 많이 접촉하며, ② 사교적이며, ③ 약간 높은 사회경제적 지위를 가지며, ④ 보다 혁신적이며, ⑤ 사람들과 다르게 행동하려고 하며, 비판이나 거절에 관대하고자 노력하며, 특별해지려는 욕구를 가진다.

의견선도자가 정보를 제공하는 동기는 무엇인가? 의견선도자는 자신의 의견을 나누고 신제품과 새로운 서비스에 관한 지식을 설명하는 것으로부터 만족을 얻기 때문에 구전커뮤니케이션에 참여하는 것이다. 이렇게 하기 위해 의견선도자는 정보를 습득하려 지속적으로 노력하며, 종종 이러한 노력이 자신의 의무라고까지 생각하기도 한다. 그렇기 때문에 위신(prestige)이 구전의 핵심이라고 할 수 있다. 예컨대, 시장전문가가 되면 위신이 뒤따른다. 시장전문가를 시장정통자라고도 부르는데, 이들은 여러 종류의 제품, 구매장소 및 시장상황에 관한 정보를 가지고 있으며 이러한 정보를 필요로 하는 사람들과 얘기를 하거나, 그들의 질문에 답하기도 하는 사람들을 말한다. 바꾸어 말해 시장정통자는 정보의 중요한 원천으로 간주되며 친구나 주위사람들에게 정보를 제공함으로써 위신과 만족을 얻는 것이다.

따라서 긍정적인 구전 커뮤니케이션은 신제품 또는 새로운 서비스의 성공에 결정적인 역할을 한다고 볼 수 있다. 소비자는 의사결정 시 긍정적인 정보보다는 부정적인 평가정보에 더 비중을 두기 때문에 히 비호의적인 구전은 수용에 참담한 영향을 미칠 수 있다. 마케팅 커뮤니케이션 담당자들은 부정적 구전을 최소화시키기 위해 여러 조치를 강구하는데, 최소한 소비자의 정당한 불평에 반응한다는 점을 보여 줄 필요가 있다.

제 7 절 촉진과 유통의 통합

제조기업의 경로구성원들에 대한 촉진전략은 경로성과에 큰 영향을 미친다. 최근 제조기업이 지출하는 촉진비용 중 유통상촉진(trade promotion)이 소비자촉진(consumer promotion)을 능가하고 있다. 최근 할인점을 비롯한 다양한 소매업태가 등장함에 따라 소매업자들간의 경쟁이 과거보다 치열해지게 되었다. 소매업자들은 매출액 증대를 위해 고객을 상대로 다양한 소매상촉진을 실시하게 되었으며, 이는 제조업자들에게 추가적인 가격인하 및 수량할인의 압박을 주는 계기가 되었다. 이하에서는 유통경로관리와 촉진관리를 여하히 통합할 것인가를 논의한다.

1. 풀(pull)전략과 푸쉬(push)전략

제조기업들이 이용할 수 있는 기본적인 촉진전략은 풀과 푸쉬의 두 가지이다. 제조기업이 최종소비자들을 상대로 촉진활동을 하여 이 소비자들로 하여금 중간상(특히 소매상)에게 자사제품을 요구하도록 하는 전략을 풀전략이라고 한다. 즉 제조업체가 중간상들로부터 자발적으로 주문을 받는 경우를 말한다. 광고의 목표는 소비자로 하여금 슈퍼마켓, 편의점, 백화점 등에서 자사상표를 찾도록 하는 것이다.

반면 어떤 제조업체들은 중간상들을 대상으로 하여 판매촉진활동을 수행하여 그들이 최종소비자에게 적극적인 판매를 하도록 유도하는 유통전략을 사용하는데, 이를 푸쉬전략이라고 한다. 푸쉬전략을 사용하는 제조업체들은 소비자를 상대로한 촉진보다는 중간상을 상대로 가격할인, 수량할인, 인적판매, 협동광고, 구매시점 디스플레이, 점포판매원 훈련 프로그램의 제공 등에 더 치중한다. 많은 소규모 제조업체는 소비자를 대상으로 촉진활동을 수행할 만큼 충분한 자원을 가지고 있지 못하기 때문에 푸쉬전략에 의존하는 경우가 많다. 대형 제조기업이라 하더라도 중간상의 역할에 많은 비중을 둔다면 푸쉬전략을 택하는 경우가 흔히 있다.

제품종류별로 보면 일반적으로 편의품의 경우에는 풀전략이, 전문품의 경우에는 푸쉬전략이 중요시된다. 왜냐 하면 편의품의 경우에는 최종소비자의 구매상표결정에 중간상, 특히 소매상의 영향이 적은 반면, 전문품의 경우에는 판매원의 영향이 커지게 되므로 중간상의 협조가 필요하기 때문이다. 그러나 실제로 많은 제조업체들이 풀전략과 푸쉬전략을 병행해서 사용하고 있다.

상표수준에서의 판매촉진노력은 표적집단으로부터 긍정적인 결과를 얻을 수 있도록 상호보완적이어야 한다. 소매상에 대한 거래할인과 협동광고지원 등은 자사상표의 진열과 판촉을 원활하게 한다. 그리고 소비자에 대한 쿠폰, 무료샘플, 프리미엄, 가격할인 등의 다양한 지원책은 영업사원들로 하여금 도매업자와 소매업자들에게 자사상표를 적극적으로 판매하는 데 동기부여를 제공한다.

2. 제조기업의 중간상촉진

제조기업이 중간상을 대상으로 행하는 모든 촉진활동들은 제조기업과 중간상의 경로성과 및 중간상의 협조의지에 직접적으로 영향을 미치게 된다. 제조기업이 사용하는 촉진도구로는 광고, 판매촉진, 인적판매 등이 있다.

① 중간상광고(trade advertising)

중간상광고는 제조기업이 최종소비자를 대상으로 하는 소비자광고와는 달리 유통경로구성원들에게 자사제품을 인지시키기 위해 행하는 광고이다. 따라서 중간상광고는 TV나 일간지 등의 대중매체보다는 산업전문지를 통해 이루어진다. 중간상광고는 일반적으로 소비자광고보다 제품관련정보를 자세히 제공한다. 또한 중간상광고에서는 일반적으로 감성적인 소구방법보다는 이성적인 소구방법이 사용된다. 제조기업은 표적중간상들에게 자사제품을 소개하고 그 취급방법과 판매방법, 그리고 자사의 제품을 취급함으로써 얻는 이점에 대해서 설명을 한다.

② 협동광고(cooperative advertising)

일반적으로 협동광고는 기업들간에 공동으로 광고비용을 부담하는 형태의 광고이다. 여기에는 수평적 협동광고와 수직적 협동광고의 두 가지 유형이 있다. 수평적 협동광고는 소매업자들이 한 상표에 대한 매출액을 증대시킬 목적으로 공동으로 광고하는 것을 말하다. 그러나 일반적으로 소매업자들은 치열한 경쟁을 하며 다양한 상표들을 취급하므로 수평적 협동광고는 현실적으로 잘 사용되지 않는다. 수직적 협동광고는 소매업자가 어떤 상표에 대해 광고를 하고 제조업자가 그 비용을 전적으로 부담하든지 또는 소매업자들과 분담하는 광고이다. 협동광고는 다양한 상황하에서 사용될 수 있는데 특히, 제조기업이 푸쉬전략을 채택하여 중간상에 많이 의존하는 경우에 협동광고는 중요한 촉진수단이 된다.

제조업체가 시행하는 소비자광고와 협동광고는 상호보완적 역할을 한다. 소비자광고는 소비자들의 자사상표에 대한 인지도 및 제품속성에 대한 지식을 높이며, 실제 구매상황이 발생했을 때 소비자가 자사상표를 고려상표군 속에 포함시키는 것을 목표로 한다. 반면에 협동광고는 자사상표가 어느 점포에서 취급되며 얼만의 가격에 판매되고 있는지에 대한 정보를 제공하는 보조적인 역할을 한다.

③ 중간상촉진(trade promotion)

중간상촉진은 도매상이나 소매상으로 하여금 어떤 특별한 제품을 구매, 촉진, 전시하게끔 하는 제조업자의 노력을 의미한다. 대부분의 중간상촉진에는 소매상들을 유인하기 위한 여러 형태의 가격할인수단들이 사용된다. 가격할인은 구매시 할인의 형태를 띨 수도 있고 할인기간 중 구입한 금액을 환불해 주는 형태를 띨 수도 있다. 일반적으로 제조기업은 중간상촉진을 제공할 때 소매상에게 일정한 조건을 제시한다. 예를 들어, 소매상들은 최소한도의 양 이상을 구매해야한다든지 자사제품에 대한 점포내 특별전시나 제품촉진의 노력을 기울이거나 소비자들에 대해서 할인액의 일부를 공제해 주는 조건을 부과하는 경우 등이다.

중간상촉진의 유형에는 가격할인 이외에 촉진장려금(promotional allowances), 트레이드 쇼(trade show), 판매컨테스트(trade contest) 등이 있다. 촉진장려금이란 중간상의 촉진활동을 보조해주는 것을 말한다. 가령 판촉물 제작을 보조해 주거나 판매요원을 제공해 주는 것 등이 다. 트레이드 쇼는 일종의 제품전시회로 여기서 유통업자와 구매 상담이 이루어지기도 한다. 트레이드 쇼는 제조업자가 기존 및 예상 고객에게 자사제품을 보여주고 실연하기 위해 한정적으로 사용되는 중간상 촉진수단이다. 트레이드쇼에는 산업내 제조업자들과 주요고객들 대부분이 참가하므로, 트레이드쇼는 신제품소개에 특히 효과적인 촉진수단이다.

판매컨테스트는 일정기간 동안 높은 판매액을 기록한 중간상이나 판매원에게 상품을 지급함으로써 단기매출을 증대시키기 위한 판촉수단인데 우리나라의 경우 대리점이나 개별판매원을 대상으로 한 경품행사를 자주 개최하고 있다.

④ 인적판매(personal selling)

거의 모든 회사가 어떤 형태로든지 인적판매를 이용하고 있다. 제조업체는 자사상품을 중간상에게 판매하기 위한 판매원조직을 갖추어야 하며 소매상 수준에서는 전문점은 물론 셀프서비스형의 소매상들조차도 최소한 판매사원을 고용하여야 한다.

산업재의 유통에 있어서 인적판매의 중요성은 매우 크다. 일반적으로 기술적으로 복잡한 제품은 제품지식을 갖춘 숙련된 판매원을 필요로 한다. 또한 중간상의 지원을 얻기 위해 푸쉬전략을 사용하는 제조업자에게도 인적판매가 매우 중요해진다.

3. 중간상의 촉진활동

지금까지 제조기업의 중간상에 대한 촉진 활동을 살펴보았다. 촉진기능은 제조기업만이 수행하는 것은 아니다. 최근 다양한 소매업태가 등장하여 소매점들간의 경쟁이 치열해짐에 따라 소비자에 대한 중간상의 촉진활동이 점차 중대되고 있는 실정이다. 이하에서는 중간상이 수행하는 촉진활동 중 중요한 것들을 살펴보기로 한다.

① 광고(advertising)

도매상과 소매상 모두가 광고를 수행한다. 도매상의 광고는 두 가지의 기능을 수행한다. 즉 도매상 광고는 도매판매원의 판매활동을 도와주고 소매상에게 신제품에 관한 정보를 제공하는 기능을 한다. 도매상광고의 내용은 어떤 특정제품군에 대한 광고

보다는 일반적으로 도매점포 자체를 대상으로 하는 경우가 많다. 도매상 광고의 주 매체수단은 업계전문잡지, DM과 카탈로그 등이다. 카탈로그는 그 점포에서 취급하는 제품들을 소개하고 각 제품의 특징들을 설명하지만 가격의 유연성을 유지하기 위해 제품의 가격을 제시하지 않는 경우가 많다.

② 인적판매(personal selling)

중간상의 인적판매는 도매상과 소매상으로 나누어 설명될 수 있다. 도매상의 판매원들은 자신들의 고객, 즉 소매상들의 적정재고수준과 상품진열방법에 대한 조언을 하며 광고자료와 카탈로그, 기타 촉진지원책을 제공하여 준다. 또한 소매상들의 불평사항의 처리, 계절상품에 대한 제안과 기술적인 부분들에 대한 조언 등을 수행한다.

한편 소매점의 판매원들은 제품과 점포에 대한 정보를 최종소비자에게 제공하고 이들로부터 주문을 받는다. 소매상의 판매원이 정보를 제공하는 정도는 점포의 성격에 따라서 매우 다양하다. 전문적인 상품지식을 요하는 제품을 주로 취급하는 점포의 경우 소비자는 판매원으로부터 많은 상품지식을 제공받기를 원한다. 반면에 일용품을 주로 취급하는 셀프서비스형태의 소매점은 제조업체가 촉진활동을 통해 이미 충분한 상품지식을 제공하였다고 가정하고 점포 내에서의 정보제공기능을 거의 수행하지 않는다.

③ 점포내 진열

중간상의 판매원들은 샘플을 보여 줌으로써 보다 효과적으로 제품을 판매할 수 있다. 샘플은 실제제품이나 사진 등이 사용될 수 있는데 제품속성에 대한 객관적인 평가가 어렵고 제품의 품질이 중요한 경우에 특히 효과적이다. 점포디스플레이는 점포내에서 취급하고 있는 상품을 효과적으로 전시하여 고객의 구매를 유발하는 것이다. 제조업자와 도매상에 의해 제공되는 판매촉진제공물들은 효과적인 디스플레이에 도움이 된다.

효과적인 디스플레이가 되기 위해서는 소매상의 요구와 제조업자의 요구가 균형적으로 반영되도록 하여야 한다. 즉, 제조업자들은 자사의 제품들을 가장 좋은 진열공간에 배치하려고 노력할 것이며 반면에 소매상들은 수익성을 높일 수 있고 점포의 이미지에 부합되는 제품을 가장 좋은 위치에 배치하려고 할 것이다. 제조업자는 통로가 장자리 진열과 같은 자사제품에 대한 특별진열에 대해 가격할인을 해주는 경우가 있다.

제 8 절 가격과 유통의 통합

할인점 시대의 도래와 함께 소매점포의 가격경쟁력이 소매시장에서의 핵심성공요인으로 대두되고 있다. 따라서 제조기업이 중간상들에게 제시하는 제품가격은 중간상의 판매성과와 최종소비자의 구매량에 큰 영향을 미치게 된 것이다. 여기서는 가격관리와 유통관리의 통합적 운용을 위하여 가격의 경쟁적 측면, 경로구성원의 지원을 위한 가격전략, 가격변화가 경로구성원에 미치는 효과 등을 살펴본다.

1. 가격의 경쟁적 측면

경로구성원들은 대체로 두 가지 형태에 경쟁환경에 처해 있다. 첫 번째 형태는 상표간 경쟁이고, 두 번째 형태는 동종상표를 취급하는 소매점간의 경쟁이다. 상표간의 경쟁은 경쟁상표의 대체성이 얼마나 높으냐에 따라 결정되며 대체성이 높을수록 경쟁은 치열해 진다. 상표간 경쟁이 심한 경우 제조업자는 중간상들에게 경쟁업체에 비해 경쟁력있는 가격을 제공할 수 있어야 한다. 또한 경쟁사들의 가격변화를 늘 주시해야 하며, 자사제품이 가격변화에 대한 경쟁사의 대응책을 예상할 수 있어야 한다.

한편 서로 다른 유통경로를 통해 동일제품이 판매될 경우에는 동일상표에 대한 유통경로구성원간의 가격경쟁력이 달라질 수 있다. 따라서 이들은 도매상에게서 상품을 구매하는 것보다 싼 가격에 공급을 받을 수가 있으므로 동일상표를 둘러싼 중간상들간의 경쟁에서 우의를 점할 수 있다.

2. 가격변화가 경로구성원에게 미치는 효과

경로구성원들은 여러 가지 이유로 가격을 변화시킨다. 원가상승에 의한 가격상승, 경쟁에 의한 가격인하, 재고처분을 위한 세일, 신제품 판촉을 위한 저가격 적용 등이 그 이유 중의 일부다. 우리나라의 경우 제조기업이나 중간상 모두 가격변화의 단기적·장기적 영향을 고려하지 않은 채 가격변화를 시도하는 경우가 많다.

① 장기적 가격변화

인건비, 재료비, 기타 비용의 상승은 결국 제조업자의 가격인상요인이 되고 이는 궁극적으로 소비자의 부담으로 이전된다. 제조기업이 가격을 인상할 때 중간상들은 인상된 제품을 계속 취급할 것인지, 도·소매 가격을 얼마에 책정할 것인지, 그리고 자신들의 마진이 얼마나 될 것인지 등을 재평가해 볼 것이다. 따라서 제조업자가 가격인상을 결정할 때는 수요감소 외에도 도·소매업자들의 지원이 약화될 가능성 등을 고려하여야 한다. 물론, 이와 같은 경우는 중간상이 여러 공급업체와 거래하고 있는 경우이고, 단일 공급원과 거래하는 중간상은 다른 관점을 가질 수 있다. 그러나 장기적으로 본다면 가격인상은 결국 최종소비자의 구매감소를 가져오므로 중간상의 이익에 부정적인 영향을 줄 가능성이 있다.

제조기업이 가격인상을 단행하기에 앞서 현재의 가격에서 중간상의 추가 구매기회를 주기 위해 가격인상을 사전에 공고하는 경우가 종종 있다. 이러한 관행은 단기간 안에 주문이 쇄도하여 이를 효율적으로 처리하지 못하거나 가격인상 후에 오랜 기간 동안 주문이 없기 때문에 재고부담, 생산스케줄 조정의 어려움 등의 결과를 초래할 수 있다.

② 단기적 가격변화

가격결정과 관련하여 경로구성원이 당면하게 되는 가장 어려운 문제는 세일 등 단기적 가격변화의 효율적 사용일 것이다. 전략적으로 잘 고안된 세일이나 가격인하는 단기적 매출증대를 가져올 수 있고, 재고처분 등의 효과가 있지만, 이의 남용은 수요의 집중화, 소비자의 가격에 대한 불신 등을 초래하게 된다. 최근 우리나라의 의류업계에서 볼 수 있는 세일의 남발은 이러한 부작용을 단적으로 보여주고 있다.

빈번한 세일의 대안으로 개발된 전략이 상시저가전략이다. 우리나라에서도 최근들어 적극적으로 도입되고 있는 개념인데 미국의 할인점인 Wal Mart에서 처음 사용된 이 전략의 핵심은 모든 제품의 가격을 경쟁소매점보다 항상 싼 값에 판매한다는 것이다. 그러나 제조기업의 잦은 공급가격변화는 이 전략의 실행에 커다란 장애가 된다. 또한 잦은 지원금제도의 실시와 단기간의 가격인하 등은 상시저가전략을 구사하는 소매업체로 하여금 상시저가를 유지 할 수 있는 비용산정을 매우 어렵게 하고 있다. 그러나 이러한 소매업체들의 규모가 증대되고 시장지배력이 커지게 되면 이들 업체가 제조업체에 대해 일관성 있는 가격정책을 요구하게 될 것이며, 이러한 요구에 부응하지 못하는 제조기업의 제품을 점포에서 철수케 할 가능성도 있다.

잦은 단기적 가격변화는 장기적으로 부정적 결과를 초래할 가능성이 크다. 즉 중간상들은 가격촉진에 습관화가 되어 제조업자의 지원 없이는 움직이지 않으려는 수동적 자세를 보이며, 소비자들도 가격할인 없이는 상품을 구입사지 않으려 할 것이다. 따라서 경로구성원들은 가격과 유통의 통합적인 전략 하에서 가격변화를 구사해야 할 것이다.

사례 5 슈퍼스타 K3, 슈퍼스타 GD, 그리고 빈폴의 슈퍼스타일[1]

지난해 빈폴은 국내 패션 브랜드 최초로 연매출 5000억 원을 달성했다. 숫자가 증명해준 최고의 패션 브랜드 빈폴! 하지만 그 이전부터도 최초, 최고라는 수식어는 빈폴과 잘 어울렸다. 초등학생 뭣모를 때에도 그녀의 자전거는 내 마음 속에 들어와 설렘을 주었으니. 더군다나 기네스 팰트로처럼 지적이고 세련된 런더너가 어울리는 브랜드가 바로 빈폴이었다. 그리고 대학시절 누구나 선망하는 브랜드가 바로 빈폴과 폴로 아니었던가…. 그렇다! 지금 나는 30대 초반이다. 이런 나에게 시련과도 같은 과제가 주어졌던 건 지난해 12월 29일!

20대의 마음을 잡을 빅아이디어? 빅플랜

2010년을 보낼 마음의 준비를 하고 있을 무렵, 빈폴에 새로운 도전과제가 주어졌다. 무엇이 문제일까. TD(트레디셔널)시장이 크고 있고, 빈폴의 마켓셰어도 크고 있었지만 20대의 매출만은 이러한 성과에 따라가지 못했던 것이다. 폴로가 시장에서 잠시 주춤한 사이 라코스테와 타미힐피거 등 경쟁브랜드가 무섭게 20대속에 파고든 것. 2010년 남성 TD시장의 신규고객 수는 20대의 비율이 가장 높았지만 2008년부터 빈폴의 20대 고객 비중은 지속적으로 줄어들고 있었다. 빈폴은 여전히 소비자에게 매력적이었지만, 아쉽게도 20대에겐 아니었다. 이렇게 빈폴의 젊은 이미지 획득에 대한 전사적인 공감대가 형성되었다. 그리고 마침내 빈폴내부에 20대의 마음을 빼앗기 위한 결사조직이 생겼다. 이름하여 빅플랜 TF팀-빅플랜 TF팀의 부름을 받고 제일기획도 빠르게 움직이기 시작했다. AE는 물론 AP, 제작, 크로스오

발라드,록,힙합 등 장르별 스타일링 팁

1) 출처: 김지해 프로, 제일기획 사보 〈Cheil Worldwide〉 2011년 5월호. 본 사례의 전재를 쾌히 승낙해주신 원저자와 판권자께 감사드립니다.

버팀이 빈폴에 대한 20대의 생각을 해부하기 시작했다. 하지만 20대의 반응은 우리의 생각보다 더 냉담했다. 골프 치러 가는 아버지의 가슴에 박혀 있던 자전거 로고, 그 기억은 빈폴을 '우리 아빠가 입는 브랜드', 또는 '회사 다니는 아저씨들이 입는 브랜드' 라고 느끼게 했다. 광고에 대한 기억도 2006년, 기네스 팰트로와 다니엘 헤니에 멈춰 있었다. 빈폴 매장도 20대의 동선에 있지 않았다. 대신 유니클로, 자라, H&M 같은 SPA브랜드가 20대 길목에 자리잡고 있었다. 20대에겐 빈폴의 가격대도 만만찮았다. 냉정하게 바라보고 나니 우리의 사명은 분명했다. 20대에게 빈폴을 제대로 보여 줘야겠다!

패션 브랜드, 결국 보이는 게 전부

우리가 노리는 20대가 어떤 세대인가. 청년실업 등 매운 현실에도 불구하고 즐기는 마음으로 미래를 준비하는 신놀이(辛NORI) 세대가 아닌가. 우리도 이들 처럼 가볍게 고민하기 시작했다. 고민을 덜어 내고 보니 어쩌면 패션이란 어떻게 보이느냐가 전부 아닌가 하는 생각이 들었다. 공항 패션이든 드라마 속 패션이든 딱 봐서 멋지면 그 다음 날 바로 뜨니 말이다. 특히나 20대는 보이는 거에 더욱 예민한 시기라는 생각이 들었다. 빈폴 제품이 과연 그들에게도 통할까? 빈폴 옷, 실제 매장에 가서 보면 괜찮은 게 참 많았다. 피케 티셔츠도 알록달록 컬러에 라인을 살려 시즌별로 리뉴얼되고 있었고, 스캇 스턴버그, 정욱준과 같은 유명 디자이너와의 콜라보레이션 제품들은 정말이지 스타일 돋는 아이템들이었다. 20대들이 왜 몰라줄까 안타까운 마음마저 들 때 해결점이 보이기 시작했다. 패션에서 보여지는 것이 가장 중요하다면 이 멋진 아이템들을 라이브하게 보여주면 된다는 것. 빈폴의 아이템들을 믹스 매치해서 20대의 눈에 가장 멋지게, 패션 자체를 보여 주자는 데 의견이 모였다. 키워드는 바로 스타일링(Styling)!

20대의 마음에 트로이 목마 들여놓기

'20대에게 빈폴의 멋진 스타일링을 보여 주자!' 라는 미션 아래 본격적인 빅플랜이 시작되었다. 멋진 스타일링을 보여 주기 위해서 20대의 눈이 가장 많이 모이는 곳을 찾는 게 중요했다. 광고도 물론 이에 해당되었지만 빈폴룩의 멋짐을 영 타깃의 마음과 뇌리 속에 부지불식간 심어 주기 위해선 좀 더 그들 속 깊이 들어가야했다. '트로이 목마처럼 그들 모르게 그들 안에 깊이들어가자.' 우리는 빅플랜의 출발점을 브랜드가 아니라 20대 안에 두었다. 브랜드에서 20대의 소구 포인트를 찾는 게 아니라 20대가 좋아하는 것을 찾아 브랜드에 붙여주기로 한 것이다. 20대가 좋아하는 것? 20대가 열광하는 것? 열정, 경쟁, 도전! 20대가 손에 잡힐 듯 말 듯 할 때, 광고주 쪽에서 먼저 유레카를 외쳤다. 그건 바로 '슈퍼 스타K' . 유사 프로그램을 무섭게 양산시킨 슈퍼스타K의 시즌3가 준비되고 있었던 것이다. 그리고 나니 어떤 숫자들이 눈에 들어왔다. 132만 6402. 54만6212. 132만 6402는 2010년 슈퍼스타K 시즌2의 지원자 숫자이고, 54만 6212는 그 중 20대 지원자 수였다. 더군다나 작년 슈퍼스타K를 환호하며 지켜본 시청자는 200만 명, 한 회 시청자 중 20대만도 44만 명이나 되었다. 슈퍼스타K가 만들어 낸 이 어마어마한 숫자에 우리 브랜드를 태운다면? 승산이 있어 보였다 슈퍼스타K, 그 도전의 순간에 스타일링이 얼마나 중요한가. 가장 빛나고 싶은 순간에 당신을 가장 멋지게 스타일링 해주는 빈폴! 청춘의 열정과 꿈, 도전의 드라마가 시작될 때, 빈폴이 그들을 가장 멋지게 스타일링 해주는 것이다.

슈퍼스타와 함께 슈퍼스타K3를 슈퍼스타일링하다

슈퍼스타K3와의 협업 프로모션은 결정되었지만, SS시즌 시작까지는 한 달이 채 남지 않았다. 광고주도 우리도 조급증에 걸린 사람들처럼 'ASAP' 을 읊어 대며 빅플랜 실행에 돌입했다. 우리는 빈폴과 슈스케의 협업을 타깃에게 명확하게 인지시키면서도 이걸 빈폴의 이야기, 빈폴의 가치로 만들어 내야만 했다. 슈퍼스타K에 20대가 열광하는 것은 그 안에 아름다운 경쟁과 도전이 있고, 무엇보다 그들의 꿈이 있기 때문이었다. 그러니 빈폴이 슈퍼스타K 지원자들을 스타일링 해주는 건 그들의 룩을 메이크업 해주는 것을 넘어 들의 꿈까지 스타일링 해주는 것! 멋진 스타일링이 그들의 도전에 힘이 되고, 자신감이 될 것이었다. 그렇게 보면 빈폴이 스타일링해주는 건 바로 20대의 꿈이었다. 이렇게 '빈폴, 스무살의 꿈을 스타일링 하다' 라는 테마가 정해졌다.

20대에게 어필하기 위해서는 모델이 매우 중요했다. 스타일리스트, 패션모델, 해외 빅셀러브리티 등 패션에 관련된 많은 사람들이 언급되었지만 딱이다 싶은 사람이 없었다. 그러다 연예계 베스트 패셔니스타 지드래곤(G-Dragon)이 물망에 올랐다. 어린 나이에 가수의 꿈을 키워 지금은 무대 위에서 최고의 카리스마를 보여 주고 있는 GD. 어떤 옷도 자신만의 색깔로 스타일링하는 스타일 종결자, GD는 20대에게 새로운 빈폴을 가장 잘 어필할 수 있는 모델이었다. 촬영장에서 만난 GD는 실제로도 스타일링에 대단한 열의를 갖고 있었다. 자신의 촬영의상을 직접 믹스 매치해서 입을 정도였으니. GD는 모델이자 최고의 스타일리스트였다. 광고는 남자 편, 여자 편으로 제작되었다. '아무도 몰라주던 널, 스타로 만들어줄게' 이 카피는 슈퍼스타를 꿈꾸는 지원자들의 마음을 잡아 끌었다. 그리고 길거리에서 옷이 벗겨지는 다소 파격적인 장면들은 20대 고객들의 시선을 잡아 끌었다. 영타깃의 코드인 '리얼리티'를 최대한 살리기 위해서는 35mm 필름 카메라 1대, 16mm 필름 카메라 2대, Mark2 디지털 카메라 1대, 6mm 캠코더 등 총 5대의 카메라가 동원되었다. 다큐멘터리처럼, 또 소비자가 만든 UCC화면처럼, 라이브한 질감이 살아 있는 감각적인 화면은 이렇게 만들어졌다.

배경음악 앰비션(Ambition) 역시 그 경쾌함과 발랄함이 20대와 잘 맞아 떨어졌는데, 이 노래를 부른 가수 조 맥엘더리(Joe Mcelderry)는 영국의 오디션 프로그램 'The X Factor' 6회 우승자. 슈퍼스타K를 지원하는 빈폴 캠페인과 의미까지 통하는 선곡이었다.

남자 편

여자 편

애들이 안 온다면 우리가 찾아가자

빈폴은 20대와 가까워지기 위해 더 많은 계획들을 준비하고 있었다. 심리적 거리감을 메우는 것 외에 물리적 거리감도 좁혀줘야 했다. SS시즌이 시작되자마자 신사동

가로수길 및 전국 주요 백화점 13곳에 빈폴 팝업스토어가 나타났다. '아이들이 찾아오지 않으면 우리가 가자!' 라는 생각이 팝업스토어를 끌어냈다. 블링블링한 팝업스토어, 그리고 오프닝파티에서 보여 준 GD의 빈폴 스타일링은 온라인 상에서 단박에 이슈가 되었다.

슈퍼스타K3 지원자 전원에게 할인 혜택을 주는 프로모션도 진행되었다. 세일 한 번 않던 빈폴에겐 정말이지 파격적인 제안이었다. 참가자들에게도 가장 현실적인 아이디어 중 하나일 터. 동시에 슈스케 지원자를 대상으로 한 '슈퍼스타일 오디션' 도 기획되었다. 젊은 소비자가 많은 스트리트, 대학 캠퍼스, 슈퍼스타K3 예선전장을 찾아가 빈폴이 스타일링을 해주고 스타일 우승자를 선발하는 내용이었다. 이를 위해 의상 스타일링과 헤어 메이크업 서비스까지 가능한 게릴라스토 어가 특별 제작되었다.

부산 게릴라스토어 현장

게릴라스토어가 출동하는 지역에 GD가 깜짝 방문해 직접 스타일 멘토가 되어주는 이벤트도 기획되었다. 그리고 이는 뉴스화되자마자 네이버 실시간 검색어 1위로 올라섰다.

광고주와 함께 스타일링 한 슈퍼스타일 캠페인

소통 방법 역시 20대에 맞춰 다양하게 믹스 매치한 빈폴이었다. 알다시피 요즘 20대와 통하기 위해선 SNS가 필수. 미투데이, 트위터는 물론, 블로그를 통해서도 20대에게 친근하게 다가갔다. 영 타깃에겐 스마트폰도 빠질 수 없는 이슈! 빈폴은 쿨하고 상큼한 스타일링 화보와 슈퍼스타K3 관련 뉴스를 가장 먼저 만날 수 있는 애플리케이션을 만들었다. 스타일 돋는 GD의 화보뿐 아니라 게릴라스토어 등장 정보, 슈퍼스타K3 예선 및 본선 소식을 가장 빠르게 만날 수 있는 콘텐츠를 넣었다. 슈스케 참가자들에게 필수 어플로 등극시킬 계획이었다.

쇼핑 방법도 20대에 맞게 새롭게 제안하였다. 스타일링 영상을 보면서 화면자체를 클릭하면 바로 그 제품을 살 수 있는 GD's 슈퍼스토어를 오픈! 쇼핑하는 재미를 살렸다.

이렇게 다양하고 빡빡한 액션플랜들, 그 뒤엔 언제나 광고주가 있었다. 3월부터 지금까지 정신없이 바쁘게 하얀 밤을 지새운 광고주들. 이번 캠페인을 통해서 배운 건 역시 좋은 광고주가 좋은 광고를 만든다는 것! 슈퍼스타K3라는 빅 아이디어를 찾아내고 스타일링 한 광고주에게 또 한 번 배운 셈이다.

스타일 돋는 아이템 가득한 슈퍼스타일 어플

빈폴 슈퍼스타일 캠페인은 지금도 스타일링되고 있다. 게릴라 스토어는 전국순회를 다니며 스타일링 오디션을 진행 중이다. 슈퍼스타K3와 함께 하는 슈퍼스타일링 이벤트와 트라이얼 캠페인 역시 5월 말까지 진행된다. 20대들의 마음에 빈폴이 서서히 들어가고 있고, 그 결과 매출은 작년 동기 대비 10%나 성장했다. 스무살의 꿈을 스타일링하기 위한 빈폴의 슈퍼스타일 캠페인, 앞으로도 멋지게 스타일링되어 갈 것이다.

제8장

브랜드전략

제1절 브랜드자산과 그 구성요소
제2절 브랜드 아이덴티티의 확립
제3절 브랜드 요소의 디자인
제4절 브랜드자산의 관리
제5절 브랜드 확장전략

제 1 절 브랜드자산과 그 구성요소

브랜드 자산(brand equity)이란 브랜드와 관련된 자산들과 회사나 고객의 부가적 가치를 상징하는 브랜드 네임과 심벌에 대해 재화와 용역으로 제공되는 자산의 집합을 말한다(Aaker 1996). 브랜드자산을 구성하는 요소는 브랜드 인지도(brand name awareness), 브랜드 연상/이미지(brand associaitions/image), 지각된 품질(perceived quality), 브랜드 로열티(brand loyalty)로 크게 대별된다.

그런데 각각의 브랜드 자산 구성요소들은 상이한 방법으로 다양하게 가치를 창출한다. 가령 브랜드 로열티는 마케팅 비용의 감소, 유통에서의 레버리지 효과, 새로운 고객확보 기회의 부여 등의 우위를 발휘한다. 브랜드 인지도는 친밀감과 호감을 유발하고, 구매고려 대상 브랜드에 포함되게 한다. 지각된 품질은 구매동기와 이유를 제공하고, 차별화의 근간이 되며, 가격프리미엄을 창출한다. 브랜드 연상/이미지는 긍정적 태도와 느낌을 창출하고 정보처리와 검색을 용이하게 하며 브랜드 확장의 기회를 제공한다.

1. 브랜드 인지도

브랜드 인지도란 고객들의 마음속에 존재하는 특정 브랜드에 대한 태도의 강도를 의미한다. 인지도는 소비자들이 기억해낼 수 있는 브랜드들의 회상 범위에 따라 여러 가지 방법으로 측정되는데, 회상범위는 보조 인지(recognition, 전에 이 브랜드를 본 적이 있는가?), 비보조 상기(recall, 특정 제품이 어느 브랜드인가를 회상할 수 있는가?), 최초 상기도(top of mind, 제일 처음 회상해 내는 브랜드), 지배력(dominance, 한가지 특정 브랜드만을 회상시키 능력) 등을 말한다.

2. 브랜드 연상/이미지

브랜드 연상/이미지는 제품 속성, 유명인 모델, 특정한 심벌 등이 포함되어 특정 브랜드와 관련하여 떠오르는 이미지 혹은 연상이다. 브랜드 이미지는 브랜드 아이덴티티, 즉 고객들 마음속에 그 브랜드를 상징하도록 조직이 원하는 바에 의해서 구축된다. 그래서 강력한 브랜드를 구축하는 중요한 기반은 뚜렷한 브랜드 아이덴티티를 개발하고 적용시키는 것이다.

3. 지각된 품질

지각된 품질은 아래와 같은 몇가지 이유에서 브랜드 자산의 가치를 제고할 수 있는 특별한 브랜드연상/이미지라 할 수 있다(Aaker 1996).

① 모든 브랜드 이미지 중 오직 소비자가 인식하는 품질만이 재무적 성과를 직접적으로 나타낼 수 있다.

② 소비자가 인식하는 품질은 종종 그 기업의 주요한 전략적 무기로 사용된다.

③ 소비자가 인식하는 품질은 다른 이미지 요소들과 연계되거나 이를 주도하여 하나의 브랜드가 어떻게 인식되어지는가를 나타낸다.

4. 브랜드 로열티

브랜드 로열티란 소비자가 특정 브랜드에 대하여 호의적 태도를 가지고 계속 구매하려는 경향을 말한다. 높은 브랜드 로열티는 많은 판매와 이익을 발생시키기 때문에 브랜드에 가치를 부여하는 중요한 요인된다. Aaker(1996)는 고객 로열티의 바탕이 없는 브랜드는 경쟁자로부터 공격받기 쉽고, 로열티를 가진 고객을 창출하기 위한 잠재적인 가치만을 갖는다고 지적하였다.

마케팅 비용과 대비하여 보면 브랜드 로열티의 영향이 더욱 극명하게 나타난다. 새로운 고객을 유치하기보다는 기존고객을 유지하는 데 드는 마케팅비용이 훨씬 적다. 현존 하는 고객들의 로열티는 경쟁자들에 대하여 진입장벽으로 느껴진다. 왜냐하면 로열티를 바꾸도록 고객울 설득하는 일은 막대한 비용을 수반하기 때문이다.

전략포커스 8-1 美 중산층 실종시대, P&G의 `모래시계 전략'

2008년 금융위기와 이에 따른 경기침체로 미국의 중산층이 줄어들면서 생활용품 업체 P&G의 성장전략도 달라지고 있다고 월스트리트저널(WSJ)이 12일(현지시간) 보도했다. 중산층이 아닌 저소득층과 고소득층을 각각 겨냥하는 '투트랙' 전략으로 제품 개발 및 마케팅 전략을 바꾸고 있다는 설명이다. WSJ에 따르면 P&G는 2차 세계대전 이후 60여년 동안 미국 전체 가구의 40%에 달하는 중산층 가정에 세제, 치약 등 프리미엄급 생활용품을 공급하며 성장해왔다. 하지만 최악의 경기침체로 연소득 5만~14만달러의 중산층이 타격을 입으면서 사정이 달라졌다. 특히 주가와 부동산 가격이 폭락하면서 중산층의 구매력이 크게 떨어졌다. 미국 중앙은행(Fed)에 따르면 지난 3월 말 현재 미국 가정의 주택 순자산(주택 가격에서 모기지를 뺀 수치)은 2006년의 절반 수준으로 떨어졌다.

중산층의 몰락은 P&G 매출에도 영향을 끼쳤다. P&G의 저가 기저귀 브랜드인 '루브스', 저가 세제 브랜드인 '게인'의 시장점유율이 고가 기저귀 브랜드 '팸퍼스'와 고가 세제 브랜드 '타이드'보다 빠르게 증가했다. 동시에 저가 제품을 내세운 경쟁사들도 P&G의 시장점유율을 잠식해 들어왔다. 선프로덕츠 등 경쟁사 제품에 밀려 P&G의 섬유유연제 시장점유율은 2008년 2분기부터 지난 5월까지 5%포인트 줄어든 60.2%로 내려앉았다.

2009년 앨런 래플리 당시 최고경영자(CEO)는 예상을 하회하는 경영실적을 발표하면서 기존 제품의 가격을 낮추고 저가 제품 개발에 집중하는 '대수술'에 착수하겠다고 밝혔다. 그해 9월 CEO 자리를 넘겨받은 로버트 맥도널드는 고가 제품과 저가 제품에 각각 집중하는 새로운 전략을 추진, 중산층에 집중돼 있던 상품 개발 전략을 뿌리부터 바꿔버렸다. P&G는 2009년 고가 스킨케어 제품인 올레이 프로엑스, 지난해 고가 면도기 제품인 질레트 프로글라이드를 각각 출시했다. 지난해 가격이 기존 세제의 절반에 불과한 '게인' 브랜드도 내놨다.

WSJ는 P&G뿐 아니라 많은 미국 기업들이 저소득층과 고소득층에 집중하는 새로운 성장전략을 취하고 있다고 전했다. 씨티그룹은 이를 허리가 잘록한 모래시계 모양에 빗대 '소비자 모래시계 이론'이라고 이름지었다. 그리고 고가 그룹의 에스티로더, 저가 그룹의 패밀리달러스토어 등을 포함한 25개 기업으로 구성된 주가지수를 만들었다. 이 지수는 2009년 12월부터 지난 9월1일까지 56.5%의 상승률을 기록했다. 같은 기간 다우존스지수는 11% 오르는 데 그쳤다.

출처: 한국경제 2011. 9. 13.

제 2 절 브랜드 아이덴티티의 확립

앞에서 강력한 브랜드를 구축하는 중요한 기반은 뚜렷한 브랜드 아이덴티티를 개발하고 적용시키는 것이라고 언급한 바 있다. 즉 인간이 자기 정체성 즉 자신을 타인과 구별하는 가치관이나 행동양식 등의 특성을 가짐으로써 독자적인 개성을 발휘하는 것과 마찬가지로 브랜드도 타 브랜드와 구별되는 특성인 아이덴티티를 가짐으로써 독특한 브랜드로 부각될 수 있다. 브랜드 아이덴티티는 '기업에 의해 부호화되고 커뮤니케이트되는 브랜드 의미로서, 기업이 해당 브랜드를 어떻게 지각되고 싶어하느냐 하는 목표 내지 이상적인 모습' 으로 정의될 수 있다. 이는 브랜드 이미지와 유사하지만 다소 차이가 있다. 브랜드 이미지는 사용자 또는 소비자 환경에서 추출된 브랜드 의미로서 '고객에게 그 브랜드가 어떻게 지각되고 있는가 하는 브랜드에 대한 마케팅 활동의 결과' 로 정의될 수 있다.

1. 브랜드 아이덴티티의 역할

김재영(2007)은 기업이 의도하는 브랜드 의미로서의 브랜드 아이덴티티는 기업과 소비자에게 다음과 같은 세 가지의 역할들을 수행한다고 설명하였다.

첫째, 기업이 의도하는 브랜드의 이상적인 모습을 명확하게 하는 아이덴티티는 브랜드와 관련된 의사결정을 판단할 때의 근거가 된다. 가령 니베아는 브랜드 아이덴티티에 관한 지침서인 NIVEA Brand Philosophy를 만들어 모든 조직원들이 공유하고 브랜드와 관련된 의사결정 시에 이 규정을 따르게끔 하고 있다. 이 지침서에는 브랜드의 성격과 전략, 14개 하위 브랜드의 역할, 실행지침 등이 명기되어 있다.

둘째, 고객에게 제공하는 혜택 등을 명확하게 하는 브랜드 아이덴티티는 브랜드에 대해 고객이 쉽게 이해할 수 있게 하여 고객의 태도개선이나 구매환기의 효과를 실현하도록 도와준다. 잘 기획된 브랜드 아이덴티티는 브랜드에 대한 바람직한 소비자 지각을 지원한다.

셋째, 시장에서 경쟁 브랜드와의 상대적인 위치 평가를 명확하게 하는 브랜드 아이덴티티는 경쟁우위의 원천이 무엇인지를 시사하게 되어 고객들이 보는 차별화 포인트를 두드러지게 한다.

2. 브랜드 아이덴티티 확립

김재영(2007)은 신규 브랜드의 아이덴티티 확립을 〈그림8-1〉과 같이 두 단계로 설명하였다. 첫 번째 단계로, 브랜드의 활동무대가 되는 포지셔닝을 명확히 하고, 이를 바탕으로 브랜드가 표방하는 가치(value)를 확립한다. 두 번째 단계로, 브랜드가 표방하는 브랜드 가치(brand value)를 잘 표현하고 브랜드 인지도와 연상의 호감도, 강도, 및 독특성을 높일 수 있는 아이덴티티의 표현요소 즉 브랜드 요소를 개발한다. 브랜드 요소는 브랜드 네임, 슬로건, 징글 등 브랜드의 음성적 요소와 로고, 심벌, 캐릭터 등 브랜드의 시각적 요소로 구성된다.

그림 8.1 브랜드 아이덴티티 확립 프로세스

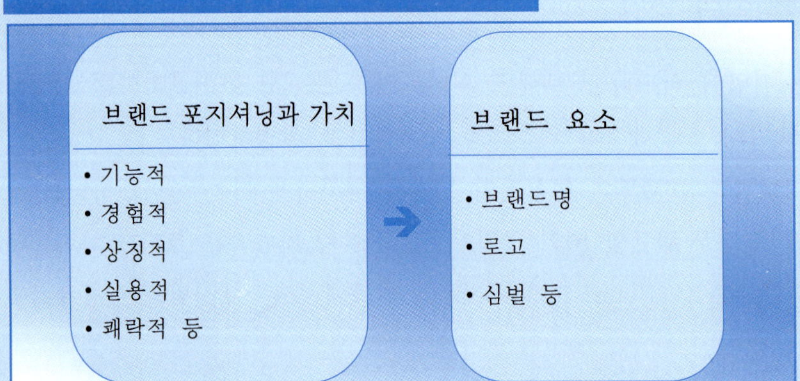

3. 브랜드 아이덴티티 변경

마케팅 커뮤니케이션의 변경에 의해, 포지셔닝의 조정만으로는 브랜드 아이덴티티의 활성화가 곤란한 경우에는 브랜드 아이덴티티의 변경을 검토할 필요가 있다. 구체적으로 다음과 같은 상황의 경우이다. 첫째, 브랜드 아이덴티티의 명확화에 문제가 있는 경우이다. 이 경우에는 도입기에 브랜드 아이덴티티를 근본적으로 변경하는 것이 필요하다.

둘째, 환경변화나 기술혁신 등 브랜드를 시대에 뒤떨어지게 하는 요인이 있는 경우 근본적으로 브랜드 아이덴티티를 변경하는 것이 필요하다. 일본의 기린맥주는 열처리한 라거맥주로 1세기 이상동안 일본 맥주시장의 선도적 마케터였다. 라거란 열처리공정으로 장기 숙성된 맥주란 의미가 있어 '라거=열처리 맥주' 란 이미지가 정착되었다. 그러나 경쟁자인 아사히맥주가 열처리하지 않은 생맥주개념의 드라이맥주를 출시하면서 소비자 기호가 이쪽으로 확산되자 기린맥주도 1990년 '생=신선' 이라고 하는 이미지로 광고 캠페인을 진행하면서, 1996년 라거를 생으로 하여 브랜드 아이덴티티의 근본적인 변경을 단행하였다.

셋째, 시장이 한정되어 있거나 점차 쇠퇴하는 경우 보다 큰 시장을 공략하는 것이 필요하다. Johnson & Johnson의 베이비 로션은 원래 유아용이었다. 그러나 이를 성인시장의 순한 로션으로 아이덴티티를 변경함으로써 보다 큰 시장으로 확장하였다.

제 3 절 브랜드 요소의 디자인

브랜드 요소는 브랜드의 재인(보조 인지)과 상기(비보조 인지)를 용이하게 하는 브랜드 아이덴티티의 중요한 일부분이다. Keller(2003)은 다음과 같은 5가지의 브랜드 요소의 선택기준을 제시하였다.

① 기억용이성

브랜드가 기억에 남고 브랜드의 인지를 도와줄 수 있는가 없는가 하는 기준이다. 시각이나 청각에 소구하고 네임 자체에 의미가 있는 브랜드가 기억 가능성이 높다.

② 의미성

고유의 의미에 의해 브랜드 연상을 도와주는지, 그렇지 않은지의 기준이다. 브랜드 네임이 소비자에게 충분히 암시하여 필요한 연상을 불러일으킴으로써 설득력을 지니는 것이 중요하다.

③ 활용 가능성

브랜드 요소는 여러 상황에서 활용가능해야 한다. 브랜드 확장 상황과 지리, 경제, 문화를 초월하여 활용가능해야 한다.

④ 적용 가능성

시간의 흐름에 걸쳐 브랜드 요소의 적용성이 고려되어야 한다. 브랜드요소가 적용하기 용이하고 유연성이 있을수록 브랜드 요소를 환경변화에 맞춰 새롭게 하는 것이 더 쉽다.

⑤ 법적 보호성

법률상 혹은 경쟁상의 관점에서 브랜드 요소를 어느 정도 방어할 수 있는가 없는가 하는 기준이다.

제 4 절 브랜드자산의 관리

1. 선발우위와 후발우위

① 선발브랜드의 우위성

마케팅경쟁에 있어서 선발제품이 후발제품보다 유리한 입장을 차지하는 경향이 있다. 이것을 선발우위(first mover advantage)라 하고, 특정시장에 최초로 진입한 제품의 경우가 나중에 진입한 제품보다 더 큰 이익 및 시장점유율을 획득할 수 있다는 의미이다. 그러면 선발우위는 왜 발생하는 것인가?

첫째로, 소비자의 마음속에 일종의 '진입장벽'을 형성할 수 있다. 어느 제품시장에 맨 먼저 진입한 브랜드는 당해 제품 카테고리와 강한 결합성을 창출할 수 있다. 가령, 다수의 소비자는 식혜라 하면 '비락식혜', 복사기라 하면 '제록스', 포스트잇(post-it)이라 하면 '3M'을 마음속에 떠올린다. 선발브랜드는 당해 제품카테고리의 대명사로서 인식된다.

둘째로, 경험효과를 얻을 수 있다. 상품의 생산에는 누적생산량이 증가하면 증가할수록 단위당 코스트가 저하된다. 경쟁상대방보다 먼저 시장에 진입함으로써 그만큼 당해 시장과 당해 제품을 잘 알게되어 많은 지식과 경험을 축적함으로써 유리한 원가경쟁을 전개할 수 있다.

셋째로, 알짜배기시장을 획득할 수 있다. 선발브랜드는 혁신소비자(innovator)와 초기채택자(early adopter)에 맨 먼저 침투할 수 있다. 이들은 신제품에 강한 흥미를 가지고 있고, 신제품을 수용하는데 그다지 저항감을 가지고 있지 않다. 가격에 대해서도 그다지 민감하지 않다. 따라서 기업쪽에서 보면 가장 매력있고 달콤한 시장이라고 할 수 있다. 한편, 후발브랜드는 신제품의 채택에 소극적인 느림보채택자(laggard)층을 겨냥하게 된다.

② 후발브랜드의 우위

앞에서 시장에 맨 먼저 진입하는 것이 어떻게 경쟁을 전개하는 것에 유리하게 작용하는지를 논의하였다. 그렇다면 선발진입하지 않은 브랜드는 체념할 수밖에 없는 것인가? 그러나 후발브랜드임에도 불구하고 건투하고 있는 브랜드도 적지 않다.

A. Ries와 J. Trout는 대서양 단독횡단 비행기의 이야기를 활용하여 후발 브랜드가 채용해야할 전략을 설명하고 있다. 미국인의 다수가 처음으로 대서양의 횡단비행에 성공한 인물이 찰즈 린드버그임을 알고 있다. 그런데 두 번째로 성공한 버드 힝글러를 아는 사람은 거의 없다. 더욱 흥미로운 것은 린드버그뿐만 아니라 아메리아 에어하드도 횡단비행에 성공한 인물로서 잘 알려져 있다. 그것은 에어하드가 여성이기 때문이었다.

이 이야기는 첫 번째가 아니면 새로운 카테고리를 창조해야할 수밖에 없음을 가르쳐주고 있다. 그리고 후발 브랜드는 경합브랜드보다 어떻게 우월한가를 주장하는 것이 아니라, 무엇이 새로운가를 주장할 수밖에 없음을 시사하고 있다. 만일 새로운 카테고리를 창조하지 않고도 후발주자인 까닭으로 가질 수 있는 메리트는 몇 개나 될까?

첫째로, 수요의 불확실성을 확인할 수 있다. 시장의 장래가 불투명한 단계에서 의사결정이 강요되는 선발브랜드에 비하여, 후발브랜드는 시장이 성장할 것인가 말 것인가를 확인한 후 투자를 실시할 수가 있다.

둘째로, 광고비 및 판촉비에의 투자를 절약할 수 있다. 어느 신제품이 시장에 출시된 후 오래지않아 종래의 제품과 상이하게 당해 제품이 가져다주는 편익을 알고 있는 소비자는 많지 않다. 또한 그런 제품카테고리의 존재조차 알지 못하는 소비자도 있다. 그래서 선발 브랜드는 소비자에게 당해 제품을 인지시키고 이해시키기 위하여, 광고비 및 촉진비에 막대한 투자를 하지 않을 수 없다. 그러나 후발브랜드는 자사 브랜드명만을 소비자에 침투시키면됨으로, 극히 효율적인 촉진전략을 전개할 수 있다.

셋째로, 연구개발비용을 절감할 수 있다. 후발브랜드로서 모방하는데 드는 비용은 선발브랜드로서 이노베이션을 하는데 드는 비용보다 훨씬 적게 든다.

2. 브랜드자산관리의 기본전략

브랜드관리를 수행하는 데 있어서 우선 최초로 기본방침을 결정하는 것이 필요하다. 이것을 브랜드의 기본전략이라고 부를 수 있을 것이다. 브랜드의 기본전략은 대상으로 하는 시장이 기존 시장인가 신규시장인가, 채용하는 브랜드가 기존 브랜드인가 신규브랜드인가라고 하는 두가지 차원에 의해 〈그림8-2〉와 같이 정리할 수 있다.

브랜드강화는 대상시장도 브랜드도 변경하지 않는 전략이다. 종래의 전략의 강화, 연장전략이므로 가장 리스크가 적은 전략이다. 종래에 시장에의 침투가 불충분하였거나, 경쟁이 격심하였던 경우에 이 전략이 채택된다. 태평양화학의 샴푸인 '헤어팩'은 수년간 지속해 온 성분을 재검토하고 포장 디장인을 개량하고 있다. 이는 최신의 기술이나 센스를 브랜드로 수렴함으로써 브랜드의 진부화를 방지하기 위한 것이다.

┃그림 8. 2┃브랜드자산 관리의 기본전략

	기존브랜드	신규브랜드
기존시장	브랜드 강화	브랜드 변경
신규시장	브랜드 리포지셔닝	브랜드 개발

브랜드 리포지셔닝은 기존의 브랜드를 토대로 새로운 시장을 겨냥한 전략이다. 대상시장을 결정하고 새로운 세분시장에로 변경할 때, 매출액의 증가를 겨냥한 전략이다. Miller맥주는 원래 '맥주의 샴페인(Champagne of Beer)'을 표방하면서 상류층을 표적으로 하는 고급 브랜드로 포지셔닝하였다가 동 세분시장 규모의 한계로 매출액의 증대가 저조하자, 육체노동자들을 표적으로 하여 퇴근 후 하루의 피로를 풀며 맥주를 한잔 마시는 ' 밀러타임(Miller Time)'을 슬로건으로 하여 중저가 브랜드로 리포지셔닝한 결과 매출액이 급격히 증대하였다.

브랜드변경은 동일한 시장을 타깃으로 하여 브랜드를 새로운 것으로 변경하는 전략이다. 가치가 떨어진 브랜드를 폐기하고, 소비자에게 새로운 브랜드로 신선도를 소구하는 효과가 있다. 반면에 과거에 구축하였던 지명도나 충성고객을 놓쳐 다시 제로선에서 출발하는 것이므로 상당한 리스크를 수반하는 전략이다.

브랜드개발은 새로운 브랜드로 새로운 시장을 겨냥한 전략이다. 경험이 없는 시장에 소비자에게 잘 알려져 있지 않은 브랜드로 진입하는 것이므로 가장 리스크가 높은 전략이다. 즉 전형적인 고위험, 고수익형 전략이다. 만약 경쟁기업보다 먼저 시장에 진입할 경우에는 당해 브랜드와 제품카테고리간에 결합성을 만드는 연상전략을 수행하기가 용이하다. 거꾸로 후발진입할 경우에는 선발 브랜드와 여하히 차별화할 것인가 하는 것이 과제이다.

3. 브랜드 채용전략

브랜드를 채용하는 방식으로는 다양한 대안들이 있다. 일반적으로 다섯 가지의 브랜드 채용 패턴이 있다. 그중, 어느 유형을 채택할 것인가에 관한 의사결정이 브랜드의 채용전략이다. 브랜드의 채용전략은 표적시장의 상대적 유사성과 제품라인간의 이미지나 경쟁지위의 상대적 유사성이라는 두가지 차원에 의해 〈그림8-3〉에서 보는 바와 같이 정리될 수 있다.

▌그림 8.3 ▌브랜드의 채용전략

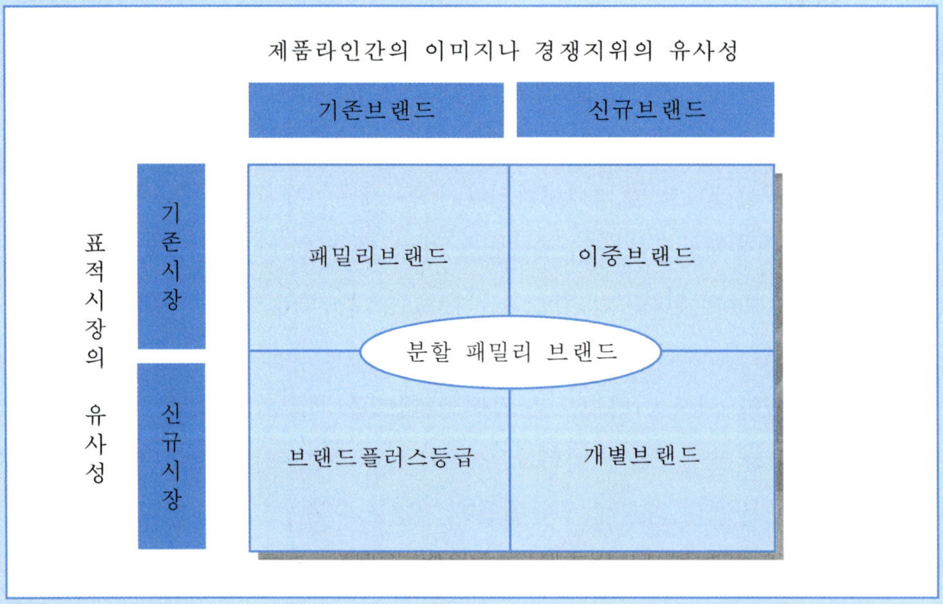

취급하고 있는 제품라인의 표적시장이 동질적이며 제품라인간의 이미지나 경쟁지위도 동질적인 경우 모든 제품라인에 동일한 브랜드를 사용하는 패밀리 브랜드(family brand)전략을 채용하는 것이 좋다. 각각의 제품라인마다 따로따로 광고 및 촉진활동을 하는 것보다 통일된 이미지에 소구하는 것이 유효하기 때문이다. 패밀리 브랜드로서는 기업명이나 기업명의 일부가 이용되는 경우가 많으며, 이 경우 '기업 브랜드'(corporate brand)라고도 한다.

역으로, 표적시장뿐만 아니라 제품 이미지나 경쟁지위도 상이한 경우에는 제품라인별로 다른 브랜드를 사용하는 개별 브랜드(individual brand)전략을 채택하는 것이 좋다. 통일적인 촉진을 전개할 근거가 없으므로, 상이한 브랜드를 채용함으로써 각각의 제품라인의 특징에 소구할 수 있다.

표적시장은 동질적이나 제품라인간의 경쟁지위나 이미지가 이질적인 경우에는 통일적인 브랜드와 개별 브랜드를 결합시킨 '이중브랜드(double brand)전략이 좋다. 표적시장이 동일하므로 공통의 브랜드를 채용하여 인지도를 높일 근거가 있다. 그리고 각각의 제품라인의 특징은 또 다른 브랜드를 추가함으로써 대응한다.

표적시장은 이질적이지만 제품라인이 동질적인 경우에는 통일적인 브랜드에 등급(grade)을 추가하는 브랜드 플러스 등급(brand plus grade)전략이 좋다. 소비자가 제품들에서 느끼는 이미지가 동질적이므로 브랜드에 얼마간의 공통부분이 존재하는 것이 바람직하다. 그러나, 표적시장의 상이함을 명확히 하기 위해서는 등급에 의하여 이에 대응할 수 있다. 7시리즈, 5시리즈, 3시리즈로 알려져 있는 BMW를 마음속에 그려보면 이점이 쉽게 이해될 것이다.

두 가지 차원 모두 다 중간정도인 경우에는 제품라인군을 얼마간의 공통성에 응하여 몇 개로 나누어 각각 상이한 브랜드를 부여하는 분할 패밀리 브랜드(separate family brand)전략이 좋다. 가령 마쯔시타전기는 제품라인군이 크게 세 개로 나눠진다고 보아 National, Panasonic, Technics 라는 세 개의 패밀리 브랜드를 사용하고 있다.

제 5 절 브랜드 확장전략

혼다자동차의 미국 자회사인 Honda America자동차는 자동차, 오토바이, 선박엔진, 제설기, 스키자동차 등의 제품류에 '혼다' 라는 브랜드로 판매하고 있다. 브랜드확장은 기존 제품에서 성공한 브랜드를 다른 제품카테고리에도 사용하는 것이다. 매일우유는 우유에서 요구르트, 치즈로 확장하고 있고, Bic는 볼펜에서 성공한 후 면도기 등으로 확장하고 있다. 새로운 브랜드를 사용한 신제품을 시장에 도입하는 것보다, 과거에 쌓아올린 브랜드력을 이용하여 신제품을 시장에 도입하는 것이 기업에게 더욱 용이하다. 이 때문에 오늘 이 시점에도 많은 신제품이 브랜드확장을 이용하여 시장에 도입되고 있다.

그러나 브랜드확장에 의해 도입한 신제품이 시장에서 실패하는 경우에 브랜드 전체의 이미지가 악화되어 본래의 제품에까지 영향을 준다. 또한 상당히 이질적인 제품들을 하나의 브랜드로 마케팅하는 경우에 브랜드 이미지가 희석되는 문제점이 지적되고 있다. 그 때문에 브랜드확장을 실시하는 경우에는 브랜드의 특징이나 새롭게 확장하고자 하는 신제품의 특징 등을 신중하게 검토하지 않으면 안된다.

1. 브랜드확장의 종류

브랜드확장은 동일 제품군 내에서 기존의 브랜드 네임을 사용하여 새로운 세분시장으로 제품을 도입하는 라인 확장(line extension)과 서로 다른 제품군에 기존의 브랜드 네임을 활용하여 새로운 제품을 도입하는 카테고리 확장(category extension)으로 나뉜다. 라인 확장 내에서도 가격에서 차이가 없는 제품들을 도입하는 수평적 라인 확장과 가격에서 차이가 있는 제품들을 도입하는 수직적 라인확장으로 구별할 수 있다. 수평적 라인 확장의 예로는 페리오치약이 브레쓰 케어, 검 케어, 캐버티 케어, 센서티브, 토털 케어, 토탈 화이트닝 케어 등을 도입한 예가 있다. 수직적 라인 확장의 예로는 Mercedes나 BMW의 대형차, 중형차, 및 소형차 모델을 들 수 있다. 수평적 라인 확장은 특히 빠르게 움직이는 소비재에서 흔히 볼 수 있다. 반면 수직적 라인 확장은 특히 내구재에서 빈번하게 볼 수 있다.

라인 확장 전략의 목적을 3가지로 나눌 수 있다. 첫째, 라인 확장은 공격전략으로 사용될 수 있다. 라인 확장은 기존의 세분시장에서 제품 사용량을 증가시켜준다. 새로운 맛을 도입함으로써, 패키지를 다양하게 함으로써 새로운 고객집단에 어필할 수 있다. 다시다는 쇠고기 다시다, 멸치 다시다, 조개 다시다 등 한때 17개의 하위브랜드가 있었다.

둘째, 라인 확장은 기존 시장의 방어를 위하여 사용될 수 있다. 빠르게 변화하는 소비재의 경우 수평적 라인 확장은 경쟁사의 성공을 무력화할 수 있다. 가령 동아제약이 1982년 국내최초로 구강청정제 가그린을 출시한 이후, LG생활건강이 덴타가글, 한미약품이 케어가글, 일동제약이 센스타임 등을 출시하였다. 이에 대응하여 가그린은 충치예방의 가그린 민트, 입냄새 제거 및 구강살균의 가그린 텐트 등 다양한 라인 확장을 전개하였다.

셋째, 라인 확장은 시장을 다시금 활기를 띠게 하는 재활성화의 수단으로 사용된다. 가령 최근 젊은 층을 타깃으로 한 비타500이 출시되어 박카스의 기존 시장을 상당부분 잠식하였다. 이에 대응하여 박카스는 젊은 층을 대상으로 리포지셔닝한 박카스F와 타우린 함량을 두배 늘린 박카스D를 잇달아 출시하여 브랜드 재활성화를 도모하였다.

Tauber(1988)는 카테고리 확장의 7가지 유형을 제시하였다. 첫째, 동일한 제품을 다른 형태로 확장하는 경우이다. 식품을 음료형태로 바꾸거나 냉동식품을 선반보관용 식품으로 바꾸는 경우를 말한다. Dole의 파인애플 통조림에서 파인애플 소스로 확장한 것이 이에 해당한다.

둘째, 기존 브랜드 제품의 차별적인 스타일, 성분, 구성요소를 도입하여 새로운 범주로 확장하는 경우이다. 가령 아세로라향 껌에서 아세로라향 성분을 이용하여 음료수를 생산하는 것이 이에 해당한다.

셋째, 기존 브랜드 네임을 보완제품에 사용하는 확장이다. 가령 동서식품에서 커피와 프림을, 가전업체에서 TV와 비디오를 동일 브랜드로 마케팅하는 것이 이에 해당한다.

넷째, 동일한 고객군에게 또 다른 제품을 판매하기 위하여 실행하는 브랜드 확장이다. 가령 Gerber보험회사가 Visa여행자수표를 자신의 고객에게 마케팅하고, SK그룹이 OK캐시백 고객군을 대상으로 신용카드로 확장한 것이 이에 해당한다.

다섯째, 기존 제품에 반영된 핵심역량을 이용하여 다각화를 모색할 때 실행하는 브랜드 확장이다. 소비자들은 Honda가 뛰어난 소형 엔진을 생산하는 것으로 알고 있다. 이러한 소비자의 신념을 바탕으로 Honda는 잔디깎는 기계로 사업을 확장하였다.

여섯째, 브랜드의 차별적인 이점, 속성, 및 특징을 이용한 브랜드 확장이다. 소비자는 아이보리를 순한 비누로 지각하며, 순한 샴푸를 원한다. 아이보리 샴푸는 이러한 소비자의 욕구를 충족시켜주기 위하여 확장된 제품이다.

일곱째, 브랜드의 차별적인 이미지 또는 명성을 이용한 브랜드 확장이다. Calvin Klein의 옷과 액세서리, Porsche의 자동차와 선글래스 등이 이에 해당한다.

2. 브랜드확장의 이점과 함정

브랜드확장의 이점은 첫째, 기존에 잘 구축된 브랜드를 활용함으로써 신제품의 수용을 촉진시킨다. 이미 상당한 시장지위를 누리고 있는 브랜드를 그대로 이용함으로써 소비자들이 신제품 브랜드를 즉시 인지할 수 있고 전달된 인상을 저항없이 수용하게 된다.

둘째, 호의적인 모브랜드는 유통망을 확보하는 데 소요되는 비용을 줄인다. 소매상들은 확장제품을 재고로 보유하고 촉진하는데 보다 더 긍정적이다.

셋째, 브랜드 인지도가 이미 존재하기 때문에 모브랜드를 활용함으로써 브랜드 확장의 프로모션 활동 즉 신제품 도입에 소요되는 마케팅비용을 절감하고, 촉진비용의 효율성을 증가시킨다.

넷째, 브랜드 네임, 로고, 심벌, 포장, 캐릭터, 슬로건 등 신규 브랜드의 개발비용이 들지 않는다.

다섯째, 동일하거나 유사한 확장 브랜드의 포장과 라벨은 생산비용을 줄여주고, 광고판 효과를 창출함으로써 소매점에서 더욱 부각된다.

여섯째, 기존의 브랜드 연상의 호의도를 향상시키고, 새로운 브랜드 연상을 추가하거나 혹은 기존의 브랜드 연상과 신규 브랜드 연상을 혼합함으로써 모브랜드의 이미지를 향상시킬 수 있다. 나이키는 운동화로부터 운동복, 운동장비 등으로 브랜드를 확장시켰고, 그 과정에서 '최고의 성능'과 '스포츠'에 대한 나이키의 연상을 더욱 강화시켰다.

일곱째, 다양성을 추구하는 소비자들을 흡수할 수 있고, 새로운 시장의 추세 또는 소비자 수요의 변화에 부응함으로서 경쟁에 대한 효과적인 방어를 할 수 있다.

브랜드 확장의 함정으로는 첫째, 자기잠식, 확장 실패 시 모브랜드 이미지 손상, 모브랜드의 이미지 희석화 등에 의한 모브랜드 자산의 저하를 들 수 있다. 확장전략의 함정 중의 하나는 소비자들이 기존의 모제품보다 확장제품을 더 선호할 수도 있다는 점이다. 또한 여러 번의 확장의 결과 브랜드가 더 이상 어떤 특정의 연상을 환기시킬 수가 없게 되는 함정이 있다.

둘째, 브랜드 확장으로 인해 신제품의 수용성이 높아지는 경우도 있지만 역효과가 나타나는 경우도 있다. 모브랜드 자산으로부터 브랜드 확장이 충분한 연상과 신뢰를 부여받지 못하면 소비자의 인지를 도와주지 못하고 그 결과 시장에서 경쟁으로부터의 공격에 대응할 수가 없다.

셋째, 모브랜드 자산의 기반이 취약하여 확장제품에 충분한 연상과 신뢰를 주지 못할 경우 새로운 브랜드를 개발할 기회를 놓칠 수 있다. 브랜드 확장에서 쉽게 간과되는 위험 중의 하나는 브랜드 확장으로 신규 제품을 도입함으로써 독특한 이미지와 자산을 지닌 신규 브랜드를 개발할 기회를 놓친다는 점이다.

사 례 6 잊을 수 없는 향기, 맥심에서 찾다[1)]

우리에게는 시장의 변화 속에서 타깃 소비자와 맥심 간의 연결고리를 더욱 든든하게 만들어 줄 수 있는 커뮤니케이션이 필요했으며, 30년 동안 한결같이 소비자의 곁에서 숨쉬어온 맥심의 가치를 현 시점에 맞춰 새롭게 선보여야 한다는 과제가 제시되었다.

맥심다움의 핵심 · 바탕

대한민국 커피의 대표 브랜드

"맥심"

Ideal Coffee Moment

High Quality & Deep Aroma

Familiarity, Reliability, Humanity, Sharing

↓

남녀 간의 Drama를 통한 Sharing의 극대화

맥심 엄브렐라 기획서

'맥심다움'을 찾아서

그 시점 우리가 준비했던 맥심 브랜드 캠페인의 초반 방향은 새로운 커피 시대, 커진 맥심의 규모에 맞춰 기존에 집행해 왔던 '사랑'이 중심이 되는 캠페인이 아닌 '커피가 이 세상에서 어떤 역할을 할 수 있는지'의 형태로서 커다란 의미의 커피, 그 존재의 가치를 담아내는 것이었다. 그렇지만 소비자들은 시안 테스트를 겸한 FGI(Focus Group Interview)에서 우리가 제시한 편집 안에 대해 "분명 좋은 광고는 맞지만 맥심이 할 이야기 같지 않아요."라며 맥심의 변화에 대해 큰 아쉬움을 나타냈다. 시안 작업 시에는 분명 좋은 캠페인이 될 것이라고 판단했었으나, 정작 소비자 인식 속의 맥심과는 차이가 있다는 것을 인지한 순간이었다.

---

1) 출처: 민주홍 프로, 제일기획 사보 〈Cheil Worldwide〉 2010년 12월호. 본 사례의 전재를 쾌히 승낙해주신 원저자와 판권자께 감사드립니다.

그들이 연상하는 맥심은 여전히 따뜻하고, 사람 향기가 느껴지고, 사랑이 담겨 있는 브랜드였다. 그것이야말로 시대가 바뀌고 있어도 변치 않는 맥심의 가치였으며, 대한민국의 커피 정서였다. 그렇기에 타깃 소비자들이 인식하는 맥심의 전통적 가치를 강화, 강력한 존재 기반으로 꾸준히 이어가는 전략으로 가야 한다는 결론을 최종적으로 도출하게 되었다.

그렇게 다시 시작된 맥심의 사랑 이야기

맥심의 브랜드 캠페인은 늘 남녀 각각의 빅모델이 중심이었다. 최근 10년, 한석규와 심은하, 한석규와 고소영, 이정재와 이미연, 장동건과 수애 등을 통해 향기롭고 따뜻한 사랑의 메시지를 맥심에 담아 전파했다. 늘 맥심의 15초 캠페인에는 그들이 사랑하는 모습과 이상적인 커피의 순간을 담아내었고 그 구조가 지속적으로 캠페인의 중심에 놓여 있었다. 그 안에 내포된 주옥같은 명 카피는 이렇게 탄생하게 되었고, 그것은 어느새 맥심의 전통이 되었다.

2010년 맥심 브랜드 캠페인은 맥심이 가졌던 컨셉트를 강화함과 동시에 그간 구축해온 '고급 품질(High Quality) · 깊은 향(Deep Aroma) · 친숙함(Familiarity) · 신뢰성(Reliability) · 인간애(Humanity) · 나눔(Sharing)' 이라는 브랜드 에센스(Brand Essence)를 세련되게 만드는 작업이었다. 현 시점에서 소비자들이 캠페인을 접할 때 자연스럽게 커피가 생각나고, 마시고 싶게 만드는, 그래서 브랜드 자산으로 축적되면서 최종적으로 맥심으로 귀결될 수 있는 캠페인이 필요했다. 그렇다면 전통적인 맥심 캠페인에서 어떻게 달라져야 할까? 우리는 문화적 코드를 소비자에 맞게 반영한 맥심만의 사랑이야기를 새롭게 구성하기로 했다.

2000년 - 자꾸자꾸 당신의 향기가 좋아집니다
2001년 - 당신의 향기가 나를 행복하게 합니다
2003년 - 인생엔 커피가 필요한 순간이 있습니다
2004년 - 사랑의 향기는 영원하다
2005년 - 당신의 향기를 사랑합니다
2006년 - 사랑의 향기를 그대에게
2008년 - 마음 한 잔

지난10년간의 맥심캠페인 테마_지난10년간 집행한 주옥같은 맥심 브랜드 캠페인의 기록, 이것이 소비자들을 커피로 설레게 만들었으며, 커피와 맥심을 동일시 하게 만든 명 카피들이다.

명확한 타깃 소비자 및 공통적인 코드 찾기

맥심은 광범위한 음용 층을 보유하고 있었고, 그래서 젊은 층까지 캠페인을 확대하여 장기적으로 새롭게 시장에 진입할 예비 고객들을 끌어들이는 것이 좋겠다는 의견도 있었다. 하지만 FGI를 통해 발견한 것은 위험스럽게도 핵심 소비자층인 30~40대 여성들이 맥심에 대해 갖고 있는 연상이미지가 약화되면서 브랜드 충성도 하락 및 커피 제품 구매 시 가격민감도가 높아지기 시작했다는 사실이었다. 그러한 결과를 바탕으로 맥심이 시장에서 대표성을 잃지 않고 절대적인 위치를 유지할 수 있도록 그녀들의 충성도를 더욱 강화시켜야한다는 목표를 설정하게 되었다. 다만 20년 사이의 타깃 소비자 모두를 고려한 커뮤니케이션을 설정하는 것은 무리일 수밖에 없었다. 효율적인 커뮤니케이션을 집행 고려, 타깃을 철저히 좁히되 30~40대 소비자를 아울러 모두에게 영향을 끼칠 수 있는 집단 및 문화를 찾는 것이 핵심이었다.

그래서 우리는 현재 35~39세(대학가를 기준으로 이 사회의 1990년대 초반 학번을 상징)의 여성들을 커뮤니케이션 타깃으로 설정했다. 그들은 워크맨으로 이문세의 '별이 빛나는 밤에' 를 듣는 중·고교 시절을 경험하였으며, 올림픽 이후 사회가 안정화되기 시작하면서 처음으로 해외 배낭여행 등을 자유롭게 경험한 소비세대였다. 그 시절 뮤직비디오 전문채널인 MTV가 들어왔고, 서태지에 열광하였으며, 김건모의 음반 판매량이 100만 장을 넘기는 등 문화적으로도 크게 부풀어 오르던 시대였다. 게다가 1980년대 학번들의 집단주의적 영향에서 벗어나 조금씩 개개인의 행복에 탐닉하였으며, 자신들만의 문화적 코드를 구체화하고 차별화할 수 있었기 때문에 언론 등에서는 X세대라는 새로운 신조어로 그들을 규정했다. 그런 그들이 대학을 떠나 10년쯤 지난 지금의 주력 30대를 형성하게 되었다는 점. 이러한 타깃 소비자 집단의 문화를 공유한 35~39세의 그녀들이 핵심 소비자층인 30~40대 여성들에게 영향을 미칠 수 있는 중심적 위치에 있다는 점도 고려했다. 우리는 이 같은 커뮤니케이션 타깃들의 문화적 코드를 반영하기 위해 그들에게 익숙한 이문세의 노래 가사를 중심에 배치하고 별다른 내레이션 없이 맥심만의 뮤직비디오 형식으로 캠페인을 제작하기로 했다. 그리고 그 사이에 그 시절에 대한 회상 및 잔잔한 커피 한 잔이 녹아 들어가는 것이 맥심에 대한 최고의 크리에이티브라고 판단했다. 그래서 잊혀지지 않는 젊은 날 사랑의 추억, 어느새 30대 주부가 되어 버린 자신을 주부가 아닌 여자로 인식하기를 희망했다.

새로운 모델, 향기롭게 기억되는 사랑 이야기

이번 맥심 브랜드 캠페인은 또 다른 맥심 제품인 T.O.P처럼 발랄한 이야기를 할 수 있는 사랑이 아닌 30대의 은근한 사랑을 담아야 하는 것이 핵심이었다. 말로는 표현하기 쉬웠지만 모든 스태프 및 광고주까지 다같이 그 느낌을 공유한다는 것은 무척 어려운 일이었다. 그것을 한 번에 해결해 준 것이 영화 '호우시절' 이었다. 1990년대 학번들에게 헌정한다는 허진호 감독의 말에서처럼 그 영화 안에서 우리는 남자 주인공 정우성을 발견한다. 그리고 그 상대 여배우로는 역시 허진호 감독의 영화 '행복' 에서 울먹이며 우리의 마음을 아련하게 만들었던 여자 주인공 임수정을 찾아냈다. '남들도 모르게 서성이다 울었지 지나온 일들이 가슴에 사무쳐' 로 깔리는 이문세의 '옛사랑' 이 배경 음악으로 울려퍼지며 샌프란시스코에서 재회한 그들의 이야기로 1편이 시작된다. 전차와 종소리, 금문교와 같은 오브제들은 그들의 사랑을 더욱더 아련하게 만들어주는 역할로 등장한다. 그 안에서 서로 기억하며, 그리워하면서, 마음을 다해 사랑했기에 결국 그 사람 앞에 서게 된다는 이야기로 그들은 손과 눈빛을 통해서 교감을 표현하였다. 수줍어하면서 커피를 마시던 아련한 사랑은 현실 속에서 아무런 말도 하지 못했다. 2편에서는 '가을이 오면 눈부신 아침 햇살에 비친 그대의 미소가 아름다워요' 로 이문세의 노래가 경쾌하게 흐르면 그 경쾌함만큼이나 눈부시던 가을날 캠핑을 떠난 두 주인공의 모습이 보여진다. 마치 지난 세월 함께하지 못했던 것을 아쉬워하는 것처럼 커피 잔 밖으로 힐끔힐끔 쳐다보면서. 아직 완벽하게 사랑을 표현하지 못했지만 그들은 이미 마음 속으로 알고 있다. 이 사람은 진정으로 시간이 지나도 잊을 수 없는 단 하나의 내 사랑인 것을.

맥심 대표 브랜드 TV광고 _ 1편

맥심 대표 브랜드 TV광고_2편

새로운 전설이 될 2010년의 명 카피

'잊을 수 없는 향기' 는 이번 캠페인의 핵심 테마이자 명 카피다. 두 배우의 연기를 통해 따뜻하고 잔잔한 사랑 이야기를 전개했지만, 최종적으로 카피라는 방점을 통해 맥심이라는 브랜드가 상징하는 커피의 코드가 완성될 수 있었다. 임수정의 내레이션으로 울려퍼지는 카피는 분명 새롭진 않다. 하지만 이문세의 배경음악과 두 주인공의 연기 속에서 오히려 진부하지 않고 세련되게, 마치 커피 향이 온몸을 감싸듯 서서히 보는 이들의 마음을 따뜻하게 데워주는 역할을 한다.

당신께 드리는 선물, 그리고 듣고 싶은 말

TV 안에서는 수많은 광고들이 소비자들의 시선을 잡겠다고 아우성이다. 이번 맥심 브랜드 캠페인은 그 혼잡함 속에서 잠시나마 여운을 제공한다. 우리는 모두가 가슴 한편에 아련하게 남아있는 잊을 수 없는 추억이 있지 않은가. 그것을 꺼내어 커피 잔 속에서 속삭이듯 추억해 보기를 희망한다. 이것이야말로 맥심이 소비자들에게 주고자 하는 큰 선물이다. 정우성과 임수정의 사랑 이야기는 맥심이 전달하려는 따뜻함이 식지 않는 한 설렘을 담아 계속될 예정이다. 많은 소비자들의 마음속에서 맥심만의 따스한 커피 향기가 퍼지고 있음을 확신하며, 이번 맥심 브랜드 캠페인을 접한 어떤 소비자께서 블로그에 포스팅해 주신 내용으로 마무리하고자 한다.

> 화려한 비주얼과 시끌벅적한 광고들 사이에서
> 나도 모르는 순간, 마음을 은은하게 파고드는 그런 햇빛같은 광고
> 미처 느끼지 못한 순간 '아, 따뜻하다' 라고 느끼게 되는….
>
> 짧은 카피 한 줄로 마음을 설레게 하고
> 바라보고 있으면 화면 너머로 가을 향기가 은은하게 퍼지는 것과 같은
> 다른 광고가 나오고 있음에도 불구하고
> 이미 마음은 그 광고의 음악과 풍경과 시선과 카피에 마음을 빼앗기고~
>
> 일상 속 잔잔한 행복을 담은 광고여서 너무 예쁘다
> 화면 속에 갇힌 설렘이 아닌
> 보는 이들까지도 두근두근 설레게 했던….
>
> 네이버 블로그(http://muldlda.blog.me/80115817383) 속 맥심 광고에 대한 이야기

분명 이보다 더 듣고 싶은 찬사는 없으리라.

제품전략

제 1 절 제품의 개념

1. 제품이란 무엇인가?

마케팅에서 제품을 어떻게 해석하는 것이 좋을까? 가장 많은 지지를 받는 것이 소비자의 문제를 해결하는 '편익의 묶음(bundle of benefit)'으로서 제품으로 해석하는 입장이다. 가령, 여성소비자가 루즈를 구입하는 것은 단순히 루즈만을 필요로 하는 것이 아니라, 아름다워지고 싶다고 하는 문제의 해결을 위하여 구입하는 것이다. 일찍이 화장품회사 Revlon의 창설자인 Charles Revson은 "우리들은 공장에서는 화장품을 제조하고, 매장에서는 꿈을 판매한다" 고 술회하였다. 또 다른 화장품회사 시세이도의 사장도 "우리들은 아름다움이라는 가치를 팔지 않으면 안된다" 라고 술회한 바 있다. 그들은 제품을 단순한 물건으로서가 아니라 소비자의 문제를 해결하는 편익의 묶음으로 해석하는 사람들이다.

제품을 편익의 묶음으로 이해하는 것은 제품의 중핵부분을 명쾌히 설명하고 있다. 그러나 소비자의 구매를 유발하기 위해서는 실태로서의 제품을 이해하는 것이 반드시 필요하다. 이 실태부분은 소비자가 매장에서 보는 부분으로, 품질, 브랜드, 스타일, 포장 등이다. 이 부분과 동반함에 의해 처음으로 제품의 모습이 보인다. 그러나 이것만으로는 충분하지 않다. 제품에는 보증, 배달, 신용공여 등의 부수기능이 동반하는 것도 많다.

이와같이 제품은 편익의 묶음으로서의 중핵부분(핵심 제품)을 중심으로 하여, 품질이나 브랜드 등의 실태부분(실제 제품), 보증이나 설치 등의 부수부분(확장제품)이 주변을 둘러싸고 있다. Kotler와 Armstrong(2000)은 이것들을 통합하여 검토하여야 함을 지적하였다.

2. 확장된 제품개념

편익의 묶음으로서의 제품은 마케팅에 있어서 제품의 본질을 적확히 표현하고 있다. 이러한 입장에 입각할 때, 유형의 제품뿐만 아니라 무형의 서비스도 제품으로서 논할 수 있다.

실제로 마케팅은 유형재에 한정하는 것이 아니고 서비스를 포함하여 '제품'으로 논하는 경우가 많다. 여기서도 제품 안에 서비스를 포함하는 입장을 기본적으로 취한다.

제품개념을 편익이라는 차원으로 확대하면 개인, 조직, 아이디어 등도 제품으로서 이해하는 것이 가능하다. 정치가가 효과적인 선거운동을 하거나, 학교나 병원 등의 비영리조직을 효율적으로 운영하는 일, 금연이나 환경보호를 적절한 캠페인으로 설득하는 일 등도 이러한 마케팅의 관점에서 논할 수 있다.

3. 제품대응의 수준

제품대응에 관한 의사결정은 개별 브랜드, 개별 제품라인, 제품라인전체의 최소한 세 가지 수준에서 실시된다.

1) 개별 브랜드

개별 브랜드 수준의 대응은 개개의 브랜드내의 공급내용의 수정에 관한 의사결정이다. 이는 브랜드관리자 혹은 이와 유사한 관리자에 의해, 제품 아이템(product item)이라고 하는 단위로 관리된다. 하나의 브랜드의 경우에도 디자인, 스타일, 사이즈, 가격, 소재 등에 관하여 여러 가지의 변형이 가능하다. 이러한 하나 하나가 제품 아이템을 형성한다.

2) 개별 제품라인

제품라인 수준에서의 대응은 기존 제품카테고리 내에서 새로운 제품라인을 추가하거나 삭제하는 의사결정이다. 이것은 제품그룹 관리자 혹은 이와 유사한 관리자에 의해 수행된다. 일용잡화 제조기업에 있어서 제품라인(product line)으로는 샴푸, 치약, 세제 등 각 제품라인이 있다. 제품라인은 기능, 고객, 유통경로 등에서 보면 서로 밀접한 관계가 있는 제품의 집합체로 바꿔 표현할 수 있다. 다만, 이 개념은 상대적인 개념이므로 어떤 기업에서는 단순히 제품라인 한 개 한개를 의미하지만, 다른 기업에서는 전 취급품목을 말하기도 한다.

3) 제품라인전체(제품믹스)

제품라인전체로서의 대응은 새로운 제품라인의 추가, 기존 라인의 삭제, 각 제품라인에의 비중 등에 관한 의사결정이다. 이것은 기업전체의 성장성이나 수익성을 좌우하는 것이므로 최고 경영층에 의해 이루어진다.

이상 세 가지 수준에서 제품대응을 살펴보았는데 기업이 제공하는 제품전체로서의 집합체는 제품믹스(product mix)라고 하는 개념으로 정리된다. 이 제품믹스는 폭(넓이), 길이, 깊이, 및 정합성의 차원에서 검토된다. 제품믹스의 폭은 기업이 제공하고 있는 제품라인의 수이고, 길이는 각 제품라인의 브랜드 수를 나타낸다. 깊이는 하나의 브랜드에 얼마만큼의 아이템이 준비되어있는가를 의미한다. 가령 어린이 Tylenol에는 맛에 따라 딸기맛, 체리맛, 포도맛 등의 구색이 있고, 증세에 따라 기침용, 콧물용, 해열용, 두통용 등 다양한 종류가 있다. 즉 하나의 브랜드하에 존재하는 다양한 제품 아이템의 수를 제품 깊이라 한다. 정합성은 용도, 생산, 유통경로 등에서 볼 때, 취급하고 있는 제품라인에서 인지되는 관련성의 밀접한 정도이다. 정합성이 낮으면 낮을수록 다각화된 복합기업의 성격이 강하다.

제 2 절 신제품개발

1. 신제품의 개념

신제품개발에 관하여 논하기 전에 신제품의 개념에 대해 검토할 필요가 있다. 신제품이란 새로운 제품인데 여기서 '새롭다' 는 의미가 누구에게 새롭다는 것인가를 생각해 볼 필요가 있는 데, 당해 신제품의 판매자인 기업에게 새로운 신제품과 구매자인 시장에 새로운 신제품으로 크게 나눠볼 수 있다. 이 두 가지의 관점을 가미한 것으로 기술혁신에 수반한 제품뿐만 아니라, 기존 제품의 개량품이나 추가된 새로운 브랜드도 포함하여 신제품이라 할 수 있다.

컨설팅회사인 Booz Allen & Hamilton사는 위에서 논의한 두 가지의 관점을 사용하여 〈그림 9-1〉과 같이 신제품을 분류하였다. 기업의 입장에서도 새롭운 정도가 높고, 시장에서도 새로운 정도가 높은 신제품을 '세상에 새로운 신제품,' 이라 칭하고, Booz Allen & Hamilton사의 실증분석 결과 이 분류에 해당하는 신제품이 전체 신제품의 10%에 해당하였다. 시장에서는 이미 확립되었으나 기업의 입장에서는 신규로 진입하여 새로운 신제품을 '신제품라인' 이라 칭하며 전체의 20%를 점유하였다. 시장과 기업에 모두 새로운 것일수록 기업에 대한 리스크가 높다. 그러나, Booz Allen & Hamilton사에 의하면 높은 성공을 거둔 신제품의 60%는 '시장에서 새로운 제품' 과 '신제품라인' 에 해당된다. 높은 수익을 달성하기 위해서는 높은 리스크를 부담하지 않을 수 없다.

❙그림 9.1❙ Booz Allen & Hamilton사의 신제품 분류

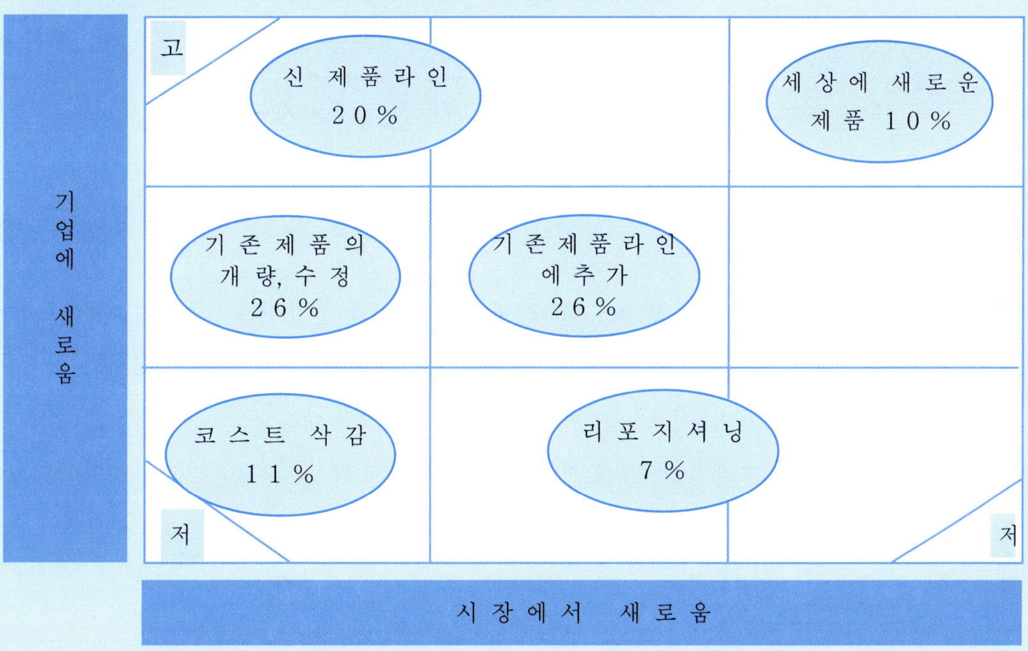

2. 신제품의 중요성과 낮은 성공률

신제품의 개발은 기업의 성장과 발전에 있어서 불가결하다. 기술이 급속하게 발전하고 국제경쟁이 치열해지고 있으며, 규제완화가 진행되고 있고, 소비자의 취향과 기호가 계속 변화하고 있다. 이러한 모든 환경변화가 특정 제품만으로는 기업이 성장하고 발전하기 불가능하게 만들고 있다. 그러나 한편으로는 이러한 환경변화는 신제품을 개발할 기회를 가져다주고 있다. 최근 Fortune지의 추정에 의하면 미국 기업 전체의 이익의 절반은 10년 전에 존재하지 않았던 제품에 의해 창출되고 있다. Post-It 등을 마케팅하는 3M에 의하면 최근 4년 이내에 도입한 신제품에 의하여 총매출액의 30%를 달성하는 것을 목표로 하고 있다.

신제품이 기업에 있어서 지극히 중요한 것임에도 불구하고, 신제품의 성공률은 결코 높지 않다. 한 실증연구에 의하면 소비재의 경우에 신제품의 성공률은 58%이고, 산업재는 약간 높은 62%로 나타났다. 그러나 이 수치는 꽤 높기는 하지만 다른 연구에서는 80%이상이 실패한다는 보고도 있다. 일본의 경우에 소비재 제조기업의 경우에 매출액 및 이익면에서의 목표달성률에서 본 성공률은 40%, 특히 식품산업의 경우에는 30%에 그친다는 보고가 있다.

3. 신제품개발 과정

신제품개발의 리스크를 조금이라도 낮추기 위하여 효율적인 신제품개발의 프로세스가 제안되어 있다. 프로세스의 단계수나 각 단계의 내용은 업종 및 각 제품별로 상이하다. 〈그림9-2〉에는 대표적인 신제품개발의 프로세스가 예시되어 있다. 즉 하나의 신제품이 개발될 때까지의 단계를 표시하고 있는데 종축에는 신제품의 후보 아이디어수가 압축되는 상태가 나타나있다. Booz Allen & Hamilton사에 의한 1968년의 조사결과와 1981년의 조사결과가 비교되어있다.

❙그림 9.2❙ 신제품개발 과정

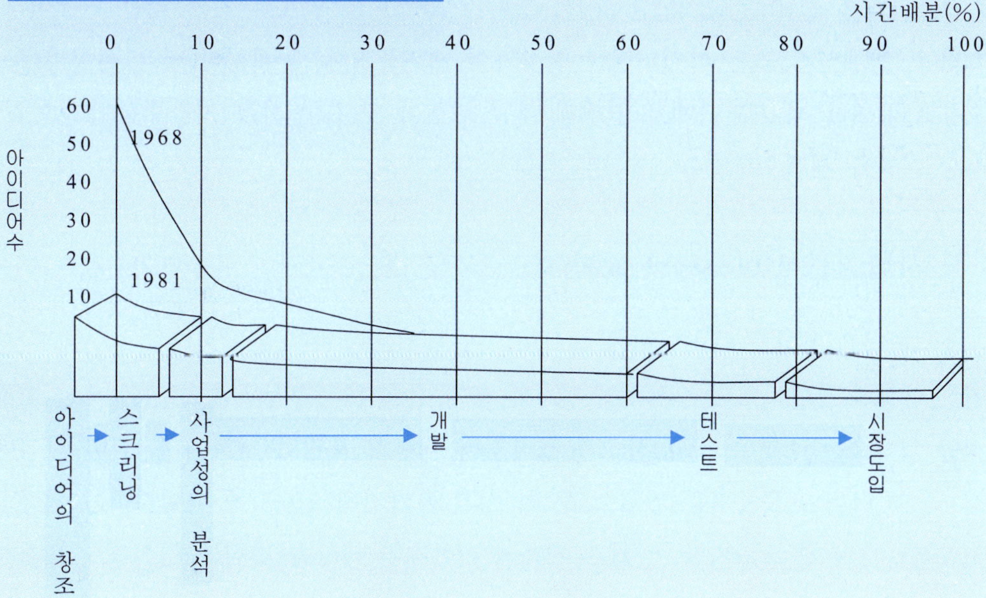

1) 아이디어의 창조(idea generation)

신제품의 개발은 아이디어의 창조에서 시작된다. 이 단계에서는 신제품을 위한 아이디어가 수집, 창조된다. 아이디어의 원천은 극히 다양한데 크게 사내의 원천과 사외의 원천으로 나눠볼 수 있다. 사내의 원천으로서는 최고경영자, 연구개발부원을 필두로 하여 판매부원, 제조부원 등이 있다. 또한 사내로 감지되는 고객의 요망이나 고충도 중요한 아이디어의 원천이다. 한편, 사외의 원천으로서는 소비자, 거래기업, 업계뉴스레터, 경쟁기업의 제품, 발명가 등이 있다.

2) 스크리닝(screening)

조직의 목적과 표적시장에 비추어 보아 아이디어를 취사선택하는 단계이다. 신제품의 시제품(prototype)을 실제로 개발하기 위해서는 매우 많은 금액의 코스트가 필요하다. 이 단계와 다음 단계는 자사에게 부적절한 아이디어를 제거하여 코스트를 절약하기 위하여 존재한다.

스크리닝은 신제품개발의 단계에서 그다지 코스트를 필요로 하지 않는 단계이다. 그러나, 잠재성이 높은 아이디어를 잘못하여 제거하거나, 잠재성이 낮은 아이디어를 오류로 채택할 때 개발단계로 진행해 나갈 위험이 있다. 전자를 기각오류(DROP error), 후자를 채택오류(GO error)라 한다.

3) 사업성분석(business analysis)

스크리닝을 통과한 아이디어에 대하여 사업성을 분석하는 단계이다. 이 단계는 본질상 탁상의 작업이므로 정성적인 평가와 함께 정량적인 분석이 수행된다. 우선 정성적인 평가로는 주로 고객의 선호가 조사되어 제품의 특징이 명확해진다. 이 시점에 신제품의 아이디어는 제품 컨셉으로서의 성격을 가지게 된다. 즉 아이디어는 제품의 일반적인 기술에 그치지만, 컨셉은 제품의 기본적인 사양을 밝히는 것이므로 표적시장의 욕구에 비추어 편익이 시사된다. 따라서 제품의 포지셔닝을 묘사하는 일이나 투자수익률을 예측하는 등 정량적인 분석도 가능하게 된다.

4) 개발(development)

평가, 분석단계를 통과한 제품컨셉을 토대로 제품 시제품(prototype)을 실제로 작성하는 단계이다. 이 단계에서 가장 어려운 것은 소비자의 선호나 취향을 여하히 구체적인 제품속성으로 번역할 것인가 하는 것이다. 또한 개성이나 시간감각이 다른 기술자와 마케팅담당자들이 직접 부딪히며 교섭하는 단계이므로 담당자간의 조정과 협력이 절실히 필요한 단계이다.

5) 테스트 마케팅(test marketing)

후보가 되는 제품이 완성되면 실험실과 실제의 시장에서 소비자의 수용성을 시험적으로 측정하는 단계이다. 만약, 전국적으로 판매하는 데 실패하면 금전적인 리스크는 물론 유통업자와의 거래관계를 악화시키고, 이미지를 손상시킬 위험성이 있다. 그곳에서 테스트 마케팅에 의해 다양한 위험성을 회피할 수 있다. 물론, 리스크를 절감할 뿐만 아니라 가격전략과 촉진전략의 개선을 목표로 한 전향적인 테스트 마케팅도 있다.

6) 시장도입(commercialization)

테스트의 결과를 토대로 조정을 한 후 성공이 기대되는 제품을 시장에 도입하는 단계이다. 신제품을 시장도입하는 타이밍은 시장에 성공의 기회가 존재하고, 경쟁적 여건이 좋은 상황이 아니면 안된다. 타이밍적으로 부적절하면 도입의 연기를 검토하지 않으면 안된다. 시장이 아직 미형성된 이유로 실패하고 만 제품이 많다.

전략포커스 9-1 **아모레퍼시픽, "SAP PLM 구축"**

SAP 코리아는 아모레퍼시픽이 'SAP PLM'을 도입해 제품 개발 프로세스를 혁신했다고 밝혔다. 제품수명주기관리 솔루션 SAP PLM은 제품기획, 디자인, 설계, 생산, 품질, 서비스를 포함하는 프로세스를 지원하고 관련부서간의 협업을 위해 필요한 모든 제품관련 정보를 단일 소스로 관리해 준다.

아모레퍼시픽은 ●연구개발, 구매, 생산, 마케팅, 디자인, 설계 등의 통합 정보관리, ●시간 및 공간의 제약을 뛰어넘는 민첩경영 구현, ●상품개발의 표준화/매뉴얼화를 위해 SAP PLM을 구축했다. 이를 통해 아모레퍼시픽은 제품 품질을 향상시키고 시장에 보다 빠르게 진입하는 한편, 비용은 절감하는 효과를 거두게 되었다.

아모레퍼시픽 마케팅부문 양창수 부사장은 "SAP PLM을 통해 모든 부서의 정보와 프로세스가 통합되고 공유됨에 따라 친환경·고기능성 화장품을 포함한 신제품 개발에 보다 적극 대응할 수 있게 되었다"며, "올해는 SAP PLM을 관계사까지 확대하고 향후에는 글로벌 PLM을 진행할 계획"이라고 밝혔다.

SAP 코리아 형원준 사장은 "SAP는 PLM을 새로운 성장동력으로 삼고 전체 연구개발비의 14%를 투자하고 있다. 특히 제조산업의 중심이 아시아며, 그 중에서도 한국을 PLM의 선도 시장으로 인식하고 있다"며, "기존 SAP 솔루션 사용 고객을 기반으로 다양한 산업군에서 고객을 확대해 나갈 전략이다. 이를 위해 파트너와의 협력

관계를 강화하는 한편, 각 산업 상황에 맞는 PLM을 소개하고 PLM 로드쇼 등의 행사도 개최할 예정" 이라고 설명했다.

SAP는 PLM 프로세스에 필요한 모든 기능을 하나의 솔루션으로 구현한 베스트오브스위트(Best of Suite) 전략의 통합 PLM 솔루션을 제공한다. 특히 통합 제품정보관리, 디지털 제조, 연구개발 프로세스에 대한 개선, 엔드 투 엔드 프로세스 지원, 제품 라이프사이클에 대한 빠른 의사결정지원, 환경규제 대응을 위한 솔루션을 제공하고 있다. 전 세계 소비재, 자동차, 하이테크, 산업기계/부품, 항공, 제약/화학 등 다양한 산업군에서 6500여 고객이 SAP PLM을 사용 중이다.

출처: 매일경제 2011. 3. 28.

제 3 절 제품라이프사이클

1. 제품라이프사이클 개념의 틀

마케팅분야에서 제품의 다양한 특성을 설명하는 개념으로서 제품라이프사이클(product life cycle)이 흔히 사용된다. 이 개념틀은 제품이 인간과 마찬가지로 태어나서, 성장하여 종국에는 사멸하는 운명에 처해 있다는 사고방식을 출발점으로 하고 있다. 즉 제품의 일생은 인간의 일생과 마찬가지로 몇 개의 단계로 나눌 수 있다.

제품라이프사이클의 개념은 제품의 집합수준에 따라 몇 개의 수준별로 파악할 수 있다. 즉 개별기업에게 가장 관계가 깊은 것이 브랜드수준이다. 이 수준에서는 자사가 판매하고 있는 브랜드에 착안하여 이 브랜드가 시장에 도입된 후 쇠퇴할 때까지의 사이클을 검토한다. 한편 당해 브랜드가 포함된 제품류(product class) 수준 및 산업수준에서의 라이프사이클을 검토하는 것도 가능하다.

2. 제품라이프사이클의 단계

라이프사이클의 단계나 모양에 관하여 다양한 논의가 있어왔으나 〈그림9-3〉에서 보는 바와 같이 단계수에 대하여는 4단계(혹은 신제품개발단계를 포함할 경우 5단계), 모양에 대하여는 S형곡선이 일반적이다.

① 도입기(introductory stage)

기업이 신제품을 시장에 출시하는 단계이다. 이 단계에서의 마케팅전략의 목적은 시장을 창조하고 자사 브랜드를 확립하는 데 있다. 다수의 소비자는 그 신제품의 편익이나 사용방법은 물론, 존재사실도 잘 인식하지 못한다. 매스광고에 의한 브랜드의 지명도를 제고하고, 중간상 촉진(trade promotion)에 의하여 중간상에 대하여 자사 브랜드를 취급하도록 촉구하지 않으면 안된다.

시장규모는 아직 작고 경합하는 브랜드도 적으므로 경쟁은 그다지 격렬하지 않다. 매출액이 낮으므로 연구개발비나 촉진비등의 초기투자비용을 충분히 충당할 수 없어 대다수의 경우 적자이다.

그림 9. 3 | 제품라이프사이클의 단계

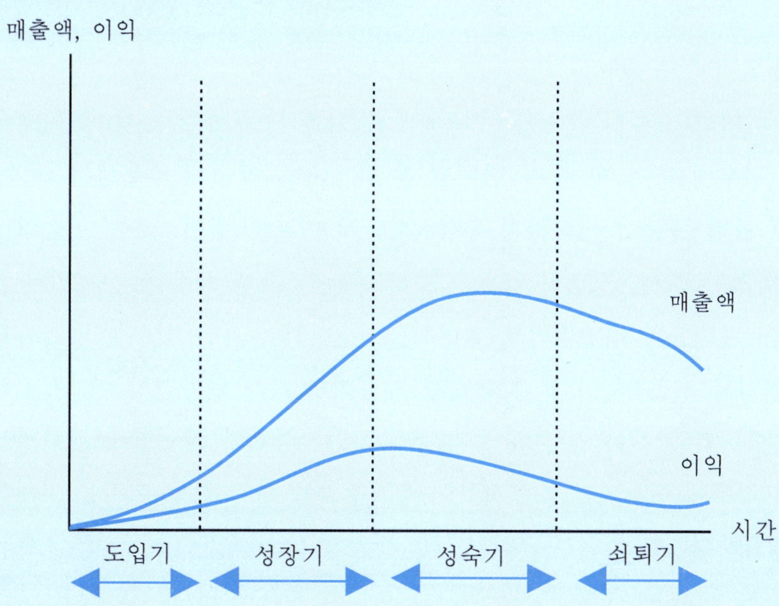

② 성장기(growth stage)

매출액이 급속히 신장되는 단계이다. 동시에 전체적인 시장규모도 급성장한다. 이에 따라 다른 기업도 마케팅기회를 인식하고 유사제품을 출시하므로 브랜드충성도를 확립하는 것이 주요한 마케팅목적이 된다. 당연히 경합브랜드간에 격렬한 경쟁이 전개되어 이 단계의 후반에서는 매출액이 신장함에도 불구하고 이익은 일찌감치 정상에 도달하는 경우가 많다.

③ 성숙기(growth stage)

매출액의 신장이 둔화되어 포화점을 맞이하는 단계이다. 신구구매수요보다 교체구매수요나 추가구매수요가 주류이다. 따라서, 자사 브랜드의 매출액을 증대하기 위해서는 타사 브랜드의 시장점유율을 획득해오지 않으면 안된다. 경쟁은 한층 격렬해지고, 시장에서 퇴출되는 기업이 나타나기 시작한다.

또한 기술적인 측면에서 볼 때는 브랜드간의 차이가 없으므로 패키지 등의 부차적인 부분에서 차별화가 진전된다. 마케팅전략 측면에서는 시장에서의 독자적인 포지션이 중시된다. 광고측면에서는 제품의 특징을 설명하는 설득적인 광고보다는 이미지광고가 보다 중시된다.

④ 쇠퇴기(decline stage)

매출액 및 이익이 급속히 감소하는 단계이다. 가령 LP레코드가 CD에 의해 대체된 것처럼 많은 경우에 가격 및 품질 면에서 볼 때 소비자욕구에 부합하는 대체제품이 등장함으로써 당해 제품이 쇠퇴하게 된다. 쇠퇴에 이르는 원인으로는 기술의 발전에 추가하여 사회적인 추세, 정부의 규제, 해외로부터의 경쟁 등을 들 수 있다.

이 단계에는 브랜드의 전면적인 모델변경을 할 것인가 혹은 철수할 것인가를 검토해야 한다. 전자를 추진하는 경우에 단순한 개량이 아니라 얼마간의 이노베이션을 수행한 개량이 아니면 안된다. 새로운 마케팅믹스에는 종래와 상이한 포지서닝이 필요하다. 후자의 경우에 수확전략을 실시하여 추가투자를 하지 않고 이익을 최대한 추출하는 것이 필요하다.

여기서 주의할 점은 현재의 브랜드의 매출액 감소가 반드시 쇠퇴기를 의미하는 것이 아니라는 점이다. 요컨대 매출액의 감소는 단순히 제품의 수명에만 그 원인이 있는 것이 아니라, 부적절한 마케팅에 의해 생길 가능성이 있다. 만약 매출액이 감소하는 경향이 있으면 마케팅관리자는 원인을 분석하여 성숙기를 지속하여 연명할 수 있는 방법을 검토하거나, 경우에 따라서 라이프사이클 단계를 성장기에로 되돌리는 노력을 해야 한다.

3. 제품라이프사이클의 문제점

가장 널리 알려져 있는 이론의 하나임에도 불구하고 제품라이프사이클은 마케팅연구자들로부터 전면적인 지지를 받고있지 않다. S.D. Hunt는 라이프사이클의 각 단계를 결정하는 주요 요인이 매출액임에도 불구하고, 라이프사이클의 각 단계는 매출액 수준을 설명하는 데 사용된다는 점을 지적하고 라이프사이클 개념이 동의반복이 아닌가하는 의문을 제기하였다.

이와 같은 의문은 마케팅이 라이프사이클의 종속변수인가 독립변수인가 하는 논의로까지 발전하였다. 즉 라이프사이클의 단계에 대응하여 적절한 마케팅을 수행할 수 밖에 없는가, 아니면 마케팅에 의해 제품의 라이프사이클을 컨트롤할 수 있는가 하는 논의이다. 또한 라이프사이클 개념을 비판적으로 보면 제품라이프사이클은 마케팅활동에 의해 결정되는 종속변수이고, 자사의 마케팅계획을 그것에 부합시켜야 하는 독립변수가 아니라는 주장을 하는 마케팅학자도 있다.

제품라이프사이클에는 또 다른 시각에서의 문제점이 존재한다. 즉 자사 브랜드군이 라이프사이클상의 어느 단계에 위치하고 있는가를 명확히 판단할 수 없다는 문제점이 있다. 생물계에서는 라이프사이클의 각 단계의 기간을 어느 정도 정확히 결정할 수 있고, 각 단계의 순서가 일정불변하고 연속적이다. 그러나 마케팅에서의 라이프사이클은 이러한 조건들이 적합하지 않다. 만약 잘못된 라이프사이클을 인식을 하게 되면 이익기회가 있는 브랜드를 퇴출시키는 위험성이 상존한다.

4. 계획적 진부화(planned obsolescence)

계획적 진부화(planned obsolescence)란 제품의 수명을 계획적으로 단축시킴으로써 소비자의 수요를 자극하는 마케팅기법이다. 패션업계의 경우의 매년의 뉴 패션, 자동차업계의 경우의 모델변경을 마음속에 생각해 보라. 이들은 디자인을 단기간에 변경함으로써 계획적 진부화가 이루어지는 좋은 예이다. 각사는 종전의 디자인과 상이한 새로운 디자인을 도입함으로써 구 디자인의 매력도를 저하시켜 소비자의 교체구매수요를 자극한다. 한편, 소비자측에서도 스타일의 변화에 민감하여 새로운 디자인을 강력히 지지하는 층이 있다.

제품의 기능 그 자체를 변경함으로써 계획적 진부화가 진행될 수도 있다. 새로운 기능적 특징이나 고도의 성능을 가진 제품을 도입함으로서 구 제품을 소유하는 소비자의 불만을 고조시켜 교체구매수요를 자극할 수 있다. 제품의 부품이나 소재 자체를 물리적으로 닳아빠지게 함으로써 수명의 단축화가 가능하다.

계획적 진부화는 수요를 자극한다는 의미에서 유효한 마케팅기법의 하나이기는 하지만, 자원을 낭비하면서 구 모델을 처리한다는 문제점이 항상 결부되어 있다. 따라서 기업의 사회적 책임을 가미하여 진행시킬 필요가 있다.

사례 7 영화 '엽기적인 그녀' 마케팅전략

1. 영화 마케팅의 개념 및 특징

개념

영화산업에 마케팅을 적용시킴으로서 보다 많은 관객이 영화를 통해 만족을 얻을 수 있도록 하고 영화산업의 수익을 극대화시키는 것이다.

특징

영화 마케팅 또한 다른 분야의 마케팅처럼 상품생산과 판매의 과정을 통합적으로 관리하는 점에서는 같다고 할 수 있지만 다음의 세가지 측면은 영화 마케팅에만 나타나는 독특한 부분이다. 첫째, 홍보로서 홍보주체가 원하는 내용을 방송국, 신문사, 잡지사 등으로 하여금 기사가 실리게 하는 것으로 이는 뉴스제공, 인터뷰, 촬영장 견학, 해외촬영현장 공개, 기자회견 등 다양한 형태로 소비자에게 제공된다. 이는 여타의 상품광고에서는 볼 수 없는 점으로 영화가 만드는 과정이 투명하게 공개된다는 점과 그 과정을 이벤트화하기 쉽다는 특성이 있다. 여기다 문화상품 만의 특징 즉 해석이 가능하다는 점에서 비롯된다.

둘째, 구전 마케팅으로 영화에 대해 자생적으로 발생하여 퍼져감으로서 영화흥행에 막대한 영향력을 미치는 구전 혹은 소문에 대한 것을 영화사측에서 조직화하여 관리함으로서 영화사측에 유리하게 작용토록 하는 마케팅 활동이다. 예를 들면 평론가의 평론, 심의과정상의 등급보류, 최고의 개런티, 막대한 제작비, 캐스트의 스캔들, 스탭간의 불화, 영화내용 중 자극적인 부분 등이 있다.

셋째, 유통과정상의 세분화된 유통기한으로 영화는 상품인 동시에 미디어여서 여러가지 매체를 통해서 소비자에게 판매되어지는데 이 다양한 매체간에는 서로 다른 유통기한이 있고 서로간에는 중첩되어지지 않는다.

기간	개봉일~3개월	3개월~6개월	12~18개월	24~30개월	30개월후
유통채널	극장개봉 비행기내 상영	비디오 시장	VCD/LD/ DVD	케이블방송 온라인상영	공중파 TV

2. 영화 '엽기적인 그녀'의 현황

개봉일 : 7월 27일
관객수 : 486만명(10월 31일 현재)
수익(매표수익 기준) : 145억
※ 보통 전체 수입의 60%정도를 매표수입이 차지
제작비 : 30억
마케팅 예산 : 5억
※ 최근의 3년간 한국영화 평균 마케팅예산이 7억 / 직배사 영화는 평균 10억 내외
제작사 : 신씨네
제작자 : 신 철
감 독 : 곽재용
주연배우 : 차태현, 전지현

3. 영화 '엽기적인 그녀'의 마케팅전략

1) 영화내적인 마케팅

소재

먼저 엽기란 괴이한 것에 홍미가 끌려 쫓아다니는 일이라는 사전적인 의미를 지니고 있는 말이며 우리나라에서는 일본 만화가 널리 읽히면서 용어가 정착이 되었다. 이후 엽기는 공포가 아니라 무언가의 과잉 혹은 초과를 의미하다가 점차 친근한 대중성을 띄게 되었다. 예컨대 99년 8월 통신 나우누리 유머란에 엽기적인 여자친구와의 연애담을 올리면서 시작된 엽기적인 그녀는 기행적인 여대생과 순진한 복학생의 좌충우돌 데이트로 네티즌 사이에서 폭발적인 인기를 얻었던 소재를 영화화한 경우이다. 이 영화의 경우 무서운 그녀가 아니라 유머러스한 비표준형 애인의 기이한 행동들을 형상화 하였고 이는 영화화하기엔 더없이 적절했고 소재로서의 가치는 이 영화가 주요 타겟으로 설정한 20대시장에서 이미 통신상의 반응을 통해 입증이 되어있었다.

시나리오

영화의 시나리오는 거의 원작과 흡사하지만 두가지점에서 약간 다르다. 첫째, 뒷부분의 행복한 결말을 원작에는 없는 부분인데 원작을 읽은 네티즌을 상대로 어떤 결말이 좋은지를 모티터링하여 결정하였다고 한다.

둘째, 요즈음의 영화의 특징중에 하나라고 할 수 있는데 시나리오의 구조가 큰이야기속에 여러개의 작은 이야기를 포함하고 있다. 극중 여자주인공이 시나리오 작가를 지망하여 그가 습작으로 지은 이야기를 남자주인공에게 말하여 주는 식으로 영화 가운데 여러 개의 에피소드와 콩트를 넣고 있는데. 이는 한 스토리에 대한 집중감이 떨어지는 요즘 세대의 영화관람습관을 반영한 것으로 볼 수 있다.

캐스팅

아무데서나 토하고 뻗어도 예쁜 전지현이나 하이힐을 신고 뛰면서 망가질대로 망가져도 넉넉하고 귀여운 남자 차태현은 원작과 너무나도 잘 어우러진 적절한 배역설정이었다. 또한 주 타깃으로 설정한 10대 후반과 20대 관객에게 큰 호응을 이끌어낼 수 있는 배우로도 더 없는 선택이었다. 또 하나는 감독 캐스팅인데 제작사측에서는 많은 돈을 드려야 고용할 수 있는 유명감독보다는 소재와 캐스팅을 제작사측에서 완료한 상태임으로 단지 감각적인 영상만을 유려하게 찍어낼 수 있는 예전에는 유명했지만 지금은 무명이나 다름없는 곽재용이라는 감독을 고용했고 이는 비용대비 결과 측면에서 대성공이라고 할 수 있다.

PPL

요즘에 제작되는 영화는 대부분 이 PPL을 통한 마케팅을 하고 있다. 이 PPL이란 특정한 상품을 영화속의 소도구로 이용해 광고효과를 노리는 것을 말한다. 영화속에 제품을 노출시켜 브랜드에 대한 소비자의 인지도를 높이고 호의적인 이미지를 형성할 수 있어 즐겨 이용되는데 이 영화에서는 DDS사가 제작한 온라인 게임 킹덤 오브 카오스의 엽기요정 치로미를 노출시키고 게임사이트내에 영화 예고편 다운로드 서비스를 추가하여 캐릭터와 영화를 동시에 홍보하고 있다.

또한 영화내에서 컴퓨터가 나오는 장면에는 검색사이트인 라이코스를 화면에서 자주 볼 수 있는데 이는 사전에 900만 회원을 보유한 라이코스와의 전략적인 제휴를 통해서 라이코스측에서는 회원들에게 영화광고를 제공하고 제작사 측에서는 영화의 장면속에 라이코스의 로고를 자주 삽입하여 광고효과를 주었다.

O.S.T

보통의 영화처럼 전문 영화음악가를 쓰지않고 이영화는 신세대 관객을 대상으로 철저한 트렌드에 입각해 작곡가 김형석에게 음악을 맡겼다. 김형석은 이 앨범에 신승훈과 김조한, 조규찬등 멜로물에 잘 어울리는 발라드에 강점을 가진 가수들을 모두 참여시켰다. 이는 앨범 초기단계에서부터 철저하게 영화내용과 관객을 분석하여 만들어진 것이다.

2) 영화외적인 마케팅

홈페이지

현재 게시판에 오른 글만 3만건 이상인 엽기걸닷컴이라는 홈페이지를 메인 홍보사이트로 쓰고 있으며 태생부터 유난히 인터넷과 긴밀한 영화인 만큼, 마케팅 담당은 1천만원정도 예산으로 기존의 텍스트 위주의 기존영화의 홈페이지와는 달리 역동적인 이미지를 위해 플래시로 제작했다. 구성 또한 '엽기적' 이란 글자를 찾아 누르거나 공으로 벽돌을 깨야 다음 단계로 넘어가는 줄거리 소개 등 홈페이지를 게임장처럼 꾸며 대단한 인기를 누렸다. 홈페이지를 단순한 정보를 나열하는 곳이 아닌 오는 이들에게 즐거움을 느끼게 하는 공간으로 바꾸어 광고와 더불어 영화에 대한 호감도까지 이끌어 낸 것이다.

EVENT

보통 엄숙한 자리에서 하기마련인 제작발표회를 지하철 6호선 녹사평역에서 극중 주인공들의 결혼식 장면으로 대신했다. 젊은이들에게 틀을 깬 파격적인 발표회였고 영화이미지에 맞는 광고도 되었다. 이밖에도 엽기걸 카툰공모와 엽기피플을 위한 엽기지수 테스트, 주인공들에게 사랑의 메일 보내기 등 소재와 젊은이들을 위한 이벤트로 영화에 대한 관심을 높였다.

카피

영화광고에서 빼놓을 수 없는 이 카피는 보통 포스터에 삽입되어 영화의 모든 것을 한 줄의 단어로 표현한다. 마케팅 컨셉을 엽기로 밀어붙인다면 여성 캐릭터는 두드러질지 모르지만, 영화전체를 표현하는 것으로는 부족한 것으로 판단한 제작사는 포인트를 엽기보다는 유쾌한 마케팅포인트를 옮겼고 두 배우의 시너지 효과를 생각하여 '전지현, 차태현의 절라 유쾌한 사랑 이야기' 라는 메인 슬로건을 만들어 냈고 이는 영화전체를 설명하는 글로 충분했다.

3) 마케팅전략의 평가와 보완방향

효과적인 이벤트 방식

엽기라는 소재를 잘 부각시킨 마케팅을 한 건 사실이지만 소재는 이미 알려질 대로 알려져 식상한 엽기이다. 이를 더 알리는 것보다 우리라면 좀 더 친숙하게 예상관객들에게 노출되는 방식을 찾았을 것이다. 이런 점에서 예전에 에린 브로코비치를 마케팅 했던 콜롬비아 영화사의 방식은 의미가 있다. 영화사는 LG정유와의 제휴를 통하여 주유소에 영화를 소개하는 현수막과 실사 걸개그림을 설치하고 주유소에 오는 고객들을 시사회에 초대하고 그곳에서 나눠주는 사은품에도 영화 포스터로 포장을 하는 방법을 사용하였다. 이는 주유소로서도 단순히 기름만을 넣는 곳이 아닌 다양한 문화적인 서비스를 제공하는 공간으로 고객에게 인식시킬 수 있었고 또한 영화사로서도 주유소를 이용하는 수많은 고객을 상대로 홍보를 할 수 있을 것이다. 이처럼 단순히 일회성 행사가 아닌 꾸준한 이벤트가 훨씬 더 효율적일 것이다.

홈페이지 방문자 확대 전략

홈페이지가 정보의 전달의 기본기능을 충분히 하고 있고 또한 네티즌의 시선을 끌 만큼 충분히 흥미가 있었으나 설문조사결과를 보면 실제로 가 본 사람이 그다지 많지 않다는 사실을 알았다. 홈페이지에 가본 사람의 만족도는 상당히 높아도 가보지 않으면 아무런 소용이 없다. 이를 극복하기 위하여 사람들이 궁금해하는 것들을 홈페이지에 가면 알 수 있다는 식의 광고가 필요했을 것으로 판단된다. 예를 들면 이 이야기가 실제로 있었던 일인지를 궁금해하는 사람들을 위해 실제 주인공의 사진과 그들이 데이트를 했던 장소 등을 홈페이지에만 공개하여 사람들로 하여금 한번정도는 방문하게 하는 방식이 도움이 되었을 것으로 생각된다.

4. 한국영화 마케팅의 개선방안

1) 구전효과를 이용한 마케팅 강화

영화는 다른 어떤 상품보다도 상품을 결정 시에 다른 사람의 의견을 참조한다. 따라서 영화홍보를 할 때는 이점을 고려해서 매체를 통한 단순한 융단폭격식의 마케팅이 아니라 좀 더 세분화된 고객층의 니즈를 파악하고 그 고객들에게 호소 할 수 있는 매체를 선택하고 마케팅 전략을 사용하여야 한다. 앞에서와 같이 입소문이 영화선택에 많은 영향을 주기 때문에 이를 반영한 구전마케팅을 해야한다. 이는 특히 시사회 때 참석하는 이들이 시장참여자 중에 이노베이터라는 사실을 염두에 두고 불특정한 대중을 시사회 대상자로 설정하기 보다는 좀더 많은 이들에게 영화를 널리 홍보할 수 있는 이들을 선정해야 한다. 예를 들면 일단 인터넷에서 동호회를 운영하는 업체들과의 업무제휴를 한 다음 주타깃으로 선정한 연령대의 사람들이 많이 가입한 동호회를 찾아 그런 동호회의 몇몇 사람들을 초청하는 것이다.

2) 강렬한 대중문화의 코드를 활용

영화가 주는 만족에는 보편적인 것들과 문화적으로 특수한 것들이 있다. 예를 들면 헐리우드 영화가 주는 감동은 어느 나라의 어느 사람이 보아도 같을 수 있는 보편적인 것들이고 그러기에 그들은 화려한 볼거리를 제공한다. 그에 반해 줄거리는 단순하기 그지없다. 하지만 사람들은 그런 영화만 보는 것은 아니다. 어느 나라나 그 나라만의 특성을 갖고 있는 문화가 있기에 그 나라 사람만이 아는 요소들로 만들어지는 영화 또한 필요하다.

최근에 성공한 한국영화들은 대부분 독특하고 강렬한 대중문화 코드를 적절하게 활용한 것들이다. 예를 들면 친구의 경우는 21번의 시나리오 수정작업을 거쳐 노스탤지어라는 코드를 더욱 섬세하고 강하게 표현하였고 엽기적인 그녀의 경우에는 마니아급의 모니터링 회원 50여명이 엽기 코드를 생성 채택 손질하는 과정에 깊숙이 개입하여 시나리오를 완성하였다. 이런 과정을 거쳤기에 우리 영화시장의 최대 경쟁자인 헐리우드 영화와 차별화 시켰고 돋보이도록 만들었다. 또 한가지의 유효한 전략은 이미 나와있는 문화적인 코드로 또 한편의 영화를 만든다면 원작의 코드를 수정, 보완, 재생하는 작업을 반복하는 것이 효과적이다. 즉 개념은 같지만 새로운 뉘앙스로 변화시킨 메타코드를 생성해내는 것이다. 예를 들면 IMF사태이후 고단한 일상사, 불황, 불안 분위기에서 일탈하려고 하는 관객의 정서를 정확하게 간파하여 히트친 조폭이라는 코드의 경우 다양한 설정변화로 여러 가지 영화에 소재가 되었다.
(약속 - 넘버 3 - 친구 - 신라의 달밤 - 조폭마누라 - 달마야 놀자 등)

3) 시장 상황에 적극 대처

글로벌 마케팅

이제 한국영화의 평균 제작단가가 상당히 높아져 한국시장만을 고려하고 영화를 제작하기엔 부담스러울 정도다. 이는 이제 우리가 한국인만을 위한 영화보다는 다른 나라의 사람들도 볼 수 있는 영화를 제작해야 할 시기가 되었음을 말한다. 예를 들면 엽기적인 그녀의 경우에는 지금의 한류열풍을 고려하여 주연배우를 중국과 베트남에서 인기를 끄는 안재욱과 김남주로 캐스팅하고 OST도 중국에서 인기가 많은 가수 신화에게 맡기는 방법을 들 수 있겠다

원소스 멀티 유저 전략

아래의 그림은 영화작품 하나로 보통의 헐리우드 제작사들이 수입을 올리는 방식들이다. 지금의 한국영화는 극히 일부만을 시행하고 있다. 엽기적인 그녀의 경우 좋은 소재를 확보했음에도 불구하고 그저 영화로만 이용했지 아래의 출판이나 이벤트 캐릭터 상품 등은 전혀 이용하지 못하였다. 앞으로의 영화마케팅은 영화 기획부터 이런 전략의 기초하에 프로세스 전과정에 참여해야 할 것이다.

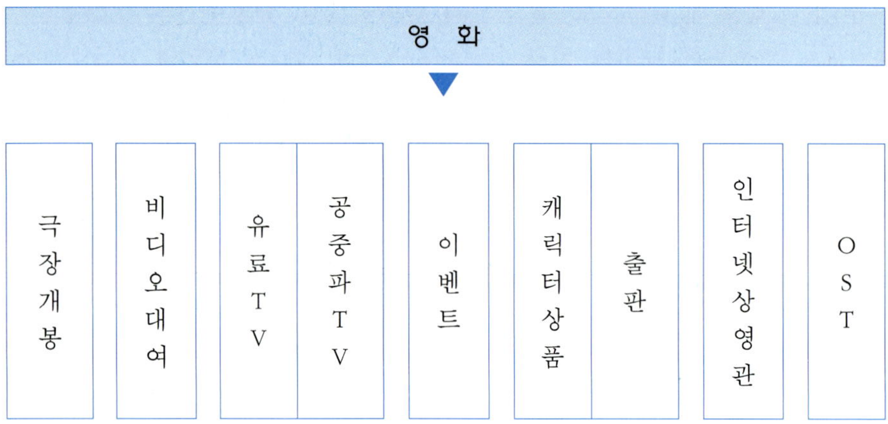
영 화
극장개봉
비디오대여
유료TV
공중파TV
이벤트
캐릭터상품
출판
인터넷상영관
OST

제10장

가격전략

제 1 절 가격설정의 기본방침

제품에 부여되는 가격은 이익이 발생하도록, 또한 수요가 발생할 수 있도록 하는 범위 내에서 설정되지 않으면 안된다. 그렇다면 가격의 하한은 원가이고, 상한은 당해 제품의 가치에 대한 소비자의 지각이 된다. 이 범위 내에 있는 것을 염두에 두고 제조기업의 경우에는 경쟁브랜드의 가격, 또한 소매업의 경우에는 경쟁점포의 가격 등을 고려하여 가격이 결정된다. 기업에게 있어 가격설정의 기본방침으로는 원가, 수요, 경쟁이라고 하는 세가지 관점이 있다.

1. 원가에 기초한 가격설정방침

① 원가가산법(cost plus)

일정한 이익률을 원가에 가산하여 가격을 설정하는 것으로 가장 판단하기 쉬운 가격설정 방법이다. 가령 텔레비젼 1대의 생산에 필요한 변동비가 20만원, 총고정비가 60억원이라고 하자. 변동비는 생산량에 따라 발생하는 비용으로 원재료비, 전기료 등이다. 고정비는 조업을 하든 조업을 하지 않든 발생하는 비용으로 설비의 감가상각비, 보험료, 사원의 급여, 지대 등이다. 이 경우에 10만대의 판매가 예상되면 1대당의 원가는

변동비+(고정비÷예상판매수량) = 26만원

이 된다. 그리고 20%의 이익률(마진, 유통업계에서는 마크업이라고도 한다)을 달성하고자 한다면 설정가격은

1대당 원가÷(1-이익률)=32만 5천원

이 된다. 이 방법은 수요보다도 원가를 파악하는 쪽이 훨씬 용이하고 간단하게 가격설정을 할 수 있어 판매하는 쪽이나 구입하는 쪽 모두에게 공정하게 생각되는 수준에서 설정하는 것이 용이하다. 그러나 판매수량이 어디까지나 예상치이므로 이 판매수량을 실현하지 못할 경우가 있다. 이 경우에는 1대의 텔레비젼이 부담해야하는 원가가 증가하여 목표로 한 이익률을 달성하지 못하는 한계가 있음을 잊지 말아야 한다.

② 손익분기점을 이용한 가격설정법

손익분기점(break even point)을 이용하여 가격설정을 검토하는 것이 가능하다. 손익분기점이란 판매수량이 증가함에 따라 적자상태에서 이익이 발생하는 흑자상태로 변화하는 분기점을 말한다. 이 분기점보다 판매량이 적으면 적자가, 반대로 분기점보다 판매량이 많으면 흑자가 발생한다.

〈그림10-1〉에는 가공의 텔레비전 제조기업의 총비용과 총수입이 나타나 있다. 우선, 고정비는 판매수량에 관계없이 60억원이다. 이 고정비에 1단위당 20만원의 변동비를 추가한 선이 총비용을 나타낸다. 당연히 판매수량이 증가함에 따라 총비용은 증가한다. 한편, 총수입은 제로에서 시작하여 판매수량이 증가함에 따라 증가한다. 이때 가격을 32만 5000원으로 설정하면 손익분기점은 다음의 식에 의해 계산된다.

고정비÷(가격-변동비)=4만8000대

그런데 이 제조기업이 텔레비전의 생산을 위하여 총액 100억원의 투자를 할 경우 20%의 투자수익률을 달성하고자 하는 것을 목표로 한다고 하자. 목표 이익액은 20억원이 된다. 그림을 이용하면 만약 이 20억원을 얻으려면 6만4000대의 판매를 달성하지 않으면 안된다.

가격을 높게 설정하면 적은 수량으로 흑자로의 전환이 가능하므로 손익분기점이 낮아진다. 그런데 가격을 높게 설정하면 수요량은 저하될 것이다. 따라서 가격탄력성 및 경쟁상황을 감안하여 최종적인 가격이 결정된다. 판매수량은 여기서도 예상치이므로 그 수량을 달성하지 못할 경우에는 당연히 목표로 하는 이익을 실현할 수 없다. 투자에 대한 적정한 이익을 목표로 하는 전력, 수도 등의 공공사업의 경우에 이 손익분기점을 이용한 가격설정이 잘 적용된다

더욱이 〈그림10-1〉에서는 논의를 단순화하기 위하여 총비용 및 총수입을 직선으로 묘사하고 있다. 그런데 현실의 총비용은 아래로 볼록한 곡선이고, 수입은 위로 볼록한 곡선모양을 보이는 것이 일반적이다. 그것은 일정량을 초과하는 수준으로 판매수량을 증가시키기 위해서는 무리한 조업이 여의하지 않으므로 변동비가 도리어 증대하기 때문이다. 총수입의 경우에는 일정량을 초과하여 판매하기 위하여는 각종의 할인을 하지 않을 수 없으므로 총수입의 증대가 한계에 도달하기 때문이다

┃그림 10.1┃손익분기점과 가격설정

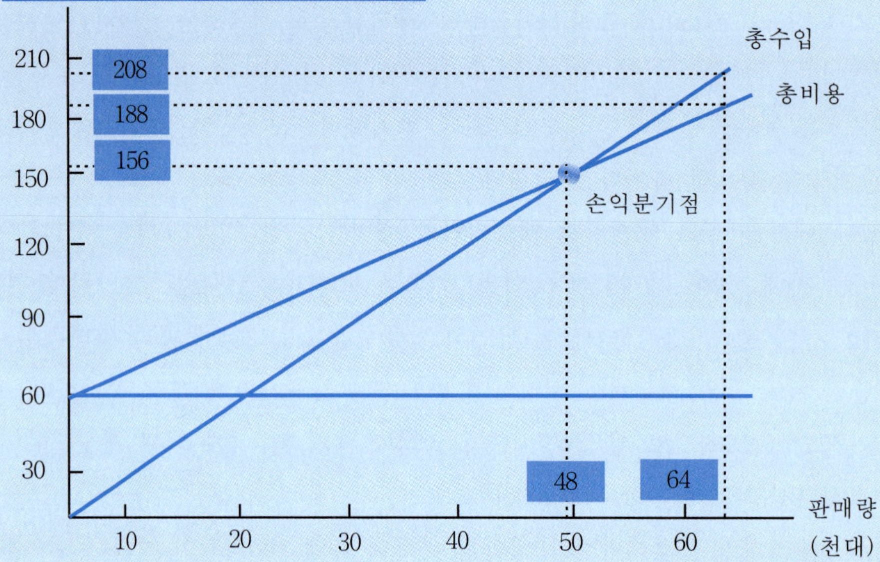

2. 수요에 기초한 가격설정방침

판매자측의 원가가 아니라 수요면에서 가치에 대한 구매자측의 지각에 기초한 가격설정방침이다. 원가에 기초할 것인가 수요(지각가치)에 기초할 것인가 하는 두가지의 방법의 차이를 비교하여 보면 아래의 ①은 원가에 기초한 가격설정방침을 설명하고 있는 반면, ②는 수요에 기초한 가격설정방침을 설명하고 있다. 두가지 흐름을 살펴보면 발상이 완전히 반대이다.

① 원가→가격→가치→고객

② 고객→가치→가격→원가

원가에 기초한 가격방침을 취하는 기업은 '자사제품은 설정된 가격에 구입할 만한 가치가 있다' 는 것을 소비자에게 설득하지 않으면 안된다. 요컨대 설정된 가격만큼의 가치가 있다는 것을 소구하지 않으면 안된다. 그런데 수요에 기초한 가격설정방침의 경우에는 수요를 마음속에 품고 출발하지 않으면 안된다. 받아들여지는 가격이 먼저 결정되고, 그후에 원가계산이나 이익계산이 수행된다.

실무적으로는 우선 제품컨셉이 제시되고, 소비자의 지각가치가 조사에 의해 측정된다. 그 결과를 토대로 가격이 설정되어 제품의 사양이 결정된다.

3. 경쟁에 기초한 가격설정방침

① 실세가격

원가나 수요가 아니라 경쟁제품에 붙여진 가격에 기초하여 가격을 설정하는 기업이 있다. 이러한 실세가격(going-rate price)을 중시하는 방법은 시장에서의 역학관계 및 브랜드 이미지 등이 가미된 것인데, 경쟁제품보다도 고가격을 설정할 수도 있고, 저가격을 설정할 수도 있다. 물론, 동일한 수준에서 설정할 수도 있다. 새로운 가격을 제시하는 기업은 가격선도자(price leader), 그 가격을 추종하는 기업은 가격추종자(price follower)라고 한다. 통상적으로는 업계의 선도기업의 가격에 다른 기업이 추종하는 패턴이 많다.

② 입찰가격

입찰가격(sealed-bid price)은 판매자를 결정하기 위하여 경합하는 복수의 기업이 문서에 이해 제시하는 가격이다. 그리하여 가장 낮은 가격을 제시한 기업이 당사자로서의 자격을 갖는다. 타사가 제시할 만한 가격에 입각하여 자사제품의 가격을 설정한다는 의미에서 입찰가격도 경쟁에 기초한 가격설정방침으로 생각할 수 있다. 소비재분야에서는 거의 볼 수 없지만 생산재분야에서는 드물지 않다.

입찰가격을 높게 설정하여 낙찰되면 이익이 클 것이지만, 낙찰될 확률이 낮다. 반대로 입찰가격을 낮게 설정하면 낙찰될 확률은 높지만 이익은 낮아진다. 따라서 흔히 사용되는 것이 기대이익을 고려하는 방법이다. 가령, 입찰가격이 1000만원일 경우 낙찰될 확률이 60%라고 하면 기대이익은 600만원이 된다. 그런데 입찰가격을 900만원으로 낮추면 낙찰될 확률이 70%로 올라간다고 하자. 이경우의 기대이익은 630만원이 된다. 또한 800만원으로 낮추면 낙찰될 확률이 75%라면 기대이익은 600만원에 그친다. 이렇게 계산을 실시함으로써 가장 기대이익이 큰 가격을 입찰시 제시하면 된다.

전략포커스 10-1 `辛라면 전쟁`…이마트·코스트코, 가격인하 혈투

◆ 열흘 만에 반값으로, 왜 신라면인가, 소비자 선호 '로스 리더' 상품

창고형 할인점인 코스트코 양재점과 이마트 구성점 간 가격 인하전이 '치킨게임(양쪽 모두 포기하지 않을 경우 최악의 상황으로 가는 게임이론)'식의 출혈경쟁으로 치닫고 있다. 2010년 9월 26일 이마트가 경기 용인에 첫 창고형 할인점인 '트레이더스 구성점'을 연 이후 농심 신라면 등 동일 판매 품목을 놓고 두 점포가 한 치도 물러나지 않고 상대 점포보다 낮게 잇달아 가격을 내리고 있다. 양측엔 초기 대응에서 밀리게 되면 '끝장'이란 인식도 깔려있다.

◆신라면 납품가의 60% 수준에 판매

두 점포 간 가격경쟁은 '신라면 전쟁'으로 요약된다. 유독 신라면 가격을 경쟁적으로 내리고 있는 것은 대표적인 '국민 기호식품'으로 자리잡은 이 제품을 '로스 리더'로 삼았기 때문이다. 심지어 신라면은 유기농 채소 · 웰빙식품을 주로 판매하는 서울 도곡동 타워팰리스 스타슈퍼에서도 가장 잘 팔리는 품목의 하나다. 두 점포 모두 똑같이 30개들이 포장상품만 판매해 가격을 곧바로 비교할 수 있는만큼 생존을 건 승부를 벌이고 있다.

이 제품은 일반 소비자뿐 아니라 두 점포의 주요 고객층인 자영업자들이 선호하는 품목이기도 하다. 이마트 구성점의 주요 타깃은 용인과 분당 및 수원 영통지구의 자영업자들로 코스트코 양재점의 고객층과 겹친다. 분식집 등 라면판매점들은 소비자의 취향에 맞춰 주로 신라면을 끓여주는 현실을 감안하면, 신라면의 가격변동은 그만큼 자영업자들에게 민감할 수밖에 없다. 두 점포에서 너구리 안성탕면 짜파게티 등 농심 제품과 오뚜기 진라면, 생수 에비앙 등의 가격도 지난달 26일보다 30~40% 떨어졌음에도 신라면만 연일 품절사태를 빚는 이유다.

코스트코 양재점의 신라면(30개들이) 가격은 지난달 26일 오전 1만6490원(개당 550원)에서 연쇄적으로 인하해 5일 8790원(293원)으로 반값 수준으로 떨어졌고, 이마트 구성점에선 1만5990원(개당 533원)에서 9490원(개당 313원)으로 40.7% 내렸다.

이에 비해 이마트 롯데마트 등 일반 대형마트에서 판매하는 신라면의 개당 가격은 583원이다. 업계에서 추정하는 농심의 신라면 공급가는 500~550원대. 결국 두 점포는 신라면 1개를 판매할 때마다 200원가량씩 손해보는 셈이다. 농심 관계자는 "대형마트에서 신라면은 거의 마진없이 파는 미끼 상품으로 업체마다 판매가가 비슷하게 형성된다"며 "개당 300원 수준이면 생산원가에도 훨씬 못미친다"고 말했다.

◆창고형 할인점 간 양보없는 가격전쟁

두 점포는 가격 조사요원을 상대 점포에 '파견'해 실시간으로 가격동향을 챙기는 것으로 알려졌다. 이마트에선 상품을 납품 받는 '바이어'가 판매가격 결정권을 갖고 긴밀하게 대처하고 있는 상황이다. 이마트와 코스트코는 앞으로도 출혈경쟁을 불사하며 두 점포의 가격 전쟁을 이어갈 태세다. 이마트 관계자는 "구성점은 자영업자들에게 상품을 국내 최저가로 판매하는 전략을 유지할 것"이라고 말했다.

유통업계에서도 두 점포 간 '신라면 전쟁'이 점포와 품목이 한정돼 아직까지는 회사 차원의 손실이 크지 않고 마케팅 효과도 있기 때문에 당분간 지속될 것으로 보고 있다. 코스트코는 양재점을 제외한 양평점 등 6개 점포에선 신라면 값을 내리지 않은 채 1만6490원에 판매중이고,이마트도 구성점에서만 가격을 내렸다. 업계 관계자는 "두 점포에서 4000여개 품목 중 신라면처럼 포장단위까지 같은 품목은 몇개 되지 않는다"며 "신생 점포인 이마트 구성점은 손실보다는 초기 방문객을 늘리는 효과가 더 클 수도 있다"고 지적했다.

두 점포 간 가격전쟁은 앞으로 이마트와 코스트코가 본격적으로 격돌할 '창고형 할인점' 싸움의 전초전 성격을 띠고 있어 양측이 쉽게 물러서지 않을 것이라는 관측도 나온다. 이마트는 구성점을 시작으로 전국 주요 광역 상권에 창고형 할인점을 낼 예정이다. 업계 관계자는 "이마트와 코스트코는 앞으로 곳곳에서 부딪힐 수밖에 없다"며 "기선을 제압하기 위해 두 점포 간 가격경쟁이 더욱 치열해질 것"이라고 내다봤다.

출처: 한국경제, 2010. 12. 5

제 2 절 신제품의 가격대응

신제품을 시장에 도입할 경우 기업이 취할 수 있는 가격대응은 크게 두가지가 있다. 고가격을 설정하여 조기에 이익을 흡수하는 대응과, 저가격을 설정하여 커다란 시장점유율을 획득한 후 이익을 흡수하는 대응이다.

1. 웃물흡수 가격전략(skimming price strategy)

신제품에 높은 가격을 설정하여 가격에 그다지 민감하지 않은 소비자층에 판매하는 전략이다. 이 전략을 채용함으로써 단기간에 큰 이익을 올려 당해 신제품의 개발에 소요된 원가를 신속히 회수할 수 있다. 시장에서 가장 짭짤한 부분을 떠내 취한다는 의미에서 웃물흡수가격(skimming price)전략이라고 한다. 이 가격전략은 주로 기술주도적 기업에 의해 실시된다. 가령, 반도체를 생산하는 인텔은 고품질의 펜티엄칩을 당초 약 1000달러에 판매하였다. 이것은 3000달러를 초과하는 고급PC의 부품으로서 PC제조기업이 구입하였다. 그후 인텔은 매년 이 칩을 30%씩 가격을 인하하여 새로운 수요층의 개척을 꾀하여 이익의 극대화를 실현하는 데 성공하고 있다.

이와 동일한 가격전략은 휴렛패커드의 레이저프린터, NTT Docomo의 휴대전화 등에서도 확인된다. 이 전략이 유효하기 위해서는 경합타사가 모방품을 도입하기 어렵고, 제품품질이나 이미지면에서 뛰어나야 한다는 조건이 필요하다.

2. 시장침투가격(market penetration price)전략

가격에 상당히 민감한 소비자가 많고, 수요의 가격탄력성이 크다고 판단될 경우, 신제품 도입시부터 시장을 한정하지 않고 크게 잡고, 신제품을 저가격에 판매하는 가격전략이다. 조기 단계에 충분한 이익을 획득하기는 힘들지만, 큰 시장점유율을 확보할 수 있다. 그리고 시장점유율이 올라가면 규모의 경제성 및 경험효과를 이용하여 원가면에서 우위를 구축할 수 있어 머지않아 큰 이익이 생길 수 있다. 시장에 신속히 침투할 수 있도록 가격을 설정한다는 의미에서 시장침투가격(market penetration price)이라 칭한다.

이 가격전략은 모방하기 쉬운 신제품에 흔히 사용된다. 어쨌든 자사제품을 한번 구입해본 후에는 다른 제품으로 소비자가 흘러가는 것을 방지하기 위한 전략이다. 많은 소비자는 최초로 손에 닿은 브랜드에 애착을 가지고, 다른 브랜드로 전환하는데 심리적 저항을 느낀다. 이것은 살던 집이 있는 동네를 떠나 다른 동네로 이사가는 데 대하여 심리적 저항감을 느끼는 것과 유사하다. 제품을 이용하는 경우에도 이와 유사한 저항감을 느끼게 하기 위하여 저렴한 가격을 설정하여 어쨌든 한번 구입해 보게 하는데 유효하다.

아울러 신제품의 도입 시에 일시적으로 가격을 인하하는 전략이 있다. 이것을 도입가격(introductory price)전략이라 칭하는데, 일정기간을 경과하면 본래의 가격수준으로 상승시킨다는 점에서 시장침투가격과는 구분된다.

전략포커스 10-2

容器 경제학'…콜라 · 구강청정제의 비밀병기는 병 크기

구강청정제를 제조하는 리스테린은 과거 매출을 늘릴 방도를 찾던 중 한 컨설팅사에 용역을 맡겼다. 과제는 매출을 10% 늘리는 방법이었다. 컨설팅회사는 뜻밖에도 "매출을 25% 늘리는 방법을 찾았다"고 회신을 해왔다. 그들이 제시한 방법은 구강청정제를 이용하기 위해 쓰는 컵 용기를 25% 크게 만드는 것. 컨설팅사는 고객들이 대부분 법과 규정을 잘 지킨다는 점에 착안했다. 용기(컵) 사이즈를 키워도 이들은 규정에 따라 복용할 것이라고 판단한 것이다. 이 회사는 이를 실행했고 매출 증대로 이어졌다. 2001년에는 들고 다니거나 가방에 넣기 편리한 크기로 제품 사이즈를 개량, 판매량을 늘리기도 했다.

최근 코카콜라 역시 사이즈 변형을 통해 톡톡히 재미를 보고 있다. 20일 월스트리저널(WSJ)에 따르면 코카콜라는 이번 주 무게 12.5온스(354g)짜리 신상품 출시를 발표할 예정이다. 가격은 89센트로 알려졌다. 작년에 내놓은 16온스(99센트) 병보다 작은 사이즈다. 표시된 가격은 저렴하지만 온스당 가격은 더 비싸진 것이다. 또 7.5온스짜리 미니캔 8개가 든 제품 가격은 20% 낮춰 판매 확대를 꾀할 계획이다.

WSJ는 "코카콜라가 원자재 가격이 올라가는 상황에서도 매출과 이익을 높이기 위해 사이즈를 다양화하는 전략을 활용하고 있다"고 보도했다. 작은 사이즈의 제품 라인업을 확대함으로써 온스당 가격이 더 높은 제품을 많이 파는 전략을 쓰고 있다는 얘기다. WSJ는 또 코카콜라가 사이즈 다양화로 그동안 편의점용 20온스짜리 병, 슈퍼마켓용 2 l 짜리 병 및 12온스짜리 캔 등 전통적 사이즈에서 벗어나는 실험을 하고 있다고 평가했다.

유통 전문지 '베버리지 다이제스트'에 따르면 올 상반기 코카콜라의 미국 시장 점유율은 34.3%로 1.1%포인트 높아졌다. 반면 경쟁사인 펩시는 32.8%로 0.2%포인트 하락했다. 펩시는 최근 코카콜라와 경쟁하기 위해 16온스 제품 등을 출시했다.

출처; 한국경제 2011. 9. 20.

제 3 절 제품믹스를 고려한 가격대응

기업은 대개 단일 제품만을 판매하지 않고 복수의 제품을 판매하는 경우가 일반적이다. 각각의 제품에 대하여 제각기 산발적으로 가격을 설정하지 않고, 취급하고 있는 제품전체로서의 이익을 극대화할 수 있도록 가격을 설정하지 않으면 안된다. 이러한 가격설정을 제품믹스를 고려한 가격대응이라고 하고 이는 다시 다음의 세가지로 나눠볼 수 있다.

1. 가격정렬(price lining) 전략

위스키, 카메라, 넥타이, 셔츠 등의 제품의 경우에 저가격의 보급품에서 고가격의 고급품까지의 다양한 제품 변형의 폭이 있다. 그런데 이러한 제품들의 가격을 보면 10,000원, 30,000원, 50,000원 등으로 몇 개의 가격대로 정렬이 되어 있는 경우가 많다. 소비자는 이와같은 제품에 대하여 마음속에 비싼가 혹은 싼가 하는 가격의 타당성을 판단하는 몇 단계의 참조가격을 가지고 있다. 그래서 이 참조가격에 부합되게 가격을 설정하는 가격정렬(price lining)전략이 효과적이다.

가격대가 형성되면 소비자는 스스로의 희망하는 가격대에서 제품을 선택하면 구매시에 혼란을 피할 수 있게 된다. 한편, 기업으로서는 저가격품을 추가함으로써 상위제품의 고급감을 강조하거나, 거꾸로 고가격품을 추가함으로써 하위제품의 저렴함을 소구할 수 있다. 각 가격대는 품질 및 등급을 대표함으로써 소비자가 혼란스럽지 않을 만큼의 간격이 담보되지 않으면 안된다.

2. 옵션제품가격(optional-product price)전략

소프트웨어가 설치된 PC, 놀이기구 사용요금이 포함된 테마파크 입장권, 아침식사가 포함된 호텔숙박 패키지 등은 복수의 제품이나 서비스를 조합하여 판매하는 예이다. 이 경우에는 각각의 제품을 별개로 구입하는 것보다 저렴하게 가격이 설정된다. 이를 옵션제품가격(optional-product price)전략이라 부른다. 낱개로 구입하는 것보다 금액이 커지므로 소비자가 저렴하다고 실감할 수 있을 만큼 가격을 인하하지 않으면 효력을 발휘할 수 없다.

3. 포로제품가격(captive-product price)전략

라스베가스에 있는 호텔의 숙박요금은 객실규모가 넓고 호화로운데 비하여 저렴하게 설정되어 있다. 이것은 호텔숙박요금수입에 의한 이익을 도외시하고 카지노에 의한 이익을 올리기 쉽도록 고안한 요금전략에 기인한다. 이를 포로제품가격(captive-product price)전략이라 한다. 이러한 가격전략은 즉석현상카메라와 필름 제조기업인 폴라로이드에 의해서도 채용되고 있다. 즉 인스턴트 카메라의 가격은 저렴하게 설정하고, 필름을 판매함으로써 이익을 올리는 전략을 구사하고 있다. 주가 되는 제품의 가격을 저렴하게 설정하고, 고객이 그것을 구입함으로써 일종의 포로를 확보하게 된다. 그 위에 부수적으로 소비되는 제품의 가격을 상대적으로 높게 설정함으로써 최대한의 이익을 확보하는 전략이다.

제 4 절 소비자 심리를 고려한 가격대응

기업은 소비자의 심리면을 고려하여 가격대응을 하는 것이 필요하다. 가령, 원가가 산법 등의 기본방침에 의해 60,000원 전후의 가격을 설정할 수 밖에 없다고 하자. 그 경우 마케터는 약간 저렴한 59,800원에 가격을 책정할 것인가, 혹은 끝단위를 단순하게 하여 60,000원에 가격을 책정할 것인가 판단해야 한다. 소비자 심리를 고려한 가격대응으로 단수가격, 위신가격, 관습가격이라 불려지는 세 가지 전략이 있다.

1. 단수가격(odd price)

3,900원의 햄버거세트, 58,000원의 스웨터, 298,000원의 카메라 등 많은 점포에서 9나 8을 사용한 가격을 흔히 발견할 수 있다. 300,000만원으로 하든 298,000원으로 하든 실제로 가격차이는 2,000원밖에 나지 않는다. 300,000만원에서 보면 1%도 안된다. 그러나 소비자에게 주는 심리적 인상은 200,000만원대인가 혹은 300,000만원대인가 하는 차이를 느끼게 하여 크게 다르게 받아들여질 수 있다.

소비자는 9나 8의 숫자를 수반하는 가격에 대하여 마케터가 최대한 가격을 인하하였다는 느낌을 가지는 경향이 있다. 이렇게 설정된 가격을 단수가격(odd price)이라 부르며 식품, 일용잡화, 의복 등 광범위한 제품분야에 사용되고 있다. 단수가격이 유효하게 작용하는 제품의 경우는 〈그림10-2〉(a)의 수요곡선에서 나타나 있다. 즉 일반적으로 가격이 인하되면 수요량이 증가하므로 수요곡선은 우하향곡선의 모양을 나타낸다. 그러나 가격이 인하되더라도 〈그림10-2〉(b)와 같이 오히려 수요량이 감소하는 경우도 있다

Ⅰ그림 10. 2Ⅰ다양한 수요곡선

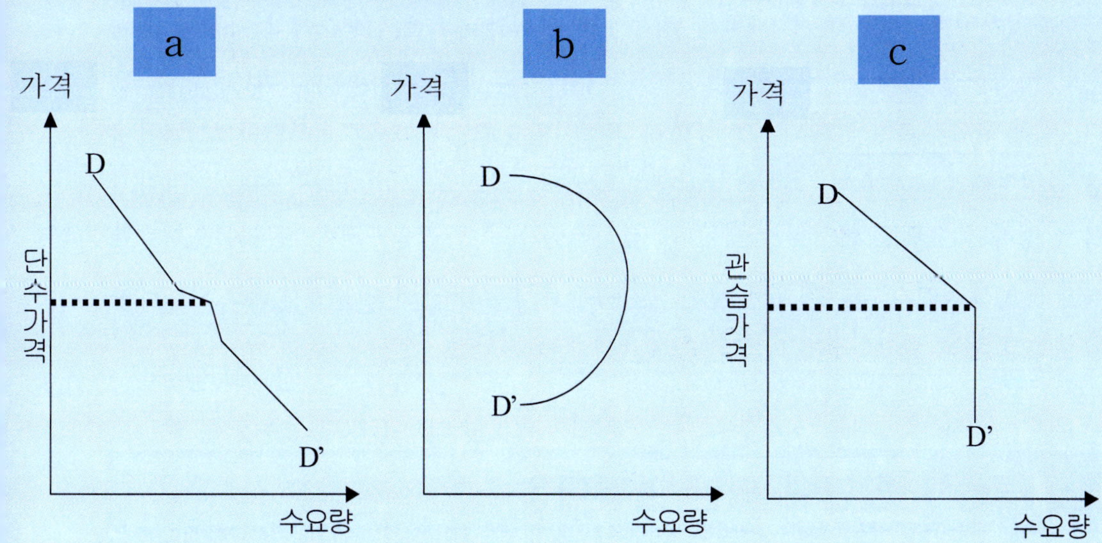

2. 위신가격(prestige price)

소비자는 품질을 판단하는 기준의 하나로서 가격을 이용하는 경우가 자주 있다. 그 경우에 고품질과 지위를 소비자에게 소구하기 위하여 의도적으로 높게 설정하는 가격을 위신가격(prestige price)이라 한다. 가령, 가격이 비싼 보석은 품질도 좋고, 가격이 저렴한 보석은 품질도 열등하다고 판단되는 경향이 있다. 그러므로 일정수준 이하로 가격을 저하시키면 수요량은 더 감소할 수 있다.

위신가격은 Cartie나 Rolex 등과 같이 고급보석품이나 고급시계를 판매하는 기업에 의해 흔히 채용되는 가격이다. 구입빈도가 낮고 소비자가 품질을 판단하기 어려운 제품의 경우에 이 가격설정이 적합하다. 위신가격이 적합한 경우는 〈그림10-2〉(b)에 나타나 있다.

3. 관습가격(customary price)

햄버거가격과 같이 몇 몇 제품의 경우에는 사회관습상 일정수준에서 가격이 정해져있는 경우가 있다. 이와같이 형성된 가격을 관습가격(customary price)이라고 한다. 일단 관습가격이 형성되면 비상하게 고정적이 되어 그 관습가격보다도 낮은 가격을 설정하더라도 수요는 그다지 늘어나지 않는다. 역으로 그 관습가격보다 높은 가격을 설정하면 수요는 현저히 저하된다. 〈그림10-2〉(c)에 관습가격이 나타나 있다. 관습가격이 형성되어있는 제품의 경우 원재료가격이 등귀하여 생산비가 상승하더라도 품질을 일부분 저하시키면서 가격을 일정하게 유지한다.

제 5 절 할인에 의한 가격대응

항공티켓의 경우 다양한 가격이 준비되어있다. 가령, 미국의 어느 도시에서 뉴욕까지 운항하는 왕복티켓을 구입할 경우를 생각해보자. 티켓가격은 운항일로부터 역산하여 3주일전까지는 저렴하고, 그후는 가격이 올라간다. 또한 행선지에서 토요일을 체재하는 티켓의 경우에는 '주말경과(over week)'라고 칭하는 할인제도가 있다. 금요일에 출발하여 다음주 월요일에 돌아오는 티켓은, 금요일에 출발하여 다음날 돌아오는 티켓보다 훨씬 저렴한 가격이 설정되어있다. 극단적인 경우에는 2번 왕복분의 '주말경과(over week)' 티켓을 구입하는 것이, 금요일에 출발하여 토요일에 돌아오는 1왕복분의 티켓보다 저렴하다.

소위 요금전쟁(fare war)이라고 칭해지는 일시적인 할인도 있다. 약 2개월에 한번 항공회사들은 일제히 가격을 인하한다. 수일간에 걸쳐 인하하므로 이 기간중에 구입하면 특별 할인가격에 티켓을 구입할 수 있게 된다. 마케팅전략가는 다음과 같이 가격을 다양한 조건에 따라 할인함으로써 수요를 확대하여 이익을 증대시키고자 도모할 수 있다.

1. 현금할인(cash discount)

기업간의 매매는 대부분이 외상으로 거래된다. 따라서 구매기업이 지불을 일찍하도록 하기 위해서는 일정기간내에 대금을 지불하는 경우에 매도기업이 가격을 할인해주고 있다. 매도기업측으로서는 조기에 현금을 입수할 수 있게 되면 자금사정이 원활해지고, 금리면이나 대금회수비용측면에서도 유리해진다. 이와같은 매도자측의 이점이 매입자측에게 환원되는 것이 현금할인(cash discount)이다.

그리나 오늘날에는 신용가드를 이용한 소비가 많아졌다. 신용카드에 의한 매출의 경우에 소매업자는 매출액의 일정 %를 신용카드회사에 지불하여야 하므로, 일부의 소매업자는 현금으로 지불하는 소비자에 대하여 할인을 제공한다.

2. 수량할인(quantity discount)

'1개 10,000원, 5개를 구입하면 45,000원, 10개를 구입하면 80,000원' 등의 가격설정이 있다. 한꺼번에 다량의 제품을 구입하는 구매자에게는 1개당 가격이 인하되어 적용되는 경우가 있다. 대량판매함으로써 판매자는 재고비용, 판매비용, 수송비용 등의 측면에서 유리하다. 따라서 이러한 이점이 수량할인(quantity discount)의 형태로 구매자에게 환원된다.

수량할인에는 2가지의 종류가 있다. 비누적적 수량할인과 누적적 수량할인이 그것이다. 전자는 1회의 구입량이 일정 이상에 달하는 경우에 할인이 실시되는 것이다. 이에 비하여 후자는 정해진 기간내에 총구입량이 일정 이상에 달하는 경우에 할인이 실시되는 것을 말한다.

수량할인은 그 특전을 획득한 매입자에게는 동일한 매도자에게로부터의 구입을 촉진하므로 판매촉진의 영역에서도 논의된다. 더욱이 일정량을 초과한 매입자에 대하여 가격이 아니라 수량으로 환원하는 방법도 있다. 이것은 수량할인이 아니라 증량판매로 구별된다.

3. 기능할인(functional discount)

제조기업의 대다수는 도매업자뿐만 아니라 소매업자에게도 제품을 판매한다. 이 경우 상대방에 따라서 상이한 가격이 설정된다. 도매업자 및 소매업자는 보관 및 수송 등을 수행하는 유통기능의 내용에 있어서 차이가 있다. 따라서 많은 기능을 수행하는 상대방에게는 그만큼 유리한 가격을 설정하는 것이 기능할인(functional discount)이다.

가령, 20,000원의 제품을 소비자에게 판매하는 제조기업이 있다고 하자. 이 제조기업은 소매업자에 대하여 30%의 할인을 실시하고, 도매업자에게는 그 위에 10%를 할인한 가격을 설정하기도 한다. 이 경우 소매업자에 대한 가격은 14,000(20,000×0.7)이고, 도매업자에 대한 가격은 12,600(14,000×0.9)이 된다.

4. 장려금(allowance)과 리베이트(rebate)

제조기업은 당연히 유통업자가 자사제품을 유리하게 취급해주기를 희망한다. 따라서 자사의 의도에 부합되게 행동하는 유통업자에게 장려금(allowance)고 칭해지는 일종의 할인으로 환원해 주기도 한다. 구체적으로는 광고장려금 및 진열장려금 등이 있다. 전자는 유통업자가 제조기업의 의도에 부합하게 광고를 실시하는 경우에 지급하는 장려금이고, 후자는 유통업자가 제조기업의 의도에 부합하게 특별진열을 실시하는 경우에 지급하는 장려금이다.

특히 교체구매장려금(trade-in allowance)는 구 모델을 이용하고 있는 고객에 대하여 실시되는 일종의 할인이다. Windows 등의 컴퓨터 소프트웨어의 경우에는 여러번의 모델변경이 되풀이된다. 이 경우 구 모델의 소유자는 이 할인제도에 의해 비소유자보다 저렴한 가격에 신 모델을 구입할 수 있게 된다.

한편 장려금(allowance)과 유사한 것으로 리베이트(rebate)가 있다. 장려금(allowance)이 특정 제품에 결부된 단기적인 할인인데 비하여 리베이트는 유통업자와의 장기적인 협력관계를 유지하기 위하여 사용된다. 즉 리베이트는 제조기업이 유통업자의 이익을 금전적으로 보전하여 주는 전략이므로 가격대응이라기보다 유통대응으로서의 성격이 더 강하다.

5. 특매가격(sale price)과 계절할인(seasonal discount)

① 특매가격(sale price)

평상시에 표시되는 가격을 일시적으로 인하하여 수요의 확대를 도모하는 것이 특매가격(sale price)이다. 소위 세일이라고 하는 것으로 다수의 소매업에 의해 실시되고 있다. 특매에 의해 가격을 올리고 내리는 것을 하이·로 프라이싱(high-low pricing)이라고 칭하고, 이는 시세를 급변시켜 생산자 및 소비자 모두에게 타격을 주는 결과를 야기하여 제품을 통상가격에 판매할 수 없게 만드는 부정적인 면이 있다. 따라서 Wal Mart나 P&G와 같이 항상 가격을 인하하는 'every day low price(EDLP)'를 지지하는 기업이 있다. EDLP는 마케팅비용을 절감시키고, 브랜드 충성도의 저하를 방지하는 효과가 있다. 더욱이 소매기업이 고객의 관심을 끌기 위하여 특매가격을 설정할 수가 있다. 개별제품의 이익을 도외시하고, 많은 소비자를 흡인함으로써 점포 전체의 이익을 도모할 수 있다. 이러한 의도에서 가격을 인하하는 제품을 ' 손실 선도제품(loss leader)'라고 칭한다.

② 계절할인(seasonal discount)

수요가 정체하는 계절이 되면 실행하는 할인이 계절할인(seasonal discount)이다. 여행회사나 항공회사는 계절에 따라 요금을 크게 변화시킨다. 수요가 많은 계절에는 고가격을 설정하여 이익을 확보하고, 역으로 수요가 적은 계절에는 계절할인을 실시하여 수요를 환기시킨다. 더욱이, 계절할인과 유사한 발상에 의한 할인으로서 하루 중 시간대별로 혹은 주간 내에서 특정 요일에 할인하는 것이 있다.

사 례 8 소셜 커머스, 스마트 프라이싱을 만나다[1)]

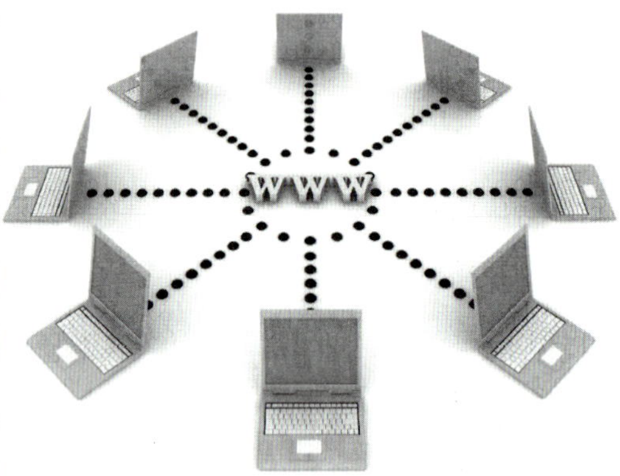

최근 물가 상승 압력이 커지면서 정부가 다양한 방법을 통해 물가를 억제하고 있다. 정부가 고삐를 죄면 죌수록 기업은 기발한 방법으로 적절한 가격을 책정해 지속적인 수익 창출 방법을 고민하게 마련이다. 1970~1980년대 정부가 자장면, 라면 등을 물가 관리 집중 품목으로 지정하자, 많은 기업들은 가격은 그대로 유지하면서 내용물의 양만 줄여 적정 이익을 보장했다. 이는 매우 고전적인 방법이다. 하지만 이 같은 방법만으로는 충분하지 않다. 특히 유선, 무선 인터넷과 같은 새로운 통신 수단의 확산은 기업의 고전적인 가격 책정 방식에도 획기적인 변화를 가져 왔다

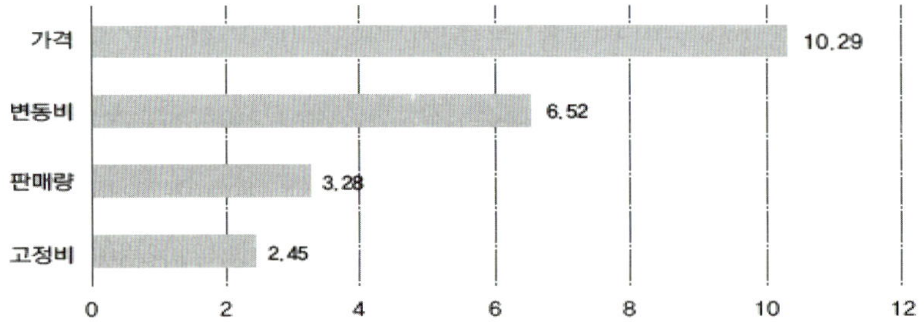

❙그림 1❙ 가격 변동이 기업 이익에 미치는 영향

가격이 기업 이익에 미치는 영향은 매우 크다. 변동비, 고정비, 판매량 등 다른 변수와 비교해보면 차이는 더 현격하다. 미국 펜실베이니아대 와튼 경영대학원의 자그모한 라주, 존 장 교수의 연구에 따르면 기업이 고정비용을 1% 절감할 때 기업의 수익성은 평균 2.45% 상승하고, 판매량이 1% 증가하면 수익성은 3.28% 오른다. 변동비용을 1% 절감하면 수익성은 6.52% 증가한다. 하지만 가격을 1% 높이면 수익성은

---

1) 출처: 이장혁 고려대교수, DBR 2011년 3월호. 본 사례의 전재를 쾌히 승낙해주신 원저자와 판권자께 감사드립니다.

무려 10.29%나 상승한다.(그림1) 가격 변동이 미치는 영향은 산업별로도 큰 차이가 있다. 산업 표준에 따라 업계를 8개 산업으로 나눌 때, 도소매업과 같은 유통산업에서 특히 가격이 수익성에 미치는 영향이 크다.(그림2)

출처: 스마트 프라이싱

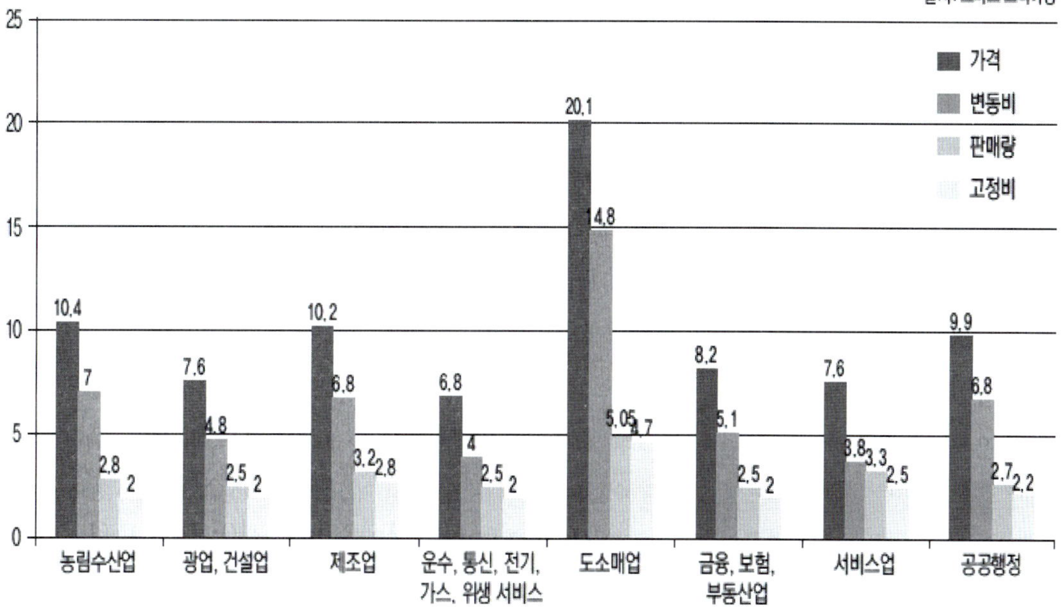

❙그림 2❙ 가격 변동의 산업별 영향

그럼에도 불구하고 왜 대부분의 기업은 가격 책정에 소극적일까. 스마트폰이 대중화된 21세기에도 왜 비용 가산법, 경쟁 기반법, 소비자 지각 가치법과 같은 전통적인 방법만 선호할까. 생산 비용에 적정 이윤을 더해 가격을 정하는 비용 가산 책정법은 적용 방식이 간단하고, 소비자가 보기에 공정해 보이는데다, 재무적 안전성까지 제공한다는 장점 때문에 많은 기업이 사용하고 있다. 특히 공기업의 사용 빈도는 압도적이다.

그러나 비용 가산 책정법의 3가지 장점 중 어느 하나도 이의 사용을 정당화해주지는 않는다. 첫째, 간단한 방법이 항상 좋은 건 아니다. 우리가 사용하는 많은 제품들의 경우 생산자들조차 정확히 원가를 계산하기 어려워한다. 또 많은 소비자들은 제품 원가를 정확히 파악하려고 노력하기보다 제품이 제공하는 편익(benefit)에 더 관심을 갖는다. 특히 낮은 가격은 기능과 관계없이 상징적 편익을 떨어뜨릴 수 있다. 제조 원가가 낮다고 해서 무조건 낮게 가격을 정할 필요는 없다는 뜻이다. 선물용으로 구매하는 스카프, 지갑, 만년필과 남이 알아 보기 쉬운 의류, 시계, 가방, 자동차와 같은 상품은 남들이 알아 주는 가격 수준이 곧 그 제품의 가치를 반영한다. 제조 원가가 낮다고 제품 가격 또한 낮게 책정할 필요가 없는 상품들이다.

둘째, 소비자들이 가격에 적용하는 '공정함'의 기준은 생산자와 상당한 차이가 있다. '기대 이론'으로 1992년 노벨 경제학상을 수상한 대니얼 카너먼 미 프린스턴대 교수와 공동 연구자들의 연구에 따르면 이들의 조사에 응한 절반 가까운 응답자가 '공정함은 기업이 정당한 이윤을 포기하는 일을 뜻하지 않는다'고 말했다. 하지만 응답자들은 동시에 '혁신과 효율성 제고로 인한 것이 아닌, 투입 원가 절감으로 인한 비용 절감분은 소비자들에게 귀착돼야 한다'고 답했다. 즉 국제 원유가격이 하락하면 주유소의 휘발유 값도 하락해야 마땅하지만, 어떤 기업이 정제 비용을 낮추면서 옥탄가를 높이는 고급 공정 기술을 개발했다면 원가 하락에 연동해 가격을 내리지 않거나 심지어 가격을 올려도 된다고 답한 소비자들이 많았다는 뜻이다. 즉 소비자는 절대 투입 비용에 대한 공정성보다 최종 결과물이 제공하는 가치의 공정성에 더 큰 무게를 둔다. 이는 곧 비용 가산법이 소비자에게 공정함을 보장해주지 못한다는 것을 보여 준다.

셋째, 비용 가산법이 재무 안정성을 훼손시킬 수 있다. 특히 책정된 가격이 생산 비용에 비해 지나치게 낮을 때 문제가 생긴다. 제품 원가는 판매량과 상관이 있다. 즉 고정 비용은 판매량에 따라 제품당 비용이 달라지는데, 많은 판매 담당자들은 목표 판매량을 너무 높게 책정하는 경향이 있다. 이때, 실제 판매량이 목표 판매량보다 작으면 제품의 원가는 높아지고 판매 수익은 줄어 심하면 손실이 발생할 수 있다. 따라서 비용 가산법이 주는 재무 안정성 또한 목표 판매량 대비 실제 판매량에 따라 차이를 보일 수 있다.

경쟁 기반법, 소비자 지각 가치 기반 책정법 또한 가격 책정에 대한 경영진의 책임감 및 판단력 상실, 가격 전쟁, 가격 차별로 인한 불만 고객 증가, 구매자의 선호 숨김 현상으로 인한 신제품 개발 유인 감소 등의 부작용을 초래하고 있다. 이런 부작용을 최소화하면서 기업은 이익을 확대하고 고객은 더 큰 가치를 얻는 혁신적인 가격 책정 방법은 없을까? 여러 방법 중 원하는 만큼 지불(pay as you wish), 무료(going free), 소셜 커머스(social commerce) 3가지 방식을 통해 그 성공 요인과 시사점을 알아보자. 특히 요즘처럼 물가가 가파르게 상승하고, 소비자 개개인의 다양한 욕구를 채워줘야 하는 시점에서는 소셜 커머스를 이용한 가격 책정 방식이 새로운 대안이 될 수 있다.

원하는 만큼 지불(pay as you wish)

소비자가 특정 상품에 대해 본인이 원하는 만큼 지불하는 방법이다. 돈을 내고 싶지 않으면 한 푼도 지불하지 않아도 된다. 대표적인 성공 사례는 영국의 록 밴드 라디오헤드 (Radiohead)가 2007년 9월 'In Rainbows' 앨범을 출시할 때의 일이다. 고객들은 inrainbows.com 의 결제 페이지에서 빈 가격 난을 볼 수 있었다. 이 곳을 클릭하면 새로운 메시지 창이 떴다. "당신이 가격을 정하세요." 다음 페이지로 넘어가도 비슷한 메시지 창이 떴다. "아니, 정말로 당신이 결정하세요." 결과는 어땠을까? 180만 명 이상의 고객이 라디오헤드의 앨범을 다운로드 받았다. 이중 40%가 돈을 지불했다. 72만 명이 돈을 냈다는 뜻이다.

미국 유타 주 솔트레이크 시티의 One World Café 역시 '원하는 만큼 지불' 방식을 택해 매일 150~200명의 고객을 맞는다. 2009년 이 식당은 일반적인 소규모 음식점의 이익인 4~6%와 유사한 5%의 이익을 올렸다.

이렇듯 '원하는 만큼 지불' 하는 가격 책정법이 생각보다 현실적인 이유는 정상 가격을 책정할 때 발생하는 여러 문제를 해결해주기 때문이다. 판매자는 상품의 적당한 가격이 얼마인지 알아내야 하는데 이는 고객마다 다르다. 이를 파악하기도 어렵고, 파악하는 데도 상당한 시간이 든다. '원하는 만큼 지불' 하는 가격 책정법은 판매자에게는 각각의 고객이 최고의 구매 가격을 제시하게 하고, 구매자는 자신이 제품에 대해 과다 지불하지 않았다고 생각하게 만든다. 때문에 판매자와 구매자가 모두 만족할 수 있는 해결책을 제시한다.

물론 모든 기업이 '원하는 만큼 지불' 하는 방법을 적용할 수는 없다. 디지털 음악 앨범과 식당의 예에서 볼 수 있듯 제공하는 상품의 한계 생산 비용이 낮아야 한다. 공짜로 구매하거나, 돈을 내더라도 매우 적은 돈을 내는 고객이 많으면 수익을 내기가 어렵다. 당연히 지속적으로 '원하는 만큼 지불' 가격 책정법을 유지할 수 없다. 한계 생산 비용도 낮아야 하지만 상품이 제공하는 편익을 잘 파악하고 이에 적합한 가격을 지불하는 공정한 소비자도 존재해야 한다.

공정한 소비자를 만들려면 어떻게 해야 할까. 물론 자생적인 환경에서 이와 같은 공정한 소비자가 많이 존재하는 시장도 있을 수 있지만 소비자가 공정해질 수 있는 상호 모니터링 제도가 있을 때 더 효과적으로 이 방법을 적용할 수 있다. 식당에서 식사를 하고 나가기 전에 꼭 주인과 눈길을 마주치게 동선을 설계할 수도 있다. 너무 낮은 가격을 지불했을 때는 그 돈을 다시 고객에게 돌려줘 고객에게 부담을 느끼게 할 수도 있다. 뿐만 아니라 반드시 예약을 받아 재방문을 할 때 적당한 금액을 지불하도록 무언의 압력을 가할 수도 있다. 판매자와 구매자 간의 강한 유대 관계를 형성해 구매자가 판매자의 이익에 기여해야 한다는 의무감을 유발시킬 수도 있다.

'원하는 만큼 지불' 가격 책정법을 적용하기에 적절한 산업은 한계 생산 비용이 0에 가까운 디지털 콘텐츠 산업, 고객 숫자가 적정한 규모에서 한계 생산 비용이 0에 가까운 인터넷 게임, 놀이 동산, 공연, 전시와 같은 행사 서비스 등이다. 판매 수입액보다 사용자 수와 같은 지표가 목표인 공공 서비스에도 적합하다. 이 방법은 같은 상품에 대해 소비자의 지불 의향이 광범위하게 퍼져 있을 때 정가를 정하는 가격 책정 방식보다 더 많은 고객이 본인이 원하는 가격에 구매할 수 있게 만든다는 점에서 긍정적이다. 특히 경쟁 강도가 심한 시장에서 무리한 가격 인하 전쟁을 피할 수 있다는 장점도 있다.

무료(going free)

"무료로 상품을 제공하면서도 수익을 낼 수 있는 기업이 있는가"라는 질문에 "아니오"라고 대답하는 사람은 양면 시장(two-sided market)을 잘 이해하지 못하는 사람이다. 인터넷이 등장한 후 포털, 검색, 사회 연결망 서비스 등 일반 사용자들은 전혀 대가를 지불하지 않으면서도 무제한으로 즐길 수 있는 서비스를 제공하는 기업이 많아졌다. 물론 이런 기업들이 전혀 수입이 없는 건 아니다. 수입을 일으키는 고객과 서비스를 사용하는 고객이 분리돼 양면 시장을 구성했을 뿐이다.

이들 기업이 무료 고객으로부터 찾는 건 고객의 지갑이 아닌 고객의 '주의(attention)'다. 이 '주의'를 필요로 하는 다른 고객인 광고주에게 무료 고객의 선호에 적합한 광고를 판매해 수입을 올리고 있다. 이미 구글과 페이스북이 이와 같은 양면 시장을 활용한 무료 서비스 제공으로 성공적인 사례를 보여줬다. 이용자 숫자가 늘어나야 이용자가 얻는 가치가 증가하는 상품도 마찬가지다. 스카이프(skype)와 같은 인터넷 전화, 여러 사용자가 온라인으로 접속해 역할 분담을 하는 MMORPG 게임 등은 일부 고객에게 무료로 서비스를 제공할 만한 충분한 동기를 갖고 있다.

'무료' 가격정책을 가능케 해 주는 주된 요인은 정보의 한계비용 하락이다. 유선 광대역 인터넷 서비스, 무선 인터넷 서비스의 가격은 지속적으로 떨어지고 있다. WIFI 서비스도 무료여서 많은 자료가 양방향으로 전달될 수 있다. 때문에 사용자 개개인의 선호를 파악, 이를 필요로 하는 광고주 고객에게는 광고를 판매해 수입을 올리는 대신, 일반 사용자에게는 무료로 정보통신 서비스를 제공하는 사업 모델이 가능해졌다.

핵심은 두 가지다. 첫째, 전통 매체를 통한 광고보다 더 적은 비용으로 필요한 고객에게만 광고를 노출할 수 있을 뿐 아니라, 이 고객을 원하는 장소로 유도해 매출로 연결시킬 수 있다는 점이다. 즉 광고주는 광고 비용대비 효과를 더 정확하게 분석할 수 있다. 둘째, 크라우드 소싱(crowd-sourcing)을 통해 생산자가 모든 콘텐츠를 직접 생산하지 않고 다른 사람의 손을 빌려 비용을 절감함과 동시에 다양한 콘텐츠를 제공한다.

유튜브(Youtube)에서는 분당 24분 분량의 동영상이 사용자에 의해 업로딩된다. CNN의 i-reporter 프로그램은 수천 명의 아마추어 기자들이 제공하는 기사를 바탕으로 만들어진다. 언론계에 새로운 수익 모델을 제시한 허핑턴 포스트(Huffington Post)는 내부 기자가 아니라 독립 칼럼니스트와 3000 명의 자원 봉사자가 대부분의 기사를 작성한다. 최근 AOL이 인수를 결정한 허핑턴 포스트는 하루 평균 160만 부를 판매한다. 워싱턴 포스트(Washington Post)가 수백 명의 전문 인력을 동원해 일궈낸 성과보다 두 배 많다.

위키피디아(Wikipedia)는 광고 없이 기부금만으로 운영하고 있다. 하지만 브리태니커 백과 사전이 12만 개 항목을 제공하는 반면, 위키피디아는 무려 210만 개 항목을 제공한다. 오류도 별로 없다. 이처럼 크라우드 소싱은 더 즉각적이고, 개인적이고, 광범위한 곳에서 이뤄지기 때문에 많은 사용자의 관심을 증폭시킨다.

	최소	최대	평균	중간값
원가격	7000	4500000	93641	30000
할인율	50%	86%	57%	53%
최소구매인원	10	500	91	100
구매인원	25	23246	1481	997
유효기간(월)	1	6	3	3
구매율	1.3	83.8	16.7	14.9

출처: ticketmonster.co.kr

❙ 표 1 ❙ 타켓 몬스터 쿠폰 특징

사람들은 왜 무료를 좋아할까? 샴패니어(Shampanier)와 공동 연구자에 따르면 첫째, 사람들은 무료 상품을 일종의 선물이라고 여겨 일반 상품보다 더욱 고맙게 여기는 경향을 보인다. 이는 사회적 규범과 관련이 많다. 바자회에서 무료로 제공되는 차처럼 많은 사람들이 무료로 제공되는 상품을 선물로 생각한다. 특히 한국에서는 '서비스=무료' 라는 개념이 깊게 자리잡았다.

또한 사람들은 선택할 수 있는 권리에 대해 주관적인 가치를 매기는 데 어려움을 느낀다. 위 연구에서 실험에 참여한 소비자들은 페레로 초콜릿이 26센트, 허쉬 키스가 1센트일 때 각각 40%, 40%씩 선호했다. 이때 20%는 둘 다 선택하지 않았다. 가격을 1센트씩 낮추어 페레로가 25센트, 허쉬 키스가 무료가 되자 선호도는 각각 10% 90%로 달라졌다. 즉 이전에 선택하지 않았던 사람들조차 무료 상품을 선택한 셈이다. 페레로 초콜릿의 가치가 25센트보다 더 큰지 작은지 판단하기는 어렵지만, 허쉬 키스는 무료이기 때문에 최소한 아무 상품도 없는 것보다는 낫다고 쉽게 판단을 내린다는 뜻이다. 결론적으로 사람들은 더 이상 하향 가능성이 없는 제안을 선호한다. 때문에 소비자에게 무료 가격은 거절하기 힘든 제안이다.

유입경로	쿠팡	티켓몬	G마켓	옥션
직접 방문	38.0%	38.9%	35.6%	37.2%
포털/검색	58.2%	48.4%	56.1%	55.8%
사회연결망	0.0%	0.0%	0.0%	0.0%
기타	3.8%	12.7%	8.3%	7.0%

유입경로	쿠팡	G마켓	옥션
포털/검색	26.5%	23.4%	21.4%
사회연결망	47.5%	0.0%	0.0%
기타	26.0%	76.6%	78.6%

출처 : Nielsen KoreanClick (2011년1월)

❙ 표 2 ❙ 소셜 커머스 이용 고객들의 유출입 경로

소셜 커머스(social commerce)를 통한 단체 할인

소셜 커머스는 트위터나 페이스북 등 소셜 네트워크 서비스(SNS)를 이용한 전자상거래를 뜻한다. 소셜 미디어의 급성장으로 기존 전시, 공연, 여행과 같은 곳에 제한적으로 적용되는 '단체 할인' 방법 또한 새롭고 중요한 가격 정책으로 부상하고 있다. 일부에서는 뭉치면 싸지는 '단체 할인'이 단순 가격 할인 이상의 다른 효과가 적고 오히려 할인 가격을 적용 받는 고객이 더 낮은 수준의 서비스를 제공받는 역효과가 있다고 비판하기도 한다. 하지만 소셜 커머스를 선도한 미국 그루폰의 회사 가치가 최소 10억 달러에서 최대 30억 달러라는 평가가 나오는 점을 고려할 때, 소셜 커머스는 앞으로 가격 정책의 새로운 축을 차지할 가능성이 높다.

앞서 언급했듯 소셜 커머스의 가장 큰 차이는 고객을 모으는 방법이다. 기존 '단체 할인'은 적정 수의 고객을 모아 단체로 구매하는 방식이었지만 소셜 커머스는 우선 내가 구매를 한 후 할인 가격을 적용 받기 위해 소비자가 직접 다양한 방법으로 그 제품을 홍보하고, 추가 구매자를 모집한다. 회사가 고객을 모으는 방식이 아니라 고객이 다른 고객을 모아 온다. 때문에 전파력이 강하고 소비자가 자신의 개인적 친분을 온라인에서 활용할 수 있다. 온라인 상의 결제가 간단해지고 쿠폰 인쇄, 쿠폰을 휴대전화에 저장하는 방법 등 사용 방법도 용이해져 소셜 커머스를 통한 단체 할인의 위력은 날로 증가하고 있다. 소비자 역시 좋은 품질의 제품을 저렴하고 편리하게 구매할 수 있다는 장점 때문에 이를 반기고 있다.

한국의 대표적 소셜 커머스 회사인 티켓몬스터(티몬)의 현황을 통해 그 위력을 확인해보자. 티몬이 판매하는 상품의 종류를 보면 식당이 49%를 차지한다. 미용/헬스(18%), 공연(16%)이 뒤를 잇고 있다. 그 외 카페, 리조트와 같은 서비스 업종이 대부분을 차지하고 있다. 원래 가격은 3만 원 정도의 쿠폰이 중간을 차지했고, 할인율은 평균 57%다. 구매 인원도 평균 1600명에 이르렀다. 쿠폰의 성격에 따라 구매 후 1~6개월 사이에 사용을 해야 하는 쿠폰이 많았다.(표1)

가장 고가를 기록한 상품은 '웨딩'이다. 원래 가격 450만 원인 상품을 67% 할인한 150만 원에 판매했다. 최소 인원 10명으로 시작했지만 총 296명이 구매해 성황을 이뤘다. 놀랄 만한 사실은 쿠폰 사용 기간이 4개월이란 점이다. 즉 4개월 내에 혼인을 준비하던 커플들이 이런 상품에 대거 몰린 셈이다. 가장 높은 할인율을 기록한 상품은 '바' 다. 원래 가격 21만 3400원인 상품을 86% 할인한 3만 원에 제공했다. 높은 할인율에도 불구하고 최소 인원 50명으로 시작한 이 상품은 141명이 구매하는 데 그쳐 판매량은 상대적으로 저조했다. 반면 할인율 2위를 기록한 '요가' 는 6만 원 상품을 84% 할인해 9500원에 판매했다. 최소 인원 20명으로 시작했으나 무려 34배인 678명이 구매했다. 가장 많이 팔린 상품은 '스키 리조트' 다. 6만8000원인 리프트 권을 66% 할인해 판매한 결과 2만 3246건의 판매가 이뤄졌다.

소셜 커머스 시장에서는 정말 SNS를 통해서만 고객이 유입될까? 이를 알아보기 위해 인터넷 사용자의 방문 사이트를 기록하는 웹 패널 자료를 확인해 보았다. 〈표2〉를 통해 유출 경로를 분석한 결과, 쿠팡은 확실히 페이스북, 트위터의 비중이 높았다. 특히 페이스북(46%)이 강세를 보였다. 즉 소셜 커머스에서 구매를 한 고객이 본인의 소셜 미디어에 접근해 이웃들을 대상으로 상품을 소개하는 활동을 상당히 적극적으로 했다는 뜻이다.

반면 유입 경로는 이와 달랐다. 페이스북, 트위터 등 주요 소셜 미디어는 유입 경로 상위 20위안에도 들지 못했다. 대신 직접 주소 입력 및 포털 또는 검색엔진을 통해 유입된 비중이 큰 부분을 차지했다. 이와 같은 유입 경로 패턴은 소셜 커머스 사이트가 성공하기 위해서는 결국 사이트 인지도를 높여서 직접 주소를 입력하고 방문하도록 유도하는 마케팅 활동이 필수적임을 보여 준다.

이 판매 결과를 놓고 볼 때 소셜 커머스를 활용하고자 하는 마케터가 염두에 둘 점은 다음과 같다. 첫째, 소셜 커머스를 활용한 매출 증가 목적을 명확히 규정해야 한다. 저가 제품으로 단발성 고객을 유인한 후 매출 및 회전율을 높이려는 전략인지, 소셜 커머스를 통해 획득한 신규 고객을 단골 고객으로 유지 발전시키는 전략 중에서 자사에 맞는 전략을 선택해야 한다. 이때 기준은 주요 고객의 접근성과 서비스 품질이다. 고객이 예상하는 품질로 제공할 수 있는 서비스의 공급량을 고려해 할인율을 결정하거나 최대 판매량을 정하고, 소셜 커머스를 활용해야 한다는 뜻이다.

위에서 언급한 '웨딩' 상품은 296쌍이 구매해 높은 판매 효과를 얻긴 했다. 하지만 이들이 4개월 이내에 모두 혼인을 하려면 매일 2.5쌍이 이 쿠폰을 사용해야 한다. 예약 관련 문제점이 발생했을 가능성이 크다. 무리한 판매는 서비스 품질 저하로 이어지고, 소셜 커머스를 통해 어렵게 확보한 신규 고객을 단골로 유지하기가 어려워진다. 뿐만 아니라 불만 고객의 부정적인 구전 마케팅은 향후 사업에 악영향을 끼칠 수 있다.

둘째, 유입된 신규 고객을 유지할 수 있는 마케팅 방안을 마련해야 한다. 현재 소셜 커머스를 활발히 활용하는 식당, 공연, 미용/헬스 등의 서비스를 보면 고객 관리의 기본인 '고객 식별' 작업도 제대로 하지 않는 업체가 많다. 해당 고객은 자신을 단골이라 생각하고 재방문 전화 예약을 했다. 하지만 정작 회사는 이 고객이 신규 고객인지 재방문 고객인지를 구별하지 못해 처음 등록한 고객 정보를 활용하지 못하고 연락처와 같은 정보를 여러 번 질문해 고객을 성가시게 한다. 스마트폰 환경에 익숙한 소셜 커머스 사용 고객의 정보를 자연스럽게 받아 등록, 관리할 수 있는 고객관계관리(CRM) 시스템이 필요하다.

3가지 가격 책정 방법에서 볼 수 있듯 기술 발전은 더욱 새롭고 효과적인 가격 책정 방식을 요구한다. 특히 무선 인터넷의 빠른 확산은 어느 곳에서나 개개인의 기호에 맞는 상품을 다양한 가격에 판매할 수 있는 기회를 제공한다. 마케팅 담당자들은 가격 책정을 전략적 우선 과제로 다룰 필요가 있다. 많은 기업들이 스마트 프라이싱을 통해 고객도 만족시키면서 회사의 이익을 늘릴 수 있는 방법을 찾기 바란다.

토론문제: 소셜 커머스를 이용한 스마트 프라이싱을 잘 활용하려면?

시사점: 소셜 미디어를 이용한 전자상거래를 뜻하는 소셜 커머스는 기업과 고객 모두에게 가격 책정법의 새로운 전기를 마련해주고 있다. 회사가 고객을 모으는 기존 단체 할인과 달리 소셜 커머스를 통한 단체 할인은 고객이 다른 고객을 모아오기 때문에 전파력이 강하고 고객 모집 비용도 줄일 수 있다. 소셜 커머스를 잘 활용하려면 우선 저가 제품으로 단발성 고객을 유인한 후 회전율을 높이려는 전략인지, 신규 고객을 단골 고객으로 유지 발전시키려는 전략인지부터 명확히 규정해야 한다. 무리한 판매는 서비스 품질 저하로 이어지고, 어렵게 확보한 신규 고객을 단골로 유지하기도 어려워진다. 불만 고객의 부정적인 구전 마케팅은 향후 사업에도 악영향을 끼칠 수 있다. 신규 고객을 단골 고객으로 만들 수 있는 마케팅 인프라도 잘 구축해야 한다.

유통전략

제 1 절 유통전략의 체계

유통전략 혹은 경로전략은 마케팅활동을 펼치는 국가의 유통구조에 의해 크게 규정되는 면이 있다. 또한 복잡한 조직간 관계의 관리라고 하는 그 특성상 일단 한번 경로를 선택하고 구축한 뒤에는 이를 간단히 변경할 수가 없다. 이러한 이유 때문에 경로전략은 4P의 다른 전략에 비하여 고도의 장기적인 의사결정을 수반한다.

경로전략의 체계는 크게 경로선택과 경로관리로 양분된다. 경로선택은 자사제품을 어떤 경로를 통하여 유통시킬 것인가 하는 것으로 그 중에는 도매업자를 사용할 것인가 혹은 자사 스스로 판매회사를 가질 것인가 하는 의사결정이 포함된다. 또한 할인점을 중심으로 판매할 것인가 혹은 다수의 일반소매점에서 판매할 것인가 하는 의사결정이 포함된다. 한편, 경로관리는 선택하고 구축한 경로의 효과적 운용을 위한 모든 관리로 구성된다. 이하에서는 특히 소비재 제조기업을 염두에 두고 경로선택과 경로관리의 전략의 이론을 검토하고 최후에 경로대응의 방향성을 고찰한다.

전략포커스 11-1 **"상식을 뒤집을 때 고객니즈 보인다"… `세계최대 편의점`의 성장 비결**

1973년 일본 최대 슈퍼마켓 체인 이토요카도는 회사 역사에서 가장 중요한 결정 하나를 내렸다. 미국에서 새로운 유통 브랜드를 수입키로 한 것. 그러나 결정 후 회사는 논란에 휩싸였다. 출점전략을 놓고 이견이 불거진 것이다. 대부분 임원들은 점포 간 거리를 넓게 둬야 한다고 주장했다. 그래야만 상권이 겹치는 현상을 피할 수 있다는 상식적 논거에서였다. 그러나 이 브랜드를 수입하는 데 앞장선 스즈키 도시후미 전무는 반대했다. 특정지역에 집중적으로 점포를 내자고 했다. 배송 거리가 500m일 때 배송시스템의 효율성이 가장 높아진다는 근거를 들이댔다. 그래야 하루에 세 번 배송, 제품의 신선도를 유지할 수 있다고 강조했다. 이를 통해 다른 미니슈퍼들과 차별화하자는 것이었다. 이토요카도는 그의 주장을 채택했다.

상식 밖의 출점 전략은 효과를 발휘했다. 도입 2년 만에 점포가 100여개로 급증했다. 이 회사는 현재 세계 최대 편의점으로 성장한 세븐일레븐이다. 세븐일레븐 성장의 역사는 상식을 뒤집는 전략의 연속이었다.

◆ 상식을 뒤집는 모험, 새로 쓴 유통사

세븐일레븐을 일본에 처음 들여온 것도 모험이었다. 세븐일레븐은 원래 미국 사우스랜드의 브랜드였다. 스즈키 전무는 미국에 출장을 갔다가 우연히 세븐일레븐을 봤다. 50평 정도에 불과한 작은 '매점'이 미국에 4000여개나 있는 것이 신기했다. 당시 일본 소매업계의 트렌드는 대형화였다. 그는 귀국 후 세븐일레븐을 일본에 들여오자고 제안했다. 회사 동료들은 "다들 대형 매장을 세우느라 정신이 없는데 왜 소형 매장을 주장하느냐"며 반대했다.

하지만 그는 "소형 매점도 대형 매장처럼 생산성을 높여 성장할 수 있다"고 반박했다. 그리고 경영진을 설득, 결국 세븐일레븐을 도입했다. 규모는 작지만 '연중무휴, 아침 7시부터 밤 11시까지'를 내걸었다. 그의 결단으로 일본 최초의 편의점이 탄생했다. 일본 언론들은 '편의점'이라는 새로운 개념의 소매업체가 등장하자 "일본에 유통 혁명이 일어났다"고 보도하기도 했다.

상식을 거부하는 결단은 제품 선정에도 적용됐다. '삼각김밥'을 편의점 최초로 도입할 때도 반대가 거셌다. 삼각김밥은 '오니기리'(일본식 주먹밥)를 변형시킨 것이다. 오니기리는 일정 시간이 지나면 김과 밥 사이에 물기가 생겨 눅눅해지기 때문에, 여기에 비닐을 끼워 습기를 없앴다. 한 중소기업이 처음으로 만들어낸 삼각김밥을 세븐일레븐이 판매하겠다고 발표하자 회사 내에서도 반발이 나왔다.

공산품을 파는 미국 시스템을 그대로 도입해야 한다는 목소리가 높았다. 굳이 일본식으로 메뉴를 바꾸고 독특한 경영 방식을 생각해 내지 않아도 성공할 수 있다는 논리였다. 그러나 세븐일레븐은 과감히 삼각김밥을 판매했다. 이 상품은 곧장 '효자상품' 리스트에 이름을 올렸다. 삼각김밥은 어묵, 도시락 시리즈로 이어졌다. 이들 제품은 세븐일레븐의 주력 상품으로 자리잡아 성장의 기반을 제공했다.

회장이 된 스즈키는 "모두가 찬성하는 아이디어는 대개 실패한다"며 "기존의 고정관념을 뒤엎고 강력하게 일을 추진해야 한다"고 직원들에게 '반골(反骨) 정신'을 강조했다. 성장을 거듭한 세븐일레븐은 1991년 미국 사우스랜드 주식의 70%를 사들였다. 2005년에는 지분 100%를 인수, 세계 세븐일레븐 체인의 주인이 됐다. 일본에 브랜드를 들여온 지 33년 만에 미국 회사까지 사들인 것이다. 2007년에는 맥도날드를 제치고 세계에서 가장 많은 점포를 가진 기업으로 성장했다. 현재 세븐일레븐은 20여개국에서 4만2000여개의 점포를 운영하고 있다.

◆ "말하지 않는 고객 욕구를 찾아라"

세븐일레븐은 고객의 잠재 니즈를 정확하게 분석하는 데도 주력한다. 이곳에서 일하는 아르바이트생들은 단순 작업만 하는 게 아니다. 직접 고객의 니즈를 파악하는 데 앞장선다. 세븐일레븐 점원들은 스스로 일종의 '가설'을 세우고 '검증'을 해야 한다. 일정 상품을 배정받으면, 그 상품이 다음날 얼마나 팔릴지를 미리 예상해 주문하는 것이다. 예상치와 판매량이 부합하는지 결과도 보고한다. 세븐일레븐은 고객과 가장 가깝게 소통하는 아르바이트생들을 통해 고객의 잠재 니즈를 정확히 파악하기 위해 이 같은 '가설-검증 프로그램'을 도입했다. 일본 유명 저널리스트 가쓰미 아키라는 "세븐일레븐에서 3개월만 아르바이트를 하면 경영학을 알 수 있다"고 말하기도 했다.

고객들의 취향을 미리 세밀하게 분석해 놓는 것도 필수다. 세븐일레븐 점원들은 계산대를 열기 전 몇 가지 정보를 입력해야만 한다. 구입 제품의 바코드를 입력하면서 고객의 나이대와 성별 등도 함께 넣어야만 계산대를 열고 잔돈을 줄 수 있다. 본사에서는 누가,무엇을,어디에서,언제 구매하는지를 파악해 고객의 구매 성향을 분석한다. 세븐일레븐은 POS 시스템을 업계 최초로 도입해 이 같은 작업을 실시했다. 본사는 또 이 정보들을 정리해 몇 시간 뒤 지점으로 다시 보내준다. 본사 직원 역시 고객이 많이 찾지만 점포 재고에는 없는 제품을 파악해 전송한다.

세븐일레븐은 날씨 등 조그만 변화에도 민감하게 반응해 진열을 바꾼다. 스즈키 회장은 새벽에 눈을 떠 5시15분 일기예보를 확인하고, 출근길에도 늘 라디오를 켜놓고 수시로 날씨를 체크한다. 지역 행사 등 매장 주변 정보도 자세히 파악해 둔다. 매장 주위의 공사 일정표를 미리 보고 공사가 있는 날에는 배불리 먹을 수 있는 도시락을 많이 준비해 두는 식이다.

> 스즈키 회장은 "우리의 경쟁 상대는 경쟁 회사가 아니라 시시각각 변하는 고객의 니즈"라며 "현재에 안주하지 않고 끊임없이 고객의 심리를 연구하는 '성공 기억 상실증'에 걸려야 한다"고 강조했다.
>
> 출처: 한국경제 2011. 9. 15.

제 2 절 경로의 선택

1. 세 가지의 경로정책

경로선택에 관계되는 대표적인 경로정책으로는 M.T. Copeland가 이론적 기초를 구축하고 그 후의 연구자들에 의하여 유형화된 개방적(혹은 집중적 intensive), 선택적(selective), 배타적(exclusive)이라고 하는 세 가지의 경로정책이다. 첫째로, 개방적(intensive) 경로정책은 식품이나 일용잡화품 등의 편의품의 유통에 흔히 볼 수 있는데, 소비자의 구매빈도가 높을 경우 적합한 경로정책으로 이를 통해 제품을 많은 소매점에 보급하는데 이를 위해 도매업자도 많이 이용한다. 다만, 이 경로정책은 통제력이 가장 약하다.

둘째로, 배타적(exclusive) 경로정책은 자동차 등의 전문품이나 몇 몇 패션 브랜드 등에서 볼 수 있다. 브랜드 이미지의 유지 및 소비자에의 높은 서비스의 필요성에서 소매점을 한정함으로 통제력이 가장 강하다.

셋째로, 선택적(selective) 경로정책은 양자의 중간적 특징을 가지고 있는 것이다.

다만, 최근에는 이러한 세 가지의 경로정책이 기본적으로 상정되어있는 전통적 경로에서 보다 장기적인 거래관계를 겨냥하여 조직화된 수직적 마케팅시스템(VMS)으로 경로의 중심이 이행하고 있다. 즉 종래의 제조기업간 경쟁에서, 최근에는 유통업을 끌어들인 VMS간 경쟁으로 경쟁의 중점이 이행하고 있으므로, 이 VMS의 효과적 구축이 각 제조기업에게 있어 중요한 전략과제가 되고 있다.

2. 수직적 마케팅시스템(VMS)

수직적 마케팅시스템에는 통합도가 높은 순서에 따라 기업형VMS , 계약형VMS, 관리형VMS라는 세 가지 유형이 있다. 첫째로, 기업형VMS는 특정의 기업의 자본을 토대로 하여 유통경로의 다른 단계가 통합된 것으로, 제조기업에 의한 자사 도매부문의 설치나 자사 소매부문의 설치, 또한 소매업에 의한 자사 도매부문의 설치(대형 소매업의 체인본부나 물류센터 등)나 자사 제조부문의 설치(대형 소매업의 PB의 생산 등) 등이 있다.

둘째로, 계약형VMS는 자본이 상이한 기업간에 계약에 의해 유통경로의 상이한 단계가 통합된 것으로, 대표적인 것으로 도매상주도 자발적 체인, 소매상주도 협력 체인, 프랜차이즈 시스템 등이 있다.

셋째로, 관리형VMS는 자본이 상이한 기업간에 엄밀한 계약에 의하지 않고 유통경로의 상이한 단계가 경로 리더의 리더쉽을 중심으로 통합된 것으로, 소비재 제조기업의 유통경로에서 흔히 볼 수 있다.

이러한 세 가지의 VMS 중에서 기업형VMS가 경로 리더(제조기업 등)의 통제가 가장 강력하고, 장기적 관점에 입각한 전략책정이 가능하다. 반면에, 자사내의 조직에 대한 투자가 필요하고, 자사 조직의 이익을 위하여 환경변화에 대응한 기동적인 경로전략의 변경이 쉽지 않은 면이 있다. 한편, 관리형VMS은 이와 반대의 특징을 가지며, 계약형VMS는 중간에 위치한다. 어느 VMS를 자사의 유통경로로서 구축할 것인가 하는 것은 매우 중요한 의사결정이다.

3. 경로선택의 의사결정 과제

① 판매회사인가 혹은 도매상인가

소비재 제조기업에 있어서 경로선택에 관한 의사결정과제는 도매단계에 자사의 판매회사를 소유할 것인가(기업형VMS) 혹은 도매업자를 이용할 것인가(관리형VMS)라는 의사결정 과제가 있다. 이 문제에 관하여 O.E. Williamson에 의해 대표되는 거래비용 (transaction cost)의 연구가 있다. 거래비용은 제품 및 서비스의 거래에 수반하여 거래참가자가 부담하지 않을 수 없는 비용으로, 구체적으로는 정보수집비용, 거래계약체결에 소요되는 비용, 거래계약의 실행 및 확인에 소요되는 비용, 위험부담에 수반하는 비용 등이 있다. 거래비용이 발생하는 이유는 거래당사자의 '제약된 합리성' 과 '기회주의적 행동' 이 있다. 즉 경제학이 상정하는 바와 같은 완전정보를 가지지 못하고, 완전히 합리적인 의사결정도 할 수 없는 '제약된 합리성' 을 토대로 한 거래당사자는 거래계약 등의 복잡성이 증가하고, 그 복잡성을 극복하기 위하여 많은 거래비용이 필요하다. 또한 자사에 유리한 계약을 진전시키기 위한 홍정 등의 '기회주의적 행동' 은 제조기업과 도매상간의 거래에 의해 거래당사자의 수가 소수가 되는 현상이 점점 현저해져, 이것도 거래의 복잡성을 증가시켜 거래비용을 증가시킨다. 이 때, 자사의 판매회사를 둘러싼 거래활동은 기업내에 내부화되어, 정보도 용이하게 입수되고 기회주의적 행동도 감소된다. 그러나 물론 판매회사를 설립하기 위한 투자비용이나 관리에 소요되는 비용(내부화비용)이 발생한다. 요컨대, 거래비용과 내부화비용을 비교하여 거래비용이 더 크면 자사의 판매회사를 설립하고, 거래비용이 적으면 도매업자를 이용하는 것이 좋다.

이 거래비용 접근법은 반드시 만능이 아니고, 판매회사냐 혹은 도매상이냐를 의사결정할 때는 경합타사의 VMS와의 경쟁분석 등도 필요하다. 다만, 경영기능의 일부를 기업외부에서 조달하는 아웃소싱이 전개되는 등 종래의 고정적인 기업조직보다도 더욱 유연한 네트워크형 조직이 지향되는 현대에 있어서, 경영에 관계되는 다양한 기능을 조직내에서 획득할 것인가 혹은 시장에서 조달할 것인가 하는 '조직과 시장' 의 문제에 대하여 이 거래비용 접근법이 유효한 분석틀을 제공한다.

② 전속대리점인가 할인점 · 백화점 · 전문점인가

경로선택에 있어서의 의사결정과제 가운데 소매단계에 관한 것으로는 전속적 계열대리점을 개척할 것인가, 혹은 백화점, 할인점, 전문점에 집중할 것인가 하는 결정이 있다. 최근 필자가 직접 서베이한 결과에 따르면 가전제품의 경우 삼성전자, 엘지전자 등은 전속대리점 대 할인점, 카테고리킬러, 및 백화점 등의 판매비율이 약 40%대 60%의 비율을 보이고 있다.

이 문제에 관하여 고집중도판로/저집중도판로라고 하는 개념을 사용하여 양판점(이하에서는 할인점, 카테고리킬러 등을 포함하는 점포유형을 지칭하는 용어로 사용함) 대응의 중요성을 설명할 수 있다. 여기서 '판로의 집중도'란 특정 제조기업의 매출액이 거래액 상위의 소매업에 집중되어 있는 정도이다. 〈그림11-1〉에서 보는 바와 같이 종래의 저집중도판로의 경우에는 제조기업의 매출액이 다수의 소규모소매점에 분산되어있었던 데 비하여, 현재의 고집중도판로의 경우에는 제품취급 점포수의 상위 10%의 점포가 제조기업 매출액의 60%~70%를 점유하는 경향이 증대되어 매출액의 대부분이 소수의 양판점에 집중되는 것을 보여준다.

┃그림 11.1┃ 저집중도판로와 고집중도판로

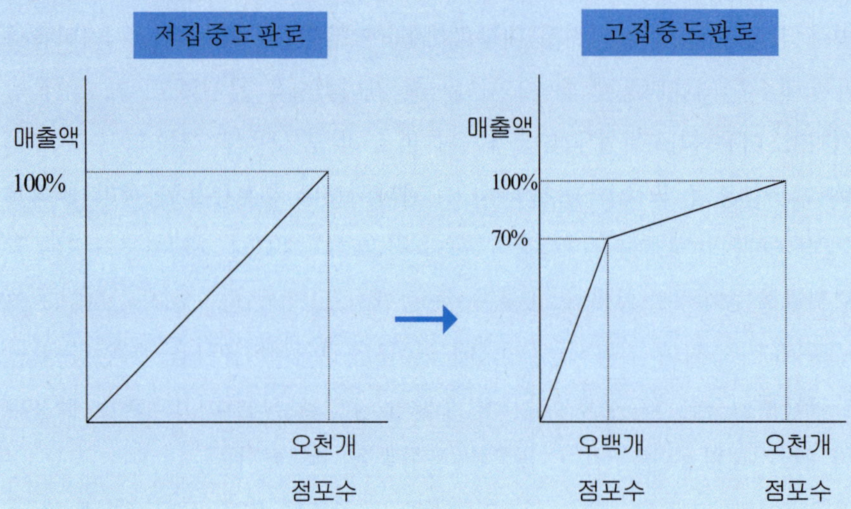

지금까지 마케터들이 추구하여왔던 경로전략의 패러다임은 ① 제품취급점포수의 증대, ② 도·소매점의 계열화, ③ 거래조건의 비표준화(개별대응)로 정리할 수 있다.

첫째로, 종래형의 저집중도판로를 전제로 할 경우 최고의 효과를 발휘하는 것이 현재의 고집중도판로를 전제로 할 경우에는 의미가 없는 경우가 있다. 왜냐하면 취급점포수를 보면 저집중도판로의 경우에는 취급점포수를 증대시키면 시킬수록 매출액이 증가하지만, 고집중도판로의 경우에는 소규모점의 취급점포수를 어느정도 증대시키더라도 매출액의 증가에 대한 공헌도는 낮아 오히려 효율이 악화된다.

둘째로, 전속대리점의 구축 등 소매의 계열화는 할인점 및 양판점이 증대되는 가운데 오히려 전략전개의 족쇄가 되고, 도매의 계열화도 고집중도판로의 경우에 소매점에의 도매점의 판매력이 약화되는 가운데 그 효과가 저하된다.

셋째로, 거래선마다 개별대응하는 것은 오늘날의 고집중도판로에서는 교섭력이 큰 대규모소매점의 요구의 계속적인 증대를 초래하는 경향이 있다. 요컨대 현재의 고집중도판로의 경우에는 일반소매점을 최우선적으로 많이 개척하여 자사제품 취급점포수를 증가시키는 것이 좋고, 계열소매점망을 확대하는 것은 좋은 전략이 아니다. 즉 경로전략의 중점이 많은 소매점을 계열화하여 관리하는 것을 중심으로 하는 도매업 정책에서, 매출액이 높은 부분에 집중하는 양판점정책으로 이동하고 있다.

제 3 절 경로관리

경로선택에 관한 의사결정을 수행함으로써 최적의 경로가 선택, 구축된 다음에는 그 경로가 경로리더 아래 적절히 관리, 운영될 수 있도록 하는 것이 경로가 최대의 효과를 발휘하는 데 긴요하다. 우리나라의 유통구조의 변천을 살펴보면 경로리더의 지위는 건국 초기 도매업이 점하고 있다가 경제개발 이후에는 대규모 과점 제조기업들이 이를 대체하였는데 대기업들은 대량생산체제를 배경으로 하여 도·소매업을 계열화하여 제조기업 주도의 유통경로를 구축하였다. 그 후 90년대 이후 유통시장의 개방과 더불어 급성장한 할인점 등 대규모 소매점이 대규모 제조기업에 대항세력으로 대두하여 현재 일부 제품분야의 경우에는 대규모 소매점이 경로리더로서의 역할을 하고 있다. 이하에서는 우선 제조기업 주도형 경로의 경우의 제조기업의 경로관리 전략을 개관한 다음 대규모 소매상(power retailer)론을 고찰한 후 향후의 경로전략 방향을 검토한다.

1. 제조기업에 의한 경로관리 전략

제조기업의 경로관리 전략은 매우 다양하지만 그 핵심은 매매기준가격과 리베이트에 의한 가격유지정책이다. 소비재 제조기업의 경우에 일정수준의 실제 거래되는 소매가격의 유지는 이익을 확보하기 위해서도, 또한 브랜드 이미지를 유지하기 위해서도 매우 중요한 과제인데, 이를 표현하는 것이 매매기준가격과 리베이트에 의한 경로관리이다. 매매기준가격은 제조기업이 일정수준의 매매기준가격을 설정하고 유통업자에 일정한 마진을 보장하는 것인데 이에 의해 유통업자는 경로리더인 제조기업의 요구를 수용하고, 가격유지에 협력한다. 또한 경쟁이 격화되고 물류비 등이 상승하여 마진의 보장이 어려운 경우에는 리베이트나 판촉비 등을 지급함으로써 유통업자의 마진을 보장하여 가격유지에 협력하게 만든다.

제조기업 주도형 경로가 전성기였던 시기에는 제조기업, 도매상, 중소소매상이라는 경로 구성원 모두의 목적이 일치하였으므로 이 매매기준가격제도와 리베이트에 의한 경로관리는 높은 효과를 발휘하였다. 그러나 90년대 이후 유통시장 개방 등의 영향으로 할인점 및 대형 슈퍼가 급성장하여 매매기준가격제와 리베이트에 의한 경로관리의 유효성이 상실되게 되었다. 최근 우리나라에서는 개방가격(open price)제도를 도입하여 제조기업이 매매기준가격을 설정하는 대신 유통업자가 자율적으로 가격을 설정하는 제도를 도입하였으므로, 이러한 가격유지정책을 핵심으로 하는 경로관리전략은 근본적으로 변화되어야 할 시점이다.

그러면 어떤 경로관리전략이 사용되어야 할 것인가? 첫째로는, 오픈 프라이스 제도의 실행이다. 오픈 프라이스제도는 소비자에게 제품비교의 준거점이 없어 구매가 어려워진다는 비판이나 스스로 가격을 설정할 수 없는 중소도매상을 배제한다는 비판이 있지만 소비재 제조기업의 경우는 지상명제의 가격유지를 가장 저해하는 할인점에 대하여 '희망소매가격에서 몇% 할인함' 이라는 표시를 할 수 없게 됨으로써 할인점에 커다란 타격을 줄 수 있는 방책이다. 다만, 이러한 개별적인 대응전략이 아니라 경로관리의 기본적인 방향을 변화시키는 패러다임의 전환이 필요하다. 이에 참고가 되는 것이 소위 파워 리테일러論이다.

2. 경로 파워(channel power)

파워 리테일러論은 L.W.Stern에 의해 대표되는 경로의 사회시스템론적 접근법에 의해 활발히 연구된 것인데 경로시스템에 있어서 파워의 원천 및 갈등의 발생의 메커니즘을 설명하는 이론이다. 여기서 파워는 다른 경로구성원(channel member)의 마케팅전략 변수를 통제할 수 있는 능력으로, ① 보유하는 파워의 원천과, ② 이 파워원천에 대한 다른 경로구성원의 의존도(혹은 평가), 이들 변수간의 함수에 의해 생성된다. 가령 세븐일레븐은 풍부한 POS(point of sale)정보와 이를 분석한 정보파워자원을 보유하고 있어, 소비재 제조기업들이 독자적인 매상정보를 가지지 않고 상담에 있어서 오히려 세븐일레븐의 정보에 의존함으로써 세븐일레븐의 파워가 커지게 되었다.

이 파워원천(혹은 자원)에는 報酬, 제재, 정당성, 일체화, 전문성, 정보라는 여섯 가지가 있다. 報酬파워자원에는 리베이트, 장려금 등과 판매지역(territory)제에 의해 특정지역에서의 독점적 판매권을 부여하는 등 다양한 것들이 있다. 제조기업이 가진 제품 자체도 가장 기본적인 보수파워자원으로 생각될 수 있다. 또한 제재파워자원으로는 마진의 축소 등에서부터 출하정지 등에까지 다양한 것이 있다. 정당성파워자원으로는 프랜차이즈본부에서 프랜차이즈 가맹점에 대하여 가지는 것처럼 파워보유의 정통성이 계약에 의해 인정되는 것이다. 일체화(identification)파워자원으로는 계열소매점이 제조기업에 대하여 가지는 것처럼, 경로구성원이 가지는 일체화 혹은 동일시하고 싶은 욕구가 파워자원이다. 전문성파워자원으로는 제조기업이 가지는 점포관리의 제기술 등이 있다. 정보파워자원으로는 제품정보, 기술정보, POS정보, 및 고객정보 등이 있다.

이러한 파워자원에 의한 경로관리의 메커니즘으로는 기본적으로 보수-처벌 메커니즘에 의존하는데 경로 리더의 기대에 부합하는 행동에 대하여 보수를, 기대에 반하는 행동에 대하여 처벌을 부여하는 것이다. 그리고 이 보수-처벌이 얼마만큼의 효과를 발휘할 것인가 하는 것은 경로 리더가 보유하고 있는 파워자원에의 의존도에 따라 변화한다. 가령, 가전제품 제조기업이 가지고 있는 제품군(정보파워자원)에의 매입의존도가 높은 계열소매점에 대해서는 가전제조기업은 커다란 파워를 가진다. 또한 대형 슈퍼가 가지는 판매력(보수파워자원)에의 판매의존도가 높은 식품제조기업에 대해서는 대형 슈퍼는 커다란 파워를 가진다. 이처럼 제조기업이 가지는 제품정보나 리베이트에 대한 소매점의 의존도가 높으면 제조기업이 파워를 가지고, 소매점의 POS정보 및 고객정보에 대한 제조기업의 의존도가 높으면 소매점이 파워를 가진다.

3. 경로 갈등(channel conflict)

경로 갈등은 경로시스템 내에서 발생하는 대립현상인데 경로구성원간의 목표불일치, 역할분담의 부조화, 현실인식의 불일치 등이 그 발생원인이다. 가령, 우리나라에서 얼마전에 발생한 P&G와 이마트간의 갈등, 일본에서 발생한 Kao와 Lawson간의 갈등은 가격유지가 목표인 제조기업과 저가격판매가 목표인 할인점 및 편의점간의 목표불일치가 원인이다. 갈등이 발생하면 안정된 VMS가 유지될 수 없으므로 경로관리의 관점에서는 이의 적절한 제어가 매우 중요하다. 이 갈등제어전략으로는 교섭전략, 境界전략(갈등 당사자의 양 조직의 경계에 위치한 세일즈맨 등의 처리를 실행), 상호침투전략(양 조직의 인사교류 등을 실시), 超조직전략(제3자기관의 재정을 구함) 등이 있다.

파워에 의한 보수-처벌의 메커니즘을 중심으로 시스템내에 갈등이 발생할 경우 적절한 제어전략을 실행하는 것이 파워 리테일러론이 시사하는 경로관리의 방향이다. 이상 파워 리테일러론을 살펴보았는데 대규모 제조기업만이 거대한 파워를 가졌던 과거에 비하여, 대규모 소매상도 똑같이 거대한 파워를 가지는 현재에는 종래형의 보수-처벌 메커니즘에 의한 경로관리만으로는 불충분하다. 오히려 사회시스템으로서의 경로시스템의 효과적 운용을 위해서는 Stern의 사회시스템론에서의 네 가지의 행동차원 가운데 파워와 갈등 외에 두 가지인 역할(기능의 분담에 관계됨)과 커뮤니케이션을 고려한 전략전개가 필요하다. 이러한 문제를 다음에서 논의한다.

제 4 절 새로운 경로대응의 방향

최근 들어 경로를 둘러싼 환경변화는 주목할 만하다. 대형 유통업의 PB에 의한 가격파괴현상이 나타났다가 일단락된 이후에는 제조기업과 소매업의 製販同盟이나 生販統合, 그리고 SCM(공급체인관리; supply chain management) 제휴 등 제조기업, 도매업, 및 소매업의 모든 경로구성원이 새로운 경로대응 전략을 모색하고 있는 상황이다.

제판동맹이나 SCM 제휴나 모두 종래형의 경로리더에 의한 일방적 경로관리보다 Stern 등의 사회시스템론에도 중시된 경로 구성원간의 역할분담 및 커뮤니케이션 효율 향상에 의한 시스템 전체로서의 파워 향상을 도모해야 한다. 즉 대립에서 협조로 전환해야 한다. 이렇게 제조기업과 유통업의 공동행동의 방향성을 고찰하는데 참고가 되는 것이 연기-투기 이론이다.

1. 延期-投機 이론

연기(postponement)-투기(speculation)이론은 P. Bucklin에 의해 체계화된 이론으로 연기와 투기라는 두 가지의 원리에 의해 경로시스템의 구성을 설명하는 것이다. 여기서 연기는 제품의 생산에서 소비에 이르는 일련의 흐름 가운데 제품형태의 확정과 재고형성을 소비현장에 가장 가까운 시점까지 연기하는 것을 의미한다. 반대로 투기는 소비현장에서 먼 시점에 미리 제품형태의 확정과 재고형성을 하는 것을 의미한다. 보다 단순화하면 연기는 실제 수요가 파악될 때까지 가능한 한 제품의 생산을 연기하고, 실제 수요가 존재하는 때에 적절한 점포에 납품을 실행하는 것으로, 이에 의해 소비자욕구에 적합한 생산·유통체제가 가능해진다는 것이다. 한편 투기는 실제 수요의 파악을 기다리지 않고 수요의 예측 등을 토대로 계획적 생산에 의해 가능한 한 조기에 제품을 생산하여 가능한 조기에 적절한 점포에 납품하는 것으로 이에 의해 제조기업은 커다란 규모의 경제성을 얻을 수 있다는 이론이다. 〈그림11-2〉에 연기-투기 이론에 기초한 생산·유통시스템의 대안들이 나타나있다. 즉 각 셀은 연기/투기의

2분법으로 표현되어 있다. 생산 및 유통활동에 관한 의사결정을 실제 수요가 발생하는 시점 가까이까지 연기할 것인가(연기), 그 이전에 미리 할 것인가(투기)에 의해 생산·유통시스템이 크게 변화한다.

|그림 11.2| 연기-투기 이론에 의한 생산·유통시스템의 결정

영역 \ 차원	생산	유통
시간	수주생산 / 예측생산	짧은 사이클 / 긴사이클
공간	분산생산 / 집중생산	분산재고 / 집중재고

그림에서 보는 바와 같이 연기할 것인가 혹은 투기할 것인가 하는 의사결정은 생산활동과 유통활동이라는 두 가지 영역에 있어서 각각 시간과 공간이라는 두 가지 차원에 관하여 합계 네 가지 의사결정을 하게 된다.

우선 생산활동의 시간적 측면에서 보면, 연기의 원리에 따르면 실제 수요가 발생하면서부터 생산하는 수주생산을, 투기의 원리에 따르면 실제 수요가 발생하기 이전에 계획에 의하여 미리 예측생산을 한다. 수주생산은 재고리스크가 없으나 납기가 지체된다. 한편, 예측생산은 그 반대다.

생산활동의 공간적 측면에서 보면, 연기의 원리에 따르면 소비자의 구매지점에 근접하기 위하여 분산생산을, 투기의 원리에 따르면 원재료의 집적지 근처에서 생산하기 위하여 집중생산을 한다. 연기형의 분산생산의 경우에는 원료, 부품, 반제품의 물류가 판매지점 가까이까지 이루어지므로, 물류비가 절약되고 제품화후의 납품리드 타이밍을 단축시키나 규모의 경제성이 상실된다. 한편, 투기형의 집중생산은 그 반대다.

유통활동의 시간적 측면에서는, 납품리드타임과 점포재고기간이라는 두 가지 요인이 있다. 연기의 원리에 따르면 발주를 구매시점 가까이까지 가능한 한 연기하여 짧은 납품리드타임을, 또한 점포재고기간이 짧아지는 上流집중재고와 그곳에서부터 소용량유통을 하게 된다. 한편, 투기의 원리에 따르면 발주를 미리 하므로 긴 납품리드타임을, 또한 점포재고기간이 길어지는 下流집중재고와 그것을 위한 대용량유통을 하게 된다. 연기형의 경우에는 유통업자의 비용이 적으나, 투기형의 경우에는 제조기업의 비용이 적어진다.

유통활동의 공간적 측면에서는, 연기형의 경우, 재고위치가 소비자의 구매지점의 점포에 가깝게 분산재고를 하고, 투기형의 경우에는 점포에서 떨어진 곳에 지리적으로 집중된 집중재고를 한다. 분산재고에는 배송비용, 배송시간이 단축되나 배송거점이 증가되어 재고수준이 상승하고 각종 유통비용이 증대된다. 집중재고는 그 반대다.

제조기업으로서는 가능한 한 투기의 원리에 따른 생산·유통활동을 하여 규모의 경제성을 획득하고자 한다. 즉 집중된 장소에서 예측생산을 하여 집중재고를 긴 사이클로 유통에 흘려보냄으로써 규모의 경제를 거두고자 하므로, 리스크는 유통에 전가된다. 이에 비하여 소매의 입장에서 보면 연기의 원리에 따르고자 한다. 즉, 실제 수요에 맞추어 제조기업에 수주생산을 하여, 분산생산·분산재고로 점포의 근접지점에 상품을 가지고, 짧은 사이클의 배송으로 재고부담을 경감시키고자 한다.

종래의 제조기업 주도형 경로의 경우에는 위에서 논한 투기의 원리에 의한 경로시스템이 지배적이었다. 그러나, 최근 소비자욕구나 라이프스타일이 다양화하고, 고객만족이 중시되는 상황에서 의사결정을 소비현장에 가깝게 할 수 있도록 연기의 원리를 도입하는 것이 필요하다. 다만, 소매업자들이 연기의 원리를 도입하여 발주를 실제 수요가 발생할 시점까지 연기하더라도, 제조기업이나 물류가 연기의 원리에 의해 재구축되지 않으면 납품만 지연될 뿐이다. 즉, 연기의 원리는 제조기업 및 소매업이 각각 개별적으로 도입하여도 어지간히 성공할 수 있는 것이 아니라, 경로시스템 전체로서 수행되어야만이 최대의 효과를 발휘할 수 있으므로 '대립에서 협조로' 라는 접근이 필요하다.

가령 일본의 Kao는 최근 소비재 제품의 물류전략에 있어서 재고투자와 집중재고의 장점을 추구하면서(투기), 동시에 납품리드타임과 점두재고기간의 단축을 도모(연기)

함으로써 유통의 시간차원에서는 연기의 원리를 도입하고 있다. 또한 세븐일레븐 등의 편의점의 도시락이나 패스트푸드에는 수주생산에 가까운 분산생산을 함으로써 연기의 원리가 도입되어 유통면에서도 짧은 사이클·분산재고의 연기형 유통시스템이 확립되고 있다. 어느 경우에도 점포판매정보를 생산단계에 빈번하고 정확하게 투입하는 정보시스템과 그 지시를 토대로 하여 기동적으로 운영되는 물류시스템이 그 기초가 되고 있다. 이러한 의미에서 정보시스템의 구축이 제판동맹, SCM의 필요불가결한 요소이다.

2. 경로관리에서 경로구축으로

세계적으로 2차대전 후 소비재 제조기업이 확대되는 가운데 유통경로의 리더는 소비재 제조기업이었는데 그들이 구축한 대량생산, 대량유통의 시스템 아래 제조기업의 유통경로대응은 어떻게 하면 효율적인 경로 운영을 할 것인가 하는 경로관리에 초점이 두어졌다. 그 후 1960년대초에 대두된 대형 슈퍼는 제조기업에 대항하는 경로시스템 내의 파워구조를 크게 변화시켰지만, 시스템자체는 그대로이면서 초점은 여전히 경로관리였다. 그러다 최근 소비자행동의 다양화, 정보시스템의 비약적 발전과 더불어 생산·유통시스템의 자신도 큰 변혁을 할 수밖에 없는 시대가 되었다. 제판동맹이나 SCM을 목표로 한 새로운 경로시스템은 과거의 대량생산, 대량유통시스템을 넘어 보다 고객욕구에 밀착한 새로운 시스템의 구축이 필요하다. PC제조기업인 Dell Computer 등에 의해 대표되는 인터넷유통이라는 새로운 경로의 등장을 포함하여 과거와는 다른 경로의 구축문제가 크게 대두되고 있다.

사례 9 LG생활건강과 아모레퍼시픽의 마케팅전략 비교분석

연평균 20%대(생산액기준)의 높은 성장을 지속해오던 국내화장품산업이 시장개방과 IMF의 영향으로 격변기적 환경변화에 직면해 심도 있는 구조조정이 진행중이다.

이는 국내화장품산업이 마케팅력과 제품력에서 비교우위의 핵심역량을 가지고 특유의 산업적 기술인프라가 뒷받침된 질적 성장보다는 질이 따르지 않는 양적 팽창을 계속한 관계로 과도기적으로 겪어야하는 갈등으로 판단된다.

세계적인 화장품 회사들의 국내 시장 공략은 수입자유화 조치로 98년 이후 더욱 활성화되고 있으며 샤넬 등 세계 5대 화장품회사들이 전략적 제휴를 통하여 인터넷 유통경로를 통해 전 세계 고객들에게 직접적인 판매를 실시하고 있다.

이와 더불어 국내 화장품 시장의 가장 큰 변화는 지금까지는 유명상표에 고가제품을 갖고 백화점을 중심으로 국내 시장에 진출해 있던 다국적 기업들의 전문점 진출이 매우 활발하다는 것이다. 그 대표적인 기업으로는 로레알, 존슨&존슨, P&G등을 들 수 있다. 그 중 로레알은 99년 신제품 도입과 본격적인 시장진출을 위해 지금까지 집행해오던 광고비와는 비교 할 수 없을 정도의 엄청난 광고비로 국내 소비자의 마인드 세어를 잡기 위해 공격적인 마케팅 활동을 전개하고 있다. 존슨&존슨 역시 베이비 시장에서의 강세를 바탕으로 제품 유형을 각 연령대별로 확대하고 P&G는 국내 화장품회사를 M&A한 후 시장에 진출할 것으로 예상된다.

이러한 외국계 기업의 공략에 따라 국내 화장품업계들을 더 이상 내수시장에서만 고집하지 않고 새로운 형태의 돌파구를 찾아내고 있다. 현재 국내 화장품 업계의 선도주자인 아모레퍼시픽(기존의 태평양화학)은 향수의 나라 프랑스에 직접적인 현지 생산을 통해 국제적인 브랜드개발을 통해 제값 받기에 힘쓰고 있고 LG생활건강은 동남아 시장과 중국시장 등 시장환경이 비슷한 주위 국가시장부터 서서히 공략해 나가고 있다.

사례연구

I. 외부 환경 분석

1. 사회·문화적 환경 및 법률·제도적 환경 변화

21세기 화장품 시장의 환경변수는 크게 법, 제도적인 측면과 사회, 문화적인 측면의 두 축으로 나누어 볼 수 있다. 이런 환경 변수는 2~3년 내로 화장품업계의 지각변동을 주도할 것으로 보인다. 제도적인 환경 변수를 요약하면 〈표-1〉과 같다.

제도적인 환경변수에서 가장 영향을 미치는 변수는 역시 화장품법의 독립으로 볼 수 있다. 화장품법의 독립으로 기능성 화장품이 법적으로 공식화됨으로써 업계에서는 새로운 제품에 대한 연구·개발활동이 활발하며 이 같은 추세는 점차 세분화, 전문화되고 있는 소비자들의 화장품 소비행태 변화와 화장품법 제정으로 인한 정부측의 지원 등과 맞물리며 더욱 가속화 될 수 있을 것이다.

환 경 변 수	화장품업계에 미치는 영향
수입 다변화 조치 폐지	99년 7월부터 전면 폐지, 일본 전 상품 진입 장벽 해소 일본 장업계 및 소매 유통 시판 시장진출 가속화 현상
병행 수입 허용	99년 1월부터 시행, 수입 화장품 유입 가속화 다국적 유통업체 국내 진입 용이로 기존유통과의 마찰
의약 분업 시행	약사법 시행 규칙 개정안 (2000년 7월 1일 시행) 약국 구조 조정 및 약국 경영 다각화 위해 화장품 취급
화장품법 독립	화장품법 2000년 7월 1일 시행 기능성 제품 경쟁 가열 및 촉진 경쟁 격화
제조물 책입법 발효	재경부 8/13일 입법예고 (2001년 시행) 제품 유통 후 10년까지 제조업체나 유통업체에 책임부과
과세 정의 실현	신용카드 소득공제 확대(조세 특례 제한법 개정안 통과) 개인 사업자 과세 투명성 제고, 무자료 거래 근절분위기 급속 정착
유통 산업 발전법 개정	98년 제정, 마트 사업자 자율성 및 허가 기준 완화로 고성장 계기 백화점, 할인점, 도매센타 직영 의무 비율 폐지 및 업체 자율성 강화
특소세 폐지	28개 품목 특소세 폐지 논의 해당 제품값 인하로 매출확대 기대

❙ 표 1 ❙ 제도적 환경변수

이러한 환경의 변화는 화장의 궁극적인 목표를 피부 노화 방지와 미백을 중심으로 사회·문화적인 환경변수는 고객의 소비 습관과 Trend와 관련된 부분이 많으며, 고객의 힘이 점점 커지고 있는 상황임을 감안할 때 장업계에 미치는 영향이 지대하리라 본다. 사회·문화적인 주요 환경 변수를 발췌하여 장업계에 미치는 영향을 보면 〈표2〉와 같다.

환경 변수	장업계에 미치는 영향
세계화 급진전	One world, One Market:전 유통 경로에서 Global경쟁 본격화 문화 종속 현상 심화
선진국형 소비 문화	소득 계층 양극화, 소비 양극화, 시장 양극화 실용주의 소비 경향 확산으로 유통 경로 재편 계기 마련
디지털화 가속	인터넷 사용자 폭증으로 Network Communication시대 진입 Life Style 변화: Cocooning, 동양 문화, 자연 주의, 스피드 전자 상거래 시장 규모 폭증
환경에 대한 관심 고조	하나뿐인 지구에 대한 관심: 재활용, 환경 보호에 대한 관심 증대 환경 친화적 기업 활동, Green Marketing확산
고객 감시기능 확대	기업, 유통 경로에 대한 고객의 영향력 발휘 소비자 권리 찾기 운동 확산
노령화 사회 진입	국내 인구 65세 이상 7.1% 시간적 여유, 경제력을 바탕으로 한 실버 세대 증가

| 표 2 | 문화적 · 사회적 환경

피부 탄력 증강 및 자외선 차단, 여드름 피부용 화장품 등으로 크게 구분되게 만들었다. 이제 약사법개정과 함께 기능성 화장품은 의약품의 영역까지 넘나들 수 있는 기술력을 갖춘 화장품을 인정하는 것이기 때문에 약국을 통한 화장품 유통도 본격화 될 것으로 전망된다.

결국 Market Trend는 색조화장으로부터 기능성화장으로 변화되고 있는 추세이다. 이러한 환경변수를 요약하면 다음과 같다.

구 분	법, 제도적인 요인	사회, 환경적인 요인
고 객 Trend	제조물 책임법 발효 특소세 폐지	선진국형 소비 문화 환경에 대한 관심 노령화 사회 진입 고객 감시 기능 확대
유 통 Trend	의약 분업 시행 유통 산업 발전법 개정 과세 정의 실현	디지털화 가속
경 쟁 Trend	수입 다변화 제도 폐지 병행 수입 허용 화장품법 분리, 독립	세계화 급진적

❙ 표 3 ❙ 외부환경변화

1) 고객 혁신: Basic & Simple Life 지향

- 가치 중심 소비패턴(가격, 신속)
- 개인 성향의 가치 추구
- 사이버 공동체 형성(정보 중시)
- 오락과 레저 중시

2) 유통 혁명: 경로 다각화, 할인점 중심의 유통구조 개편

- Mass의 가속화
- 신업태의 출현: 디지털 경제의 중심축으로 인터넷 쇼핑몰의 정착

3) 복합 경쟁 : 글로벌 경쟁시대, 경쟁 Rule변화

- 다국적 기업의 격전지 : 로레알, P&G등
- 아시아 전략적 전초기지로 한국시장 공략
- 선진 유통업체의 시장 구조개편 흐름 주도: 브랜드 중심의 마케팅

2. 경쟁 분석

1) Trend 변화에 따른 경쟁

① 전문점 위주의 운영에서 고객 중심의 사업구조 구축

○ 고객들의 정보력 향상으로 인한 전문점의 권장 매수 불가,

② 신업태의 출현

Drugstore	약국 주도형(Pharmacy), 전문점 주도형(Drugstore)2가지 국내 대기업이나 다국적 기업이 유통에 진출시 급속 확산
GMS형태	Category Killer형 양판점, 100평 내외의 초대형 Self매장
Muti Shop	10대 후반 Target, 셀프형 매장, 화장품, 악세사리 취급
다국적 소매점	세포라, 부츠, 샤샤 등, 수입 브랜드 및 국내 유명 브랜드
유형 전문점	메이크업 전문점, Bodyshop, 향수샵 등
Premium Shop	국내 Premium브랜드 취급, 피부 관리실, 카운셀링

③ 전문점 경쟁 요소 변화

전문점 경로 경쟁 요소는 오로지 가격이었다. 그러나 21세기는 고객이 양극화되고 유통 경로가 다양하기 때문에 가격이외에 상품, 서비스, 고객 관리 등의 다양한 선진 경영 기법이 생겨나게 된다.

④ 경로간, 업태간 치열한 경쟁이 본격화

경쟁 대상	주력 상품	경쟁 요소
외국 화장품 판매사	외국, 국내 유명 브랜드	상품력, 선진경영기법, 자금력
백화점	Prestige 상품	고객 관리, 미용상담, 서비스, 판촉
마트, 수퍼	Mass 상품	Self매장, 가격 우위
약국	의약품, 기능성 화장품	카운셀링

3. 경쟁자

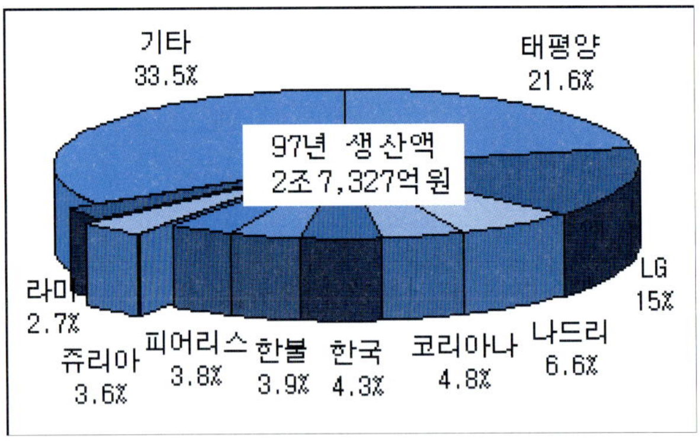

❙그 림 1❙업체별 화장품생산액

국내 시장의 경우 142개의 화장품업체가 등록되어 있는 상태이며 포화된 국내 시장에 동아시아 진출 교두보로서 외국 브랜드의 공략과 수입규제가 완전히 해제된 일본 화장품 회사들이 진출을 기다리고 있다. 현지 유통라인을 거쳐 진출하는 외국 수입브랜드도 서서히 독자 진출의 형태를 갖추고 있는 상태이며 국내 브랜드는 점차 백화점에서 밀려나고 있다.

메이커명	누 계 실 적		
	98. 1-9	99. 1-9	성장률(%)
아모레퍼시픽	20,293,851	29,898,965	47.3
LG생활건강	7,181,468	10,765,911	49.9
도도	749,257	2,425,906	223.8
코리아나화장품	403,124	1,380,608	242.5
한국화장품	765,844	1,254,978	63.9
애경산업	98,443	127,149	29.2
클리오	4,215	85,026	1917.2
참존		44,008	
쥬리아	7,359	31,455	327.4
계	29,503,561	46,014,006	60.0

❙ 표 4❙국내 브랜드별 매출 실적

순위	입점 코너	누 계 실 적		
		98. 1-9	99. 1-9	성장률(%)
1	아모레퍼시픽	20,293,851	29,898,965	47.3
2	샤넬	19,685,066	28,795,805	46.3
3	랑콤	18,437,897	27,038,808	46.6
4	에스터로더	16,186,732	23,412,201	44.6
5	시슬리	9,913,050	19,521,232	96.9
6	크리스찬디오르	14,717,510	19,516,302	37.7
7	클리니크	9,831,374	13,665,034	39.0
8	시세이도	7,627,290	12,261,568	60.8
9	드봉	7,181,468	10,765,911	49.9
10	비오템	3,531,586	7,687,830	117.7
11	클라란스	5,637,950	7,164,375	27.1
12	겔랑	4,540,541	6,929,885	52.6
13	라프렐리	5,194,224	6,621,128	29.1
14	메이크업 포에버	4,299,752	5,700,433	32.6
15	엘리자베스 아덴	2,507,487	4,565,148	82.1
16	폴로	2,993,837	4,340,979	45.0
17	헬레나루빈스타인	1,516,591	3,378,727	122.8
18	아라미스	2,480,575	3,079,343	24.1
19	아베다		3,024,379	
20	가네보	1,977,631	2,930,476	48.2
계	상위 20개 브랜드	157,949,412	240,298,539	52.1
기타	22개 브랜드	6,612,484	15,353,560	132.1
총계	42개 브랜드	164,561,896	255,652,099	55.4

표 5 1999년 9월 상반기 백화점 판매 실적

비록 아모레퍼시픽과 LG생활건강이 국내 시장점유율 1,2위를 다투고 있다지만 아직까지는 국제적인 위치를 확보하기에는 상당한 어려움이 있을 듯 하다. 특히 화장품의 경우 시장환경에 매우 민감한 부분을 가지고 있으므로 지속적인 R&D가 이루어져야 하며 유통과 촉진 부분에서 어느 정도의 현지화를 이루어야 하기 때문에 과감한 투자가 필요할 것이다.

다국적 기업과 비교해 두 회사의 과제는 일단 상품의 품질 향상과 해외시장에서 브랜드 이미지를 높이는 것이며 지속적인 현지 투자가 필요하다. LG생활건강의 경우 올 초 진출한 러시아 시장에서 품질은 호평을 받았지만 현지 광고와 브랜드 이미지의 취약으로 판매 실적은 미미한 성과를 올렸다.

	기 회	위 협
아모레퍼시픽	1. 동남아시아, 중국 시장의 확대 2. 노령화에 따른 시장확대 3. 유통채널의 다각	1. 다국적 기업의 국내 진출 2. 경기 침체에 따른 수요감소 3. 국제 경쟁에서 실패 가능성
LG생활건강	상 동	상 동

❙ 표 6 ❙ 외부환경분석을 통한 기회와 위협요인

4. 외부환경분석을 통한 시장의 기회와 위협요인

갈수록 세계인구의 노령화로 다양한 제품과 시장이 형성되겠지만 국내 1,2위의 마케터라 하더라도 국제화에 많은 경험이 있는 다국적 기업들과의 정면 대결에서 커다란 도전을 받고있다. 국내 경기의 침체와 다국적 기업의 국내 진출이 완전 개방됨에 따라 변수는 더욱 확대되었다. 외부환경분석을 통해서도 국내 기업에 유리한 것은 시장이 한국이라는 것밖에 없다. 물론 동남아시아, 중국, 프랑스 등에서 좋은 호평을 받고 있지만 로레알, 샤넬, P&G와 같은 다국적 기업도 물론 같은 시장을 노리고 있다는 것을 알아야 할 것이다 .

다양한 유통채널이 형성되는 것은 오히려 부정적인 영향을 줄 것이라 예상된다. 유통채널의 확대는 곧 경로에 맞는 다양한 제품을 만들어 내어야 함으로 브랜드 이미지가 약한 양사로서는 브랜드 이미지를 만드는 것이 최우선 과제이다. 이 때문에 양사는 주력 브랜드를 만들기 위해 노력하고 있다.

II. 내부 환경 분석

1. 최고 경영자와 경영이념

	아모레퍼시픽	LG 생 활 건 강
대 표 자	서 경 배	조 명 재
경 영 이 념	고객 창조 경영	고객을 위한 가치창조
사 업 분 야	화장품, 생활용품, 건강용품	생활용품, 화장품, 의약품
계 열 사	동방커뮤니케이션 외 7개사	LG화학 계열사
국제화 태도	현지국 지향형	현지국 지향형

❙ 표 7 ❙ 아모레퍼시픽과 LG생활건강 경영현황 비교

2. 아모레퍼시픽과 LG생활건강의 국제 사업 현황

1) 아모레퍼시픽

●Pacific Corporation of America145 West Commercial Ave., Moonachie, NJ. 07074, U.S.A.

●Pacific Cosmetics, Inc.(LA)

2610 West Olympic Blvd., Los Angeles, CA 90006, U.S.A.

●Pacific Japan Co., Ltd.

2F, Shibadaimon Sasano Bldg., 6-4 Shibadaimon 2-Chome, Tokyo, Japan

●Parfums Beaute de Suh, S.A.

Edmond Poillot, 28000 Chartres, France

●Taiwan Amore Co., Ltd

11F., No. 275, Sec. 3, Nan-King E. Rd., Taipei, TAIWAN, R.O.C.

●Shenyang Pacific-Baoyan Cosmetics Co.

2) LG 생활건강

▶중국

Room 8303, Block A Jiahua Business Center 808 Hongqiao Road Shanghai, 200030, CHINA

LG Chem. Guangzhou Office Room 1807, Dongshan Plaza, 69 Xian Lie Road, Central Guangzhou, CHINA

LG Chem. Shenyang Office Room 200 Xu Xiongdi Bldg, No.21, Beijing Road, Shen He District, Shen yang, CHINA 110013

▶프랑스

LG Chem. Paris Office 24 Avenue de la Grande-Armee Paris, FRANCE, 75017

▶일본

LG Chem. Osaka Office Sakai-suji Honmachi Center Bldg. 13F 1-6, 2-Chome, Honmachi, Chuo-ku, Osaka, 541-0053 JAPAN

화장품 산업은 80년대 이미 수입개방이 되어 선진국의 화장품이 국내에 대부분 들어와 있고 특히 백화점매장에서는 다국적 기업과의 치열한 경쟁이 전개되고 있다. 아모레퍼시픽과 LG생활건강의 국제화 CASE를 보면 후발업체들의 진입과 다국적 기업들의 국내 진출로 포화된 국내 시장의 한계를 극복하기 위해 국제화를 추진해 오고 있다. 아모레퍼시픽은 프랑스, 중국 등에서 생산, 판매, 개발을 완전 현지화를 꾀하고 있고 LG는 중국, 베트남, 인도네시아, 러시아, 프랑스, 일본 등지에서 활동하고 있으며 동남아시아와 중국을 제 2의 내수시장으로 만들기 위해 현지회사와 합작투자를 꾀하고 있다.

특히 모든 다국적 기업의 매혹적인 시장이 되고 있는 중국의 경우, 양사 모두 현지법인을 설립하고 현지 생산을 하고 있으며, 진출 6년째가 되는 아모레퍼시픽의 경우는 어느 정도의 브랜드 네임을 얻고 있으며 LG생활건강의 경우도 드봉 브랜드로 진출하여 백화점등에서 팔리고 있다.

3. 내부분석을 통한 강점과 약점

국내 브랜드 중에서는 아직까지 아모레퍼시픽을 따라갈 만한 업체는 없다. 84년부터 드봉이라는 브랜드를 가지고 뛰어든 LG생활건강이 2위 업체로 부상하기는 하였으나 국내 시장에서는 아모레퍼시픽의 제품의 질과 마케팅에 있어서 조금씩 뒤지고 있다.

	강점	약점
아모레퍼시픽	1.국내 시장역사가 오래됨 2. 화장품 전문업체 3. 국내 브랜드 인지도높음 4. 지속적으로 R&D에 투자	1. Amore의 국제 브랜드 이미지 취약 2. 국제화 부재 3. 경험 부재 4. 인터넷 유통망확보가 늦음 5. 기능성화장품의 경험 부재
LG생활건강	1. LG라는 든든한 모기업 2. 해외 시장진출 용이 3. 유통망 확보의 용이 4. 인터넷 상권 형성	1. 브랜드강화 필요 2. 다양한 제품의 국제화 3. 기능성화장품의 경험 부재

❙ 표 8 ❙ 내부분석을 통한 강점과 약점

그러나 두 기업의 해외 진출을 살펴보면 LG생활건강이 4년 연속 수출 1위를 유지하고 있으며 이것은 LG라는 대기업의 유통망과 시장조사가 선행되어 시장진출이 상당히 용이한 것으로 보인다.

아모레퍼시픽도 94년부터 지속적으로 국외 투자와 R&D 성과로 해외시장에서 좋은 입지를 거두고 있고 특히 유럽에서는 과감히 Amore라는 자사 브랜드를 탈피 새로운 제품을 선보이고 있다. 중국 시장의 경우 아모레가 드봉보다 인지도가 높은 이유는 6년동안 브랜드 이미지에 신경을 쓴 아모레퍼시픽의 노력의 결과이다.

순위	업체명	99년 금액(US$)	98년 금액(US$)	증감율
1	엘지생활건강	10,430,062.12	12,591,000.00	-17.2%
2	아모레퍼시픽	7,185,294.00	6,245,475.00	15.0%
3	(주)조이코스	2,569,543.50	706,673.00	263.6%
4	라미화장품(주)	2,442,456.90	1,664,582.00	46.7%
5	한국콜마(주)	2,289,714.25	324,277.00	606.1%

❙ 표 9 ❙ 1999년도 기업별 수출실적

III. LG생활건강과 아모레퍼시픽의 마케팅 전략

1. 해외시장별 BCG분석

국내 경기가 IMF이후 다시 활성화되면서 화장품업체들도 30%이상의 매출성장률을 보이고 있으며 특히 동남아, 중국시장의 매출이 증가하고 있다. 유럽, 미국, 일본시장의 경우 로레알 등의 다국적 기업이 이미 44.7%, 20.8%의 시장점유율을 가지고 있어 실질적인 브랜드 네임을 얻는 것은 다소 시간이 걸린 듯 하다. 아시아권시장은 기후, 문화, 사회적 변수가 비슷하고 황색인종이라는 공통점을 가지고 있으므로 다국적 기업보다 유리한 위치를 선점할 수 있을 것이다. 특히 LG생활건강은 동남아 시장의 전초기지로서 베트남에 현지 생산라인을 구축 다국적 기업이 시장진입을 하지 못하는 시점에서 입지를 확고히 하고 있다.

2. 마케팅 세분화, 목표시장, 포지셔닝

해외시장 진출형태는 화장품의 특성상 현지국 회사와 합작 투자형태로 많이 진출하고 있으며 대부분 진출국에 현지 법인을 설립하고 있다. 양사의 표적 시장을 비교분석해 보면 아모레퍼시픽은 중국과 프랑스에 집중적으로 투자하고 있는 반면 LG생활건강은 동남아시아와 중국 시장에 집중하고 있다.

LG생활건강과 아모레퍼시픽의 시장 세그먼트가 차이가 나는 것은 두 회사의 국제 브랜드 달성을 위한 전략의 차이로 볼 수 있다. 태평양의 경우 프랑스와 중국에 집중적으로 투자함으로써 유럽과 아시아권 국제 브랜드를 육성하겠다는 목표가 세워져 있고 LG의 경우 드봉이지업을 국제 브랜드로 집중 육성하고 동남아시아시장을 중심으로 아시아권을 장악한다는 전략이다.

	국내 마케팅		국제 마케팅	
	아모레퍼시픽	LG생활건강	아모레퍼시픽	LG생활건강
Segment	인구, 유통, 연령		지리적, 인구통계, 구매 행동적	
해외시장 진출방법	해당 없음		합작 투자 직접 수출	합작 투자 직접 수출
표적 시장	연령별로 제품을 차별화		중국, 프랑스에 집중화.	지리적 세분화에 따라 중국과 동남아시아
포지셔닝	전문 브랜드 고급 브랜드	드봉 인지도 높음	Out of Amore in France One Brand (ranez) in China	동남아, 중국시장 베트남, 중동시장 고급 브랜드 이미지 확보

| 표 10 | LG생활건강과 아모레퍼시픽의 국제시장 표적과 포지셔닝

3. 해외 진출

1) LG생활건강의 베트남 진출

LG생활건강은 베트남 국영기업 보카리멕스社와 함께 호치민市 부근에 고유 브랜드인 드봉 화장품을 생산할 대규모 화장품 공장(법인명:LG-비나 화장품 합작회사)을 준공했다. 국내업계 최초로 베트남에 설립된 이번 화장품공장은 베트남 에서 최대 규모이자 유일한 화장품 합작회사로써 LG와 보카리멕스社가 60對40의 비율로 합작, 설립하였다.

베트남공장에서는 '드봉에상스'와 '드봉이지업' 브랜드로 기초 및 색조 화장품이 양산되며 LG생활건강은 현지 생산 화장품과 우리나라에서 수출하는 '이자녹스' 등의 고급화장품으로 베트남시장에서 LG화장품의 입지를 확고히 할 예정이다.

베트남공장 준공에 따라 LG생활건강은 베트남과 베트남 주변, 인구 3억의 시장을 확보하게 되었을 뿐만 아니라 중장기적으로는 아세안(ASEAN) 7개국 등 동남아 시장 공략을 위한 전진기지를 구축하게 되었다. 또한 97년 설립한 중국 항주 공장과 함께 한국, 중국, 베트남을 잇는 3개국 생산체계를 완성함으로써 이 지역을 기반으로 글로벌 플레이어로 도약할 수 있는 기반을 다지게 되었다.

베트남은 개혁·개방 정책 이후 매년 10%에 가까운 높은 경제 성장으로 중·상류층의 화장품 수요가 크게 늘고 있는 추세에 있으나 아직 확실한 자국 화장품 회사가 없는 데다 수입 판매되는 외국 유명 화장품의 유통량도 미미한 실정이다. 최근 들어서야 로레알, 유니레버 등 세계 유명 회사들이 호치민, 하노이 등 대도시에 대형 슈퍼마켓과 화장품 전문매장을 설치하면서 베트남 시장 진출을 시도하고 있다.

LG생활건강은 이렇게 불모지와 같던 베트남 화장품시장에 이미 '96년부터 진출하여 현재는 35개의 대형 직영매장과 15개 방판 조직 및 500여 개의 화장품 전문점을 확보하는 등 급속히 유통망을 넓혀가고 있다.

또한 주요 대도시에 뷰티센터를 설치, 피부 맛사지 등의 다양한 미용서비스를 제공하여 현지인의 큰 호응을 얻는 한편 동양인 피부에 맞는 처방으로 프랑스나 미국의 수입 화장품보다 더 우수하다는 것을 집중 홍보함으로써, 시장선점 효과를 누리고 있다.

2) 아모레퍼시픽의 중국 진출

아모레퍼시픽은 6개의 현지법인을 기점으로 국제사업을 진행해 나가고 있으며, 98년부터 국내 최대 브랜드인 '라네즈'를 글로벌 롱셀러 브랜드로 집중육성하는데 총력을 기울이고 있다. 아모레퍼시픽은 중국 동북 3성의 중심도시인 심양에 1994년에 합자회사를 설립하고, 1995년부터 아모레 브랜드로 제품을 생산하고 있다. 방문판매와 백화점 경로 등을 통해 시장을 공략하고 있으며 진출 4년만에 이미 폭넓은 인지도와 높은 지명도가 형성돼 확고한 브랜드 가치가 형성되어가고 있다.

98년에는 브랜드 이미지의 강화를 위해 중국 심양 번화가에 '아모레 미용문화원'을 개설해 수준 높은 고객서비스를 제공하고 있다. 1999년에는 심양 아모레 미용문화원의 경험을 바탕으로 하얼빈, 장춘, 대렴 등지에 이를 확대 설치해 동북 3성에 완벽한 서비스 체계를 구축해 나가고 있다. 또 1999년 5월 이후 중국지역에서 판매되는 모든 제품이 현지인을 대상으로 한 시험을 거친 뒤 출시되는 등 현지화 전략을 더욱 강화하고 있다.

IV. 아모레퍼시픽과 LG생활건강의 마케팅믹스 전략

1. 제품

1) LG 주력 Product

① ISA KNOX : 20대 후반에서 30대의 여성을 타겟으로 한 과학적 화장품으로서 차별화된 고품격의 정통 유럽 화장품의 이미지를 표현하는 것을 목표로 한다. ISA KNOX의 BRAND DESIGN은 우아하고 세련된 고품격 이미지를 기준으로 간결한 영문 서체와 밤의 여신을 연상하는 그래픽요소를 결합시켜 귀족적인 절제미를 표현하고 있으며 독특한 칼라활용으로 국내외 유명브랜드와의 차별화 시도한다. 향후 ISA KNOX는 LG생활건강의 대표적 BRAND로서 국내시장은 물론 해외시장을 겨냥 한 LONG SELLER BRAND의 위상을 지속적으로 추구할 계획이다.

② LacVert : 국내 시장 주력상품으로서 20대 초반여성을 타겟으로 만든 LG생활건강의 대표브랜드이다. 프랑스어로 호수(Lake)를 의미하는 '라끄(Lac)'와 초록색(Green)을 뜻하는 '베르(Vert)'의 합성어로 독특하고 품격있는 음성 이미지를 통해 '초록빛 호수처럼 깨끗하고 아름다운 피부를 위한 화장품' 임을 표현하고 있다. LacVert는 스스로를 개발하고 열정적으로 살아가는 현대 여성의 활동적인 라이프 스타일에 맞는 간편성과 전문성을 갖춘 고품격 화장품으로, 자신의 피부 상태에 맞는 전문적인 제품을 원하는 여성을 위한 화장품이다.

아모레퍼시픽	LG생활건강	표적 고객	사용자	경쟁제품
라 네 즈	라끄베르 칼리	20대 초반	20대 중 후반	이윰 B&F
헤 라	헤르시나	27-34세 고급 화장품을 원하는 여성	20-40대 고루 분포	백화점에서 취급하는 수입 브랜드
아이오페	이자녹스	순하고 고기능성, 식물성 성분을 원하는 전 연령의 여성	20대 후반	ICS
마 몽 드	이 지 업	예전: 20대 현재: 30대	30-40대	템테이션

▌표 11▐ LG생활건강과 아모레퍼시픽의 주력상품 비교

	글로벌 브랜드	국내브랜드 해외진출	현지화 정도
LG 생활건강	이지업, 이자녹스	드봉(Debong)	부분적 현지화(포장)
아모레퍼시픽	라네즈	아모레(Amore)	로리카(프랑스 합작) 유럽시장(향수)

| 표 12 | LG생활건강과 아모레퍼시픽의 주력 국제상품 비교

2) 아모레퍼시픽 주력 Product

① 라네즈

라네즈(LANEIGE)는 불어로 '눈'이라는 뜻이며 브랜드 캐릭터는 지적능력과 세련된 감각을 겸비한 여성으로서의 자신을 중시하며 연성 본연의 장점과 아름다움을 지키려고 노력하는 여성상이다. 장기적인 Long Seller Brand로 육성중이며 시장을 주도한 핵심적인 관건인 중가전략을 유지하기 위해 앞으로 발생하는 가격인상 요인은 원가절감을 통해 흡수키로 했다. 국제화에 맞추어 해외시장에서는 고가 전략으로 전략을 수정 아시아 고급 브랜드 시장을 공략중이다.

② 마몽드

아모레퍼시픽에서 합리적인 소비경향을 가진 소비자를 대상으로 시판하는 중저가 브랜드로 육성하고 있다. 초기노화의 원인을 파악하여 단계별로 개선시키고, 피부의 칙칙함을 없애 피부를 밝고 윤기있게 가꾸어주는 화장품이다.

-브랜드 전략에 부응한 차별화된 디자인 추구
-심플한 외형과 세련된 감각의 원숙미 부여
-브랜드 level-up으로 롱셀러로 육성
-형태: 심플하고 현대적인 감각으로 균형미와 절제미에 초점을 둠
-색상: 여성스러움과 오리엔탈 감각의 색상 사용

③ IOPE

첨단 피부과학으로 완성된 처방을 통해 여성의 다양한 피부고민에 적극적인 개변으로 접근하며 전문 카운셀링에 의한 정직한 상품력을 갖춘 고기능성 브랜드이다.

아모레퍼시픽	시장 점유율	LG생활건강	시장점유율
라네즈	9.4	라끄베르	3.0
아이오페	2.1	이지업	4.4
헤라	1.5	이자녹스	1.9
마몽드	3.5	칼리	1.7

❙ 표 13 ❙ 브랜드별 국내 시장점유율 (99년 2월 기준) 단위 %

2. Place

외부 환경 분석에서 앞서 언급한 것과 같이 국내 유통 부분에서는 상당한 변화가 예상된다. 점포 간 및 경로 간 경쟁 심화로 전문점 경로의 장기침체가 나타나며 소비패턴으로 분류해 보면 가치를 추구하는 고객은 백화점이나 방문판매로, 가격을 지향하는 고객은 마트와 슈퍼마켓으로 이동해 나갈 것이다. 구매 패턴에 따라서는 카운슬링 제품은 백화점과 약국 그리고 방문판매로, 셀프 셀렉트 제품은 마트와 슈퍼마켓 그리고 전자상거래로 옮겨갈 전망이다. 기능성 화장품의 규제가 풀림으로서 약국에서의 경로 확보도 국내 시장 점유에 큰 변수로 떠오르게 된다. 백화점은 샤샤와 세포라와 같은 외국 소매업소의 진출 여부가 변수이며 마트시장의 증가도 큰 변수로 떠오르고 있다.

이에 대비해 LG생활건강은 올해 일사분기부터 마트 전용용품 개발을 선언하고 제품개발을 하고 있는 중이며 이러한 시도로 타 경로간의 불화를 일으키고 있다. 새로운 유통구조로의 변화를 눈앞에 두고 있는 국내시장에서 고가 브랜드의 육성을 목표로 하고 있는 점으로 미루어 이들 기업의 국제 시장에서의 앞으로의 진출 경로를 짐작해 볼 수 있다. 물론 경로의 확보, 경로에 맞는 제품을 만들려면 많은 시간과 노력이 투자되지만 현재 이들 두 기업의 진출 경향으로 볼 때 백화점과 방문판매를 위주로 경로를 확충해 나갈 것이다.

다양한 채널의 확보보다는 유럽권에서는 이렇다할 브랜드 네임이 없는 이들 기업으로서는 새로운 브랜드의 육성이나 차별화된 제품 개발이 우선적이다. 그리고 새롭게 부상하고 있는 전자상거래 즉 인터넷을 통한 거래에 대한 투자는 지속적으로 유지되어야 할 것이다. 국내시장에서 양사의 유통경로별 차이점은 LG생활건강이 곧 마트 전문용품을 생산할 것이라고 선언한 점과 인터넷을 통한 판매를 시작했다는 점이다.

그러나 태평양도 올초 주주회의에서 자본금의 10%를 인터넷 사업을 위한 자본출자를 승인받은 상태이며 곧 직접적인 인터넷 사업에 참여할 예정이다. 태평양의 경우 오랫동안 지속해온 방문판매가 꾸준한 매출 신장세에 있고 백화점 부분에서도 강세를 띄고 있기 때문에 더 이상의 국내 유통경로의 확충은 하지 않을 것으로 예상된다. 유럽의 경우 방문판매로 팔리는 제품이 질이 낮고 싼 반면 아시아권에서는 방문판매가 고가, 고급 상품이므로 향후 10년 동안 방판 시장은 큰 변화는 없을 것이다.

경로별 특징	아모레퍼시픽	LG생활건강	국제 유통 경로
백 화 점	헤라 육성 (점유율 1위 22%)	점유율 8위	라네즈, 이지업육성
전 문 점	침체 가능성 높음	좌동	
마 트	해당 없음	1/4기 전문제품 진출 선언	
슈퍼마켓	후발 진입	후발 진입	
방 판	헤라, 설화수 육성	해당 없음	상 동
E-commence	연구 추진 중	4월부터 홈페이지 판매 게시	

표 14 LG생활건강과 아모레퍼시픽의 경로별 특징

구분		1996년		1997년		1998년	
		시장규모	구성비(%)	시장규모	구성비(%)	시장규모	구성비(%)
시판	전 문 점	17,380	60.6	19,700	58.8	15,760	54.5
	백 화 점	2,240	7.6	2,540	7.6	2,550	8.8
	마 트	250	0.9	500	1.5	900	3.1
	슈 퍼	640	9.2	860	2.6	900	3.1
	기 타	1,630	5.6	2,050	6.1	1,790	6.2
	소 계	22,590	76.9	25,650	77.6	21,900	75.7
방판	직 판	3,600	12.2	4,350	13.0	4,050	14.0
	구 방 판	1,330	4.5	1,500	4.5	1,950	6.7
	다 단 계	1,880	6.4	2,000	6.0	1,000	3.5
	소 계	6,810	23.1	7,850	23.4	7,000	24.2
합계		29,400	100.0	33,500	100.0	28,900	100.0

표 15 화장품 국내 유통 경로별 규모 (단위: 억원, %)

3. Price

두 회사의 국제화 브랜드의 가격 정책을 보면 국내 중·저가 제품을 육성하여 아시아 시장에 고급브랜드로 발전시키려는 전략을 사용하고 있다. 전술한 바와 같이 아모레퍼시픽은 라네즈, LG생활건강은 이자녹스, 이지업을 현재 국내시장에서 2~3만원대의 가격책정하고 있고 중국, 동남아시아도 약 2~3만원대에 진출하고 있다. 중국시장에서는 다국적 기업들과 비슷한 가격대를 유지하고 있으며 환율을 고려해 본다면 시장에서 고가 브랜드라는 인식을 충분히 줄 수 있다. 중국시장의 경우 소비자 구매패턴이 꼭 국민소득이나 개인소득에 의해 구매되지 않는 것도 하나의 특징이다. 최근에 이들 시장에서는 비싸더라도 질 높은 제품을 구매하는 현상이 일고 있으므로 고가 정책을 고려해볼 수 있다.

국내 시장에서는 제품마다 타겟이 다르므로 시장세분화에 따라 제품을 차별화하고 차별화된 가격 정책을 쓰고 있다. 다음에 표를 통해 두 회사의 제품에 대한 국내시장과 국제 시장의 가격정책을 알 수 있다. 특히 아모레퍼시픽의 라네즈의 경우 2000년 현재 국내시장에서는 2만원대의 중가격제품이지만 아시아권의 다른지역에서는 2만5천원의 고가정책을 쓰고있는 점이 눈이 띤다.

	국 내 시 장	국 제 시 장 (아시아권)
라 네 즈(태)	중 (2만원대)	고가(2만 5천원대)
이자녹스(LG)	고가 (3만원대)	고가(2만 5천원 ~ 3만원대)
아이오페(태)	고가(3원대)	해당 없음
라끄베르(LG)	중(2만 5천원대)	해당 없음

| 표 16 | 주력상품별 가격정책(2000년 기준)

4. Promotion

러시아에서 제품의 품질을 인증 받고도 판매가 부진한 이유를 앞서 언급한 바와 같이 판매촉진이 잘 되지 않아서였다. 국제 사업에서 브랜드 네임을 얻기 위한 홍보는 필수적이며 로레알, 한국존슨앤드존슨, 유니레버코리아, 웰라코리아등의 국내 진출 다국적 기업들도 한국시장에 지속적으로 광고를 하고 있다. 국제 사업부분을 본다면 현지화된 광고를 내보내고 있고 아모레퍼시픽의 경우, 지속적인 TV광고의 결과로서 어느 정도의 브랜드 인지도를 중국시장에서 얻었으며, LG생활건강의 경우 중국시장에서 대중매체를 통한 판매촉진이 더 필요할 것이다.

화장품의 경우는 TV광고에 대부분 의존한다고 볼 수 있다. 2000년도 국내 화장품 업계 매체별 광고지출을 보면 TV광고가 전체 광고의 70%를 차지하는 것을 한눈에 알 수 있으며 아모레퍼시픽과 LG생활건강은 약 280억, 128억원의 광고비용을 지출하였다.

	광고비	전년 대비 증감률
T V	535	5% 감소
신 문	58	11%증가
옥외광고 기타	123	22%증가
합 계	718	

❙ 표 17 ❙ 2000년 국내 화장품회사 총 광고비 (단위: 억원, %)

국내시장의 경우 백화점 전문용품은 TV광고를 하지 않는다는 것이 업계의 불문률처럼 되어 있으며 아모레퍼시픽의 백화점 브랜드인 헤라는 TV광고를 아직까지 한 적이 없다.

5. 4Ps Mix 전략비교

		Product	Place	Promotion	Price
국내	아모레퍼시픽	주력상품 라네즈,아이오페,헤라,마몽드(연령, 사용계층, 가격에 따라 차별화된 상품	백화점,방판: 헤라 시판: 라네즈, 아이오페, 마몽드	TV부분에 집중10억원의 광고지출을 가지 브랜드 2가지 이상됨 헤라: TV광고 안함 신문, 인터넷	제품에 따라 고가 저가, 차별화 저가정책: 마몽드 고가정책: 헤라, 아이오페 실용적 가격: 라네즈
국내	LG생활건강	주력상품 이자녹스, 라끄베르, 칼리(연령, 사용계층, 가격에 따라 차별화된 상품)	1/4분기서부터 마트전용상품 개발 추진중 제품의 대부분이 시판용. 4월부터 홈페이지에서 인터넷 판매 시작	TV부분에 집중 라끄베르와 이자녹스에 중점적인 광고 다양한 판촉행사	제품에 따라 고가 저가, 차별화 고가정책: 이자녹스 헤르시나 실용적 가격: 라끄베르

국	아모레퍼시픽	아시아권 : 라네즈 집중육성(중국 동북부, 동남아시아) 유럽권:로리카(향수) 합작투자형태로 완전한 현지화를 추구{프랑스에서 1%의 향수시장점(샤넬 5%)} 리리코스: 태평양 소유의 회사지만 현지 경영권은 프랑스 현지인이 가짐 완전한 현지화 추구	중국: 백화점, 방문판매 위주 마케팅 현지TV광고 병행 프랑스: 백화점, 방문판매 위주 소극적 마케팅 고급브랜드 육성을 위해 TV광고를 하지 않음	브랜드 육성을 위한 홍보전략 진출국에 지속적인 TV광고방영 중국시장에 미용문화원을 열어 연구와 서비스를 병행하고 있음	백화점과 상류층을 목표로 한 고가 정책(한화 삼만원대)
제	LG생활건강	아시아권: 이지업, 이자녹스 베트남에 동남아시아 생산기지설립 적극적인 마케팅으로 다국적 기업보다 우위 중국, 러시아, 미국, 일본, 중동등 다양한 시장 확보	동남아시아 백화점, 방문판매 직판,수퍼마켓 매장 적극적인 유통망 확보 LG라는 브랜드 네임 때문에 경로 확보용이	중 국 : 현 지 T V 광 고 안함 고급브랜드라는 이미지를 심어주기 위해 서비스 위주	백화점과 상류층을 목표로 한 고가 정책 (25,000~30,000)원대

Ⅰ 표 18 Ⅰ LG생활건강과 아모레퍼시픽의 4Ps Mix전략

V. 결론

지금까지 아모레퍼시픽과 LG생활건강의 마케팅 전략에 대해 알아보았다. 국내 시장은 이미 포화상태로 이들 두 기업의 지속적인 국제사업투자가 필요하며 다국적 기업에 대한 내수시장 방어와 아시아권 시장확보가 이들 기업의 1차 목표이다.

WWD에서 99년 세계 100대 화장품기업에 아모레퍼시픽, 엘지화장품 등 국내 기업 6개사가 랭크되었으며, 세계 100대 기업 중 1위는 112억불의 매출액을 올린 로레알이 차지했으며 P&G가 75억불의 매출액으로 2위, 유니레버가 69억1,900만불로 3위, 시세이도가 49억불로 4위, 에스티로더가 42억불로 5위를 차지했다.

우리나라 기업을 보면 아모레퍼시픽은 98년 대비 3% 감소한 5만7,500만불의 매출액을 기록하고 32위를, 엘지화장품은 4% 증가한 3만2,400만불(41위), 코리아나화장품(43위)은 26% 증가한 2만5,800만불, 한국화장품은 18% 증가한 1만7,000만불, 나드리

화장품은 12% 감소한 8,700만불, 피어리스는 31% 감소한 5,500만불의 매출액으로 순위권에 진입했다.

국내 기업들이 100위권 내에 6개사가 들어갔다고 해서 마냥 좋아할 수는 없을 것이다. 로레알 단일 기업 매출액만으로도 국내 기업들의 총매출액 6배나 되며 이것은 결국 약육강식의 기업환경을 시사해 주는 것이다. 수입규제 해제로 다국적 기업에게 떠밀려 나오는 듯한 해외진출은 기업에게 커다란 짐만 더 해줄 뿐이며 험난한 길일뿐이다. 이제 이들 기업이 다변화되는 시장환경에 적응하기 위해서는 브랜드 이미지 개선이 무엇보다 시급하며 국제 시장을 직접 진출하기 전에 치밀한 시장조사를 해야 할 것이다.

국내 화장품계를 대표하는 이들 두 기업의 마케팅 전략을 비교하는 과정에서 화장품시장이 머지 않아 모든 유통 경로에서 다국적 기업과 실질적인 격전이 일어날 것이며 이것은 비단 화장품업계에만 미칠 문제는 아닐 것이다. 국내 화장품업계가 지금도 많은 투자를 하고 있지만 고급 브랜드 육성과 브랜드의 인지도를 향상시키고 기술개발을 통한 품질을 개선하는 것만이 오직 시장에서 살아 남을 수 있는 방법일 것이다.

제12장

커뮤니케이션 전략

제1절 마케팅 커뮤니케이션의 수단
제2절 커뮤니케이션 믹스
제3절 광고대응
제4절 판매촉진 대응

제 1 절 마케팅 커뮤니케이션의 수단

1. 커뮤니케이션 요소로서의 기업활동

기업은 다양한 수단을 사용하여 마케팅 커뮤니케이션(혹은 촉진, 이하에서는 같은 의미로 사용) 대응을 수행할 수 있다. 가령 광고, 판매촉진, 인적판매, 홍보, 제품, 포장, 라벨, CI(corporate identity) 등의 수단들이 활용될 수 있다. 물론 이외에도 기업에 의한 다양한 후원활동은 소비자에 무엇인가의 메시지를 전할 수 있다. 가령, 미국의 디즈니월드는 많은 회사의 후원에 의해 성립되었다. 국제통신서비스회사인 AT&T는 테마파크 내의 하나의 전시관을 지원함으로써 인류의 정보전달의 과거와 미래를 테마로 보여줌으로써 자사의 존재의의와 결부시키고 있다.

제품의 가격에 의해서도 커뮤니케이션대응을 할 수 있다. "우리회사는 저렴한 가격에 판매하는 것을 중시하고 있습니다." "우리회사는 최고급품을 제공하고 있습니다." 이라는 기업의 자세를 가격으로 대변할 수 있기 때문이다.

자사 제품에 대하여 호의적인 인식을 품을 수 있도록 디자인된 점포환경도 커뮤니케이션요소이다. Body Shop의 점포는 어디든지 동일한 분위기를 가지고 있다. 미세한 꽃병 프린트로 유명한 Laura Ashley 점포의 경우에도 상당히 독자적인 분위기를 나타내고 있다. "패션에 까다롭다. 그러나 유행을 좇아가지는 않는다." 라고 하는 라이프스타일을 가진 고객을 대상으로 하기 때문에 점포에서는 차분한 분위기가 전해진다. 젊은층을 표적으로 하는 Gap과 Limited 등의 점포와는 달리 Laura Ashley는 젊은층부터 노인까지 광범위하게 지지를 받고 있다.

극단적으로 표현하면 기업활동의 전부가 커뮤니케이션활동이라고도 할 수 있다. 그러면 광고, 판매촉진, 인적판매, 홍보의 네 요소는 마케팅에서 4P의 하나인 촉진으로 정리될 수도 있다. 이 경우 촉진은 커뮤니케이션보다 좁은 개념이 된다. 그러나 일반적으로는 마케팅 커뮤니케이션은 촉진과 같은 개념으로 이해되고 있다.

2. 인적 커뮤니케이션과 비인적 커뮤니케이션

커뮤니케이션대응은 사람을 통하여 행해지는 경우와 사람 이외의 매체를 통하여 이루어지는 경우의 크게 두 가지로 나눌 수 있다.

① 인적 커뮤니케이션

인적 커뮤니케이션은 소위 사람을 통하여 행하는 커뮤니케이션이다. 인적 커뮤니케이션 요소의 대표적인 것은 인적판매(personal selling)이다. 기업은 이 인적판매에 의해 자사제품이나 자사에 관한 정보를 전달하여 판매를 달성할 수 있다. 특히 판매를 달성하는 단계의 경우에는 인적판매가 유효하다. 고객과의 친밀한 관계를 구축하는 것도 중요하다.

인적판매를 담당하는 판매원은 새로운 고객의 개척을 주로 수행하는 '주문 개척자(order getter)', 기존의 거래관계의 유지 강화를 주로 수행하는 '주문 접수자(order taker)', 수주활동보다도 고객지원이나 판매지원을 주로 수행하는 ' 지원 임무 판매원(missionary salesman)'의 세 가지로 분류할 수 있다.

표적고객과 그 주변인물 간의 구전효과(word of mouth influence)도 인적 커뮤니케이션의 하나로 빼놓을 수 없다. 신제품이나 고액의 제품의 경우 이 구전효과는 큰 것으로 알려져 있다. 자동차나 PC를 구입하는 상황을 생각해 보라. 많은 사람들은 오피니언 리더, 즉, 당해 제품에 지식을 가진 친구나 동료의 의견을 구한다.

② 비인적 커뮤니케이션

인적인 접촉을 하지 않고 행해지는 커뮤니케이션이다. 이 비인적 커뮤니케이션은 크게 매스미디어, 비 매스미디어, 분위기, 이벤트의 네 가지를 통하여 이루어진다. 매스미디어는 신문, 잡지, 다이렉트 메일 등의 인쇄매체, 텔레비전과 라디오의 전파매체, 인터넷, 광고판 등이 있다. 이들은 모두가 광고매체이다.

한편 비 매스미디어는 특정의 소비자를 겨냥한 편지나 자료 등이다. 분위기는 점포, 사무소, 집기, 장식 등 판매가 달성될 수 있도록 하는 환경이다. 이벤트는 표적청중에게 메시지를 전달하기 위하여 개최하는 모임이다.

홍보담당자는 기자회견, 전시회, 견학회 등을 개최함으로써 자사의 신제품을 이해시키고, 회사 및 제품에 대하여 호의적인 태도를 형성하게 한다. 이 중 보도기관에 대하여 홍보노력을 수행하는 것을 특히 퍼블리서티(publicity)라고 한다. 홍보활동의 결과 신제품정보 및 이벤트정보는 신문이나 잡지에 게재된다. 언뜻 보면 광고와 유사한 듯 하지만 홍보는 첫째, 게재의 의사결정이 매체측에 의해 이뤄지고, 둘째, 원칙적으로 무료이며, 셋째, 객관성이 높아 독자 혹은 시청자가 신뢰하기 쉽다는 특징이 있다.

제 2 절 커뮤니케이션 믹스

마케팅 커뮤니케이션에 있어서 매체간의 시너지를 발휘하는 것의 중요성이 매우 강조된다. 즉 광고 및 판매촉진 등의 요소를 단독으로 전개하지 않고 상호간에 유기적으로 연계하여 전개하여야 한다. 만약 각 매체별로 상이한 메시지를 전달할 경우 소비자는 기업 이미지 및 브랜드 포지션에 혼란을 가질 것이다. 따라서 텔레비전 광고와 점포내의 POP광고를 연계시키고, 제품의 포장과 전단을 연계시킴으로써 이를 수행할 수 있다. 이것이 커뮤니케이션 믹스라고 표현된다.

1. 커뮤니케이션 믹스의 결정요인

광고, 판매촉진, 인적판매, 홍보 등의 커뮤니케이션 요소에 대하여 여하히 가중치를 부여할 것인가? 각 요소의 가중치는 업종마다 그 크기가 다르겠지만 동일 업종내에 있는 기업의 경우에는 상이하지 않다. 이하에서 커뮤니케이션 믹스의 각 요소의 가중치를 좌우하는 요인을 검토한다.

① 제품의 유형

우선 첫째로 제품의 유형이다. 제품은 소비자가 최종 목적으로 구입하는 소비재와 부품 및 연료 등 기업이 다른 제품의 생산 등을 목적으로 구입하는 생산재로 나눌 수 있다. 〈그림12-1〉은 광고, 판매촉진, 인적판매, 홍보의 네 가지 주요 커뮤니케이션 요소의 비중이 제품의 유형에 따라 어느 만큼 상이한가를 개념적으로 보여주고 있다. 소비재를 생산하는 기업의 경우에는 일반적으로 광고를 가장 중시하는 경향이 있다. 그리고 다음으로 판촉, 인적판매, 홍보의 순서이다. 그러나 생산재를 취급하는 기업은 인적판매를 가장 중시하고 그 다음으로 판촉, 광고, 홍보의 순서이다.

▌그림 12.1▐ 커뮤니케이션 요소의 상대적 비중

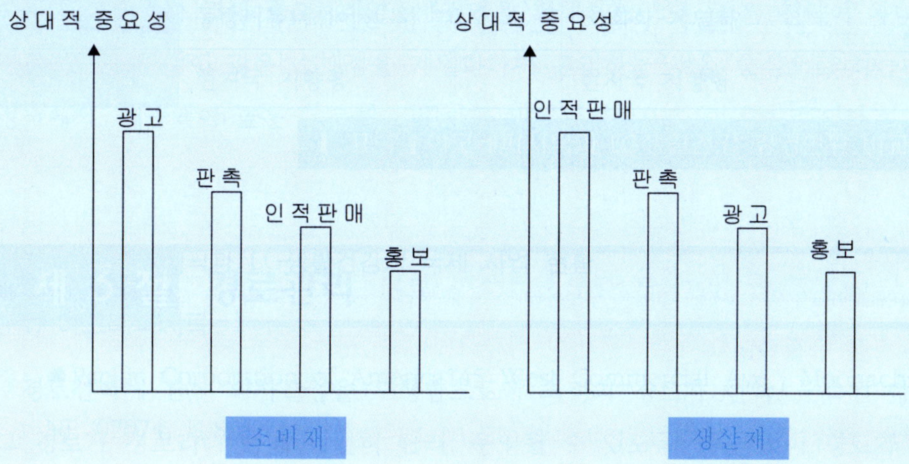

② 푸시전략 대 풀전략

채택하는 전략이 푸시전략인가 풀전략인가에 따라 커뮤니케이션 믹스는 크게 좌우된다. 푸시전략은 제조기업이 자사제품을 도매업자에 적극적으로 판매하는 것을 시작으로 하여, 도매업자는 그 제품을 소매업자에, 그리고 소매업자는 소비자에 판매한다. 푸시전략의 토대로는 유통업자를 설득하지 못하면 안되므로 인적판매라는 커뮤니케이션 요소가 가장 중요하다. 그리고 판촉 그 중에서도 중간상 판촉(trade promotion)이 중요하다.

역으로, 풀전략을 채택하는 경우에는 소비자의 수요를 환기한 후, 그로부터의 흡인력에 의해 자사제품의 주문을 높이는 것이다. 그러므로 우선 광고에 의해 소비자의 수요를 발생시키지 않으면 안된다. 현실적으로 어느 전략 하나만을 채용하는 경우는 많지 않다. 많은 기업이 이 두 가지 전략들을 동시에 채용하며, 어느 전략이 더 비중이 큰가 하는 차이가 있을 뿐이다.

2. 새로운 커뮤니케이션 믹스

① 통합적 마케팅 커뮤니케이션(IMC)의 개념

최근 마케팅 커뮤니케이션 요소의 믹스(혼합)뿐만 아니라 더욱 진일보한 인티그레이션(통합 혹은 융합)의 중요성이 대두되고 있다. 통합적 마케팅 커뮤니케이션(IMC)로 불리는 움직임은 기업의 모든 커뮤니케이션 대응을 관리하고 조정하는 책임자가 지금까지의 커뮤니케이션 실행에 대한 반성에서 비롯되었다.

가령, 광고에 의한 메시지는 광고부문, 인적판매에 의한 메시지는 영업부문, 포장에 의한 메시지는 제품개발부문, PR에 의한 메시지는 홍보부문이라는 식으로 각각 별개의 부문에서 예산이 편성되고 목표가 설정되어 메시지가 작성되어 왔다. 이렇게 작성된 메시지는 믹스라고 하는 개념을 토대로 하여 조정되어왔다. 그러나 IMC는 복수의 요소를 융합하여 완전히 새로운 커뮤니케이션 효과를 창출하는 것이다.

② IMC에로의 변천 이유

IMC가 중요시되게 된 이유는 무엇인가? 다음의 세 가지 이유를 들 수 있다. 첫째로, 광고 이외의 커뮤니케이션 수단이 상대적으로 중요시되게 되었다. 특히 판촉의 중요성이 두드러지게 증대되었다. 1970년대 후반부터 80년대에 걸쳐서 판촉비는 광고비에 비하여 급속히 증대되었다. 이벤트의 중요성도 높아졌다. 그 결과 광고에만 주의를 집중하기만 되었던 시절은 지나간 것이다. 즉 과거 광고를 중심으로 하여 다른 요소를 믹스하여 전개하였던 커뮤니케이션에서, 각각의 요소를 동일 수준에서 파악하고 융합할 필요성이 대두되게 되었다.

둘째로, 커뮤니케이션 효과의 정밀한 분석이 가능하게 되었다. POS데이터, 스캐너 패널 데이터(scanner panel data) 등의 정보가 입수될 수 있게 됨으로써, 단위품목별 판매정보가 실시간으로 수집되어 세대별 구매정보도 정확히 파악할 수 있게 되었다.

물론 이러한 구매정보는 광고나 판촉 등의 커뮤니케이션 요소와 결부되어 분석된다. 개별 커뮤니케이션 요소의 효과나 복수 요소간의 상승효과가 해명됨으로써 새삼스럽게 커뮤니케이션 대응에 있어서 융합의 중요성이 부상되게 되었다.

셋째로, 개인을 대상으로 한 마케팅의 발전이다. 많은 기업들은 컴퓨터를 사용하여 방대한 데이터베이스를 활용할 수 있게 되어 주소, 이름은 물론 소득, 취미, 구매이력, 접촉매체 등의 개인정보를 효율적으로 이용할 수 있게 되었다. 이를 통하여 매스고객을 대상으로 한 마케팅이 아니라 개인을 대상으로 한 마케팅이 급속히 현실화되었다. 매스(다중 고객)를 대상으로 하면 표적의 최대공약수에 주목하여 커뮤니케이션 요소를 믹스하는 방법이 의미가 있다. 그러나 개인을 대상으로 하면 종래의 커뮤니케이션 요소간의 연동이 중요하다. 또한 이렇게 하지 않으면 진정으로 개인을 대상으로 한 마케팅을 실현할 수 없다.

전략포커스 12-1 **인텔 서버 통합 웹사이트 오픈, 고객 커뮤니케이션 증대 나선다**

국내 인텔 서버 공식 총판인 코잇(www.coit.co.kr)과 인텍앤컴퍼니(www.intechn.com)는 2011년 5월 인텔 서버 통합 AS센터 개소에 이어 인텔 서버 통합 웹사이트(www.theservers.co.kr)를 오픈하며 본격적인 움직임에 나섰다. 국내 AS 센터를 개소하기 전까지 아시아 태평양 지역의 마닐라에서 유일하게 서버와 관련된 서비스를 제공해 왔지만 국내 서버 전문 AS 센터를 통해 보다 빠르고 편리한 고객 지원을 통해 국내 인텔 서버 고객들에게 호평을 받고 있다.

이에 인텔 서버 공식 총판 양사는 서버 고객들이 제품 정보에서부터 AS 센터, 구매정보 및 각종 서버 관련 컨텐츠를 편리하게 이용할 수 있는 인텔 서버 통합 웹사이트를 오픈하며 고객 편의 증대에 나섰다. 서버 통합 웹사이트는 최신 인텔 제온 프로세서 기반의 신제품 및 다양한 IT 환경에 맞춤형으로 제공하는 서버 제품들의 특장점을 알 수 있는 제품 소개를 비롯해, 인텔 서버기반 공식 솔루션 업체들인 ITP(Intel Technology Provider)의 연락처 및 AS 센터 등이 총망라돼 있으며, 각종 서버 관련 유용한 정보들을 자료실을 통해 제공하고 있다.

이벤트 페이지를 통해 진행 중인 이벤트 정보를 확인하고 이벤트에 참여할 수 있다. 그 동안 인텔 서버에 대한 정보를 확인하기 위해서는 복잡한 인텔 웹사이트를 통해서 고객들이 일일이 정보를 찾아야 했지만 이번 통합 인텔 서버 사이트 오픈으로 인해 인텔 서버의 모든 것을 손쉽게 이용할 수 있게 되었다. 인텔 서버 공식 총판 양사는 인텔 서버 통합 웹사이트 오픈 기념으로 '웹사이트 방문 설문 이벤트' 를 10월 21일 까지 진행한다.

이벤트에 응모하려면 인텔 서버 통합 웹사이트에 방문해 웹사이트를 둘러본 후, 이벤트 게시판에 마련된 간단한 설문에 참여하면 된다. 10월 28일 웹사이트를 통해 당첨자를 발표할 예정이며 1등 당첨자에게는 최신 샌드브릿지 기반 제온 인텔서버(S1200KP) 1세트를 비롯해 위젯 기능이 가능한 USB 8GB(25명), 4GB(100명)을 이벤트 사은품으로 증정한다.

코잇 마케팅 담당 강우석차장은 "그 동안 인텔 서버가 HP, IBM, Dell 등 타 서버 제조사에 비해 고객과의 직접적인 소통이 부족했던 점은 사실이나 인텔 서버 통합 AS센터 개소에 이은 이번 통합 웹사이트 오픈을 통해 보다 신속하고 긴밀하게 고객과 커뮤니케이션 할 수 있도록 하겠다" 고 말했다.

출처: 중앙일보 2011. 9. 27.

제 3 절 광고대응

광고란 '명시된 광고주에 의한 아이디어, 제품, 및 서비스에 관한 非人的인 제시와 프로모션으로, 유료형태를 취하는 것' 으로 정의된다. 즉 ① 광고주가 명시되고, ② 비인적인 매체를 이용하고, ③ 유료라는 세 가지 조건을 구비한다는 특징이 있다. 광고와 판촉은 커뮤니케이션에 있어서 유력한 수단일 뿐만 아니라 검토하여야 할 과제가 많다.

1. 광고매체

광고매체란 메시지를 대상자에게 도달되도록 전달하는 수단이다. 매체(media)라고 할 경우는 신문 및 텔레비젼 등 일반적인 수단을 의미하는 데 비하여, 비클(vehicle)이라고 할 경우는 조선일보, Wall Street Journal 등과 같이 매체 중 특정의 매체를 지칭한다.

광고매체는 크게 일곱 가지로 분류된다. 텔레비젼, 라디오, 잡지, 신문, 옥외, 다이렉트 메일(DM), 인터넷이다. 각 매체는 〈표12-1〉에 제시되어 있는 것처럼 제 각기 장점과 단점이 있다.

| 표 12.1 | 광고매체의 장·단점

	장점	단점
텔레비젼	•넓은 커버리지 •넓은 리치 •영상, 소리, 움직임을 동반 •노출당 비용 저렴	•세분화가 어렵다 •절대적 비용이 비싸다 •메시지가 단명
라디오	•저비용 •세분화 가능	•소리만 이용가능 •메시지가 단명
잡지	•세분화 가능 •많은 정보 제공 •메시지 수명이 길다	•시각만에 소구 •광고변경 등에 있어서 낮은 융통성
신문	•넓은 커버리지 •높은 유연성	•시각만에 소구 •메시지가 단명
옥외	•높은 반복률 •높은 주목률	•특정 지점에 한정 •적은 정보 제공
다이렉트 메일	•대상자 선정 가능 •많은 정보 제공	•접촉당 높은 비용
인터넷	•선택성이 높다 •많은 정보 제공 •광고효과 측정이 용이	•주목률이 낮다

누구를 표적으로 하는가, 광고하는 제품의 특성은 어떠한가, 어떤 점을 소구하고 싶은가, 예산은 얼마 정도인가 등을 가미하여 매체와 비클을 결정한다. 〈표12-1〉 이

외에도 다양한 광고매체가 있다. 전철역에 부착된 광고 및 전철이나 버스에 부착된 광 등을 총칭하여 교통광고라고 하며, 소매점포에 게시된 POP광고도 있다. 기업명이나 제품명이 기입된 성냥, 캘린더 등을 노벨티(novelty)라 하며 광고매체의 하나로 꽤 이용된다. 또한 신문에 끼워넣어 배포하는 전단(leaflet)광고는 신문광고와 구별된다.

2. 광고소구내용과 광고분류

무엇을 소비자에 소구하는가에 따라 광고는 몇 가지로 분류된다.

① 제품광고 대 기업광고

제품광고(product advertising)는 특정의 브랜드에 관한 광고이다. 텔레비젼이나 잡지에서 볼 수 있는 광고의 다수는 특정의 브랜드를 소구하는 것이다. 광고소구내용은 주로 브랜드 자체에 관한 것이고 제조기업은 그다지 언급되지 않는다.

제품광고에 대응되는 것이 기업광고(institutional advertising)이다. 이는 특정 브랜드에 관한 것이 아니고 광고주나 기업에 관하여 소구하는 광고이다. 광고주가 자사에 대하여 소비자의 바람직한 이미지나 호의도를 높이기 위하여 하는 광고이다. 제품광고와 기업광고가 혼합된 광고도 빈번히 실시된다.

② 정보제공형 광고 대 설득형 광고

광고는 소구내용에 따라 다음과 같이 분류된다. 제품정보에 관하여 소구하는 광고를 정보제공형 광고(informative advertising)라 한다. 신제품의 도입 시에 가장 많이 이용되고, 주로 일차수요의 창조를 목표로 한다.

한편, 자사 브랜드가 얼마나 품질면이나 원가면에서 우수한가에 대하여 소구하는 광고도 있다. 이를 설득형 광고(persuasive advertising)이라 하고 경쟁이 격심한 시장에서 흔히 이용되고, 이차수요의 창조를 목표로 하며, 브랜드 선호를 확립하여 자사 브랜드에로의 전환을 유발하여 구입에 이르도록 설득하는 것을 목적으로 하는 광고이다.

자사브랜드를 잊지 않도록 하는 광고가 상기 광고(reminder advertising)인데 성숙단계에 있는 제품의 경우에 중요하다. 코카콜라광고는 정보를 제공하는 광고도 아니고, 소비자에의 설득을 겨냥한 광고도 아니다. 이미 구축된 브랜드충성도를 유지하고 자사브랜드에 대한 의식의 수준을 높이기 위한 광고를 주로 한다.

자사브랜드와 경합하는 브랜드와 직접적 혹은 간접적으로 비교하는 광고가 비교광고(comparative advertising)이다. 미국에서는 렌터카의 Avis대 Hertz, 두통약의 Tylenol대 Excedirn, 장거리전화의 AT&T 대 MCI 등 흔히 이용되고 있다. 한국과 일본에도 비교광고가 금지되었다가 최근 금지가 해제되었다. 다만 비교 시에는 무턱대고 하는 것이 아니라 구체적인 사실을 들어 비교하도록 하고 있다.

제 4 절 판매촉진 대응

1. 판촉(sales promotion)의 범위

한 조사에 따르면 슈퍼마켓에서의 샴푸매출액의 약 70%, 세제의 약 80%, 스낵과자류의 약 50%가 판촉 시에 올리는 매출비율이다. 이와 같이 소비재뿐만 아니라 내구재나 서비스의 경우에도 판촉은 마케팅에서 중요한 커뮤니케이션 요소의 하나이다. 그런데 판촉은 광고나 인적판매에 비하여 그 범위가 매우 넓고 애매하게 인식되는 경우가 많다. 가령 미국마케팅협회(AMA)에 따르면 판촉이란 '소비자의 구매나 유통상의 효율을 자극하는 마케팅활동 가운데 인적판매, 광고, 및 홍보를 제외한 나머지의 모든 것' 이라고 정의하고 있다. 촉진 가운데 인적판매, 광고, 홍보를 제외한 모든 것으로 다종다양한 것들이 판촉으로 취급될 수 있다.

판촉은 '소비자를 향한 판촉', '유통상을 향한 판촉', '소매상에 의해 실시되는 판촉'의 세 가지로 분류된다. 소비자를 향한 판촉과 유통상을 향한 판촉은 제조기업에 의해 실시되는 판촉이다. 말 그대로 소비자를 향한 판촉인가 혹은 도매업자나 소매업자를 향한 판촉인가에 의해 구별하는 것이다. 소비자판촉은 샘플링, 프리미엄, 증량포장(보통의 포장보다 용량을 증가시킨 것) 등이, 유통상을 향한 판촉으로는 특별출하(10상자 주문 시 11상자 출하 등의 특별한 출하조건), 장려금(allowance, 유통업자가 자사제품에 유리하게 진열할 경우 지불하는 장려금) 등이 있다.

소매상에 의한 판촉은 소매상이 소비자를 대상으로 실시하는 판촉이다. 구체적으로는 가격할인, 특별진열(진열선반들 중 맨 끝에 있는 특별히 설치한 선반에 제품을 대량으로 진열) 등이 있다.

2. 판촉의 종류

여기서는 기업에 의해 자주 이용되는 판촉수단으로서 그 중요성이 높은 세 가지의 판촉 수단을 살펴본다.

① 샘플링(sampling)

샘플링은 소비자에게 시용품 즉 샘플을 배포하는 것이다. 가두나 접객업소, 소매점 등에서 담배, 샴푸, 맥주 등의 시제품을 잠재고객에게 나누어주는 것이다. 샘플은 각 가정에 우편으로 발송하는 경우도 있다. 광고에서 경쟁제품과의 차별성을 소구하는 제품은 실제로 이용해 보아서 편익을 이해할 수 있도록 하는 것이 필요하다.

② 쿠폰(coupon)

특정 제품에 대하여 일정액의 가격인하를 약속하는 증서가 쿠폰이다. 고객이 쿠폰을 지참하고 대상이 되는 제품을 구입하면 쿠폰에 기재되어있는 금액을 할인받을 수 있다. 이는 가격할인이 아니므로 쿠폰을 지참하지 않는 소비자는 할인받을 수 없다. 이 쿠폰은 신문, 전단, 잡지 등에 인쇄하여 제조기업에 의해서 혹은 소매업자에 의해서 배포된다. 최근에는 점포 내 카운터에서 고객이 상품을 구매하고 가격을 지불할 때 쿠폰을 배포하여 다음번 구매 시 사용할 수 있게 하거나, 인터넷 홈페이지 내에 게재하거나, 혹은 휴대폰을 통하여 송부하기도 한다.

③ 프리미엄(premium)

프리미엄은 소위 덤 혹은 경품이라고도 한다. 제조기업은 프리미엄을 미끼로 하여 대상 제품의 구입을 촉진할 수 있다. 프리미엄은 제품포장 내에 함께 포장하는 경우(인팩), 포장 바깥에 첨부하는 경우(온팩), 제품과 별도로 제공하는 경우(오프팩) 등이 있다.

사례 10 현대자동차 Tuscani의 마케팅전략

I. 외부환경분석

1. 국제경제환경

얼마 전 발생한 미국에 대한 테러로 인해 세계경제는 상당한 위기에 처해 있다. 이를 반영이라도 하듯이 테러 이후 전세계 주가는 바닥을 모른 채 하락을 하고 있고, 미국의 9월 소비자신뢰지수 하락은 테러 전 이미 침체의 벼랑으로 몰렸던 경기가 미국 경기가 앞으로 더욱 급격한 하락세로 접어들 것임을 보여주고 있어 증시뿐만 아니라 기업투자 와 생산 및 소비 등 국제경제에 상당한 파장이 예상되고 있다. 이는 5년만에 최저치를 기록했다는 점에서 테러에 따른 기업 수익성 악화 및 투자 위축이 연말까지 전자부품, 자동차, 호텔, 여행, 소매부분으로 까지 확산될 것으로 보인다. 이렇듯 미국의 테러는 미국 내 뿐만 아니라, 올 세계 경제에 대한 전망도 하향 수정될 것으로 보인다. 영국 이코노미스트 인텔리전스 유닛(EIU)은 올 세계 경제성장이 30년만에 가장 급격한 감소를 보이며 2.4%에 그칠 것이라고 예측했고, 도이체방크는 2.2%까지 낮춘 수정 전망을 발표했다. 지난달 세계경제성장전망을 2.8%로 예측했던 국제통화기금(IMF)도 수정 전망치를 발표할 계획이다.

또한 국제유가의 하락도 국제경제상황이 좋지 않음을 말해주고 있다. 런던시장에서 북해산 브렌트유 11월 인도분은 배럴당 3.7달러(13.7%) 하락한 21.70달러에 거래됐다. 이는 지난해 4월이후 가장 낮은 수준이며, 이날 하락폭은 걸프 전 직후인 1991년 1월 이후 최대치다. 뉴욕시장에서 11월 인도분 서부텍사스 중질유(WTI)는 배럴당 3.62달러 떨어진 22.35달러를 기록했다. 이는 테러 후 미국의 보복전쟁으로 인해 국제경제가 좋지 않을 것이라는 예상으로 인해 국제유가 수요가 줄어 듯 것으로 예상되기 때문에 국제유가가 하락한 것이다. 하지만 테러 후 국제적으로 금리를 인하하였기 때문에 소비측면에서는 급격한 소비심리위축을 예방할 수 있을 것이라고 예상된다.

2. 국내경제환경

우리나라는 타국에 비해 미국에 대한 수출의존도가 상당히 높은 국가이다. 쉽게 얘기해서 미국의 테러사태로 인해 경제적으로 가장 피해국 중 하나가 우리나라라는 것이다. 또한 전쟁이 발발한다면 피해는 더욱 심각해질 것으로 예상된다. 이를 잘 반영이라도 하듯 국제통화기금(IMF)은 우리나라의 올해 경제성장률 전망치를 3.5%에서 2.5%로 낮춰 잡았다. 또 내년에는 당초 전망한 5.5%보다 낮은 4.5%의 성장을 할 것으로 내다봤다. 이는 미국의 테러사태 이전의 상황만 반영한 것이라 실제 성장률은 더 떨어질 것으로 보인다. IMF는 2001년 9월 26일 발표한 2001년도 하반기 세계경제전망(WEO) 보고서에서 지난 5월 내놓은 한국을 포함한 세계경제에 대한 전망을 수정했다. IMF는 "한국의 기업 및 소비심리가 상대적으로 견조하고 실업률도 낮은 편이나 산업 생산과 수출이 내리막길을 걷고 있다"며 성장률을 하향 조정한 배경을 설명했다. IMF는 올해 우리나라의 실업률을 당초 4.2%에서 4.0%로 낮춰 잡은 반면 소비자물가 상승률은 4.3%에서 4.4%로 높게 전망했다. 내년 실업률 전망치는 3.5%를 유지했으며 물가 상승률은 3.0%에서 3.4%로, 경상수지 흑자는 1.2%에서 2.1%로 높여 잡았다.

또한 LG 경제연구원은 최근 국내의 수출 부진을 미국 등 세계 경기, 특히 정보 기술(IT) 산업의 침체에 따른 것 보다는 근본적으로 우리 수출 상품의 국제 경쟁력이 떨어졌기 때문이라고 지적했다. 수출 침체의 주범으로 꼽히는 반도체의 경우 말레이시아와 대만은 미국 내 시장 점유율이 높아졌지만, 우리는 그 반대다. 전반적으로 미국 시장에서 차지하는 우리 상품의 시장 점유율이 갈수록 하락하고 있다.

이렇듯 국내경제는 내적 · 외적 요인으로 상당한 침체에 빠져 들고 있는 상황이며 이 같은 상황이 언제쯤 회복할 것인가에 대해서는 어느 누구도 예상을 하지 못하고 있는 상황이다.

3. 자동차시장환경

2001년 세계 자동차 시장과 국내 자동차 시장은 한마디로 흐리다고 표현할 수 있다. 이를 잘 말해주듯 세계 자동차 업계에는 구조조정의 칼바람이 몰아치고 있다. 세계 최대의 자동차시장 미국의 급격한 경기둔화 및 소비 침체로 자동차 수요가 급속히 냉각되면서 GM과 포드, 다임러크라이슬러 등 자동차 '빅3'가 잇따라 공장폐쇄와 인력감축 계획을 내놓고 강도 높은 구조조정에 들어갔다. 이 같은 미국 업체의 감산과 시장 위축은 수출에 의존하고 있는 국내 자동차 업계에도 심각한 먹구름을 드리우고 있다.

세계 자동차 업계의 감산과 감원등 대대적인 다운사이징 바람은 미국 업체가 주도하고 있다. 빅3 중 경영실적이 가장 급격히 악화하고 있는 업체는 다임러크라이슬러이다. 다임러크라이슬러는 북미지역 구조조정 계획에서 전체 근로자의 20%에 해당하는 2만6,000명을 감원하겠다고 발표, 전세계 시장을 놀라게 했다. 다임러크라이슬러는 판매부진과 영업적자에 허덕이고 있는 북미지역 공장 41개 가운데 2002년까지 6곳을 폐쇄하고 공장 종업원 9만5,000명 가운데 1만9,000명, 사무직 3만명 가운데 6,800명을 줄이기로 했다. 이에 앞서 GM은 지난달 103년의 전통을 가진 올즈모빌 부문을 퇴출시키고, 캐딜락 드빌 등을 생산하는 미시간주 햄트렘크 공장 등 5개 공장의 가동을 1주일 동안 중단하고 종업원 1만4,400명을 일시 해고키로 했다. 또 올 1·4분기 북미지역 자동차 생산을 14% 줄인다고 발표했다. 포드는 사정이 더 다급하다. 포드는 지난해 11~12월 판매량이 크게 줄어든 것으로 나타나자 오하이오주 로레인 공장등 2개 공장을 일시 폐쇄하고 유럽지역 공장의 생산량과 인력을 매년 10%씩 줄이기로 했다.

빅3의 감산과 감원은 올 자동차 판매전망이 밝지 않은 데다 미국의 경기둔화세가 확연한 만큼 미리 '선제적인' 구조조정을 서두르지 않으면 심각한 위기를 초래할 수도 있다는 판단에 따른 것이다. 미국시장에서 지난해 9월까지 증가하던 자동차판매는 10월 들어 1.4% 감소로 반전된 이후 11월에 3.5%, 12월에는 무려 8%나 감소하는 등 하락의 골이 깊어지고 있다. 장기호황을 구가하던 미국경제의 성장이 최근 경착륙 조짐을 보이면서 소비자들이 웬만해서는 주머니를 열려고 하지 않기 때문이다. 한국자동차산업연구소 안수웅 연구위원은 "미국 자동차 업체의 차량 판매증가율은 지난해보다 6%이상 감소할 것으로 전망되며, 1990년대 초반과 같은 전세계 자동차 수요 동시감소라는 최악의 상황도 점쳐지고 있다"고 강조했다. 안 연구위원은 "2001년 세계자동차 산업의 화두는 구조조정과 비용절감이 될 것"이라고 말했다. 이에 따라 빅3

들은 올해 차량판매 예상 대수를 지난해보다 100만대 이상 감소한 1,600만대로 대폭 낮췄다. 일본 역시 10년째 장기 불황이 계속된 데다 올해도 경기회복 가능성이 뚜렷하지 않아 당분간 자동차 판매가 부진할 전망이다. 동유럽과 중남미 등 개발도상국 시장 확대도 기대하기 어렵다.

국내 자동차 1·2위 업체인 현대 · 기아차는 지난해 사상 최대 매출과 순이익을 거뒀지만 올해는 내수 시장 침체에다 수출 고전 등 힘든 한해가 될 전망이다. 한국자동차공업협회는 최근 발표한 '2001년 자동차 산업전망'보고서에서 "올해 내수시장 규모가 143만대에서 138만대로 줄어들고 수출도 지난해에 못 미치는 308만대에 그칠 전망"이라고 밝혔다. 국내 자동차시장의 성장률이 마이너스로 돌아선 것은 지난 1998년 외환위기 이후 처음이다. 세계 최대 업체인 GM의 잇단 공장폐쇄와 구조조정은 대우차의 해외매각 협상에도 심각한 먹구름을 드리우고 있다. 하지만 자동차업계는 여전히 낙관론을 펼쳐 위기둔감증에 빠졌다는 비판을 받고 있다. 현대차 이계안 사장은 자동차 경기와 관련 "지난해에 계열분리와 경영권 다툼 등 '과거'에 매달려 허송세월을 하다보니 어느새 시장환경이 차갑게 변해 있더라"며 "자동차 내수 감소가 예상되지만 아직 생산감축이나 감원계획은 없으며 다만 공장 라인별 근로자의 전환배치는 노조와 협의할 생각"이라고 말했다. 이 사장은 또 "내수는 줄어들겠지만 수출로 보완할 수 있다"고 밝혔다. 현대차는 소형차보다 이익이 많은 도시형 지프 산타페와 디젤 승용차를 미국과 유럽 시장에 새로 투입, 올해 7만대 정도를 판매할 계획을 세우고 있다. 올해 실적전망도 지난해보다 20% 늘어난 174만대 판매에 매출 20조4,000억원, 순이익 1조원 등 온통 장밋빛이다.

현대차 · 기아차의 낙관론에 대해 일부에서는 "최대 수출시장인 미국 경제가 어려운 국면에 접어든 마당에 수출을 늘리겠다는 것은 비오는 날 짚신 파는 격"이라고 지적하고 있다. 무리하게 수출 목표량을 늘려 놓은 결과 국내 업체의 고질적인 '밀어내기'와 '헐값 판매'가 재현될 것이라는 우려도 나오고 있다. 정몽구 현대차 · 기아차 회장이 자동차부문의 구조조정 및 경쟁력강화보다는 현대그룹에서 분리된 후 가시적인 성과를 얻어내기 위해 무리하게 수출에 매달리려는 조급증에서 비롯된 측면도 강하다고 업계 전문가들은 우려하고 있다.

국내 시장점유율 면에서는 GM의 대우차 인수로 인해 상당히 변화가 있으리라 예상된다. GM은 1931년 포드를 누르고 자동차업계의 정상자리를 빼앗아 70년간 1위를 지켜온 세계최대 자동차 메이커다. 세계 50여 개국에 생산과 디자인 조립라인을 갖추고 있으며 종업원 수만 38만6000명에 이른다. GM은 대우차 인수로 아시아시장 확대의 교두보를 확보하는 한편 1위 자리를 위협하고 있는 포드의 추격을 따돌린다는 계획이어서 국내시장은 세계 자동차업계의 격전장이 될 전망이다.

GM이 대우차를 인수하게 되면 국내차 시장은 현대차와 기아차, GM-대우(가칭), 르노-삼성차의 4파전 양상으로 재편된다. 이는 국내 완성차 업계가 그 동안의 다원화 체제에서 '국내업체'와 '외국업체'간 양자 구도로 나뉘어 치열한 생존경쟁에 돌입하게 되는 것을 의미한다. 게다가 다임러크라이슬러와 미쓰비시 차가 현대차의 지분을 20% 가까이 보유하고 있고 워크아웃중인 쌍용차도 해외매각을 추진 중이어서 외국자본의 영향력은 갈수록 커질 전망이다. 올 8월말 현재 업체별 국내시장 점유율은 현대차 49.4%,기아차 27.0%,대우차 11.6%,르노-삼성차 4.5%다. 대우차가 GM으로 넘어가더라도 당장은 국내 업체들이 타격을 입을 상황은 아니지만 장기적으로는 시장을 독식해온 현대차와 기아차의 입지가 좁아질 수밖에 없을 것으로 관측된다.

업계에서는 GM-대우차가 1～2년내에 새 차종을 시장에 투입하기는 어려울 것으로 보고 있으나 모델의 교체가 예상되는 2004년부터는 점유율이 25～28%대로 급상승, 기아차와 치열한 2위 다툼을 벌일 것으로 보고 있다. 대우차 이종대 회장은 "이번 MOU 체결만으로 당장 판매량이 5～10% 늘어나는 효과가 있을 것"이라며 "GM의 첨단 기술력과 마케팅력, 자금지원이 뒤따를 경우 획기적인 수익성 증대가 기대된다"고 말했다. 현대차는 GM이 들어오더라도 기술력과 마케팅 어느쪽에서도 밀리지 않을 것이라고 자신하고 있다. 현대차의 한 관계자는 "내수시장에서 탄탄한 입지를 확보한 만큼 글로벌 전략을 더욱 강화, 세계시장에 공략에 무게를 두게 될 것"이라고 말했다. 기아차도 우위를 점하고 있는 RV(레저용차량)와 SUV(스포츠유틸리티차량)부문을 집중 육성, 특화하는 전략을 추진키로 했다. 르노-삼성차도 품질과 서비스 제고방안을 마련하고 있다.

사례연구

4. SUV(Sport-Utility Vehicle) 시장환경

국내 SUV시장은 과거 어느 때 보다 소비자들의 수요가 급증하고 있는 상태이다. 공장을 Full가동 시켜도 규모가 한정되어 있어 계약고를 충족시키기에는 역부족이다는 것이 업계의 얘기이다. 업계에 따르면 현대자동차의 싼타페, 기아자동차의 카니발·리오(소형), 쌍용자동차의 코란도·렉스턴 등이 큰 인기를 끌고 있다. 싼타페는 국내 1만2,000대, 미국시장 1만대 등 2만 여대 이상 주문이 밀려 2개월 이상 기다려야 한다. 기아차는 지난 5월 미국에 진출한 카니발의 현지 판매가6월 664대, 7월 794대, 8월 3,732대로 늘었고, 주문 대기물량이 4,000대를 넘어서는 등 해외에서만 1만1,000여대가 밀려 있다. 최근 건교부 소형차 충돌테스트에서 가장 안전한 차로 나타난 리오도 해외판매의 경우 1~8월 사이 7만7,400대가판매 돼 지난해 연간 판매량(7만5,000대)을 훌쩍 넘었다. 이 때문에 카니발의 시간당 생산대수를 30대에서 36대로 늘리고 리오도 매달 2,000대를 더 생산할 수 있도록 설비를 확충했다. 쌍용차의 경우 코란도 7,200대, 무쏘 6,800대, 렉스턴 4,500대, 체어맨 1,500대가 계약 후 출고되지 않고 있다.

5. 경쟁사분석

SUV시장이 확대됨에 따라 기아차, 대우차, 쌍용차 등 각 경쟁업체는 기존의 SUV차량의 생산을 확대하거나 새로운 차량을 출시한 예정이다. 쌍용차는 곧 고급 SUV인 렉스턴을 출시 예정이다. 기존의 무쏘와 비교하면 곡선과 면이 한층 부드러워져 기존의 무쏘가 터프하다면 렉스턴은 우아하다고 할 수 있다. 또한 기아차도 쏘렌토란 SUV를 올해말 시장에 출시할 예정인데 이도 스타일과 하이테크성을 겸비함으로써 Bobos의 취향에 맞췄다는 평가를 듣고 있다.

외국 자동차 기업들 같은 경우에는 국내의 SUV경쟁업체 보다도 훨씬 밀접한 경재관계를 가지고 있다. 국내 SUV제품이 스포츠-카 보다는 레저차량을 출시하지만 외국기업은 스포츠-카를 국내에 직접 유통시키고 있기 때문에 보다 가까운 경쟁상대라고 볼 수 있다. 메르세데스벤츠 경우에는 국내시장에 SLK라는 스포츠-카를 선보였으며, BMW는 Z8, 아우디는 미션임파서블2에서 선보였던 TT로드서트를 국내 시장에 선보이기 시작했다. 과거 수입 스포츠-카는 고가격정책으로 인해 일부 부유층만이 소유하고 있었지만 얼마 전 선보이기 시작한 위 차량 같은 경우에는 기존보다 값싸게 제공함으로써 국내 스포츠-카 시장에 새로운 돌풍을 일을 킬 것으로 예상되고 있다.

6. 소비자분석

이렇듯 SUV 시장이 확대되고 있는 원인으로는 Bobos의 출현이다. 기자출신의 저술가인 데이비드 브룩은 Bobos란, 부르주아(Bourgeois)와 보헤미안(Bohemian)을 합친 신조어라고 설명하고 뉴엘리트가 한 발은 보헤미안의 창의성이라는 세계에 담그고 있고 다른 한 발은 부르주아의 야망과 성공의 세계에 디뎌놓고 있는 전혀 새로운 파워엘리트라고 정의했다. 쉽게 말하면 국내 벤처기업들의 성장에 따른 젊은 부르주아 층의 출현이 SUV시장을 확대시키고 있다는 것이다. 이들은 보통 나이 때가 20대 후반에서 30대 후반 까지로 가장 큰 특징은 개성과 취향을 중요시한다는 것이다. 특히 자동차에 있어서는 활동적이고 세련된 스타일의 차량을 선호한다.

또 다른 원인으로는 중산층이 몰락하고 부유층과 빈민층이 크게 대두되고 있다는 것이다. 부유층들은 보통 한 가구에 두 대 이상의 차량을 소유하고 있다. 특히 젊은 자녀들을 둔 가정은 그들의 위해 그들이 선호하는 디자인 적으로 세련된 SUV를 한대씩 소유하고 있다. 각 기업의 SUV전략을 보더라도 소비층을 대한민국의 1%만을 위한 전략을 한다는 것만을 보더라도 이들을 위한 SUV라고 말 할 수 있다.

II. 내부환경분석

1. 국내자동차업계의 선두주자로서의 강점과 약점

세계 최대 자동차업체인 미국 제너럴모터스(GM)가 대우자동차를 인수함으로써 국내 자동차시장이 격랑의 소용돌이 한가운데로 들어서게 됐다. GM의 등장은 국내 자동차산업이 본격적인 글로벌 체제에 진입한다는 신호탄이다. 전문가들은 "지난해 르노에 이어 GM까지 한국 시장에 교두보를 마련함에 따라 국내 자동차시장은 이제 현대·기아차로 대표되는 '토종'과 '이방인'간의 생사를 건 격전장이 될 것"이라고 전망했다. 하지만 세계 최고의 자본력과 기술을 자랑하는 GM의 등장은 국내 자동차산업을 한단계 끌어올리는 계기가 될 수 있다는 분석도 있다. 현대·기아차는 '공룡' GM과의 경쟁을 위해 기술개발 · 마케팅 등에서 보다 피나는 노력을 기울일 수밖에 없고 이 과정을 통해 세계일류 자동차메이커로 도약할 수 있게 된다는 것이다. GM의 대우차 인수로 국내 자동차시장은 현대 · 기아와 지난해 7월 출범한 르노삼성, GM · 대우의 3파전으로 재편됐다. 현대 · 기아의 토착세력과 세계 1위인 GM · 피아트 컨소시엄이 인수한 대우차 및 세계 6위의 르노 · 닛산 그룹이 인수한 삼성차 등 해외자본 유입세력이 치열한 점유율 경쟁을 벌이게 된 것이다.

지난해 말 기준으로 국내 자동차시장 점유율은 현대 · 기아차가 74%(현대 45.2%, 기아28.6%)로 독주하고 있다. 이어 대우차 16.9%, 쌍용차 6.6%, 르노삼성차 1.9% 순이다. 대우차가 GM으로 넘어가도 현대 · 기아차와 쌍용차의 점유율이 82.4%(삼성상용차 0.8% 제외)에 달해 '토종기업'이 외국 업체에 비해 절대 우위를 차지하고 있다. 그러나 앞으로도 토종기업이 절대강자의 지위를 유지할 것인지는 미지수다. GM은 대우차를 인수하면 첨단기술 · 금융과 연계한 마케팅 등을 앞세워 시장을 빠르게 잠식해나갈 전망이다. 자동차업계 일부에서는 GM · 대우차의 시장점유율은 머지않아 레간자, 누비라, 라노스 등 이른바 '대우 3총사'가 일시에 투입됐던 지난 97년 초의 33% 수준까지 손쉽게 올라갈 것으로 예상하고 있다. 르노삼성차 역시 만만치 않다. GM보다 한발 앞서 한국에 거점을 마련한 르노삼성은 현재 SM5 단일 차종만으로 매달 7,000대 안팎을 판매하는 등 선전하고 있다. 르노삼성은 특히 내년 초 중소형 시장을 겨냥한 SM3 모델을 투입, 오는 2003년까지 시장점유율을 10% 수준으로 끌어올린다는 야심찬 계획을 세워놓고 있다. 전문가들은 "현대 · 기아의 독주체제는 사실상 마감"이라며 "앞으로 5년 안에 자동차 시장점유율은 현대 · 기아차 60~65%, GM · 대우 30~35%, 르노삼성 5%선을 이룬 후 각 사의 전투력에 따라 점유율이 변동하게 될 것"이라고 내다본다.

GM의 등장으로 가장 위기의식을 느끼는 곳은 현대 · 기아차. 내수시장에서 절대강자로 군림해오던 현대 · 기아차는 이제 안방에서조차 본격적인 글로벌 3강 체제가 시작됨에 따라 기술, 신모델 개발력, 마케팅 및 AS망 등 대격전을 위한 전투력 점검을 서두를 수밖에 없다. 특히 글로벌 경쟁을 치르기 위해 일정수준 이상의 생산능력을 갖춰야 한다는 부담마저 짊어지게 됐다. 현대 · 기아차의 생산능력은 300만대(2000년 말 기준) 규모다. 세계 자동차업계에서 정설처럼 자리잡은 '최소 400만대 생존설'에도 미치지 못한다. 반면 GM은 875만대, 포드 722만대, 도요타 493만대, 다임러크라이슬러 486만대, 폴크스바겐(478만대) 등 대부분의 메이저들이 모두 400만대를 훨씬 웃도는 생산능력을 갖춰놓고 있다. 현대 · 기아차는 따라서 GM과 르노가 국내시장에서 정상궤도에 오르기 전에 기득권을 더욱 탄탄히 하고 첨단기술을 확보해야 하는 등 앞으로 2~3년 안에 무한경쟁에서 살아남을 수 있는 힘을 키워야 한다.

2. 강력한 리더쉽

현대는 다른 기업과는 구별되는 매우 강력한 카리스마를 지닌 최고경영자를 중심으로 독특한 기업 문화를 형성하고 있다. '하면 된다 '는' 불굴의 의지와 뚝심으로 무에서 유를 창조해내는 신화를 현대는 종종 이루고 있다. 최고경영자의 리더십은 기업 구성원들에게는 물론 기업자체 생존에 막대한 영향을 미치게 되므로 매우 중요하다. 리더의 리더십 형태는 각각 장·단점을 갖고 있으므로 어느 것이 가장 바람직하다고 단정지을 수는 없지만 현대와 같이 강력한 카리스마를 지닌 리더십을 갖고 있는 기업은 기업이 어려움에 처해있거나, 빠른 변화에 신속히 대응해야할 위기 상황에서 기업의 힘을 하나로 모아 구성원들의 역량을 최대로 발휘할 수 있으므로 과거 성장위주의 시대와 현재와 같은 상황에서는 강점으로 작용할 수 있으나 이러한 리더십은 구성원들을 수동적이고 창조적이지 못한 방향으로 이끌 수 있으므로 다양성과 창의성이 요구되는 상황에서는 약점으로 작용할 수 있다.

3. 기아자동차와 아시아자동차 인수

현대자동차가 1998년 10월 18일 기아 · 아시아자동차를 인수함으로써 한국의 자동차산업은 세계 빅 10의 대열에 끼게 되었다. 물론 질적인 면이 아닌 양적인 면이긴 하지만 이것은 한국 산업 기반까지 변화시킬 엄청난 폭발력을 갖게 되었다. 현대는 기아와 아시아의 인수로 국내시장의 60%이상을 장악하게 되어 1999년말 기준 내수시장 점유율을 보면 현대와 기아와 아시아를 합칠 경우 62%를 웃돌게 되었는데 이로써 생산실적을 합치면 그동안 자동차 업체들이 추진해오던 세계 빅10을 단숨에 확보하게 된다. 물론 질적인 면은 아직 미약하긴 하지만 우선 양적인 면에 서 일본의 닛산을 추월할 뿐 아니라 GM, 포드, 도요타, 폴크스바겐, 벤츠_크라이슬러에 이은 6위가 되므로, 이에 따라 세계 자동차 업체들의 한국 견제는 더욱 심해질 것이다.

4. 기술개발

현대자동차는 배기량 2500cc의 輕量, 高성능 V-6DOHC델타(δ)엔진을 독자 개발하여 하였다. 현대자동차는 세계적으로 강화되고 있는 배기가스 규제 대응과 성능은 물론 경제성이 뛰어난 엔진에 대한 소비자요구에 부응하기 위해 지난 '93년 5월부터 總 1,000억원을 투자하여 5년여에 걸친 연구개발과 실차테스트를 통해 델타엔진을 독자 개발하였다.

자연흡기방식(Natural Aspiration)방식의 24밸브 DOHC V型 6기통 엔진인 델타엔진2.5는 성능면에서 최고출력 192마력에 최대 토오크가 25.0 kg.m로 국내 동급은 물론 세계적으로도 최정상급의 高성능 엔진으로 델타엔진을 향후 출시될 중형차 후속모델에 탑재, 자체 테스트한 결과 0→100km/h 발진가속시 9.3초(A/T 장착),60→100km/h 추 월가속시 5.5초(A/T 장착)가 소요되어 해외에서 판매되고 있는 동급 차종보다 우수한 것으로 나타났다. 더욱이 현대자동차는 델타엔진의 고효율 低연비 달성을 위해 각종 연소개발과 세계 최소형화, 알루미늄 실린더블록(Aluminium Cylinder Block) 등을 적용, 주행연비가 해외 동급 경쟁모델과 비교하여 경쟁력이 높은 것으로 확인되어 이 분야에서 높은 시장점유율이 기대된다.

5. 해외시장에서의 브랜드 인지도

현대차는 미국뿐만 아니라 유럽과 아시아 등지에서도 상당히 매출량이 증가하고 있다. 이는 타국 경쟁사의 제품에 비해 가격대비 성능이 훨씬 좋기 때문이라고 한다. 미국시장에서는 값싸고 좋은 차로 이미 정평이 나아있으며, 유럽 등지에서 각종 국제 랠리 대회에 참가함으로써 현대차의 우수성을 보이고 있다. 특히 투스카니의 이전모델인 티뷰론 같은 경우에는 각종 랠리에서 우승을 함으로써 현대 스포츠카의 위상과 우수성을 유럽에 알리기 시작했다.

6. 고객가치 프로그램

고객만족 서비스는 현대자동차의 대표적인 강점이라고 할 수 있다. 현대자동차의 사후 서비스는 매우 철저하며 고객만족도도 높은 것으로 알려져 있다. 자동차 판매 사후 관리는 다음과 같이 네 가지로 나뉜다.

① 보증수리기간중의 관리

보증수리기간 내의 차량은 일반직영 정비사업소가 아닌 서울 시내 10군데의 직영 신차 점검코너를 운영하여 고객이 기다림 없이 언제든지 수리를 받을 수 있도록 해주고 있다.

② 사고, 고장으로 인한 파손차량의 복구관리

수리장비는 자동차 제작시의 장비들로 컴퓨터에 의한 완벽한 수리, 정비를 목표로 한다. 예약정비제도로 지정날짜에 바로 수리를 가능하게 하는데, 현대자동차는 자동차 구입시 한 가족 카드를 발급해 줄 뿐만 아니라 구입 장소에서 근접한 현대자동차와 계약, 협력 된 정비고장을 고객, 본사, 소비자 센터, 직영 정비사업소와 전산망을 연결해 신속한 업무처리와 철저한 관리를 해주고 있다.

③ 위급상황시의 긴급출동서비스

인공위성을 이용한 긴급출동 '알라딘' 서비스이다. 현대자동차 서비스의 사후 관리 시스템 중 가장 돋보이는 부분이 바로 이 알라딘 서비스이다. 080클로버 서비스 번호로 연락을 취하면 전문 수리요원이 즉시 출동하여 응급조치를 해주고 그래도 운행 이 불가능할 경우 인근 정비소장까지 안내해 주고 현장에서 간단한 정비방법을 알려주는 A/S시스템을 24시간 운영하고 있다 .

④ 부가서비스

CALL BACK제도는 고객이 원하는 시간에 전화를 걸어 상담해 주는 예약 상담제도인데 여기에 D.I.Y.코너를 설비하여 기술자 의 도움과 부상으로 제공되는 공구로 직접 수리하고 정비기술까지 배울 수 있도록 하고 있으며, 주말에는 오너드라이버들을 위해 주말 정비교실을 마련해놓고 있는등 고객가치 창출을 위한 부단한 노력을 하고 있다.

7. 노사문제

노조와 회사측 간의 빈번한 대립은 현대자동차의 가장 큰 약점으로 꼽힌다. 특히 IMF사태 이후 임금삭감과 명예퇴직, 정리해고 등으로 현대자동차의 노사문제는 더욱 악화되었다. 공장가동을 중단한 98년 5월27일 노조의 1차 전면파업이후 파업기간은 총 30 일에 달한다. 지난 7월20일부터는 휴무 휴업 파업이 반복되면서 한달 째 하루도 제대로 공장을 돌리지 못하고 있다. 이 때 생산라인 가동 중단으로 현대자동차는 지금까지 모두 8387억원의 생산손실을 입었다. 생산하지 못한 차량이 9만3079대이다. 수출주문 을 받았지만 선적을 하지 못한 차량이 6만여대(4억 달러)이며 그나마 노사분규의 영향으로 수출주문도 격감하고 있다. 이와 같이 노사문제는 경제적 손실일 뿐만 아니라 협력업체도 피해를 입으며 수출에 차질이 생기는 등 회사 전체적으로 볼 때 불리하게 작용하는 것임에 틀림없다.

8. 부품납품업체의 부도

기아 사태이후에 계속 이어진 연속 타격으로 중소부품업체는 부도가 속출했다. 1997년 7월 기아사태이후 98년까지 1차 부품업체 183개가 도산했다. 현대의 경우 1차 협력업체 371개사 가운데 47개사가 이미 부도를 냈으며 2차 협력업체 2500여 회사 가운데 10 %가량이 문을 닫았다.

III. 투스카니(Tuscani)의 제품특성

수출전략형 스포츠카 '투스카니'는 지난 99년 6월 프로젝트명 'GK'로 개발에 들어가 2450억원을 들여 국내 최초의 6단 수동변속기, 17인치 알루미늄 휠, 듀얼머플러 등을 갖춘 유럽형 정통 스포츠카로 미국과 유럽 등 해외시장을 겨냥한 제품으로 최고속도는 2.7수동변속기 모델이 시속 222㎞이다. 현대차 기술력의 결정체라는 투스카니가 해외시장에서 아우디 TT, 도요타 셀리카, 미쓰비시 이클립스, 피아트 쿠페 등과 경쟁할 수 있을 것으로 기대하고 있다. '투스카니(Tuscani)'의 차명은 고대 로마문명의 기원 지였던 이탈리아 지역 명 투스카니(Tuscany)에서 유래한 것으로 심플하면서도 품위를 지향한다는 컨셉트에 따라 붙여졌다.

외관에서는 직선과 곡선을 적절히 융합해 스포츠카의 역동적이고 강인한 이미지를 살렸고 뉴엣지(New Edge) 스타일의 고급스러움을 가미, 30대에도 어울릴 수 있도록 했다. 175마력의 6기통 2.7 델타엔진과 138마력의 4기통 2.0 베타엔진에 포르셰911 등에 적용된 6단 수동변속기와 수동 겸용 4단 자동변속기(H-Matic)를 각각 장착, 동력성능을 향상시켰고 전 모델에 가스식 쇽업소버(충격흡수장치)를 기본사양화, 조종 및 주행안정성을 높였다. 최고속도는 2.7 수동변속기 모델이 시속 222㎞이다.

현대차는 6단 수동변속기를 장착한 투스카니를 해외 경쟁 차종과 자체 테스트한 결과, 추월가속 성능에서 도요타 셀리카, 머큐리 쿠거 등보다 우수한 것으로 나타났다고 설명했다. 안전을 위해서는 제동력 보조장치(BAS), 인텔리전트 에어백 등을 장착했고 편의장치로 JBL 오디오 시스템, 풀오토 에어컨, 차량내장형 핸즈프리, 속도 감응형 와이퍼 등을 갖췄다.

울산공장 제3공장에서 생산되며 내수판매 목표는 올해 5천대, 내년 1만5천대. 또 다음주 열리는 프랑크푸르트모터쇼에 투스카니를 선보인 뒤 이 달과 다음 달에 각각 유럽, 북미지역 수출을 시작해 올해 2만대, 내년 6만5천대를 판매할 예정이다. 2.0 GT와 2.0 GTS, 2.7 엘리사(Elisa) 등 3개 모델이 있고 가격은 1천480만-2천364만원(2.0모델의 경우 자동변속기 장착 시 145만원 추가)이다.

IV. SWOT분석

강점(Strengths)	약점(Weakness)
국내 시장점유율 1위 세계적으로 높은 인지도 강력한 리더쉽 새로운 기술개발 고객지향적 경영 티뷰론의 히트	상대적 기술력 미약(스포츠카 부분) 하청업체들의 부도
기회(Opportunities)	**위협(Threats)**
SUV시장 급성장 Bobos 증대 잠재구매층 확대	국제 경제상황 악화 외국 기업들의 국내시장 진입 확대 SUV시장 경쟁 심화 소비자 구매심리 악화

V. STP분석

단일 제품으로 수많은 소비자들의 욕구를 충족시켰던 과거의 매스 마케팅 시대는 이제 지나가고 소비자들의 욕구를 정확히 파악하고 그 유형들을 분류하여 그들의 욕구에 따라 적절한 제품을 제공하는 기업만이 살아 남는 새로운 마케팅 시대에 들어섰다. 이처럼 마케팅 환경이 변화함에 따라 더욱 긴요한 것이 STP (Segmentation, Targeting, Positioning)전략인데, 이는 우선 시장을 몇 개의 기준들을 사용하여 가치가 있는 다수의 시장으로 분류하고(Segmentation), 세분화된 여러 시장 중에서 자사의 능력과 경쟁 등을 고려하여 표적시장을 선택하여(Targeting), 그 시장에서 제품 속성이나 다양한 마케팅 믹스요인을 이용하여 자사 제품을 소비자의 마음속에 심어주는(Positioning) 과정을 거치게 된다.

1. Segmentation

현대자동차는 우선 자동차 이용과 관련된 소비자들의 라이프 스타일을 기준으로 자동차시장을 세분화하였다. 이는 자동차 이용과 관련된 소비자들의 라이프 스타일에 따라 각각이 요구하는 자동차도 다르기 때문에 이것이 소비자들의 욕구를 파악하기에 매우 중요한 기준으로 사용될 수 있기 때문이다. 그 결과로 자동차 잡지 읽기를 좋아하고 모터쇼는 빠짐없이 가서 본다거나 자신의 자동차를 자신이 직접 수리하는 라이프 스타일을 보이는 사람처럼 자동차에 대한 관심과 지식 정도가 매우 높은 시장, 자동차가 갖는 기능이나 성능보다는 차량의 스타일, 색상, 옵션 등과 같은 외형에 관심을 갖는 소비자 층, 자동차가 자신의 신분을 나타내는 수단이 된다고 생각하는 소비자 층 등으로 세분화하였다.

또한 자동차를 구입하는데 있어 가장 민감하게 반응하는 부분을 기준으로 가격, 안전성, 유지비, 운전편리성 등을 가장 민감하게 여기는 사람으로 세분화하기도 하였다. 이밖에 인구통계나 소득수준, 학력 등과 같이 다양한 기준을 근거로 시장을 세분화하였는데 우리는 이를 바탕으로 투스카니(Tuscani)가 목표로 해야 하는 소비자층을 선택하고 그들에게 가장 잘 위치화시키기 위하여 마케팅 믹스를 구상하였다.

2. Targeting

현대자동차는 소비자들이 스포츠카를 통해 기존보다는 다른 사회적 위신을 얻고자 한다는 점과 Bobos족과 여성의 사회진출이 늘어남에 따라 기존의 주고객 층이었던 일반직에 종사하는 30대 초반-40대 초반의 남성뿐만 아니라 20중반-30대 중반 Bobos족이나 전문직 여성, 부유층 자제도 SUV의 주요 고객으로 성장하였다는 점을 인식하고 이들을 투스카니(Tuscani)의 목표시장으로 선정하였다. 현대자동차는 이미 SUV시장(특히, 스포츠-카)에서 높은 점유율을 보유하고 있었기 때문에 기존의 소비자를 포용하고 새롭게 주고객 층으로 등장하게 된 Bobos족이나 전문직 여성, 부유층 자제를 목표고객으로 하는데 회사의 자원이나 기술, 등에 별 무리가 없을 것으로 예상 돼, 경쟁요인 역시 긍정적으로 작용하였다.

3. Positioning

현대자동차는 전문직 20-30대 여성과 30대 Bobos족, 20대 부유층 자제를 목표시장으로 하여 목표시장에 투스카니(Tuscani)가 효과적으로 침투하기 위하여 투스카니(Tuscani)가 기존 티뷰론 보다 현대적이고 개방적이며 개성적이라는 점을 부각시키면서 위치화 하였다. 이는 가격적인 면에서 경쟁 제품인 외국기업의 스포츠-카 보다 저가격적이고, 디자인 면에서는 경쟁 제품과 같이 고품격을 지향하는 Positioning이라 할 수 있다.

VI. Marketing Mix전략

1. Product 전략

우선 투스카니(Tuscani)를 보면 기존의 현대차와 다른 점을 한눈에 느끼게 하는 것이 있다. 바로 현대자동차의 심볼이다. 투스카니는 현대자동차의 심볼을 사용하지 않고 개별적인 심볼을 사용하였다. 이는 소비자에게 기존의 티뷰론의 후속모델이라는 점보다는 외국 스포츠-카와 같은 고급적 이미지를 심어주어 다른 사람들과 차별화하고 싶고, 튀고싶은 Bobos족이나 전문직 여성, 부유층 자제들을 겨냥한 브랜드전략임을 알 수 있다.

디자인 적인 면에서 기존의 티뷰론 출시 당시에는 근육질의 곡선류의 스포츠-카 디자인이 유행이었으나, 쉽게 식상 돼 버린다는 점에서 투스카니는 직선과 곡선의 융합을 통한 품격이 강조되는 최신 디자인 경향에 맞추어 디자인 되어, 스포츠-카로써의 공격적이고 강인한 모습은 물론 차량 자체에 품위가 더해지는 스타일이다. 또한 기존의 티뷰론 없었던 신규사항(스포츠-카로써의 상징적 사양인 6단 수동 변속기[2.7ELISA], 초대형 17인치 알로이 휠,듀얼이그조스트파이프 시스템 적용됨과 동시에 각종 편의사양이 대거 적용)을 추가하여 전통 스포츠-카라는 이미지를 심는 데 노력하였다.

제품모델은 총 3종류로 스포츠-카로써의 기본적인 모델인 2.0GT, 스포츠-카 선호층용인 2.0GTS, 그리고 기존의 티뷰론에 만족하지 못하던 고급스포츠-카 및 외산스포츠-카 선호층을 위한 2.7ELISA가 있다.

모델	제품특징
2.0 GT	티뷰론 1.8 모델 및 저가 모델 수요층용 - 성능은 상위모델인 2.0 GTS와 동일하고 스포츠카로써의 기본적인 사양을 갖춘 모델 - β 2.0 엔진(138마력 18.6kg*m), 5속M/T,ABS, 운전석에어백 기본장착
2.0 GTS	티뷰론 2.0 고가모델 수요층 및 30대 초/중반의 스포츠카 선호층용 - 기본적인 성능은 2.0 GT와 동일하나 내/외장 및 편의사양이 상당히 고급화된 모델 - β 2.0 엔진(138마력 18.6kg*m), 5속M/T,ABS, 듀얼에어백 기본장착
2.7 ELISA	기존 티뷰론에 만족하지 못하던 고급 스포츠카 및 외산 스포츠카 선호층용 - 정통 최고급 스츠카로써 완벽한 성능 및 각종 호화 편의 장치가 총집결된 이미지 모델 -δ 2.7 엔진(175마력, 25.0Kg*m), 6속M/T, ABS,TCS,듀얼에어백 기본 장착

2. Price 전략

가격전략은 기업이 현재 또는 미래의 경쟁상황을 고려해 보았을 때 어떤 형태가 가장 효율적이며 적절한가에 따라 결정된다. 특히 가격은 기업의 마케팅 목표 및 마케팅 믹스와 조화를 이룰 수 있도록 책정되어야 하며 이 경우 기업은 표적시장의 확인, 제품이미지 확보, 마케팅 믹스와 조화 등을 고려하여야만 한다. 여기서 중요한 것은 단순한 고가, 중가, 저가라는 말은 기업의 마케팅 전략상 큰 의미가 없기 때문에 경쟁기업을 고려하여 상대적으로 높은 가격, 비슷한 가격, 상대적으로 낮은 가격으로 구분지어 전략을 수립하는 것이 바람직하다.

투스카니의 가격전략은 모델간에 상당히 큰 가격 차별화 전략을 하고 있다. 이는 각 모델간의 소비층이 다를 것으로 예상하고 모델별 차별화 전략을 하였는데, 2.0 GT 같은 경우는 1,480만원으로 주로 부유층 자제나 전문직 여성을 겨냥하였고, 2.0 GTS은 1,596만원으로 전문직 여성이나 Bobos족을 겨냥하였다. 또한 2.7 ELISA는 2.270만원으로 Bobos족이나 스포츠카 매니아를 겨냥하였다.

또한 외산 스포츠카 가격보다는 상당히 저렴한 가격 전략을 사용함으로써, 아직까지는 전통적인 스포츠카에 비해서 떨어지는 기술적인 면을 저가전략을 사용함으로써 만회하려고 하였다. BMW의 Z3로드스터 가격은 5천 5백만원 선이며, 메르세데스벤츠의 SLK230은 7천만원, 포르쉐의 911Carrera의 가격은 무려 1억 5천만원 선이다.

3. Place 전략

자동차는 다른 제품과는 달리 특별한 유통전략이 없다 왜냐하면 거의 대부분의 제품이 대리점을 통하여 판매되고 있기 때문이다. 자동차의 유통경로는 대표적인 전속적 유통경로라 할 수 있는데 이는 일정한 상권 내에 제한된 수의 자사의 제품만을 취급할 수 있는 유통경로를 말한다. 전속적 유통경로의 장점으로는 소매점에 대한 통제를 확보할 수 있어 소매점과의 긴밀한 협조체제가 형성되므로 거래비용의 감소와 제품이미지 제고가 가능하다는 것이다. 그러나 소비자들은 정보기술이 발달하면서 사이버 공간을 통해 물건을 사고 파는 행위에 익숙해지게 되었기 때문에 자동차 역시 사이버 공간을 통해 모델이나 성능을 확인하고 거래할 수 있는 준비가 필요하다고 생각된다.

4. Promotion 전략

투스카니의 매체전략은 표적집단에게 광고메세지를 전달하기 위해 가장 효율성이 높은 매체를 조합시키는 방식으로 표적집단에게 광고를 효율적으로 노출시키는 것뿐만 아니라 카피전략과 긴밀히 연결시켜 소비자의 심리상태를 유리하게 변용시키도록 계획되어야 한다. 즉 단순히 도달률이나 도달빈도 등을 최대로 한다는 단순한 원리가 아니라 개개 매체의 도달률과 함께 각 매체가 갖는 영향력을 고려해야 했기 때문에 현대자동차는 우선 투스카니가 스포츠카로써 갖는 제품의 이미지를 분석하고 이를 잘 표현하고 전달할 수 있는 매체를 선택하였다.

스포츠카는 정보제공형 메시지의 이성적 위치에서 이미지 소구형 메시지의 감성적 위치로 현재 이동하고 있는 제품이기 때문에 이미지 전달 Media를 중심으로 전략이 구사되어야 하며 도달률 (reach)을 극대화 할 수 있는 매체 및 Vehicle 선정이 필요하다. 따라서 투스카니는 광고매체를 정보전달형 매체인 신문보다 이미지 전달형 중심인 TV위주로 하여야 한다.

① TV

Target층의 시청률이 높은 시간대인 20;00-22:00사이의 시간대 중심으로 한다. 연간스포츠 프로그램을 운영하고 뉴스 및 드라마 중심으로 한다.

② 신문

런칭초기 2개월간 집중으로 하는데, Target등의 열독률을 고려하여 일간지 중심으로 한다. 신뢰도 및 주목률의 제고를 위해 대형 규모를 유지한다.

③ 라디오

TV와 연계, 런칭시점 집중 보조매체로 적극 활용하고, Target의 청취율을 고려, 출퇴근 시간에 집중한다. 또한, Target청취율 위주로 방송국을 선택을 하여 광고를 한다.

④ 잡지

런칭시점 및 9, 10, 11월 집중 보조매체로 적극 활용하고, Target의 열독률을 고려한 시사지 및 여성지를 활용한다.

⑤ 기타

기타 방법으로 인터넷이나 뉴미디어를 활용하여 Target층을 공략한다. 이런 광고 이외의 촉진전략으로 Bobos족이 주로 거주하는 강남일대의 주거지역이나 분당과 일산과 같은 신도시, 또한 부유층들이 거주하는 곳을 집중적으로 하여 타겟의 출퇴근시에 투스카니를 많이 타고 다니는 것처럼 하기 위해 각 지점영업사원이나 그 지역에 사는 현대직원들에게 투스카니 출시 후 3개월 가량을 무료로 타고 다니게 하여 소비자에게 투스카니가 많이 판매되었다는 인식을 준다.

MARKETING STRATEGY

경쟁우위 창출을 위한 마케팅 전략

| part 4 |

시장과의 상호작용

제13장 고객관계관리(CRM) 전략

제13장

고객관계관리(CRM) 전략

제 1 절 CRM의 개념

고객욕구의 다양화, 경쟁의 격화, 정보기술의 발전이라는 거대한 시장환경변화에 대응하여 한차원 더 높은 마케팅전략을 수립하고 집행하기 위하여는 정보기술을 활용하여 고객 개개인과 지속적으로 상호작용하는 것이 필수적이다. 요컨대 21세기의 인터넷시대에 고객 개개인의 취향과 선호를 파악하고 구매행동을 계속적으로 파악하며 고객 개개인을 만족시킴으로써 고객과의 장기적인 관계증진을 통하여 기업의 성과를 달성하는 고객관계관리(customer relationship management)가 마케팅전략의 요체 중 하나이다. 이를 위하여 기존의 어떤 오프라인요소를 어떻게 인터넷요소로 대체할 것인가, 혹은 온라인요소와 오프라인요소를 여하히 통합하여 고객 개개인의 니즈를 경쟁기업보다 더 잘 만족시킬 것인가 하는 개인화(personalization)전략을 강구하여야 한다.

20세기 후반의 이후의 시대적 화두는 디지털화와 인터넷 혁명이라는 용어였고 이는 지금도 유효하다. 이 화두는 기업에게 기회와 위협을 동시에 주어왔다. 기존에 고객만족의 이름으로 행했던 연령, 성별, 지역 등의 속성의 차이분류는 점점 고객들이 일률적이지 않게 됨으로 적용하기는 곤란하게 되었다. 또한 고객 가운데는 이익이 되는 고객과 이익이 되지 않는 고객이 있으며, 고객 개개인에 맞춤화한 마케팅이 실현되려면 고도의 기업 역량이 요구되고 있다.

이비즈니스 시대의 가장 큰 변화는 고객에게 판매하는 채널, 고객과의 접촉채널이 매우 다양해 졌다는 것이다. 이러한 접촉수단은 세일즈맨, 대리점, 자동화기기, 자동판매기 등에서 텔레뱅킹, 콜센터, 홈쇼핑, 사이버 트레이딩, 인터넷 뱅킹, 전자 상거래, 다이렉트 마케팅 등이다. 이렇게 다양한 방법으로 접촉하는 고객과의 거래를 전체적인 시각으로 바라볼 수 있는 능력이 이비즈니스 시대의 CRM이 지니는 가장 중요한 능력이라고 할 수 있다. 이비즈니스 시대는 판매채널이 다양화되었으며, 고객의 충성도가 변화되었다. 고객로열티의 급속한 변화로 고객이 기존 업체로부터 이탈되고 있다. 또한 라이프스타일도 역시 다양한 모양으로 변화하여 상품의 정형화가 어려워지고 있다.

1990년대 중반에 태동한 CRM은 1998년에 국내에 본격적으로 도입되기 시작했다. 도입되게 된 여건을 살펴보면 기업은 수익이 있고 충성도가 높은 고객을 효과적으로 선별하여 이들을 지속적으로 관리, 유지할 필요성이 증대되었다. 공급자의 접근방법이 '고객을 대하여' 가 아니라 '고객편에 서서' 고객의 구매를 유도하도록 변경된 것이다. 즉 고객의 생각을 이해하는 능력과 고도의 전문지식에 기초하여 상품과 서비스를 이해하는 능력, 그리고 고객의 생각을 상품과 서비스로 해석하는 능력이 중요하게 된 것이다. 이런 능력을 가진 공급자를 '에이전트' 라고 표현하기도 한다. 그런데 이러한 고객관계관리는 모든 상대방을 고객이라는 관점에서 볼 때 아담과 하와 시대로 거슬러 올라가게 된다. 아담을 중심으로 생각할 때 하와는 고객이다. 그러기에 그녀의 마음을 알아야 하고, 하와가 마음이 편하도록 해 주어야 한다. 따라서 고객관계관리란 아담과 하와시대로부터 이 지구가 종말이 올 때까지 용어는 바뀔지라도 이런 개념은 존속될 것이라고 볼 수 있다.

산업혁명 이후 경제는 기업에 의해서 주도되었고 소비자인 고객들의 의사와 거의 상관없이 기업의 일방통행적인 생산문화였다. 즉 기업이 제품을 만들면 소비자는 그것을 구매했다. 그러나 70년대 이후 기업주도 경제는 획기적인 공업발전과 더불어 생산량이 초과되었으며, 이로 인하여 기업은 경쟁환경을 맞이하게 되었다. 기업의 일방향 전략에서 고객과의 쌍방향적 전략으로 바뀌면서 마케팅 프로세스에 관심을 갖게 되었다. 기업은 고객들의 복잡하고 다양한 욕구에 부응하기 위하여 대량 마케팅(mass marketing)에서 세분화 마케팅(segment marketing), 틈새 마케팅(niche marketing)으로 마케팅 전략을 변화시켜왔다. 세분화 마케팅이란 목표고객의 욕구에 맞춘 서비스를 제공할 수 있도록 하는 마케팅이다. 또한 틈새 마케팅이란 기존 기업들이 관심을 두지 않는 분야나 지역에 적극적으로 개발하여 공략하는 마케팅 기법이다. 대량생산 시대에는 소비자에 대한 관심과 욕구는 생각하지 않고 상품을 만들기만 해도 팔렸으며 다른 기업이 간과하는 틈새만 공략해도 큰 수익을 올릴 수가 있었다.

20세기 후반에 IT기술의 발전과 더불어 데이터베이스 마케팅(database marketing)이 등장하였다. 데이터베이스 마케팅은 고객데이타의 저장과 분석을 통하여 기업이 개별고객의 선호와 취향에 맞춤하여 제품을 제공하고 커뮤니케이션하는 마케팅이다.

소비자의 일회성 구매를 유도하기 위한 단발성의 마케팅 기법은 점차 기반을 잃고 데이터베이스(DB) 분석에 의하여 우량고객을 선정하는 마케팅기법이 사용된다. 고객에 대한 정보 수집과 분석이 보다 체계화되면서 고객과의 관계 지속성의 차원에서 개별적 마케팅(individual marketing), 일대일 마케팅(one to one marketing), 관계 마케팅(relationship marketing) 등으로 발전되었다.

이러한 요소들을 기반으로 고객관계관리가 강조되기 시작하였는데, CRM은 "고객에 대한 기업의 내·외부 자료를 분석, 통합하여 고객들의 특성과 성향에 기초를 둔 마케팅활동을 계획하고 조직하고 지휘하고 통제하며 지원하고 평가하는 일련의 과정" 이라 정의할 수 있다. 즉 "신규고객 획득, 기존고객 유지, 및 고객 수익성을 증대시키기 위하여, 지속적인 커뮤니케이션을 통해 고객 행동을 이해하며 이에 영향을 주기 위한 광범위한 접근"이다. 메타그룹은 CRM을 "고객에 관한 정보를 지속적으로 수집하고, 추출하고, 대응하는 일련의 프로세스들로서 CRM은 기업이 고객의 요구들, 기대치 및 행동을 더 잘 이해하게 하고, 이를 통해 역동적으로 사업기회나 변화에 대처할 수 있게 하는 것"이라고 정의했다. IBM은 CRM이란 "기업이 고객을 발굴하고, 선정하고, 획득하고, 개발하고, 유지하는 모든 비즈니스 프로세스"로 정의하였다.

CRM에 대한 최근의 여러 기관들의 정의는 데이터베이스 마케팅이나 일대일 마케팅보다 훨씬 포괄적인 의미를 함축하고 있으며 광의의 차원에서 접근하고 있다. 따라서 기업의 포괄적인 관계전략으로서 고객, 공급자, 파트너, 직원들까지 연관된 전략을 의미한다. CRM은 고객에 대한 학습단계와, 학습된 기반을 갖고 고객에 대하여 대응하는 단계의 2단계로 구분될 수 있다.

고객관리를 위하여 고객을 학습하여야 하고 학습된 기반을 갖고 대응을 하며 고객에 대응된 결과는 다시 학습에 중요한 정보로 활용되는 학습과 대응의 반복인 것이다. 고객에 대한 심층적이고 광범위한 지식을 바탕으로 개인에게 적합한 서비스를 제공함으로써 고객과의 관계를 지속하면서 회사의 경쟁력을 높이는 마케팅 프로그램이 CRM이다. 최근 인터넷마케팅이 발전하면서 인터넷 고객관계관리(eCRM)의 개념이 강조되고 있다. CRM이 eCRM을 포함하는 개념이긴 하지만 여기서 구분해 본다면 오프라인 기업의 타깃마케팅을 가능하게하는 것이 CRM이라면, eCRM은 온라인상에서 고객의 행동과 성향을 분석해 고객만족을 극대화하고 실시간 원투원 마케팅을 실현해 준다. 즉 인터넷 고객관계관리는 인터넷을 이용한 통합 마케팅 기법이다. 인터넷 비즈니스에서 CRM의 의미는 기업들이 자사의 웹사이트에 대한 보다 충성스런 고객을 만드는 전략을 뜻한다. 새로운 고객을 만드는 대신 기존 고객을 충성 고객으로 전환하는 것이 비용면에서 효과적이다. 경험적으로 기업의 수익 중 80~90%는 10~20%의 고객으로부터 얻어진다.

CRM의 궁극적인 목적은 고객을 보다 편리하고 즐겁고 행복하게 함으로써 고객과의 유대관계를 강화하고 효과적인 고객관계관리를 통해서 보다 높은 수익성을 달성하려는 것이다. 고객의 이탈, 고객의 불만, 새로운 상품에 대한 마케팅 전개 등 다양한 고민이 있는데 가장 중요한 고민부터 해결해 주는 것이 CRM의 목적이라고 할 수 있다. 즉 진정한 고객만족을 통해서만이 기업의 장기적인 이익의 실현이 가능한 것이다. CRM의 주요과제는 창구에서 수집된 고객데이트를 한 군데로 모아 고객 중심으로 재편한 뒤 이를 활용하는 것이다.

제 2 절 CRM의 구성요소 및 기본방향

1. CRM의 구성요소

기업의 궁극적인 목표는 계속 존속하는 것(going-concern)이고, 이를 위한 수단이 이익의 창출이다. 기업은 과거의 결과를 토대로 현재와 미래에 대한 가치창출, 이익창출을 만들어내며, 미래의 기업이익을 위해서 노력하고 있다. 물건을 많이 팔면 이익이 발생한다고 전제하고, 이러한 이익을 목표로 추구하는데 이익을 추구하는 방법은 여러 가지 구성요소와 추구하는 방법이 다양하다. 기업의 강점이 고객이 가치를 두는 곳과 일치할 때 시장은 기업에게 이익을 허락해 준다. 이런 목적을 달성하려면 고객과의 관계를 맺어야 하는데 고객과의 관계를 맺기 위해서는 고객 개개인의 정보를 가지고 있어야 한다. 일반적으로 CRM을 위해서는 고객 데이터베이스의 구축이 선행되어야 하지만 꼭 DB가 있어야 하는 것은 아니다. 예컨대 한국의 경우 많은 사람들이 단골집에 자주 가는데 그 이유는 그 가게의 주인이 자신을 기억해 주고 또 자신에 맞는 서비스를 해주어 눈에 보이지 않는 정이 생기고 이 때문에 그 가게에 가곤 한다. 물론 그 주인이 DB를 가지고 있는 것이 아니라 단지 머리속에 기억하고 있다. 고객 한 사람 한 사람을 기억하면서 마케팅을 해야 하는데, 이것이 CRM이다. 현대사회에서 기업을 수행하는데는 기억해야 될 사람들이 많으며 따라서 DB도구를 통해서 여러 가지 형태로 고객들을 기억한다. 고객이 구체적으로 어떤 일을 했고 어떤 상황에 처해 있는지를 기억해 두었다가 개인화된 서비스나 개인화된 제품을 제공하면서 고객과의 장기적인 관계가 지속되도록 하는 것이 CRM이다. CRM이란 매우 포괄적인 개념으로 마케팅 각 단계에서 축적되는 고객 정보를 체계적으로 활용하여 고객과의 장기적인 관계를 형성하기 위한 제반 활동, 조직, 업무프로세스 및 IT 인프라의 집합인 것이다.

지금까지 많은 사람들이 CRM을 단순한 하나의 솔루션으로 생각해왔다. 그러나 CRM은 단순한 솔루션이라기보다, 자사 기업의 고객들을 체계적으로 알아낼 수 있는 프로세스를 만들어 놓은 것이다. CRM은 어떤 솔루션이라는 상품의 의미보다는 일련의 개념으로 이해될 필요가 있다. CRM은 수익을 높여주는 충성고객을 창출하고 관리하는 활동을 지원하는 개념이다. 즉 고객의 데이터를 수집하고 체계화하는 데이터웨어하우징으로부터 시작해 고객과 직접 커뮤니케이션하는 콜센터까지를 포함하는 하나의 일관된 마케팅전략적 노력을 뜻한다. CRM은 철저한 고객중심 접근을 통하여 다양한 고객들의 요구사항과 불평들을 해결해 주고 고객정보를 수집, 분석하여 개별고객에 알맞은 질 높은 서비스를 제공하며 관리비용을 획기적으로 절감해 주는 것이다. 이를 위한 CRM의 구성 요소는 Front-end Applications, Back-end Applications, 그리고 DB 구축이다.

첫째, Front-end Applications는 고객접점에서 이루어지는 다양한 서비스활동 부분을 지원한다. 개인별로 차별화된 일대일 마케팅을 실시하면서 충성고객을 확보한다. E-mail, 채팅, 팩스, 영업사원의 접촉, A/S 방문, 고객으로부터의 전화 등을 지원하는 애플리케이션이다.

둘째, Back-end Applications는 기업활동에서는 보이지 않지만 보이지 않는 면에서 여러 가지 다양하게 업무를 지원한다. 고객접점 채널들뿐만 아니라, 제품이나 서비스가 질 좋은 품질로 공급될 수 있도록 지원한다.

셋째, Database 구축은 기업활동을 통해서 얻은 데이터를 고객별로 저장, 분석하고 관리하여 기업활동을 원활하게 지원한다.

종합해보면, 다양한 고객데이터를 기업 내부 및 외부로부터 추출하여 업계에 알맞은 논리 데이터 모델을 기반으로 다양한 데이터웨어하우스를 구축한다. 데이터웨어하우스를 기반으로 다양한 리포트를 작성하고 분석하며 예측한다. 이와 같이 예측되고 분석된 기반을 바탕으로 마케팅 기획과 실행을 자동적으로 수행하며 이와 같은 과정을 통하여 세일즈, 고객유지 및 관리를 다양한 접촉채널을 통하여 실시하면서 고객과의 릴레이션쉽을 관리하는 것이다.

2. CRM의 기본방향

CRM은 고객들을 통해서 경험한 것들을 바탕으로 하여 이를 다시 운영에 반영해야 한다. 이는 고객창출보다는 고객관리에 더 비중을 둔다고 할 수 있다. 즉 기업은 CRM을 이용하여 고객의 입장에서 마케팅 전략을 수립하고 시장점유율보다는 고객점유율에 비중을 둔다. 이러한 기본방향은 고객세분화, 데이터베이스, 데이터마이닝툴에 의해서 구현된다. CRM솔루션을 선택할 경우에 고려해야 하는 것은 다음과 같다.

① 시스템 구성에는 사용자 환경을 고려한다. 시스템의 설계시 사용자의 이용편리성을 고려해야 한다. 대부분의 사용자는 움직이기를 싫어한다.

② 기업규모에 맞는 솔루션을 선택해야 한다. 솔루션은 마케팅의 지원시스템이므로 기업의 규모와 운영능력을 고려해야 한다.

③ 기존 시스템과의 호환성과 확장성을 고려해야 한다. 시스템의 확장성과 호환성이 가능하므로 기존의 데이터를 잃을 위험성이 없어야 한다. 솔루션들은 급속하게 변하고 있는 고객환경에 대처할 수 있어야 한다.

고객들은 웹사이트상에서 제공하는 일방적인 서비스보다는 함께 나눌 수 있는 인간적인 호감을 요구한다. 특히 한국인은 유교적인 사상과 더불어 인간의 정을 요구하고 뭔가 의지하는 관계를 생각한다. 따라서 이러한 정을 포용하는 기술이 개발이 될 때 그 효용가치를 발휘할 수 있을 것이다. 아울러 고객의 성향은 항상 변화하므로 축적된 자료가 변화를 따르지 못한다면 아무리 좋은 방법이 있더라도 고객의 의사를 반영하기 어렵다.

3. CRM의 진화과정

CRM은 어떤 획일적인 길을 요구하는 것은 아니다. 자사의 고객들이 안고 있는 문제점이 무엇이고 이 문제점을 어떤 채널을 통해서 어떻게 밝혀내야 하는지에 대한 시스템을 갖추면 된다. 고객들의 단순정보에서부터 장시간 데이터를 보존해 두고 보존된 데이터를 활용하여 여러 가지 정보를 얻을 수 있게 하는 데이터웨어하우스로 발전하고, 데이터베이스를 토대로 효율적으로 맞춤화할 수 있는 데이터베이스 마케팅으로 진전되며, ERP 등과 연계되면서 CRM으로 발전하게 되는 것이다. 매스마케팅에서 매스 커뮤니케이션으로 무조건 모든 사람에게 광고를 하는 방식에서, CRM은 고객들이 필요로 하는 적시에, 표적고객에게만 커뮤니케이션을 하는 체계로 변화해 가고 있다. 타깃이 대중시장에서 개인으로 변화하고 있다. 매스마케팅에서 고객에 대한 가치는 단일가치체계였지만 CRM은 개별고객에게 개별화된 가치를 제공해 주는 것으로 변화한 것이다.

CRM은 투자를 해서 바로 어떤 결과가 나와야 하는 것이 아니라 CRM에 대한 투자를 해서 실행해 나가고 결과를 보기까지는 상당한 시간이 요구된다. 또한 CRM의 진행과정은 부분적으로서가 아니라 전체적으로 실행되어야 한다. 이때 소비자의 행위와 태도를 바꾸어야 하는데, 이러한 일을 실행하기 위해서는 소비자와 모든 접점에서 배우는 자세를 가져야 하며, 능동적으로 진행되어야한다. 고객과 기업이 관계유지를 위한 프로세스에서 먼저 해야 할 일은 고객명세파악(Customer Profiling)이다. 즉 고객이 누구이며, 무엇을 하는 사람이며, 무엇을 원하는 사람이냐를 파악해야 한다. 따라서 CRM의 시작은 고객조사에서부터 시작된다. 그 다음에 4P의 마케팅전략을 수행할 수 있도록 고객이 가치를 느끼는 제품이나 부가 서비스가 무엇인지에 대한 정확한 파악이 요구된다. 그리고 채널분석이 필요한데 이는 고객이 원하는 가치를 어떠한 유통구조를 통해서 전달할 것인가 하는 것이다.

전략포커스 13-1

이제는 소셜미디어 시대…원진성형외과, 업계 최초로 소셜센터 구축

소셜미디어가 기업의 새로운 비즈니스 방법으로 적극적으로 적용되고 있는 가운데 세계적인 컨설팅 그룹 가트너에서도 최근 보고서에서 2012년까지 전세계 소셜 CRM 시장이 10억불 규모에 육박하게 될 것이라고 전망하는 등 바야흐로 소셜 미디어의 시대가 왔다고 해도 과언이 아니다. 스마트폰의 대중화와 맞물려 SNS시장은 앞으로도 더욱 커질 전망으로 세계의 다양한 기업들이 비즈니스에 적극적으로 사용하고 있다.

국내의 경우에는 소셜미디어가 다양한 분야에 적용되어가고 있는 점을 감안하면 어떤 방향으로 진행해야 할지 기업들뿐만 아니라 병원 국가기관 등에서도 초미의 관심사가 되고 있다. 이러한 변화의 시기에 국내 한 병원에서는 소셜미디어를 적극적으로 도입한 소셜커뮤니케이션센터를 오픈해 화제가 되고 있다.

소셜커뮤니케이션센터인 '원소중(원진소셜중심-Wonjin Social Center)'을 오픈한 원진뷰티메디컬그룹은 성형외과, 치과, 피부과, 비만클리닉 등을 운영하는 토탈뷰티전문센터이다. 원진뷰티메디컬그룹 박원진 대표원장은 개원 초기부터 '고객이 원할 때 항상 자리에 있는 의사가 되겠다' 라는 마음가짐으로 병원을 운영해오며 병원의 규모가 증대함에 따라 모든 고객의 소리를 못 듣게 된 것이 아쉬웠다. 대표원장이 직접 페이스북을 개설해 운영하기 시작했고 새로운 마케팅의 일환으로 소셜미디어를 적극적으로 도입했다. 페이스북, 트위터, 미투데이 등 다양한 SNS채널을 통해 고객과의 폭을 줄이기 위해 힘쓰며 1년간 이를 발전시켜 지난해 10월 소셜미디어 전문 운영센터인 원소중을 오픈하게 됐다.

DELL의 경우에도 2010년부터 Social Media Listening Command Center를 운영하고 있고 이를 활용해 평균 2만 2천개의 델과 관련된 토픽들을 실시간으로 11개 국가 언어로 모니터링하고 실시간으로 얻어진 데이터를 분석하고 그 결과를 관계팀들과 즉시 공유하여 고객의 다양한 소리를 반영하고 있다.

박원진 대표원장은 "페이스북을 통해서 홍보나 마케팅 외에도 고객관리나 직원들과의 교류에도 상당한 도움이 되고있다" 며 "앞으로도 기존의 원진뷰티메디컬그룹의 병원 홈페이지와 함께 페이스북 팬페이지를 운영해 나갈 계획" 이라고 밝혔다. 또 박 원장은 "소셜센터를 통해 페이스북에 좀 더 뷰티관련 컨텐츠의 유익하고 재미있는 소식과 정보들을 제공하겠다" 며 "SNS를 통해서는 직접적인 홍보활동이나 환자모객보다는 고객의 소리를 들을수 있는 소통의 공간으로 만들어나갈 계획이다"고 말했다.

주목할 점은 누구의 주도하에 진행된 것이 아닌 각 부서의 인재들로 구성된 직원들간의 SNS를 통한 자유로운 의사교환을 통해 원진성형외과의 소셜센터가 발전해왔다는 점이다. 페이스북을 통해 SNS안에서의 고객 및 직원들 간 소통하는 방법을 배우고 가장 효율적인 커뮤니케이션이 이뤄질 수 있도록 돕고 있는 원진성형외과의 소셜센터가 앞으로 어떤 변화를 가져올지 귀추가 주목된다.

한편 원진뷰티메디컬그룹은 소셜커뮤니케이션센터 '원소중(원진소셜중심-Wonjin Social Center)' 오픈을 기념해 '당신은 이미(異美) 아름답습니다' 라는 슬로건으로 캠페인을 9월 19일부터 10월 19일까지 약 한달간 진행할 예정이다. 아름다움을 대표하는 원진뷰티메디컬그룹은 일에 대한 열정, 아름다운 행동, 외모 가꾸는 마음 등 모든 사람들은 '각자 자신만의 아름다움을 가지고 있다' 는 내용으로 아름다움에 대한 의미를 다시 한번 생각해보자는 취지로 캠페인을 펼친다.

출처: 한국경제 2011. 9. 20.

제 3 절 단계별 CRM의 실행

1. 고객획득단계

고객관계관리를 위해서는 고객관계 수명주기단계에 근거하여 제반 마케팅수단들이 구사되어야 한다. 고객관계 수명주기는 고객의 획득, 유지, 회복의 세 단계로 나누어 진다(Bruhn 2003). 고객획득전략의 목적은 신규 고객의 창출이다. 기업의 시장점유율이 낮은 경우, 대체로 수익성이 낮은 고객을 주로 확보하고 있는 경우, 신규고객의 수익률이 기존고객의 수익률보다 높은 경우에는 보다 더 적극적인 신규고객 획득전략이 요구된다(이동진 2005). 이 단계에서는 다음의 세 가지 주요 과업을 실행해야 한다.

1) 고객 설득전략(persuasion)

고객 설득전략은 고객에게 정보를 제공함으로써 고객의 태도변화를 유도하는 전략이다. 다양한 경로를 통해 많은 정보에 노출된 소비자들로 하여금 자사 제품이 최고의 만족을 줄 것이라는 믿음을 주는 것이 중요하다. 이는 제품을 통한 직접적인 설득전략과 상징을 통한 간접적 설득전략으로 나누어 볼 수 있다.

제품을 통한 직접 설득전략은 제품의 견본을 제공한다거나 구매하기에 앞서 해당 제품과 서비스를 시용해 볼 수 있는 기회를 제공함으로써 고객의 태도변화를 유도하는 전략이다. 이는 품질보증, A/S, 품질지표 제공 등을 통해서도 가능한데, 지각된 위험이 높거나 구매빈도가 높지 않아 판단에 경험이 필요한 경우 적절한 전략이다.

상징을 통한 간접 설득전략은 기업 및 제품 브랜드관리를 통해 고객의 태도변화를 유도하는 전략이다. 소비해보기 전에 평가가 어려운 경험품질 속성이 중요한 제품들의 경우에는 좋은 평가를 유지하는 등의 상징을 통한 설득전략이 유용하다. 기업이미지 홍보나 사회적 기여활동 등이 이에 해당한다.

2) 고객자극전략(stimulation)

고객 자극전략은 고객을 자극함으로써 직접적인 구매행동을 하도록 유도하는 것이다. 이 전략도 제품을 통한 직접적 전략과 상징을 통한 간접적 전략으로 나누어진다. 제품을 통한 직접 자극전략은 고객이 제품을 구입하도록 직접적으로 유도하는 것이다. 가령 기간을 정해놓고 실시하는 특별세일 등이 이에 해당한다.

상징을 통한 간접 자극전략은 이미지 구축 등을 통해서 고객의 구매를 유도하는 전략이다. 제품사용자에 대한 이미지 광고나 화려한 제품 디스플레이 등이 이에 해당한다.

3) 고객 사회화전략(socialization)

고객 사회화는 구매자와 판매자가 최초 거래를 통해 관계를 맺은 이후에 이루어진다. 최초 구매 이후의 단계에서 마케터의 목표는 고객들이 제품과 서비스에 좀 더 친숙해지도록 하는 것이다. 이 전략도 제품을 통한 직접적 사회화전략과 상징을 통한 간접적 사회화전략으로 나누어진다.

직접적 사회화전략은 여러 방법을 통하여 고객이 제품에 친숙해지도록 하는 전략이다. 삼성전자의 GALAXY아카데미와 같이 고객에게 재품의 사용법에 대하여 설명해주는 고객훈련을 실시하거나, 신기술제품의 데모 버전을 제공하고, 고객별 전담판매원을 배치한다거나, 인터넷홈페이지에 FAQ컨텐츠 등을 구축하여 고객으로 하여금 제품에 익숙해지게 할 수 있다.

간접적 사회화전략은 제품보다는 이벤트 등의 촉진활동을 통하여 고객이 간접적으로 제품에 더욱 친숙해질 수 있도록 유도하는 방법이다.

2. 고객유지단계

고객유지단계의 전략은 기업의 현재 고객들의 유지율을 높이는 것을 목표로 한다. 적지 않은 기업들이 여전히 신규고객 확보에 마케팅노력을 집중하는 경향이 상존하지만, 연구들에 따르면 충성도 높은 고객을 유지하는 데 드는 비용이 신규고객을 창출하기 위해 드는 비용보다 5~7배 저렴하다고 보고되고 있다(Keaveney 1995). 기업의 고객이탈률이 높은 경우, 확보한 신규고객의 이탈률이 지나치게 높은 경우, 자사고객이 경쟁기업의 제품이나 서비스를 이용하는 비율이 높은 경우 고객유지전략이 특히 중요하다. 고객유지단계는 성장단계와 성숙단계로 나누어 생각해볼 수 있다.

1) 성장단계

① 제품의 고객화전략(customization)

제품이 장기간에 걸쳐 고객들에게 매력적일 수 있도록 만들기 위해서 기업들은 고객의 특별한 욕구를 충족시키기 위해 노력해야만 하는데 그 중 하나가 제품의 고객화이다. 제품의 고객화는 제품기획단계뿐만 아니라 제품제조, 유통, 서비스 전달과정에서도 고객을 참여시키고 부가적 서비스를 제공함으로써 이루어질 수 있다. Dell은 인터넷을 통하여 고객으로부터 컴퓨터 제품주문을 받으면서 고객이 원하는 부품과 사양을 반영토록 함으로써 고객화전략을 실행한다.

② 교차판매전략(cross-selling)

교차판매란 기존 고객들에게 더 많은 제품을 구매하도록 유도하는 전략인데 이는 소비자의 구매빈도를 높이거나 순수 교차판매를 유도함으로써 달성가능하다. 순수 교차판매란 기업의 제품들중 아직 구매사용되지 않은 제품을 고객에게 구매하도록 하는 것이다. 가령 비행기티켓을 구매하는 고객에게 호텔 및 테마파크 입장권 패키지 상품을 함께 판매하거나, 예금 및 대출고객에게 보험상품도 함께 판매하는 경우가 이에 해당한다.

2) 성숙단계

① 전환장벽 구축전략

마케터는 전환장벽을 구축함으로써 장기간에 걸쳐 고객과의 관계를 긴밀하게 할 수 있으며, 고객은 이를 통해 그 기업에 더욱 의존하게 된다. 전환장벽은 계약상의 전환장벽, 경제적 전환장벽, 기술적 전환장벽으로 나누어볼 수 있다(이동진 2005).

계약상의 전환장벽은 이동통신서비스 2년 약정계약. 스포츠센터의 연회원 가입 등과 같이 장기간 거래 등의 계약조건에 의한 전환장벽을 말한다.

경제적 전환장벽은 관계가 종료될 경우 고객이 입게 되는 경제적 손실에 근거한 전환장벽이다. 각종 물품 구매시의 할인 및 포인트혜택을 주는 고객포인트카드가 이에 해당한다.

기술적 전환장벽은 특정 기업의 기술적, 기능적 능력의 고착효과를 통해 고객이 다른 브랜드로 전환할 시에 발생되는 전환비용이다. 가령 새로운 본체로의 교환으로 인한 부품의 호환성 부족, 새로운 기능숙지의 필요성 등이 이에 해당한다.

② 고객결속 유도전략

성숙기에 있는 고객과의 관계를 관리하는 데 있어서 고객의 자발적인 결속을 유도하는 것이 중요하다. 이에는 단기적인 만족이나 정서적 유대 등을 통해 고객을 유지하는 단기적 결속전략과, 고객으로 하여금 자사와의 거래를 장기적인 관점에서 편하고 만족스럽게 느낄 수 있도록 유도하는 장기적 결속전략으로 나누어 생각해볼 수 있다.

3. 고객회복단계

고객회복단계에서의 전략들은 실제로 이탈한 고객들을 회복하는 전략과, 실제 이탈이 이루어지지는 않았지만 심리적으로는 이미 이탈한 고객들에 대한 정서적 회복전략이 포함된다.

1) 고객이 관계종료 의지를 가지는 단계의 고객회복전략

고객들은 제품이나 기업과의 상호작용에 문제가 있다고 느낄 때 관계종료 의지를 가지게 된다. 이 단계에서의 CRM의 목표는 고객관계를 과거의 만족스런 상태로 회복시키는 것이다. 그러므로 관계종료 의지를 가지게 한 오류의 수정과 그에 따른 손해배상 등이 필요하다. 자동차의 리콜과 같이 제품오류에 대한 교환정책을 시행하거나, 동물병원 수의사의 오진으로 반려견의 질병이 악화되어 고객에게 정신적, 경제적 피해를 입힌 경우 등과 같이 잘못된 서비스로 인해 고객이 입은 손해에 대해 금전적인 배상을 해주는 것이 필요하다.

2) 실제 관계가 종료된 상태이거나 종료 이후단계의 전략

고객이 실제로 관계를 종료한 경우에도 마케터는 그 고객과의 관계를 회복하기 위해 노력해야 한다. 이에는 고객획득단계에서와 같이 고객설득전략과 고객자극전략이 필요하다. 고객을 설득하는 노력은 제품, 가격, 유통, 촉진 면에서 추가적인 부가가치 제공을 통해서 고객을 다시 관계 속으로 편입시키는 것이다.

고객과의 관계를 회복하려는 시도로서의 고객자극전략으로서 고객의 재구매행동을 유도하는 방안으로 판촉을 들 수 있다. 직접적인 일대일 판촉노력이 이탈고객을 가장 효과적으로 회복시킬 수 있는 것으로 나타났다.

제 4 절 CRM의 장기 전략적 방향

1. CRM의 활용방안

기업이 성공하기 위해서는 기술, 자본, 조직, 마케팅 등의 요소가 중요하다. 그 중에서 마케팅은 최근 핵심요인으로 인식되고 있다. 특히 이비즈니스가 성공하기 위해서는 무엇보다도 고객만족이 관건이다. 전통적으로 시너지 효과를 위해서는 4P(Price, Product, Place, Promotion)가 중요시되었는데 이제는 그 기조하에 4C(Cost to the Customer, Customer Value, Convenience, Communication)로의 발상전환이 이루어져야 한다. 더 나아가서 오프라인의 의미의 4C가 아니라 온라인의 4C(Contents, Community, Commerce, Customization)도 병행하여 고려되어야 한다. 고객중심의 마케팅에서는 고객이 찾아오는 것이 아니라 고객을 찾아가는 마케팅을 해야 한다. 즉 CRM은 단지 "찾아오는 것"의 관리차원을 넘어서 "찾아나서서" 관리하는 것이다. CRM의 중심에는 고객이 있고, 고객을 생각하지 않고는 CRM를 수행할 수가 없다. CRM은 수익성 있는 고객들을 분석하여 고객을 유치하고 만족시키는 고객주도적 사고방식인 프로세스를 이해해야 한다.

CRM의 목표는 고객유지라고 할 수 있다. 이를 위한 CRM 전략은 기존고객을 유지하는 것뿐만 아니라 신규고객의 창출을 통해서 CRM 고객유지 대상에 포함되도록 해야 한다. CRM은 어떻게 고객을 편하게 하며 즐겁게 할 수 있는가를 생각한다. 그래서 현재고객 뿐만 아니라 잠재고객들을 충성고객으로 만드는 것이다. 충성고객을 통하여 구매빈도 및 구매량이 증대되고 고객유지율 및 신규고객 추천율이 증대된다. 또한 충성고객은 고객유지비용의 절감효과를 실현한다.

CRM의 목적은 고객만족과 고객만족으로부터 오는 매출향상이다. CRM은 IT 솔루션으로서 역할이 아니라 기업의 전략이며, 구체적인 방법론이며, 시스템이다. 고객만족을 위해서는 모든 IT솔루션이 종합적인 관점에서 사고되어야 한다.

현재 제공되는 있는 솔루션이 기업에게 모든 것을 다 공급하는 것은 아니기 때문에 자사 목적에 알맞는 시스템을 갖추어야 한다. 시장에 공급되고 있는 솔루션을 다음과 같이 구분할 수 있다.

① 데이터 웨어하우스(Data Warehouse): 기업이 축적한 고객, 제품, 서비스 등의 각종 데이터를 통합적으로 관리하는 정보창고이다. 즉 정보 검색을 목적으로 구축된 데이터베이스의 창고이다. 데이터 웨어하우스는 복수의 거래 시스템으로부터 데이터를 수집한다. 이들 데이터는 데이터 검색, 요약 및 분석 등을 지원하기 위하여 정제되고 재구조화 된다.

② 데이터 마이닝(Data Mining) 툴: 고객을 분류하고 이해하며 축적된 데이터를 분석하여 마케닝활동에 사용할 수 있도록 지원한다. 대량 데이터군으로부터 경향과 패턴을 발견해내는 기법을 의미한다.

③ FAQ: 웹사이트에서 고객들이 공통적으로 궁금한 사항을 해결할 수 있도록 지원한다.

④ 콜센터: 전화나 팩스, 웹을 통한 주문이나 서비스를 지원하는 솔루션이다.

⑤ 채팅: 인터넷 채팅과 유사한 형태를 고객서비스에 구현하여 이를 분석함으로써 고객 요구에 효과적으로 대응하며 지원한다.

⑥ 온라인 마케팅: 데이터에 근거해서 온·오프라인의 마케팅 활동을 계획하고 수립할 수 있도록 지원한다.

⑦ 캠페인 관리: 해당고객에 대해서 적절한 캠페인을 계획할 수 있도록 지원하며, OLAP(Online Analysis Processing) 등의 형식을 통한 캠페인 효과분석도 지원한다.

대개 솔루션 업체들은 전략적 제휴나 M&A를 통해 이와 같은 솔루션들을 고루 구비하게 된다. 예컨대 SAS(SAS Institute Inc.; www.sas.com)는 고객분석, 캠페인 관리, 고객접점, 고객대응, 컨설팅 등 5개 부분의 솔루션을 개발하고 그 외 부분은 제휴를 통해서 제공하고 있다. CRM은 솔루션의 형태를 반드시 갖추어야 하는 것은 아니지만 고객의 수요가 많고 충성고객을 위해서 수익성 있는 정보를 위해서 CRM을 위한 솔루션은 커다란 도움을 준다.

그렇다면 어떻게 CRM을 활용할 것인가? CRM의 활용은 한편으로는 고객과의 관계측면의 활용이고 다른 한편에서는 업무영역측면의 활용에서 고려할 수 있다. 고객과의 관계적인 입장에서 살펴보면, 먼저 잠재고객을 발굴하는 것이다. 기존의 고객 데이터를 중심으로 자신의 기업에게 수익을 가져다 줄 수 있는 바람직한 관계를 유지할 수 있는 고객에게 적절한 채널을 통해서 접근한다. 다음으로 고객의 충성도를 높이는 것이다. 이는 지속적인 고객만족 프로그램을 통해서 고객의 관여와 충성도를 높인다. 또한 교차판매를 통한 수익성의 증대이다. 고객의 기존 데이터를 분석해서 구매패턴과 구매시점을 파악하여 고객에게 제안함으로써 수익성을 증대시킨다. 끝으로 고객의 이탈방지와 이탈고객의 복귀이다. 고객을 이탈을 방지하거나 이탈된 고객을 복귀시킴으로써 비용의 손실을 줄일 수 있다.

업무영역측면의 활용은 마케팅, 영업, 고객서비스로 구분할 수 있다. 마케팅 영역에서는 고객의 가치 분석 및 평가를 통해 고객세분화를 하고 타깃마케팅을 수행하며, 일대일 마케팅을 수행한다. 영업영역에서는 고객접점에서 제품 및 서비스에 과한 다양한 정보를 제공할 수 있도록 하거나 과거 고객 및 고객의 데이터 분석을 통해서 적절한 크로스셀링을 유도할 수 있다. 또한 고객서비스에서는 고객의 구매정보와 기타 다른 정보를 통해서 고객불만 처리 및 고객불만 청취, 또는 일대일 커뮤니케이션을 수행한다.

CRM은 모든 산업에 필요한 것이기는 하지만 특히 고객 1인당 생애 가치가 크고, 유통업과 같이 고객과 직접접촉이 가능하고, 접촉이 잦은 업종의 경우 그 중요성과 활용가치가 상대적으로 매우 크다고 할 수 있다. 가령 1인당 생애가치(Life Time Value)가 큰 산업의 경우 즉 자사가 1명의 고객을 보유함으로써 얻을 수 있는 가치가 큰 경우일수록 CRM은 매우 중요하다. 구체적으로 금융, 자동차, 전자 제품 등은 LTV가 큰 산업이다.

2. CRM의 기대효과

CRM은 궁극적으로 보다 효율적인 마케팅을 통하여 고객에게는 보다 높은 만족을 주고 반대 급부로 회사측에서는 수익을 올리고자 하는 전략이다. 이러한 CRM의 기대효과는 비즈니스 측면과 IT 측면에서의 효과로 대별할 수 있다. 비즈니스 측면에서는 고객관계 관리를 통한 수익성제고, 수익 지향적 영업 및 마케팅 활동의 효과를 기대할 수 있다. IT 측면에서는 최종 사용자, IT담당자, 그리고 정보기반 측면의 각 관점에서 약간 다를 수가 있는데 최종사용자의 경우는 전산부서의 의존도가 감소되며 부서간의 연계된 데이터를 활용할 수 있으며, 신속하게 원하는 분석이 가능하고 다양한 분석을 할 수 있다. IT담당자의 입장에서 보면, 리포트 작성업무가 감소되고 유지보수 비용이 절감되며 새로운 시스템의 수용이 가능하며 검증된 솔루션을 통한 빠른 구축이 일어난다. 정보기반측면에서 정보 자산의 효율적 활용을 하며, 최신 기술 도입과 적용이 가능하며, 전략 경영을 위한 기술이 축적된다.

CRM의 효과는 앞에서 논의한 바와 같이 고객의 생애가치가 높은 산업에서 효과를 더 발휘할 수 있다. 즉 CRM의 효과는 고객접촉의 폭과 깊이, 빈도 등과 관련이 있다. 어느 산업보다도 고객들이 많은 유통업은 고객정보의 양이 많으며 결과적으로 CRM의 효과가 높은 것이다. CRM 관점의 경영효과를 최대한 발휘할 수 있기 위해서는 시스템 패키지를 구입하고 DB를 구축하는데 투자된 경비의 효과를 위해서는 자신이 속한 사업이 얼마나 평생가치가 큰 산업인지 우선 평가해야 한다. 그리고 획득할 수 있는 정보량, 거래에서 정보를 획득할 기회가 어느 정도인지 등을 고려해야 한다. 결국 CRM 기대 효과의 핵심적인 개념은 고객 한 사람 한 사람의 가치인 고객의 평생가치(lifetime value)이다.

기업의 계속적인 성장과 존속을 위해서는 기존사업의 성과향상과 신규사업의 진출이 매우 중요하다고 할 수 있다. 즉 CRM기대 효과 달성은 두 가지 축으로 형성된다. 그것은 기존사업의 성과 향상과 신규 사업 진출의 플랫폼으로의 활용이다. 고객의 생애가치는 고객 1인당 가치 = 고객1인당 거래 건수(거래건수/고객수) × 고객의 거래단가(매출액/거래건수) × 고객의 거래기간이다. 고객생애가치는 고객을 통한 수익성 향상의 원천이며, 이는 궁극적으로 매출증대와 코스트 감축(고객확보 비용 절감과 고객유지비용 절감을 통한 매출 대비 마케팅 비용의 감축)이다. 장기적 관점에서 기존 사업의 성과를 높이기 위해서는 고객 수의 증대, 고객 단가 증대, 고객 유지 비용감소라는 세 가지 차원에서 CRM을 통해 고객과의 관계를 강화하면, 이를 바탕으로 다양한 상품을 공급하여 고객 점유율을 극대화할 수 있다. 이와 관련된 사례를 보면 Yahoo, Amazon이 기존 사업 영역에서 Shopping Mall 등으로 다각화하였으며, 프라이스라인은 비행기표 역경매 사업에서 호텔예약, 자동차 판매 사업 등으로 다각화하였다.

3. 흔히 발견되는 CRM도입의 문제점

기존의 매스마케팅은 수익의 원천을 제품에서 찾았다. 이와는 달리 CRM은 수익의 원천을 고객에게서 찾고 있다. 또한 기존 마케팅에서 성과평가가 단기적 성과를 지향하는 반면에 CRM은 장기적인 관계를 지향하고 있다. 국내의 CRM의 도입에 나타난 문제점을 정리하면 다음과 같다.

첫째, 마케팅 전략의 불충분이다. 구체적인 목표와 실행계획을 명확히 세우지 않고 단지 툴의 작동에만 관심을 둔다. 그럼으로 말미암아 고객관계 구축을 위한 마케팅 커뮤니케이션 전략이 부재하며 CRM를 활용한 이윤창출이나 CRM효과측정 능력의 부재로 연결된다. 이를 해결하기 위해서는 CRM에 대한 충분한 아이디어를 가지고 이를 이용한 이윤창출과 전략을 구체화할 수 있는 IT기술자 및 마케팅전략가가 협력하여 시작해야 한다. 특히 마케팅전략가의 역할이 매우 중요하다. 이를테면, 고객, 상품 및 시장에 관한 정보를 바탕으로 CRM에 필요한 자료 및 활용에 대한계획, 고객의 니즈 및 행동분석, 상품의 연관성 분석을 통한 고객과의 관계 구축을 위한 효과적인 커뮤니케이션 전략수립, CRM의 업그레이드 및 새로운 활용방안에 대하여 지속적인 연구가 중요하다.

둘째, 서비스보다 가격에 초점을 둔다. CRM의 빠른 가시적인 성과를 위해서 디스카운트를 실시한다. 이것은 가격민감성을 줄 수 있다. 상품의 질과 서비스, 충성도를 망각하며, 디스카운트 된 상품에 대하여 높은 가치를 인식하는 경우가 있다. 즉 상품의 가치보다는 지불된 가격에 관심이 집중되는 경향이 있다.

셋째, 수익성 분석의 실패이다. 수익성분석을 등한시했거나 추가 비용으로 인해서 CRM이 예상수익을 달성하지 못하며 구체적인 활용방안이 결여된 경향이 있다. 이를 해결하기 위해서는 CRM의 활용을 다각화하며 고객생애가치 등을 이용해서 정확한 수익성의 분석이 요구된다. 또한 자료처리 등 제반 소요비용과 활용시점 등을 고려해야 한다.

넷째, 실천없는 장기간의 계획이다. 이의 해소를 위해서는 신속한 실천력이 요구된다. 왜냐하면 급변하는 기술변화와 환경으로 인하여 기존의 자료와 기술은 시간이 지남에 따라서 무의미할 수도 있다. 초 단위 경쟁에 대처하기 위한 빠른 의사결정과 유연성이 필수적이다.

다섯째, 모형개발에만 치중된 CRM의 문제점이다. CRM을 단순한 모델구축과 동일한 것으로 인식한다. 모델구축과 고객과의 관계마케팅을 잘 융합해야 하며 모델링을 해서 관계마케팅에 잘 활용해야 한다.

여섯째, 강력한 리더쉽의 부재이다. 효과적인 CRM구축과 활용을 위하여 강력한 의사결정의 권한을 가진 지도자가 필요하다.

일곱째, CRM에 필요한 조직변화의 실패이다. 기업이 CRM의 활용에 적합한 조직구조를 가지고 있지 못할 때 실패할 가능성이 크다. 이를 극복하기 위해서 고객중심으로 조직을 변환하며 유연한 조직과 보상 시스템의 재구축이 요구된다.

여덟째, 강점으로 내세울 수 있는 콘텐츠가 빈약하다. 많은 업체가 현금부족으로 고전하고 있으며, 고객확보는 물론 강점으로 내세울 수 있는 컨텐츠가 없다는 점이 큰 문제이다. 이를 극복하기 위해서는 유사업종간 대규모 인수·합병이 고려될 수 있다.

4. CRM 전략의 방향

누가 정확히 우리 회사의 혹은 우리 가게의 실제 고객이고, 고객이 무엇을 원하는지를 알게 되었을 때, 그들에게 더 효과적으로 마케팅할 수 있다. 이러한 접근방법은 전통적인 마케팅의 4Ps(product, price, place, promotion)에서 고객중심으로 나아간다고 해서 4Cs(customer needs and wants(customer value), cost to the customer, convenience, communication)를 강조한다. 가령 웹사이트에서 고객에게 적당한 혜택을 주려면 그 고객이 누구인지를 식별할 수 있어야 한다. 사이트에 방문한 고객이 누구인지를 판명하는 방법은 두 가지가 있다. 하나는 등록창을 통해 사이트에 들어오도록 해서 그 고객이 누구이지를 아는 것이고, 다른 하나는 쿠키를 이용하는 방법이다. 등록창을 통해서 들어오라고 하면 고객입장에서는 번거로워서 방문이 줄어들 것이다. 쿠키를 이용하면 편리는 하지만 항상 사용하는 PC가 아니면 고객이 누구인지를 알 수가 없다는 한계를 가지고 있다. CRM이 앞으로 계속해서 풀어가야 할 숙제인 것이다.

CRM은 고객의 생애를 통한 가치의 획득을 목표로 한다. 또한 CRM은 고객을 얻어서 유지, 성장, 발전을 기축으로 하고 있다. 고객의 성장이란 말은 up-sell과 cross-sell을 하고 비즈니스를 반복하는 것을 나타낸다. 바로 고객관계관리가 아주 중요한 경쟁우위의 원천이 된다. 이는 코스트의 절약과 고객관리를 통해서 고객이탈 방지비용을 절감시켜 준다. 만족한 충성고객에 의해서 다른 고객에게 우리들의 상품이나 회사가 추천되고 홍보되는 것이다. 이를 위해서는 고객이 무엇을 원하는지에 대한 통찰력을 가져야 하며 고객경험사이클과 가치교환에 대한 이해가 되어야 한다. 그리고 통합된 효율적인 고객접근을 위해서 모든 고객 접점에서 통합적인 기술 솔루션을 구축해야 하며 과거의 고객행동을 통해서 미래의 구매패턴을 분석해야 한다. 요컨대 통합적인 CRM은 고객관계의 확장과 라이프타임 가치의 확대로 더욱 가치 있는 고객을 얻는다.

전략이란 "경쟁에서 승리하기 위한 또는 기업의 목표를 달성하기 위한 수단으로, 다른 기업보다 유리한 상황에서 경쟁할 수 있도록 하는 계획" 이며 "한 기업이 일관성 있게 추진해 나가는 장기적인 행동진로" 이다. 즉 전략은 경쟁에서 승리할 수 있는 유리한 상황조건을 창출하는 것이다. 유리한 상황조건이란 매력적 사업영역(attractive business domain)을 확보하고(장기적으로 이익 잠재력이 큰 유망한 사업) 지속적 경쟁우위(sustainable competitive advantage)(높은 수익성, 높은 시장점유율, 생존)를 보유함을 나타낸다. CRM 전략은 고객에 기반된 사고라는 측면에서 경영전략과 유사하다고 할 수 있다. 비즈니스 전략은 비즈니스를 하는 사업분야에서 그 기업의 시장

위치와 전반적으로 달성하려는 기업의 목표를 지원하는 기업의 비즈니스 방향을 나타낸다.

CRM에서 전략은 매우 중요하다. 그 이유는 첫째로 전략은 기업내의 여러 조직들이 그들의 비즈니스 활동들을 조정하여 공통의 목적을 수렴시켜 각각의 활동들이 잘 조화를 이루어 전체 기업목적을 달성하는 것이다. 둘째, 전략은 기업이 나갈 방향을 설정함으로 미래의 결과를 예측해 보고 장기적인 안목이나 미래지향적으로 사고할 수 있게 한다. 기업은 장기적인 생존과 성공을 위해서 끊임없이 미래를 내다보는 훈련과 안목을 가져야 한다. 다음의 예를 보자. 미국 온라인 서비스업의 경우, Compuserve나 Prodigy가 함께 사업을 시작한 80년대 중반까지만 해도 지금의 업계 선두주자인 AOL(America On-Line)은 존재하지도 않았다. 그런데 후발주자였던 AOL은 무료 접속 디스크나 CD를 널리 보급하고 고객이 필요로 하는 질적인 정보내용을 지속적으로 공급함으로써 선두주자가 되어 업계의 판도를 바꾸어 놓았던 것이다. 셋째, 전략이 CRM에서 중요한 이유는 CRM 경영방식 수용과 추진과정에 있어서 장기적인 기업의 행동 진로나 방향에 대한 전체적인 그림을 제공한다. 시장정보와 고객정보의 분석을 통해 장기적인 안목을 가지고 수립한 전략은 그렇지 않은 전략보다 확실히 실효성이 있으며, 오류나 실패를 피하고 투명한 미래를 볼 수 있다. 사실 닷컴의 많은 기업들이 시간적인 압력에 쫓겨 일관성 없이 비즈니스 활동을 전개함으로 낭비와 효율저하를 일으켰다. 그 결과 비용증가, 자원낭비, 매출부진, 비즈니스 자금소진 등으로 계속 성장, 존속할 수가 없었다. 보통 기업의 비즈니스 목표가 정해지면, 그의 전략이 세워지고, 그 다음으로 전술들의 프로그램이 짜여지고 실행프로그램에 행동을 한다.

CRM 전략의 기본 방향은 고객, 상품, 그리고 채널 등의 입체적 관점에서 분석하여 고객관리가 입체적으로 될 수 있도록 해야 한다. 일관적으로 CRM의 전략을 이야기할 때는 두 가지 측면에서 보아야 한다. CRM을 이용한 마케팅은 하나는 모델을 구축하는 부분이고 다른 하나는 relationship marketing을 수행하는 부분이다. 보통 CRM이라고 할 때 IT 기술을 바탕으로 하고 있기 때문에 모델링에 상당히 치우쳐 있게 마련이다. 마케팅 전략은 신뢰성 있는 수익성을 예측함으로 설정될 수 있다. 이러한 수익성은 현재와 미래를 함축하는 수익성을 말한다. 즉 현재 고객과 잠재고객에 의한 매출 및 이익증대 방향을 보다 효율적으로 확보하는 것이다. CRM을 구축하기 위해서는 전략(strategy), 사람(people), 기술(technology), 그리고 프로세스(process) 차원에서 통합적으로 이루어져야 한다. CRM을 도입할 때 어떻게 CRM을 활용하고 어떤 효과를 얻을 것인지 구체적인 전략이 이루어져야 한다.

고객의 DB를 분석해서 고객별로 고객생애가치를 산출하고, 고객을 세분화하고, 고객의 구매형태를 파악하고, 상품과 고객과의 관계분석, 상품간의 연관성, 추천상품 선정모형 등이 모델링을 통해서 이루어지고 이 결과는 고객DB에 저장된다. 모델링을 위해서는 데이터베이스가 많이 구축되어야 하며, 데이터베이스에 대한 중요성의 인식이 날로 증가하고 있다. 여기에 있는 데이터를 통해서 relationship marketing을 수행한다. DB마케팅은 단지 고객 데이터베이스를 이용해 뭔가를 팔겠다는 것인 반면에 CRM은 물건을 팔기 전이든 팔고 나서든 고객과 관계를 잘 맺어놓고 이 관계를 이용해 뭔가 해서 돈을 벌어보겠다는 개념이다. 한 사람과 친숙해지는 관계는 관리 프로세스가 필요하고, 이런 연장선에서 시스템을 도입하는 걸 고민해야 한다는 것이다. 고객의 세분화에 따라 차별적 마케팅 전략을 수립하고 세분고객에 의한 효과적인 유통경로 등의 서비스를 제공한다. 또한 우수고객에 대하여 상품선정과 제공, 상품의 cross-selling과 up-selling 기회를 활용하여 평가한 후 다시 고객 DB를 작성한다.

고객관계관리의 목표를 실현할 수 있기 위해서 CRM시스템을 3가지 단계에서 추진해야 한다.

첫째, CRM의 전략수립이다. 여기서는 무엇보다도 고객데이터를 확보하는 방안이 수립되어야 하며, 외부테이터 활용방안 그리고 CRM 구축 및 활용방안이 수립되어야 한다.

둘째, 전사적 테이터웨어하우스 구축을 위한 기반의 정비가 추진되어야 한다. 데이터웨어하우스 기반 구축, 고객 데이터베이스 구축, 확장성 및 유연성을 보장하는 모델링을 적용할 수 있도록 고려되어야 한다.

셋째, CRM 시스템 구축이다. 요구사항은 전부를 구현하는 것이 원칙이지만 비즈니스 디스커버리 등의 업무 프로세스를 통하여 우선 순위를 조정하고 업무 범위를 조정하는 것이 일반적인 구현방안이다. 영업 및 마케팅 자원을 위한 분석지원 시스템 구축(가망 고객확보, 제공 서비스의 차별화, 상품 관련 지원, 고객성향, 고객 행태 분석), 데이터 마이닝을 이용한 지능형 분석 시스템 구축, 적정한 채널에 대한 캠페인 전개 시스템 구축 등이 포함되어야 한다.

다음의 고객관계 마케팅 예제에서 필요한 데이터를 추출하면 다음과 같다.

▶ 예제

서울시 강남구 대치동 1번지
허 준 귀하

안녕하세요. 부인의 생일이 2주밖에 남지 않으셨네요. 7월 4일이 고객님 부인의 생일입니다. 우리는 부인에게 선사할 생일선물을 준비했습니다. 잘 아실 진 모르겠지만 부인은 Carte Knit라는 브랜드를 선호합니다. 그리고 파랑색을 좋아하구요. 부인의 신체 사이즈는 14입니다. 그리고 가격은 30만원정도의 적당한 선물을 준비했습니다. 좋으시다면, 직접 선물을 포장해서 배달해 드릴 수도 있고, 아니면 저희가 부인에게 직접 배달해 드리겠습니다. 저희에게 전화 주시면 (02-201-xxxx) 당신이 원하는 시간에 24시간내로 즉시 보내드리겠습니다. 그럼 안녕히 계십시오.

경희백화점 고객 담당자 홍예진

〈필요한 데이터〉

- 적절한 선물: 아내의 취향, 유행과 취향에 적절한 선물
- 개인 일정자료: 생일, 기념일
- 인구통계적 자료: 성, 나이, 자녀수, 사는 지역, 학력
- 쇼핑정보: 쇼핑습관, 취미, 라이프스타일
- 개인적인 신상자료: 옷의 치수, 선호하는 색깔, 스타일 선호브랜드, 얼굴형과 신체형
- 의사결정 알고리즘: 상품을 중요시하는가? 가격을 중요시하는가? 패션을 중요시하는가?
- 사회적 환경: 쇼핑규제, 결혼여부, 직업, 배우자 이름

보통 CRM을 수행하면 먼저 데이터웨어하우스를 구축하고 이것을 데이터마이닝을 통해서 분석한다. 최근에 미국에서는 데이터마이닝보다는 매트릭스라는 용어를 많이 쓰고 있다. 매트릭스란 의미있는 정보를 얻기 위한 측정활동이라는 뜻으로 사이트에서 움직이는 고객들의 행동을 여러 가지 가설로 유형화해놓고, 고객이 어떤 행동을 보이면 그 유형에 맞는 반응을 하는가를 분석하는 것이다. CRM의 시작은 데이터를 모으고 분석하는 것이다. 분석자료를 토대로 여러 가지 프로모션을 통해 더 많은 고객 정보를 받아들이고, 혜택을 돌려주면서 고객과 관계를 돈독히 한다.

사례연구

사례 11 소형차 전쟁의 '개인화기' CRM으로 게으른 딜러를 무장시키다[1)]

"인도에 처음 도착했을 때 현지 법인에 소속된 대부분의 딜러들이 수작업으로 고객 정보를 관리하는 모습을 보고 깜짝 놀랐다. 고객을 찾아 다니기보다 대리점에 내방한 고객을 중심으로 영업 활동을 하거나, 고객의 불만이 들어와도 '내가 알 바 아니다' 라는 태도를 보이는 딜러도 많았다. 판매를 통한 단기 인센티브에만 관심이 많을 뿐 고객과 장기적으로 신뢰를 쌓으려는 노력을 하는 딜러는 찾아보기 어려웠다. 그야말로 CRM(Customer Relation Management · 고객관계관리)의 불모지였다."

인도 법인의 CRM 시스템 도입 및 활용을 주도한 민왕식 전(前) 현대차 인도법인(HMI) 판매 · 마케팅 본부장(현 상용 수출사업부 전무)의 말이다. 현대차는 CRM의 정확한 의미조차 잘 모르는 딜러가 많던 인도에서 2006년 6월 해외 법인 중 최초로 CRM 시스템을 구축했다. 현대차는 인도 시장에서 고객 데이터베이스(DB) 구축, 콜센터 설립, 딜러관리 시스템 도입 등 간단한 방식의 CRM만으로도 상당한 성과를 냈다. 적은 비용으로 높은 효율을 달성했기 때문에 해외 법인 CRM 사례 중 대표적인 성공작으로 평가받고 있다.

현대차는 2000년대 중반까지 해외 시장에서 주로 2개의 마케팅 수단에 의존했다. 바로 광고와 인센티브다. 일단 광고를 통해 인지도를 확보한 후, 딜러들에 대한 판매 인센티브를 높여 시장 점유율을 확보한다는 비교적 단순한 전략이었다. 하지만 적게는 수백억 원, 많게는 수천억 원을 써야 하는 광고는 정량적인 성과 측정이 어렵다는 단점이 있었다. 각국 상황에 맞는 광고를 제작하다 보니 초과 비용도 상당했다. 판매 인센티브 역시 만만치 않은 비용을 필요로 했고, 인센티브를 얻기 위해 딜러가 과도한 디스카운트를 해줄 경우 딜러 망 전체에 대한 통제가 어려워진다는 약점이 존재했다.

해외 시장에서의 마케팅 및 영업 역량 강화 방안을 찾던 현대차는 BMW가 CRM 시스템을 통해 해외 시장에서 가시적인 성과를 냈다는 점에 주목했다. BMW는 일찌감치 개별 고객의 상세한 정보가 담긴 데이터베이스(DB)를 구축해 이를 딜러와 공유

---

1) 김주영 서강대교수, DBR 2011년 5월호. 본 사례의 전재를 쾌히 승낙해주신 원저자와 판권자께 감사드립니다.

하며 고객 만족도를 높이기 위해 노력해왔다. BMW 고객이 차 문제로 콜센터에 전화를 걸면 콜센터 직원의 화면에는 해당 고객의 차량 구입 시기, 정비 이력, 취미 등이 일목요연하게 뜬다. BMW는 기념일에 고객의 성향에 따라 골프대회 초청장, 음악회 초대권, 박물관 전시회 관람권 등을 수시로 보낸다. 차량에 문제가 생기면 바로 출동 서비스를 제공한다.

차량을 판매할 때도 그 과정을 인도 전(Pre Delivery, 직업, 취미, 성향 등 상세한 고객 개인 정보 사전 취합), 인도(Delivery, 직접 고객과 대화하며 자사 제품의 특장점을 설명하고, 고객 개개인의 독특한 경험을 모집), 허니문(납품 6주 후 제품에 만족하는지 추가 확인)의 3단계로 나눠 구매 단계별 고객 경험 및 만족을 최대화할 수 있도록 노력하는 식이었다. 이렇게 세심하게 고객을 관리하니 고객과 장기적인 신뢰 관계를 맺지 않을 수 없었다.

현대차는 해외 시장에서 의미있는 성공을 거두려면 단순히 차를 많이 파는 것만으로는 부족하다는 점을 절감했다. 하지만 CRM 도입 비용, 구축 시 걸리는 시간, 세계 각국의 서로 다른 문화 및 환경을 감안할 때 모든 해외 시장에서 동일한 CRM을 도입하기도 어렵다고 판단했다. 이에 따라 CRM 수행 시 제도적인 문제는 적고, 도입 후 바로 효과를 볼 수 있는 해외 시장을 찾았다. 그 결과 인도 시장이 적격이라는 결론에 도달했다.

왜 인도일까. 우선 인도 시장은 1억 명 이상의 잠재 고객을 보유한 현대차의 해외 시장 전략 거점이었다. 또 1억 5000만 명에 달하는 두터운 규모의 인도 중산층은 단순히 저렴한 가격의 싼 자동차가 아니라 고품질, 신기술, 브랜드 중시 등으로 소비 패턴을 바꿔나가고 있었다. 일반적으로 인도 소비자들은 3~4년 전후로 자동차를 바꾼다. 1998년 현대차가 인도에 처음 진출한 이후 지속적으로 확보된 기존 고객들의 재구매율(Retention Rate) 향상이 절실한 상황이었다. 이를 감안할 때 현대차는 선진 고객관리 기법을 도입하면 인도 시장에서 추가 도약이 가능하다고 판단했다.

사례연구

인도 법인의 열악한 현실

2000년대 중반 인도 법인의 현실은 열악했다. 당시 인도 법인에서는 엑셀 프로그램을 이용한 수작업으로 고객 정보를 관리했다. 무려 45만여 명의 누적 고객 정보를 수작업을 통해 모았다는 뜻이다. 고객 불만 접수 및 처리, 정비 및 수리 내역, 잠재 고객 정보 등도 역시 수작업으로 관리되고 있었다. 월 평균 신규 고객 정보가 3만 명 이상씩 늘어나는 상황에서 수작업으로만 고객 DB를 관리하니 고객 정보가 제대로 쓰일 리 만무했다.

기껏 모아놓은 정보를 의미있게 사용하기도 어려웠다. 우선 오류나 중복으로 제대로 사용하지 못하는 정보가 절반에 가까웠다. 데이터의 정합성과 신뢰도에 치명적인 문제가 있었던 셈이다. 데이터의 형태도 딜러별, 지역별로 천차만별이었다. 어떤 딜러는 고객 정보를 상세하게 표기한 반면 다른 딜러는 이름과 전화번호 정도만 적어놓는 일이 빈번했다. 심지어 같은 고객의 이름을 다르게 표기한 자료도 있었다. 인도인의 이름이 워낙 길고 복잡하다 보니 본인의 이름 철자도 그때그때 다르게 적는 고객도 있었고, 딜러들도 고객 이름을 제대로 받아 적지 못했다. 주소 또한 '무슨 길 몇 번지' 가 아니라 '감나무집에서 세 번째 뒤에 있는 집' 등으로 알려주는 고객이 많았다.

딜러들을 관리하는 일 또한 쉽지 않았다. 민 전무는 "열악한 사회 인프라보다 더 힘든 건 인도 현지 직원들의 태만이었다. 오랜 식민지 통치 경험 때문인지 주도적으로 일하기를 꺼렸다. 지시를 받아도 마지못해 하는 시늉만 냈고, 책임감도 부족했다. 인도 공장 설립 초기 주요 부품을 싣고 오던 운전기사가 행방불명 된 적이 있었다. 한달 반 후에 나타났길래 어디에 있었느냐고 했더니 오는 길에 고향에 들러 결혼을 하고 왔다고 하더라. 기가 막혔지만 부품을 들고 도망가지 않았다는 점에 고마워해야 할 지경이었다. 한국 본사에서 인도 주재원들에게 1년에 2번 정도 음식 및 생필품들을 보내준다. 첸나이에서 뭄바이를 거쳐 델리까지 오는데, 델리에 도착할 때는 처음 물품의 상당량이 사라진다. 현지 운송회사 직원들이 가져가버리기 때문이다.

딜러들도 마찬가지다. 한국에서는 영업 사원이 사무실에 있는 시간이 거의 없고, 수시로 고객들에게 전화한다. 하지만 이들은 밖으로 돌아다니기는커녕 매장에 오는 고객도 구매 여력이 적다고 판단되면 본체만체 하는 딜러가 많았다. 출근 시간도 안

지키는 사람이 태반이다. 말로는 어떤 식으로 주의를 줘도 소용이 없었다. 지각을 할 때 문서로 기록한 경고장을 보내고 이를 모아 인센티브 지급이나 재계약 시 반영하겠다고 해야 겨우 말을 듣는 시늉을 한다"고 말했다.

상황이 이러니 현대차는 선진국에서 쓰는 다양하고 복잡한 CRM을 모두 도입하는 게 무의미하다고 판단했다. 이에 따라 현대차는 CRM의 △통합 고객 DB 구축 △콜센터 설립 △다양한 캠페인 수행 △딜러관리 시스템 구축 △리드(Leads) 관리 등에 우선 순위를 두기로 했다.

CRM 구축 및 시행

1) 통합 고객 DB 구축

현대차는 여러 영업 채널을 통해 모은 고객 데이터를 동일한 포맷으로 정리한 후 데이터 변환 및 분석이 가능한 통합 고객 DB를 마련했다. 채널 간 통합 고객 DB를 구축하자 고객 정보의 입력 오류 및 중복을 제거할 수 있었다. 데이터 입력 절차도 훨씬 간단해졌고, 데이터 분실 위험도 줄었다.

어디든 마찬가지지만 인도 사람들도 개인 정보 노출을 꺼린다. 상세한 고객 정보를 획득할 수 있는 기회는 차를 구입할 때와 서비스를 받으러 왔을 때 두 번 정도가 고작이다. 한국과 달리 인도에서는 차를 살 때 영업 직원이 집이나 회사로 신차를 가져다 주지 않는다. 고객이 직접 매장을 방문한다. 차를 사는 게 집안의 큰 축제이기 때문에 대가족이 함께 매장에 올 때가 많다. 현대차는 이를 고객 정보 수집의 기회로 적극 활용했다. 차량을 인도받으러 온 고객에게 음악을 틀어주면서 꽃다발을 증정하고, 가족 사진을 찍어 바로 액자로 만들어주니 고객들이 무척 좋아했다. 당연히 고객 정보 수집도 쉬워졌다.

DB 구축 전 48만 명 수준이던 고객 DB가 CRM 작업을 시작한 2006년 여름 68만 명으로 증가했다. 2010년 말 현재 135만 명으로 대폭 늘었다.

사례연구

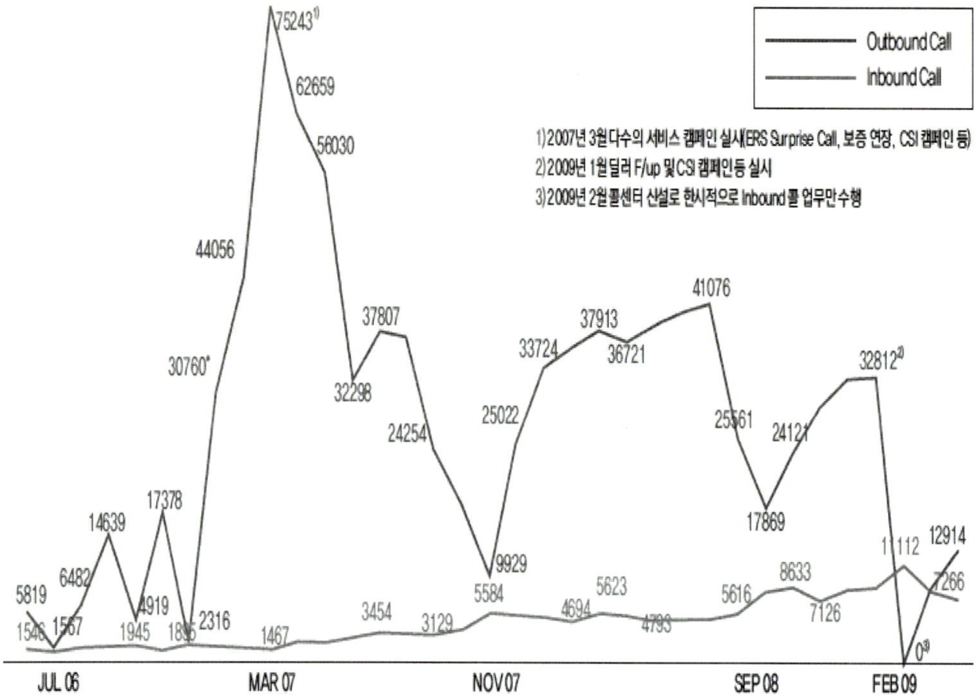

그림 1 인도법인 콜센터 전화량 변화

2) 콜센터 운영

현대차는 고객과의 접점을 늘리고 고객 만족도를 높이기 위해 인도 법인 자체 콜센터를 운영하기로 했다. 과거에는 인도 법인의 고충 처리 상담원 1~2명이 교대로 상담 업무를 하는 게 전부였다. 이마저도 오후 6시 이후에는 운영하지 않았다. 일부 딜러들은 매장 내에 자체 콜센터를 운영하기도 했으나 이 역시 고충처리 상담원과 비슷한 수준이었다.

현대차는 약 20명의 상담원이 365일, 24시간, 3교대로 일하는 콜센터를 만들었다. 아웃소싱을 위해 여러 현지 업체들을 실사한 후 한국 기업의 콜센터 아웃소싱 경험을 지닌 한 업체와 위탁업무 계약을 했다. 시간대별 전화량에 따라 인원을 각기 다르게 운영하는 시스템도 도입했다. 전화가 많이 오는 9시 30분~18시 30분에는 13~15명, 전화가 적게 오는 22시~익일 7시에는 1~2명의 직원이 근무하는 식이다.

현대차 인도 법인이 직접 콜센터를 운영하자 고객 문의 및 불만 처리, 딜러와의 연계 과정이 체계화되기 시작했다. e메일이나 FAX를 통한 상담도 가능해졌고, 고객 대상의 캠페인 및 시장조사 실시 기반도 마련됐다. 상담원이 먼저 고객에게 전화를 걸어 판매 및 서비스 모니터링, 고객만족도 조사, 고객 정보 수집 등을 할 수 있었기 때문이다.(그림1)

콜센터 설립 전 고충 처리 상담원들은 고객이 현대차나 딜러에게 걸어온 전화, 즉 인바운드 콜을 처리하기도 바빴다. 콜센터 설립 이후에는 현대차 직원들이 고객에게 먼저 거는 전화, 즉 아웃바운드 콜의 비중이 압도적으로 늘었다. 현대차는 이를 해피콜(Happy call)이라고 부른다. 고객 DB에 있는 정보를 토대로 고객의 생일이나 결혼기념일을 챙겨주고, 엔진 오일을 갈 때가 다가온다는 정보를 알려주는 식이다.

전화 상담 품질(Quality Assurance) 향상을 위해 전체 전화의 40%를 감청, 평가를 실시하기도 했다. 주 또는 월 단위로 콜센터 직원에 대한 정기 테스트 및 교육을 시행해 상담 품질을 지속적으로 높이려 노력했다. 또한 현대차는 자사 콜센터와 타타, 혼다 등 경쟁사 콜센터 직원과의 비교를 통해 직원들의 업무 의욕을 자극하고자 경쟁사 콜센터 모니터링 작업도 시행했다.

3) 다양한 캠페인 시행

현대차는 통합 DB 구축과 콜센터 운영을 통해 얻은 고객 정보를 바탕으로 다양한 캠페인도 실시했다. 현대차는 2006년 최초로 상트로(한국명 아토즈) 고객이 차를 Getz(한국명 클릭)로 교환하도록 유도하기 위한 'Test Drive 캠페인'을 실시했다.

현대차는 우선 현재 상트로를 타는 고객 중 구입 기간이 3~4년 정도 지난 고객만 추출해냈다. 이 고객들에게 당시 인도 시장에 막 출시됐던 뉴 Getz를 시험 운행해보라는 우편물을 보냈다. 많은 인도 사람들은 구입 후 3년이 지나면 차를 교체하려고 마음먹는다. 도로 사정이 워낙 열악해 3년만 지나도 차의 고장이 잦은데다 금융회사에서 자동차 대출을 해 줄 때도 3년짜리 대출을 주로 해주기 때문이다.

파일럿 캠페인 전 DM을 받은 고객이 실제로 매장에 찾아오는 비율은 2% 정도였다. 하지만 차를 바꿀 가능성이 높은 고객집단을 발굴해 이들에게만 우편물을 보냈더니 3.5%의 고객이 매장을 찾았다. 2011년 현재는 이 비율이 4%대를 넘고 있다.

2006년 9월부터 10월까지는 두 달간 베르나 출시 캠페인도 벌였다. 현대차는 당초 이 캠페인을 통해 약 100대를 판매할 수 있을 거라고 기대했다. 실제 판매량은 기대치의 3배가 넘는 316대였다. 핵심 목표 고객을 골라내고 활용하는 작업이 CRM을 통해 대폭 개선됐기 때문이다.

현대차는 캠페인 전 콜센터를 통해 핵심 목표 고객을 대상으로 가격 민감도 조사도 실시했다. 소비자가 비용 대비 최적의 만족도를 느낄 수 있는 차와 세부 사양이 무엇인지 자세히 조사한 후, 현대차의 캠페인 제품이 해당 소비자의 답과 많이 부합할 때 적극적으로 영업을 하는 식이다. 이는 잘 맞아떨어졌다. 베르나의 캠페인 비용은 551만 루피, 수익은 1896만 루피로 투자수익률(ROI)이 무려 344%에 달한다.

캠페인 수행 단계별 또는 목적별 정확한 성과 측정, 향후 유사 캠페인 시 효과적인 성과 예측을 위해 캠페인 성과관리지표(KPI) 체계도 개선했다. 본사에서 제공한 가이드라인을 바탕으로 현대차 인도 법인이 인도 시장의 특수성을 감안해 만든 KPI는 다음과 같다.(표1)

캠페인 목적	A.매출증대	B.고객 정보 획득	C.판매기회 확인	D.고객관계 강화	E.고객안내
비 재무적 캠페인 성과	-접촉 성공 고객수 -접촉 성공률 -채널반응 고객수 -구매전환 고객 수 -구매 전환율	-접촉 성공 고객 수 -접촉 성공률 -신규 고객 정보 획득 -고객 정보 갱신 수 -고객 정보 획득률	-접촉 성공 고객 수 -접촉 성공률 -판매 기회수 -판매 기회 확인율	-접촉 성공 고객 수 -접촉 성공률 -채널 반응 고객 수 -채널 반응률 -행사 참여 고객 수 -행사 참여율	-접촉 성공 고객수 -접촉 성공률 -안내 고객 수 -안내 완료율
재무적 캠페인 성과	-순증 매출액 -캠페인 비용 -ROI	캠페인 비용	캠페인 비용	캠페인 비용	캠페인 비용

| 표 1 | 캠페인 성과지표 관리 체계

4)딜러 관리 시스템 구축

현대차는 딜러들이 어떤 식으로 영업 활동을 펼치고 있으며 현재 판매 현황이 어떤지를 일목요연하게 볼 수 있는 글로벌 딜러 매니지먼트 시스템(GDMS)도 만들었다. 고객 DB, 콜센터 등을 통해 모은 고객 정보, 캠페인 현황, 딜러들의 업무 매뉴얼, 영업 기회 배분 및 결과 등의 광범위한 정보가 담겨있었다.

하지만 처음 GDMS를 도입할 때는 현지 딜러들의 반발이 심했다. 자신의 고객 정보는 오직 자신만이 알아야 하는데 아무리 같은 회사의 딜러라 해도 정보를 공유하기 싫다는 이유에서였다. 결국 딜러 개개인은 자신의 계정으로 시스템에 접속해 자신의 고객 현황 및 영업 상황을 볼 수 있도록 하고, 현대차 인도 법인 본부는 이 데이터를 모두 볼 수 있도록 GDMS와 CRM를 연계했다. GDMS에 반발하던 딜러들도 이를 잘 활용하면 더 많은 신규 고객을 유치할 수 있다는 점을 깨닫고 적극 동참하기 시작했다.

현대차는 자발적으로 일하는 경향이 많지 않은 딜러들을 계도하기 위해 얼리 버드(Early Bird) 제도도 마련했다. 과거에는 딜러별로 월말마다 한달 동안 몇 대의 차를 팔았는지를 계산해 실적을 냈다. 그러다 보니 월말이 되면 이미 목표를 달성한 딜러들이 실적을 속이고 목표 초과분을 다음 달로 이월해 다음 달 영업을 편하게 하려 했다. 월말에 차량 출고가 집중되다 보니 생산, 물류 측면에서도 비효율이 심했다. 얼리 버드는 한달 마감을 세 번 하는 제도다. 예를 들어 매월 10일까지 5대의 차를 판 사람에게 100루피의 인센티브를 지급한다면, 20일까지 5대를 팔면 100루피보다 조금 적은 돈을, 30일까지 팔면 그보다 더 적은 인센티브를 지급하는 형식이다.

민 전무는 "시스템을 통한 딜러 관리 못지않게 그들과 자주 이야기하고 접촉하는 게 중요하다. 이야기를 5분만 나눠보면 이 딜러가 열심히 일을 하는지 아닌지 알 수 있다. 열심히 하는 딜러는 '카탈로그나 홍보물을 많이 달라, 자신의 지역에 광고를 더 많이 해달라' 는 식으로 법인에 이것저것 요구한다. 하지만 열심히 하지 않는 딜러는 자신의 성과를 자랑하기에 바쁘다. 안 되겠다 싶은 딜러는 가차없이 계약을 종료한다"고 말했다.

5)리드 관리

리드(Lead) 관리는 콜센터나 고객 접점 채널에서 포착한 제품 판매 기회를 딜러에게 전달하고, 딜러가 이를 실제 판매로 연결시키는 과정을 말한다. CRM 구축 초기에는 고객의 구매 예상 기간이나 진정성과 상관없이 고객이 일단 구매 의향을 비추기만 하면 해당 고객의 정보를 모두 딜러에게 전달했다. 딜러는 구매 의향이 있는 고객이라는 정보를 받고 해당 고객과 접촉했지만, 막상 해당 고객은 별 관심이 없는 사례가 많았다는 뜻이다. 당연히 딜러로서는 맥이 빠지고 법인이 알려주는 정보에 신뢰를 갖기도 어렵다.

반대로 콜센터의 요구를 딜러가 제대로 들어주지 않을 때도 많다. 특정 데이터를 통해 콜센터나 고객 접점 직원이 '이 고객은 이 차를 시승하면 차를 살 확률이 높다'는 확신을 가질 때가 있다. 이후 고객에게 시승 의향을 묻고 특정 매장의 딜러를 지정해준다. 하지만 딜러들이 이 정보를 제대로 파악하지 않아 시승을 하러 매장에 나타난 고객이 발길을 돌려야 하는 어이없는 일이 생기기도 했다.

때문에 인도 법인에서는 '판매 후 과정(Post-Campaign Process)'을 대폭 개선해 리드 관리 역량을 높였다. 3개월 이내 구매 의향이 있다고 밝힌 고객의 정보만 딜러에게 전달하고, 1년 이내일 때는 법인이 관리하는 프로그램을 만들었다. 리드 관리의 개선이 판매를 늘리고, 까다로운 인도 딜러로부터의 협력을 더 많이 이끌어낸 셈이다.(표2)

<table>
<tr><th>수집 채널</th><th>내용</th><th>성과</th></tr>
<tr><td>콜센터</td><td>월 평균 900건 Lead 수집(딜러 전달 및 고객 접촉)</td><td>월 평균 실 구매율 7%(63대 판매)</td></tr>
<tr><td>Website</td><td>HMI 홈페이지(www.hyundai.co.in) 내 시승회 접수
 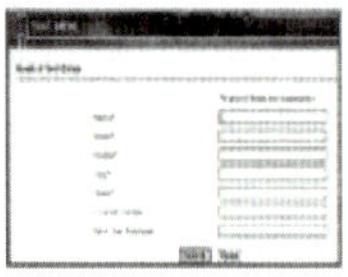</td><td>i20 런칭에 따른 '09년 Lead 수집 증가<table><tr><th>기간</th><th>Leads</th><th>시승</th><th>판매</th></tr><tr><td>'08</td><td>13,515</td><td>7,445</td><td>644</td></tr><tr><td>'09.1~4월</td><td>6,069</td><td>3,945</td><td>431</td></tr></table></td></tr>
<tr><td>3rd Party website</td><td>Yahoo, IBN, rediff.com 등에 프로모션 실시
신차 정보 및 시승회 접수

</td><td><table><tr><th>기간</th><th>모델</th><th>Leads</th><th>시승</th><th>판매</th></tr><tr><td rowspan="4">'08</td><td>Getz</td><td>330</td><td>69</td><td>5</td></tr><tr><td>Verna</td><td>1007</td><td>269</td><td>9</td></tr><tr><td>Sonata</td><td>26</td><td>7</td><td>1</td></tr><tr><td>i10</td><td>2104</td><td>647</td><td>14</td></tr><tr><td>'09.1~4월</td><td>i20</td><td>2120</td><td>1390</td><td>39</td></tr></table></td></tr>
<tr><td>SMS</td><td>SMS 이용한 프로모션 스페셜 offer 정보 제공</td><td>Verna 대상 SMS 캠페인<table><tr><th>발송</th><th>Leads</th><th>시승</th><th>판매</th></tr><tr><td>4,596</td><td>2,909</td><td>1,845</td><td>67</td></tr></table></td></tr>
<tr><td>기타</td><td>주요 캠페인
- i10 Kappa campaign, i10 mall display, i10 test drive, Euro cup campaign etc</td><td>총 6,308명 접촉
1,300명 시승 신청
→총 162대 판매(12.5%)</td></tr>
</table>

| 표 2 | 인도 법인의 리드 관리 현황

도전 과제

현대차는 인도시장 진입 10년도 되기 전인 2000년대 중반부터 꾸준히 20% 내외의 인도 시장 점유율을 유지하고 있다. 약 50% 전후를 점유하고 있는 압도적 1위 업체 마루티 스즈키에 이어 2위다. 특정 모델만 집중하는 다른 외국 자동차업체와 달리 인도 시장에서만 9개 모델을 출시하는 등 글로벌 자동차 기업으로서의 면모를 알리기 위해 노력해왔다.

하지만 인도 소형차 시장의 경쟁은 갈수록 치열해지고 있다. 폴크스바겐 등 여러 해외업체들이 속속 진입하고 있고, 중형차만 팔던 도요타도 소형차 판매에 뛰어들었기 때문이다. 이런 상황에서 현대차가 지속적인 성장을 하려면 어떻게 해야 할까.

첫째, 애프터서비스의 질을 향상시켜야 한다. 현대차는 서비스 역량은 뛰어나지만 수리점 수가 시장 1위 업체인 마루티 스즈키에 비해 절대적으로 적다. 현대차보다 몇십 년 빨리 인도에 입성한 마루티 스즈키는 공식 AS센터의 숫자도 많지만 웬만한 사설 정비소에서도 어지간한 정비가 가능할 만큼 광범위한 서비스망을 보유하고 있다. 당연히 해당 부품을 구하기도 쉽다. 하지만 현대차는 AS센터의 숫자가 상대적으로 적고 작은 동네에서는 수리점에 가도 부품을 구하기가 힘들다는 평가를 받는다.

이에 대처하기 위해 현대차는 몇 년 전부터 'Always Around' 라는 찾아가는 서비스 이벤트를 시작했다. 주말마다 딜러들이 특정 지역을 돌아가면서 공원, 주거단지, 쇼핑몰 앞에 게릴라성으로 AS센터를 차리는 방법이다. 이곳에서는 기본적인 정비 서비스를 공짜로 제공하되, 큰 문제가 발견되면 공식 정비소로 보낸다. 프리 카 케어 클리닉(Free Car Care Clinic)이라는 이름 하에 매년 2회 정도 전국적인 무상 점검, 공임 및 부품비 할인 이벤트도 실시한다.

둘째, 딜러 역량 강화다. 본사나 현지 법인 수뇌부에서 아무리 좋은 리드 관리를 해줘도 딜러들이 자발적으로 나서지 않으면 소용이 없다. 인도 딜러들은 한국 영업사원처럼 스스로 고객 데이터를 관리하고, 고객을 정기적으로 찾아가는 사람들이 아니다. '감나무 밑에 서서 감 떨어지기를 기다리는' 인도 딜러들을 다루려면 채찍과 당근 전략을 병행할 필요가 있다. 근무 태만 등에는 단호하게 대처하되, 우수 딜러 및 영업 사원들에게는 꾸준한 교육, 해외 출장 기회 및 인센티브를 지속적으로 제공해줘야 한다.

사례연구

셋째, 직원들의 잦은 이직에 대처할 방안, 핵심 인재를 유지할 방안을 고민해야 한다. 인도 직원들은 이직률이 매우 높다. 인도 경제가 활황세를 나타내면서 취직 기회가 매우 많아졌기 때문이다. 본사의 대졸 출신 직원들부터 영업 사원들까지 짧게는 1년, 보통 2년의 주기로 옮겨 다닌다. 이직을 하면서 더 높은 연봉을 받고 직급을 올리는 것을 자신의 커리어 개발이라고 생각한다. 기껏 교육시켜 쓸 만한 사람으로 만들어 놓으면 이직을 하는 케이스가 허다하다. 단순히 돈만으로는 이들을 붙잡을 수 없다. 핵심 인재를 유지할 방안을 고민할 필요가 있다.

넷째, 지역에 따른 차별화 마케팅이 필요하다. 인도는 지역 색이 매우 뚜렷한 국가다. 델리가 있는 북부, 뭄바이가 있는 서부와 달리 첸나이를 중심으로 한 남부 지역은 언어, 문화, 인종적 배경이 북부와 완전히 다르다. 남부 지방 사람들은 성격도 매우 보수적이다. 시간과 예산의 압박으로 현재는 지역에 따라 뚜렷하게 차별화된 마케팅을 실시하지 않고 있다. 하지만 장기적으로는 특정 지역 소비자에게 더 어필할 만한 마케팅 전략을 고민하고 시행해야 한다.

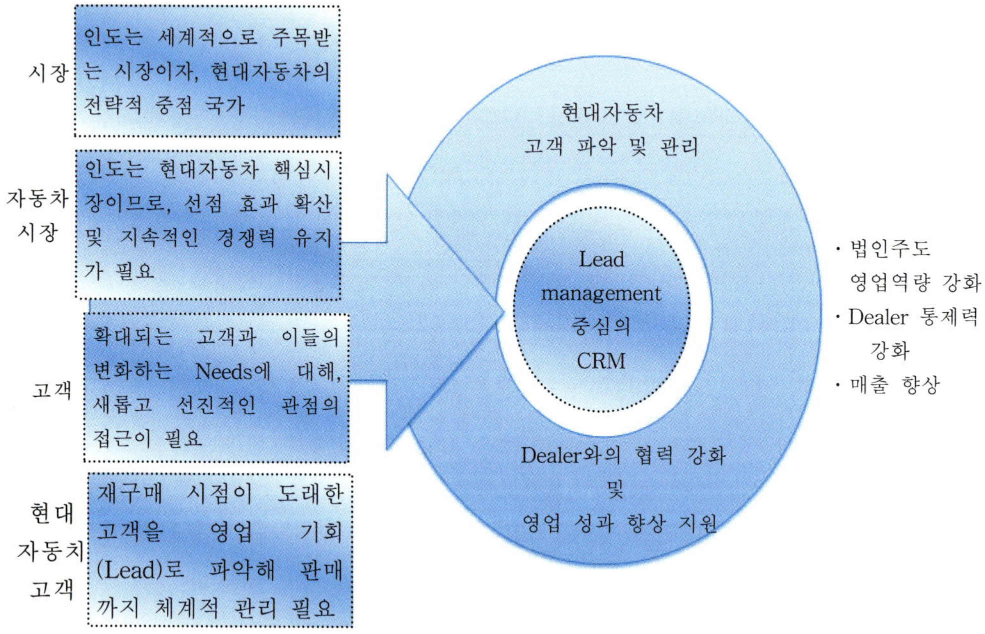

그림 2 인도 법인의 CRM 추진 전략

현대차 인도 법인 사례의 시사점

현대차 인도 법인의 CRM 구축 사례가 한국 기업에 주는 시사점은 다음과 같다. 첫째, 최신의 비싼 시스템만이 선(善)은 아니다. 많은 기업들이 막대한 자금을 들여 최신식의 CRM 시스템을 구축하는 것 자체를 중요한 성과로 착각한다. 이는 바람직한 접근법이 아니다. 사실 현대차가 인도 시장에서 시행한 CRM은 기초 중의 기초 단계에 해당한다. 하지만 고객 정보를 수작업으로 관리하던 곳에서 체계적으로 고객 정보를 모으기 시작하고, 특정 고객 집단을 추출해내 이 세분시장에 걸맞은 마케팅을 펼치자 고객들도, 내부 직원들의 태도도 확 달라졌다.

현대차가 인도 시장에서 명품 자동차업체 수준의 CRM을 펼칠 수는 없다. 해당 고객이 골프를 좋아한다고 해서 골프대회 초청장을 보내줄 수는 없다는 뜻이다. 하지만 때로는 고객과 고객 가족의 사진을 찍고 이를 좋은 액자에 담아주는 이벤트만으로도 고객의 마음을 사로잡을 수 있다. 현대차의 CRM 역시 ROI가 불분명한 복잡한 방법론이 아니라 DB 및 콜센터 구축과 같은 가장 간단하고 효율적인 방법들만 쓰였기에 성공하기가 더 쉬웠던 측면이 있다.

둘째, 무조건 많은 고객 정보를 모으려고 하지 말고 기존에 갖고 있는 고객 정보를 제대로 해석(interpretation)하는 게 훨씬 중요하다. 같은 데이터를 갖고 있어도 이를 보고 사람마다 혹은 기업마다 다른 생각을 가질 수 있다. 이때 해당 데이터가 미치는 영향력 역시 대폭 달라진다.

CRM을 구축한 기업들은 방대한 양의 데이터를 보유할 수 있다. 이 데이터를 미래의 고객 관리 방향을 수립하는 데 쓰지 않고, 습관적으로 해오던 일들의 타당성을 검증하는 데 쓰다 보면 CRM 구축의 의미가 퇴색한다. 어떤 고객은 가끔 관심을 가져주길 바라는데 이런 고객에게 자주 메일을 보내고 전화를 하면 오히려 역효과가 날 수 있다. 즉 일정 수준 이상의 DB를 구축했다면 그 DB에 담긴 정보를 제대로 해석하고 이를 최대한 활용할 방법을 찾아야 한다.

셋째, CRM을 불량 고객 판별 도구로도 적극 활용해야 한다. 역설적이지만 CRM 시스템은 해당 기업의 핵심 목표고객 선별 이외에 현 고객집단 중 기업이 보유할 가치가 없는 불량 고객이 누구인지를 판별할 때에도 유용하게 쓰인다. 불량 고객이 될 확률이 높은 집단은 가격에 민감한 고객들이다. 회사가 이들 고객을 유지하기 위해 제품 및 서비스 가격을 더 낮춰도, 다른 회사가 더 낮은 가격을 제시하면 갈아탈 확률이 높다. CRM을 효과적으로 구축하면 불량 고객 유지와 관련한 시간과 비용을 크게 줄일 수 있다. CRM 시스템을 구축하는 이유는 고객과 맺는 관계의 가치를 극대화하기 위해서지, 무작정 관계의 숫자를 늘리기 위한 게 아니기 때문이다.

찾아보기

ㅈ

ㅊ

ㅋ

ㅌ

ㅍ

ㅎ

저자 소개

■ 문병준

서울대학교 경영학과 및 동 대학원 졸업
미국 University of Connecticut 경영학 박사
한국은행 조사제1부 근무
일본 International University of Japan(IUJ) 경영대학원 조교수
풀브라이트(Fulbright) 교환교수
한국마케팅학회 상임이사 역임
(현재) 경희대학교 경영대학 교수
(현재) 한국국제경영학회 상임이사
(현재) 한국인터넷비즈니스학회 부회장

〈저서 및 논문〉
국제마케팅(공저), 비즈프레스
스포츠 비즈니스(공저), 한경사
금융마케팅(공저), 비즈프레스
Journal of Business Research, Psychology & Marketing, Advances in Consumer Research, International Business Review, Journal of Global Academy of Marketing Science, 마케팅연구, 소비자학연구 등에 논문 게재.

경쟁우위 창출을 위한 마케팅전략

2011년 12월 15일 초판 인쇄
2011년 12월 20일 초판 발행

저 자 문병준
발행인 추일재
발행처 비즈프레스
서울시 강동구 천호 359-23
E-mail : bizpress@hanmail.net
등록 : 2006년 11월 27일 제324-2006-0044호
전화 : (02) 309 - 5356

정가 23,000원

ISBN 978-89-92730-68-6